南北朝・隋代の中国仏教思想研究

菅野博史
Kanno Hiroshi

大蔵出版

はしがき

私は来年の八月に満六十歳を迎える。昔の数え方では、今年の正月にすでに還暦を迎えたことになる。それほど長くない今後の人生における自身の仏教研究を改めて構想するにあたり、これまでの研究成果を、一つの節目の年に、まとめておきたいと思った。三十年にわたり、さまざまな雑誌に書いた論文がある。私の研究に注目してくださり、拙論を入手して読みたいと思っても、なかなか困難だと思う。私の学生時代に比べれば、雑誌の数そのものがだいぶ増えたのではないかと思う。論文のデータベースを利用できる今日においても、多数の論文の入手はやはり面倒な作業であろう。このような私の願望を、大蔵出版の井上敏光編集部長にお話ししたところ、学術書の出版の困難な時代にもかかわらず、ご快諾をいただいた。深く感謝申し上げたい。

私は修士論文で吉蔵の法華経疏の研究をしたが、博士課程に進学後は、自分の学問領域を拡大するために、三つの研究方向を心がけた。一つは、吉蔵以外の仏教者の法華経疏の研究であり、二つは、吉蔵の法華経疏以外の著作の研究であり、三つは法華経疏以外の経疏の研究、具体的には『維摩経』、『涅槃経』の経疏の研究である。そして、これらの研究を遂行するにあたり、仏教用語、概念の形成過程を明らかにする必要を感じ、とくに六朝時代の仏教文献に取り組んだ。これは隋唐時代に大きく結実する仏教思想が形成される過程を解明する助けにもなると考えた。

今から二十年も前になるが、学位請求論文をまとめるにあたり、それまでもっとも力を注いで研究した法華経疏を選択した。その成果は、拙著『中国法華思想の研究』（春秋社、一九九四年）として刊行した。したがって、本書は、

『中国法華思想の研究』に含まれなかった維摩経疏、涅槃経疏の研究論文、また『中国法華思想の研究』以後の法華経疏の研究論文を中心とする。

本書の構成について簡潔に説明しておきたい。本書は序論と五部から成る。

まず序論には、二篇の論文を収める。二〇一〇年一月に駒澤大学仏教学会から特別講演をするようにとのお招きを受けた。このようなご依頼は私にとって初めてであり、講演に不慣れでもあったので、なかなかふさわしい論題を選ぶことができなかった。最終的には「中国法華経疏の研究と今後の課題」と題して講演した。何となく最終講義のようなテーマとなってしまった。私事を多く交えた講演ではあるが、それだけに私の歩んできた研究の様子がよく示されているのではないかと思う。『中国法華思想の研究』の刊行後も、やはり継続して最も力を注いだ研究対象は法華経疏であるので、序論の第一章として置くこととする。あえて、もとの講演の文体を残すこととする。

前述したように、私の研究は、主に法華経疏、維摩経疏、涅槃経疏などの経疏の研究であるので、中国仏教の初期から隋の三大法師（浄影寺慧遠・智顗・吉蔵）までの経疏の歴史的変遷、特色などを概観したものが第二章の「初期中国仏教の経典注釈書について」である。経疏の研究を中心とする本書の序論の一つとして適当であると考える。

次に、第一部は法華経疏の研究であり、十篇の論文を収める。

第一章・第二章は、中国における法華経疏の研究史をまとめたものである。英語・中国語の研究成果も視野に入れたが、不十分であると思うので、今後も更新していきたい。

第三章は、『法華経』の三つの中心思想、一仏乗、久遠釈尊、地涌菩薩の思想が中国においてどのように受容されたのかを考察したものである。私の経疏の研究も、ともすると小さな問題を精致に研究する傾向に流れるので、細かな研究をある程度積み重ねた後に、少し大きな目で問題を捉える努力も必要であると考える。木と森を同時に見ることは困難であるが、やはり研究の理想であろう。

第四章・第五章は、慧思の『法華経安楽行義』の研究であり、学位論文で整理した内容をさらに発展させたものである。『法華経安楽行義』については、友人のダニエル・スティーヴンソン氏と英文の訳注研究を発表したことがある。

第六章は、敦煌写本の『法華経文外義』の研究である。

第七章は、智顗が法華経至上主義者というよりも、むしろ円教至上主義者であることを、吉蔵や浄影寺慧遠の教判思想と比較しながら考察したものである。

第八章は、『法華経』見宝塔品の重要なテーマである宝塔出現と二仏並坐の思想的意義について、中国の諸注釈家の解釈を比較研究したものである。この論文は、もともと中国において開催された「仏舎利塔」をめぐる学術会議のために草されたものである。

第九章は、『法華文句』の四種釈（因縁・約教・本迹・観心）が吉蔵の四種釈を剽窃したものであるという平井俊榮氏の仮説を批判したものである。『法華文句』の訳注に取り組むにあたり（今年完成した）、どうしても平井氏の提起した問題を避けて通ることができなかったので取り組んだテーマであった。

第十章は、『天台三大部補注』のなかの『法華玄義』の部分を利用し、研究の基礎作業として、『法華玄義』・『法華玄義釈籤』と『天台三大部補注』との関係を索引にまとめたものである。天台の学問的系譜は中国・日本で長く続いたので、豊富な注釈が残っているが、十分な研究は進んでいない現状である。

次に、第二部は維摩経疏の研究である。私の維摩経疏に関する研究範囲は、鳩摩羅什・僧肇・道生の三人の注を編集した『注維摩詰経』、浄影寺慧遠の『維摩経義記』、智顗の『維摩経玄疏』『維摩経文疏』『三観義』『四教義』、吉蔵の『浄名玄論』『維摩経略疏』『維摩経義疏』である。これらを資料として、次の五篇の論文を発表したことがある。

第一章は、『維摩経』入不二法門品に説かれる維摩の沈黙を材料に、仏教における真理とその言語表現について考察したものである。当該問題について、上記の維摩経疏を比較研究した。

第二章は、浄影寺慧遠の『維摩経義記』に特異な語学的な関心に基づく注釈の実態を考察し、合わせて、慧遠の『維摩経』の分科に対する見解を整理した。

第三章は、『維摩経』の分科に関して、智顗と吉蔵の見解を比較検討した。吉蔵は三種の維摩経疏において分科を変更し、結局は智顗の分科と同じ見解に至ったことを論じた。

第四章は、智顗の『維摩経玄疏』の構成と思想内容を論じたものである。晋王広に最初に提出された維摩経疏の離出本と認められる『三観義』『四教義』と『維摩経玄疏』との構成の比較も試みた。近年、智顗の『維摩経玄疏』についていては、山口弘江氏の新しい研究がいくつか発表されている。

第五章は、智顗の『四教義』の分科を試みたものである。

次に、第三部は梁代に編纂された大部の『大般涅槃経集解』の研究である。五篇の論文から成る。

第一章は、『大般涅槃経集解』の総合的な研究であり、テキスト、撰者、構成について整理した。構成については、『涅槃経』の各品ごとに、経文の分節にしたがって通し番号を付し、そこに誰の注釈が採用されているかを図表によって示した。この基礎資料によって、撰者の編集方針の一端が明らかとなり、個々の注釈家の思想内容の研究の礎石を築いたことになる。

第二章は、『大般涅槃経集解』における道生の注について考察した。

第三章は、『大般涅槃経集解』において、道生に次いで古い人物で、最も多く注が採用されている僧亮の教判思想について考察したものである。

第四章は、同じく僧亮の感応思想について考察した。

第五章は、『大般涅槃経集解』において、僧亮に次いで二番目に多く注が採用されている僧宗を取りあげ、その教判思想について考察したものである。

次に、第四部は慧均『大乗四論玄義記』の研究で、三篇の論文から成る。近年、韓国の木浦大学教授の崔鈆植氏は、『校勘 大乗四論玄義記』（二〇〇九年六月）を刊行し、また本書の百済撰述説を発表した。本書をめぐる研究が一段と高まった感がする。

第一章は、日本における『大乗四論玄義記』の過去の研究の整理と、吉蔵の経典解釈方法としての四種釈義が、『大乗四論玄義記』にもほぼ見られることを紹介した。

第二章は、『大乗四論玄義記』自身が、自己の立場をどのように捉えているかを、書名に見られる「三論」「四論」「無依無得」「大乗」などの概念、「一家」という概念、僧朗・僧詮・法朗・吉蔵の学系についての描写、「地摂両論成毘二家」という表現を用いての前代教学への批判を通じて考察した。

第三章は、『大乗四論玄義記』の「三乗義」の研究であるが、とくに前代教学への批判を中心に考察し、合わせて『法華経』方便品の「無二亦無三」に関する興味深い解釈を紹介した。

次に、第五部は、「その他」と名づけて二篇の論文を収める。

第一章は、『大乗止観法門』の研究である。古来、南岳慧思の著作とされてきたが、今ではそれを疑う説が圧倒的に有力である。本書の基礎的な概念である「本覚」「不覚」について考察した。
第二章は、聖徳太子の撰述と伝えられる三経義疏の真偽問題を整理したものである。三経義疏の成立場所については、中国、朝鮮半島、日本の各説があり、三経義疏そのものの研究も、東アジアという広い視野のもとで研究しなければならないと考える。そこで、中国の経疏の研究を主題とする本書に収めることとした。

なお、執筆時期の異なる多数の論文を収録するにあたり、一定の統一を図るために、次のような原則を立てる。

一、論文の題目、内容については、原則的に手を加えないが、明らかな誤りの訂正、用字・表記の統一、引用方法の統一〔引用漢文に現代語訳を付す〕をできるだけ心がける。
二、論文末尾の〔付記〕〔追記〕は、本書に収めるにあたり、不必要なもの〔科学研究費の成果の紹介などの記事〕は削る。
三、注に新しい研究情報を付加する場合や、末尾に〔本書のための付記〕を付加する場合がある。
四、原則として、本文における引用漢文には現代語訳を付す。短いもの、理解の容易なものには、現代語訳を省略する場合もある。現代語訳、引用漢文は二字下げとし、最初の行、改行の場合は三字下げとする。
五、引用漢文の出典については、論文によって『大正新脩大蔵経』の頁・段のみを記す場合と行数まで記す場合とがあるが、これについては統一しない。
六、『大日本続蔵経』の出典については、現在、CBETAによって、最古の原典、台湾の縮刷影印版、『新纂大日本続蔵経』の三種が利用できるが、本書では原典である『大日本続蔵経』の丁・葉・段を記すことにする。
七、吉蔵『法華統略』の出典については、菅野博史訳注『法華統略』上・下〔大蔵出版、一九九八年、二〇〇〇年〕の頁数と『大日本続蔵経』の丁・葉・段を記す。文字は前者に従う。

八、現代語訳のなかの〔 〕は補訳、（ ）は用語の解説を意味する。

九、中国語（繁体字、簡体字）による書名、論文名の漢字は、日本の常用字体に改める。

このような多数の論文を収録する場合でも、索引は研究者にとって便利なものである。ただ作成の作業が面倒であるのが難点であるが、これも井上氏の全面的なご協力によって付すことができた。感謝申し上げる。

最後に私事にわたるが、結婚以来三十年間、さまざまな困難な状況にありながら、私の研究生活を一貫して支えてくれた妻、早苗に本書を捧げることをお赦しいただきたい。

菅野博史

二〇一一年十月十日　北京の寓居に於て識す

南北朝・隋代の中国仏教思想研究――目　次

序論

一　中国法華経疏の研究と今後の課題

一　はじめに

ただ今、ご紹介頂きました、創価大学の菅野博史でございます。本日は、仏教研究の長い伝統を持つ駒澤大学の仏教学会からお招きを頂きまして、大変光栄に存じております。私も、この学会の会員でございます。といいますのは、以前はわずか千円で、現在は二千円と思いますけれども、四〜五百頁の立派な雑誌が頂けるということで、かなり以前に会員にならせて頂きました。実際この学会に参加したことも数回ございます。これまで自分の所属する研究機関、例えば、現在勤めている創価大学、東洋哲学研究所、また、今は辞めましたが大倉精神文化研究所というようなところで一般の方を相手に講演をする、講話をするというような機会は比較的多かったのですけれども、他の研究機関からお招きを頂きまして講演をするというのは殆ど今日が初めてではないかと思います。最近お会いする駒澤大学の先生には、そういう事情を申し上げまして、暗に私を呼んでくださいと申し上げてきた、その成果が今日実ってお招きを頂いたのかしらと思い、やはり物は言ってみるものだなと思っています。

今日は不慣れな学会での講演ということで、何をお話していいか迷いました。聴衆の方はどういう方かということをお聞きしますと、仏教学部の諸先生、大学院の方、またいろんな講座にご出席の仏教に造詣の深い一般の方々に私の拙い講演を聴いて頂くと、こう伺いました。そういうことで、学会発表のようなあまりに専門性の高いものでも相応しくないわけですし、一方、今申し上げた方々に聴いて頂くのに、あまりに入門的なお話でも失礼になろうかと存じました。私のこれまでの研究は、今日の演題にあります、中国法華経疏の研究でございます。これらの研究を今までしてきて、著作、論文も発表してきましたが、その著作、論文には書いていない、あるいは書けなかった研究の背景とか問題意識というものをご紹介したいと思い、また自分自身の研究内容を振り返るとともに、できれば若い大学院の研究者の方々に今後の研究課題をお話しして、多少の参考にして頂ければ幸いかと思いまして、このような演題を選ばせて頂きました。講演ということで個人的な思い出に触れることがあろうかと思いますが、予めご容赦頂きたいと思います。

私は一九七一年に東京大学の文科Ⅱ類に入学致しました。今から考えると大変恥ずかしいのですが、高校生の時、経済学の何たるかを全く知らないままに、経済学者になることを漠然と夢見て大学に入りました。今はもう無くなってしまったのですけれども、駒場寮で一年間過ごしました。当然寮に住んでおりましたので、大学の教室には最も近いはずなのですけれども、朝方就寝、昼過ぎに起きるという自堕落な生活を繰り返しておりましたので、殆ど大学の講義には出ることがありませんでした。そのような生活の中で、また受験勉強から解放された流れの中で、哲学や宗教や仏教に次第に関心が移ってゆきました。結果としては一九七三年、三年への進学時に、文学部の印度哲学印度文学専修課程に進学致しました。ちょうどその時は、中村元先生が定年退官される時でして、二月に最終講義があった時、まだ二年生でありましたけれども、本郷の方に聴講に行ったことを懐かしく覚えております。実は、二年生の四月に、経済から文学の方に進路を変更して仏教学者を目指したいという希望を持ちましたので、先ほどご紹介にありましたように、故郷が福島県福島市で、父がおりましたので、父にその旨話をして快く許してもらいました。その父が、それから五ヶ月後に五十二歳の若さで急逝するとはその時は夢にも思っていませんでした。その当時の我が家の経済状況などを考えますと、進路の再変更、つまり、一年留年してもう一度経済学部に進むという選択も今から考えるとあったはずですけれども、若気の至りというか、そういうことは全く考慮する余裕もなく、そのまま印哲の方に進んだわけでございます。そして、大学院の修士課程に一九七六年に入学致しました。私は大学院に入学するまで、子供の頃から親しんできた日蓮遺文に頻出する中国の天台教学を学びたいと思っておりました。大学院の口述試験の時に、当時主任教授であった玉城康四郎先生から、次のようなエピソードを引かれましてご指導を頂きました。島地大等先生、日本天台教学史、日本仏教教学史の研究をなされた大変有名な先生ですが、その先生のお弟子さんに坂本幸男先生がいらっしゃったんですね。坂本先生は岩波文庫の『法華経』の漢文の方の担当もされておりますし、立正大学の学長までなさった先生でございます。日蓮宗の僧侶でありましたから、天台教学を研究したいと島地大等先生に申し上げたところ、若い時は広い視野に立って勉強するように、研究するようにという指導をされたそうです。そこで、坂本幸男先生は天台をひとまず置いて中国華厳ですね、慧苑の研究に関する学位論文を出されております。そういう大変ご高名な先生方のエピソードを、わざわざ玉城先生が引かれまして、私が日蓮教学と天台教学を短絡的に結びつけて天台三大部の研究をしたいと面接試験で申し上げたことに対して、ご指導を頂いたわけです。このような指導は、先生方が若い研究者に指導するときには、比較的一般的なのかなと思うところがあります。というのは、私は、最近、立正大学の三友健容先生からご大著を頂戴しました。その「あとがき」を拝見しますと、三友先生もほかならぬ坂本先生から、私が受けた指導と基本的に共通な指導を受けた思い出を書かれておりました[(1)]。玉城先生のご指導は私にとっては本当に貴重であり、ありがたく思っております。そこで、修士課程に入学後は、ひとまず天台三大部を横に置いて、吉蔵の法華経注釈書に取り組みました。吉蔵は三論宗の大成者として有名ですが、『法華経』に対して現存するものだけで四種もの注釈書を著わしました。『法華玄論』『法華義疏』『法華遊意』『法華統略』です。玉城先生は私の大学院修士課程の入学と同時に退官されまして、東北大学に移られました。そこで、日本仏教の講座の担当者でありましたが、中国の天台教学に造詣の深い田村芳朗先生に指導教官をお願い致しました。田村先生のご指導のもとで、私は「嘉祥大師吉蔵の法華経観」という修士論文で修士の学位を得ました。私が修士課程に入学した直前には、平井俊榮先生がご自身の学位論文を『中国般若思想史研究—吉蔵と三論学派—』として刊行されていました。[2]そして、吉蔵研究の第一人者の地位を不動のものとされていらっしゃいました。平井先生は、私が学部の印哲に進学した一九七三年度と七四年度の二年間、東京大学で講義をされ、私も受講させて頂きました。平井先生のこのご著作は大部なものですが、その中には吉蔵の法華経疏の研究は含まれておりませんでした。もちろん、学位論文をまとめるに当たって、どこかでやはり研究対象を限定せざるを得ませんので、先生の場合は般若思想史研究というようにテーマを絞られて学位論文をまとめられたのだと思います。この時点では、吉蔵の法華経疏の研究は含まれていなかったわけです。

当時、中国法華思想史の研究の分野では大きな本として、山川智応先生が出しました『法華思想史上の日蓮聖人』[3]と塩田義遜先生の『法華教学史の研究』[4]、また坂本幸男先生が編集した『法華経の中国的展開』[5]の三冊がございました。山川先生のご本は昭和九年に新潮社から出されたもので、これは東大に提出した学位論文です。山川先生は国柱会の方でございました。伝記等を拝見しますと、小学校しか出られておらなかったようでございますけれども、田中智学先生の下で日蓮教学についてすぐれた研究をされた方です。そこで、姉崎正治先生が山川智応先生に、東大に学位論文を提出したらどうかと指導をされたそうです。山川先生は田中先生の許可を得て、わずか一年ほどで『法華思想史上の日蓮聖人』をまとめられました。それまでの研究の蓄積は当然あったとは思いますけれども、いろんな仕事、雑務を免除してもらってこれをまとめたということでしょうね。宇井伯寿先生が論文審査の主査でして、この本には宇井先生の長文の審査報告が載っていて面白いです。

塩田義遜先生は身延山短期大学の教授でした。振り返りますと、このお二人の間には、日蓮の『三大秘法抄』の真偽問題をめぐって激しい論争をされたこともございました。坂本幸男先生の編集したご本は、中国の法華経疏に関する多数の論文をまとめたものでした。

この当時は、吉蔵の法華経疏に限定致しますと、身延山短期大学の里見泰穏先生、当時立正大学におられた丸山孝雄先生、そして大正大学の村中祐生先生が吉蔵の法華経疏に関して幾つかの論文を発表されておられました。私は一九七七年に日本大学の文理学部で開催された日本印度学仏教学会で、初めて丸山先生にご挨拶を致しました。私はそのとき修士課程の学生でした。丸山先生の許可を得まして、立正大学の先生の講義に半年間出席させて頂きました。ちょうど『法華遊意』をテーマにした講義を半年間されまして、それを聴かせて頂いたということでございます。東大の講義はさぼってばかりで、殆ど授業に出ていないようなひどい学生でございましたが、他大学の先生に特にお願いして授業を受けさせて頂いているわけですから、これはもう、無遅刻無欠席で半年間出席させて頂きました。あいにく一時間目の授業でした。当時立正大学は八時半から授業がありまして、五反田まで半年間通ったことを懐かしく思い出します。この時のご縁で、丸山先生が間もなく『法華教学研究序説―吉蔵における受容と展開―』[6]を刊行されましたときには、専門が近いということで校正のお手伝いをさせて頂きました。また、村中先生を大正大学の研究室にお尋ねしたこともございました。村中先生の吉蔵関連の四本の論文は、後に『天台観門の基調』[7]に収録されました。

さて、一九七九年に博士課程に進学した後は、吉蔵以外の仏教者、例えば、道生、法雲、天台智顗などの法華経注釈書を研究するとともに、研究分野を拡大するために、『法華経』のみならず大乗の『涅槃経』、『維摩経』の注釈書も研究致しました。その後、博士論文を提出する時機が熟したため、改めてそれまでの中国における『法華経』注釈書の研究を整理致しまして、「中国における法華経疏の研究」と題する学位請求論文を提出し、幸い一九九四年に博士の学位を授与されました。この博士論文は『中国法華思想の研究』[8]として刊行しましたが、その後も今日に到るまで、中国の法華疏を中心に研究を続けて参りました。

学位について申しますと、私が大学院生のころは、ある程度の歳にならないと学位を取得できないというような状況でした。その後、ちょうど時代が論文博士から課程博士に切り変わりつつあるとき、印仏学会の懇親会で、今は亡くなられました鎌田茂雄先生が私どもに、「私は今、愛知学院大学と駒澤大学の博士論文だけで四、五本の審査を抱えている。あなたたちも遠慮することはないので、どんどん博士論文を書いて提出しなさい」というようなご指導をしてくださいました。私は気が短い方なので、その懇親会の会場に、私が論文を提出したとき主査になって頂くはずの木村清孝先生がいらっしゃいましたので、木村先生のところに友人と一緒に行きまして、今、鎌田先生から貴重なご指導を頂きましたが、学位論文を提出してもよろしいのでしょうかと申し上げました。木村先生は、「結構ですよ、どんどん出して下さい」とおっしゃいましたので、私は一年間、今までの論文をまとめたり、統一を取ったり、欠けている部分を補った新しい論文を書いたりと準備して提出しました。ただ、私の学位論文には天台三大部の研究は殆ど含まれておりません。「信解品」の長者窮子の譬喩については、『法華文句』『法華玄義』の研究を致しましたが……。ひと昔前の学位請求論文であれば、当然天台三大部の研究も含めなければならないと私も思っておりましたので、内心、これはかなり時間がかかると覚悟しました。ところが、木村先生にご相談したところ、天台三大部の研究は、学位を取ってからゆっくり挑戦すればよいという、ありがたいご指導を頂きましたので、速やかに提出することができたわけでございます。

少し個人的な思い出を含めてお話しましたが、ここでいよいよ本題に入りまして、中国法華経疏に関する人物、法華経疏ごとに、研究の背景、問題意識、今後の課題などをまとめてお話したいと思います。

二　道生『妙法蓮花経疏』

初めに道生の『妙法蓮花経疏』についてです。鳩摩羅什訳『妙法蓮華経』に対して、門下で注釈を著わした者は、道融、曇影、慧観などの名が伝えられておりますが、現存するものは道生の法華経疏のみでございます。私が道生の法華経疏を研究した当時は、横超慧日先生の「竺道生撰『法華経疏』の研究」[9]という長編の優れた論文がございました。この論文は、一九五二年に出されております。私が生まれた年に出された古い論文でございますが、大変優れた論文です。また、一九七六年、七九年には『三康文化研究所年報』に道生疏の訓読訳、注が掲載されました。[10]ご承知のように道生疏は『大日本続蔵経』に収録されていますけれども、写本が一つしかございません。判読不明の文字や誤写が多く、解読が大変難しいテキストでございます。残念ながら『三康文化研究所年報』に掲載された道生疏の訓読訳にも誤りが少なくありませんでした。その後、Young-ho Kim という方がアメリカで出された学位論文の中に、道生疏の英文の訳注を発表されました。[11]これが今のところでは最も詳しい研究かと思います。今後は、現代語訳や注の作成が必要かと思います。

羅什の門下の中では、僧肇と同じように、道生の著作は、『法華経』の注釈書、また『注維摩』『大般涅槃経集解』の中に収録されている『維摩経』の注、『涅槃経』の注がかなりの量、採用されておりますから、著作の量としては、この時代の人としては比較的多いと思います。道生は頓悟説の提唱者として有名です。道生の頓悟の概念は、漸進的といいますか、段階的な悟りを認めず、究極的な悟りの直前まではあくまで迷いの範疇であるといいます。後世のある文献では、道生のこの頓悟に関して、金剛心まで、要するに菩薩の最高の位まではやはり夢の範疇であり、迷いの範疇であるということを強調しております。一方、漸悟説というのは、菩薩の第七地等で、真理を見ることができるという理論でございます。この道生の頓悟説というのは、悟りの超越性といいますか、迷いと悟りの間には、超越というか断絶があるということを強調する理論だと思います。道生と同時代の謝霊運、山水詩人として著名な謝霊運は、道生の頓悟説に賛同しまして『辯宗論』という論文を書いております。この論文とともに、他の僧と頓悟・漸悟に関して議論した手紙をまとめたものが現在残っています。

謝霊運という人は、インドの仏教の長所は聖人になることができる、成仏することができる、究極的なものに到達することができるということであり、仏教の欠点は、そのような目標を達するのに段階を踏んで行かなくてはいけないと言っています。これがいわゆる漸悟ですね。それに対して、中国の儒教の長所は、究極的なものに一気に到達できるということです。欠点は、孔子の一番弟子である顔回でさえも「殆庶《たいしょ》」、つまり「殆《ほとん》ど庶《ちか》し」と言われるだけであって、究極的なものには自ら達することはできないということです。そうしますと、仏教と儒教の両者の長所を両方持ってきて、いいとこ取りですね、「折中」とその論文にも出てきますが、折衷しまして、要するに段階を踏まないで、たちどころに究極的なものに達するという考え方が道生の頓悟説であり、これに賛成すると言っているわけです。この道生の理論も、謝霊運の『辯宗論』も非常に微妙ですけれども、よく見ると悟りを得るまでの時間的なスピードを必ずしも言ってはいない。道生の頓悟説は、悟りの超越性を主張している。謝霊運の場合も基本的にはそういう考え方なのだろうと思うのですね。ただ、問題はご承知のようにインドの仏教では、成仏するまでの時間を歴劫修行、三祇百劫と言って、ものすごく長い時間かかって成仏すると言います。一方、中国では、この現世で悟りを開くという考え方を重視するようになっていきます。その場合は、悟りの絶対性とか超越性という意味ではなくて、悟るまでの時間の長短という問題になってゆきます。この問題については、悟りまでの時間の短さが中国仏教ではだんだんと強調されていくと思うのですけれども、悟りの超越性という道生の本来の考え方からのそのような変化の筋道について、私は若干関心を持っております。禅宗の頓悟説と、道生、謝霊運の頓悟説との同異について勉強したいと思っています。興味のある方がいらっしゃいましたら、是非研究して頂きたいと思います。

さて、早島鏡正先生が東大を退官された時には、通常の還暦記念論文集ではなくて、若い学生の学習のために、仏教やインド思想の辞典[12]の刊行を希望されました。私はまだ博士課程の学生でしたから、「現観」（abhisamaya）と「機根」というただ二つの項目の執筆依頼を受けました。機根という言葉は、日本、中国の仏教では重要な概念でございます。これについては、横超慧日先生が、一九四四年に出された論文、「仏教における宗教的自覚―機の思想の歴史的研究―[13]」という大変立派な論文がございました。横超先生は、「道生がすでに機感という語を後世仏教の術語として用いるのと同一の意味で使っているのはすこぶる注目に値する[14]」と指摘されています。私は道生の法華経疏を学んでいる中で、この機という重要な術語がたくさん出てきていることに気づきました。この道生の用法が、いわゆる機根とか機という言葉の中国仏教的な用法に、大きな役割を果たしているのではないかというふうに考えまして、「機根」という辞書の項目を執筆するとともに、「竺道生における機と感応について[15]」という論文を発表致しました。その他、道生の場合、「理」という概念も中国仏教に大きな影響を与えたと思われ、この道生の理の用例の分析を試みました。一九八五年に、「『大般涅槃経集解』における道生注[16]」という論文で、道生の理について考えました。この研究は、後に幸い伊藤隆寿先生のご研究[17]に参照して頂きました。

三　敦煌写本の法華経疏

次に、敦煌写本の法華経疏についてでございます。法華経疏として全体が残っているものは、道生の後は、光宅寺法雲の『法華義記』でございますが、ご承知のように敦煌から発見された幾つかの法華経疏の断片が残っております。当時は、敦煌の法華経疏に関しては大正大学の平井宥慶先生が論文を書かれていたと思います。その後、平井宥慶先生は、「敦煌文献よりみた『法華経』研究」[18]という論文を発表しておられますし、中国の方廣錩先生も敦煌で発見された法華経疏の網羅的な紹介をされています。[19]私の学位論文では、『大正新脩大蔵経』に収められている『法華義記』、すなわちスタイン本のS二七三三とS四一〇二に相当するものと、同名の法雲の『法華義記』とを比較対照した研究をしました。その時はそれだけの研究しか出せませんでした。

その後、『法華経文外義』という注釈書のあることを知りました。これは『敦煌吐魯番文献』[20]の中に収められているもので、池田温先生から教えていただきました。約四万文字の、比較的短い注釈書であります。随文釈義の注釈書ではなくて、『法華経』の思想に関連したトピックを選んで、たとえば、「二智」ですね、権実の二智。あるいは「因縁を明かす」、あるいは「若しは二、若しは三」という有名な方便品の句、あるいは「舎宅を焼く」、三車火宅の譬えですね。その他、「浄土」、あるいは「五百由旬険難道」とか、そういうテーマを取りあげて問答形式によって、注釈考察を加えたものでございます。この写本には、「大統十一年、歳次乙丑、九月廿一日、比丘恵襲於法海寺写訖、流通末代不絶也」という題記があります。この疏は恵襲が大統十一年（五四五）に書写したのですから、本書の成立は大統十一年以前であることになります。法雲が亡くなった年は五二九年でございますから、年代からいいますと、法雲の『法華義記』よりはやや新しい可能性もありますけれども、『法華義記』はご承知のように弟子によって成立したものでございますので、『法華義記』の現行本の正確な成立年代はよくわかりません。今のところ、この両者の成立年代は、どちらが早いかということは分かりません。年代的には非常に接近しているということが推定されます。

その後、方廣錩先生が編集している『蔵外仏教文献』[21]に、二人の中国の学者がこの文献の翻刻をなさいました。大変手間のかかる翻刻が提供されましたので、怠け者の私も内容的な研究をしなくてはいけないと思いまして、「『法華経文外義』研究序説」[22]という論文を『印度学仏教学研究』に発表しました。その他、ペリオ本P三三〇八の『法華義記』という、五三六年に書写されたものがあります。大変古くて重要なものですが、私は研究しておりません。ただ、平井宥慶先生の紹介の中に、方便品の有名な偈文、「諸仏両足尊　知法常無性　仏種従縁起　是故説一乗　是法住法位　世間相常住　於道場知已　導師方便説」（大正九・九中八―一〇）に対する注が見られ、興味深いものです。

「知法常無性」とは、一乗の法には三乗の性のないことを知ることである。「仏種従縁起」とは、一乗の法が菩提を生ずることのできることを、「仏種」と呼ぶ。ただし妙果には登ることが難しく、しだいに三乗の助けを積む必要があることを、「縁」と名づけるのである。小を経由して大を顕わすので、「従縁起」と言うのである。「是故説一乗」とは、かの行者が必ず三乗の方便の救い取りを借りて、大乗の悟るべき機がはじめて生じるという意味であるので、今日、「得説一乗」と名づけるのである。「是法」とは、三乗の法のことである。「住法位」とは、一乗法の位に住するのである。三〔乗〕を聞いて一〔乗〕に住するのである。有相の善はさまざまである。「相常住」とは、世間の有相の善が一乗に住することである。

知法常無性者、知一乗法無三乗性。仏種従縁起者、一乗之法能生菩提、称為仏種。但妙果難階、要須漸積三乗資助、名為縁也。由小顕大、故言従縁起也。是故説一乗者、是彼行者要仮三乗方便引接、大乗道機方発義故、今日□名得説一乗也。是法者、是三乗法。住法位者、住一乗法位也。聞三住一。諸相善異也。相常住者、世間相善之住一乗也。[23]

ここでは、仏菩提を生ずることのできる一乗法が仏種とされます。仏菩提が果であり、一乗法は因ですので、因を種子と表現したのです。また、仏菩提を実現するためには、三乗の助けが必要であり、これを縁と名づけます。つまり、三乗法を縁としています。「仏種従縁起」は、一乗法が三乗より生起することを意味します。「是法住法位」は、読みに問題のある句で、法雲や智顗は「是の法は法位に住す」と読み、吉蔵や基は梵本と同じく「是れは法住・法位」と読むことが知られていますが、この敦煌疏は、前者の立場と共通で、三乗法が一乗法の位に住すると解釈しています。「世間相」は、世間の有相の善と解釈しているようです。[24] これは法雲の「世間相常住者、只是世間取相諸善亦住一乗仏位」（大正三三・六〇七下二四―二五）に類似した解釈です。ちなみに、世間相常住については、最近大正大学の池田宗譲先生が論文を出されました(25)。

また、龍谷大学図書館に法華経疏の梁代の敦煌写本が所蔵されておりまして、「方便品」と「譬喩品」の注釈が現存しています。佐藤哲英先生の『続・天台大師の研究』に簡潔な紹介が示されていますが(26)、敦煌写本としての真偽問題があります。偽物だという人もいますので、この研究は難しいわけです。私もコピーを入手しましたが、十分には研究しておりません。

現存する敦煌の法華経疏は、必ずしも数は多くはありませんが、まだ翻刻や訳注、思想研究など研究の余地があると思いますので、今後取り組むことができればと思っております。

四　劉虬『注法華経』

次に劉虬の『注法華経』についてでございます。『注法華経』は吉蔵の法華経疏に五十箇所ほど断片が引用されておりますので、それをまとめて逸文集といいますか、そういうものを作り、その思想的な特色を明らかにしたわけであります。劉虬は究極的なもの、具体的には究極的な教えや仏身、究極的な悟りなどが相対的概念によっては把捉できないことを強調しております。たとえば仏身は存在と非存在の対立を越えていること、仏の寿命は長短の対立を越えていること、『法華経』の究極的な立場は三乗と一乗との対立を越えていること、空有の対立を越えていること、国土の差別や悟りにおける大乗、小乗の差別は究極的にはないこと、あるいは三車火宅の譬えでの車の大小の差別や五百由旬と三百由旬の遠近の差別が究極的にはないこと等が指摘されております。このような劉虬の空の思想に基づく解釈は、劉虬が参照した鳩摩羅什門下の法華経観と類似したもの、これを継承したものであるとともに、吉蔵の共感をよんで、吉蔵によって積極的に参照されたわけでございます。一方、劉虬は相対概念による把捉を絶する面に偏る傾向が強く、相対的次元において差別、対立が存在する意味をやや軽視する傾向があると吉蔵が批判しております。劉虬については、私が収集した五十箇所の逸文以外に、多少それを増やすことは可能でしょうが、断片しか残っておりませんので、研究には限界があろうかと思います。ただ、より詳細な思想的な分析は可能かと思います。この逸文の中で、私は一箇所、途中で文章を切ってしまったために補わなくてはいけないところもあります。訂正して頂ければ幸いでございます[27]。

五　法雲『法華義記』

次に法雲の『法華義記』についてでございます。法雲の『法華義記』については一つ思い出がございます。修士課程に入る直前、指導教官をお願いすることになっておりました田村先生の書かれた「法雲の法華義記の研究[28]」という論文を読みました。修士課程に入って中国の法華経疏を研究しようと思っていた私は、『大正蔵経』を見てもですね、『法華義記』には返り点が付されていませんから、こういうものを研究するのは自分に本当にできるかなと心配といいますか、不安に思いまして、先生にその旨申し上げたところ、田村先生は笑っておられました。後に自分が『法華義記』の訳注研究[29]を出版することなどは当時は思ってもみませんでした。

『法華義記』は後代の注釈家によってたくさん引用されていますけれども、どうも引用されている後世の引用と今我々が持っている現行本とは文章の違い等が結構多いんですね。そういう意味では『法華義記』の現行本に至る写本の流通について、本当はもうちょっと研究できれば面白いと思います。これも新しい写本が発見されないとなかなか難しいと思います。

六　慧思『法華経安楽行義』

次に南岳慧思の『法華経安楽行義』でございますが、これには思い出があります。一九八二年にアメリカからダニエル・スティーヴンソンさんが来日しました。彼の受け入れ大学は大正大学でございました。彼の専門が中国天台でございましたので、大正大学が受け入れたのですね。当時、大正大学の多田孝正先生から、東大の中国仏教を研究している院生と大正大学の天台学研究室の院生とが読書研究会を開いてはどうかというお勧めがありまして、我々はそのような研究会を毎月開いておりました。当時は慧思の『立誓願文』の訳注研究をやっておりました。(30) スティーヴンソンさんもその会に出てこられて、私は初めて面識を得たのでございます。年齢も私と全く同じで、専門も中国天台ということでしたので、我々は全体の研究会とは別に、二人だけで『法華経安楽行義』の研究会を開くことにしました。一年間ほど、彼が用意していた『法華経安楽行義』の英語の翻訳の検討をしました。その後、彼の帰国の前に、京都にはやはりいっぺん旅行に行ってみたいし、京都で先生方にお会いしたいということで、付き添って行きました。当時「中国的新仏教へのエネルギー――南岳慧思の場合――」(31) という優れた論文を書かれた川勝義雄先生が京大の人文科学研究所におられましたのでお訪ねし、また大谷大学の天台の専門家である福島光哉先生をお訪ねしました。彼はその後、四種三昧の研究で母校のコロンビア大学で学位を取りましたが、私は当時は、北京、中国以外に殆ど海外出張もございませんでしたし、彼も来日する機会がございませんでしたので、殆どお付き合いすることはなく、細々とした交流が続いていただけでした。ただ私が学位論文を出版した時には、論文の要旨を、英訳で出さなくてはいけませんので、彼にお願いしたことがございました。

その後、二〇〇〇年の八月に、国際アジア北アフリカ研究会議（ICANAS）がカナダのモントリオールで開かれました。私はカナダは初めてでした。モントリオールまでの直行便もございませんでしたので、アメリカのどこかで乗り換えるということになりました。もちろんアメリカに行くことも初めてでした。今後いつ行くことができるかどうかもわからないと思いまして、旅行はあまり好きではありませんが、ちょっと勇気を出して彼のいるカンザスを訪ねることにしました。シカゴで乗り換えて、カンザスまで行きました。彼の家に滞在中、彼は私に、『法華経安楽行義』の英訳についてまだ興味を持っているかと聞いてきました。私は興味を持っていると答えました。そこで我々はこの『法華経安楽行義』の英訳を完成、出版する相談をし、二〇〇二年の夏に三ヶ月、そして二〇〇五年の夏に一ヶ月間、創価大学の国際仏教学高等研究所に客員研究員としてお招きして、共同研究をしました。訳注の推敲を重ねたわけでございます。やっと二〇〇六年の三月に仏教研究所のモノグラフシリーズの第九号として刊行することができました[32]。本当に一九八二年から二十数年経ってやっと完成することができて、人文系の学問は大変時間がかかるなぁと感じましたし、また多少の達成感もございました。

このモノグラフの中に書かれているスティーヴンソンさんの南岳慧思に関する論文は、英文で百八十頁もある大部なものでございまして、現在、慧思の研究では最先端のものだと思いますので、是非ご参照頂きたいと思います。仏教研究所のホームページにもPDFファイルでアップされておりますので、簡単にダウンロードもできますし、本が欲しい場合にも方法がございますので、またおっしゃって頂ければと思います。

『法華経安楽行義』については、今申したように英文の訳注はあるのですが、日本語による訳注はございませんので、いずれ私もそれに取り組んでみたいと思います。また『随自意三昧』『諸法無諍三昧法門』というような大事な慧思の文献もやはり訳注研究がございませんので、これも誰かが取り組まなくてはいけないと思っております。

七　吉蔵の法華経疏

次に吉蔵に関してでございますが、吉蔵は先ほど申し上げましたように、修士課程から一貫して取り組んできました。一番思い出に残るのは、名古屋の大須観音に写本が所蔵される『法華統略』の研究でございます。伊藤隆寿先生の「三論宗関係典籍目録（稿）」[33]に基づきまして、私は集められるだけの写本、具体的に言うと、京都大学、大谷大学、東洋大学、東大寺などの写本を集めました。それとともに、大須観音に真福寺宝生院文庫としてこの写本があることを知り、黒板勝美先生の奥書を写したものも報告されておりましたので、それを目当てに名古屋に行ったわけです。驚くことにですね、他の『法華統略』の写本に全て欠けている「薬草喩品」と「授記品」と「化城喩品」の注釈が基本的に全部含まれていました。しかも『大日本続蔵経』所収本を読むと、字が間違っているなとすぐに解るところがたくさんあるわけです。そういう誤字が、その写本を見ますと、ほとんど正しい文字というか、妥当な文字になっているんですね。それだけ写本の質が高いということです。奥書もあって、東大寺の東内院の珍海のものが伝わってきたというようなことが書かれていて、そういう意味では写本としての由緒も正しいということでございました。大蔵出版から『法華統略』の訳注を出した時に、この翻刻も学術的価値が高いと思いまして発表致しました[34]。

ところがその後、智山伝法院編の『真福寺文庫撮影目録』上巻、下巻[35]が出ました。それによれば、『法華統略』のマイクロフィルムが二種類掲載されていました。私が実際翻刻したものは、上巻に掲載されているものであります。智山伝法院にお電話をしたところ、許可等は大須観音の方に問い合わせて下さいということでしたので、お手紙を出しましたが、ご返事を頂けませんでした。残念ながら、このマイクロフィルムはまだ見ていません。また二種類の写本があるのですけれども、奥書だけは全部紹介されており、私が翻刻したものでない写本の奥書は字が間違っている点もありまして、私が翻刻した方がたぶん質が高いと思います。今後研究する方は、私が翻刻しなかった写本もご覧頂きたいと思います。私自身は、マイクロフィルムを幸か不幸か見ませんでしたので、暇な時間を見つけては名古屋に出張して、直接この写本を見ました。今から考えると、かえって良かったと思っております。

実際ですね、この『法華統略』の思想的な研究というものは、私も十分にしておりません。訳注と翻刻でエネルギーを使い果たして、中身の研究までエネルギーが残っていなかったような感じでしょうか。『法華統略』は吉蔵の最後の法華経疏であるだけに、非常に興味深い法華経観が見られるのですね。たとえば、次のような解釈です。吉蔵は、「如是」とは、『法華経』が深大であるということを信じることであると解釈し、「深大」の文字を解釈してゆきます。これは「薬王菩薩本事品」の『法華経』が深く大きいと、深大であるという言葉の解釈をしている中でなんですけれども、「深大」のなかの「大」について、次のように述べています。

第一に、四実・四権・四因・四果はとりもなおさず一経の大意であることを明かすのである。第二に、近くは『華厳経』の始めから〔沙羅〕双樹の終わりまでを包括するのである。第三に、釈迦の過去の成仏を収めると、逸多〔弥勒菩薩〕はその〔過去の成仏の〕始めを見ず、未来はひっそりと静かで変化しないので、多くの聖者はその終わりを測ることがない。〔経過した〕時が長く教化が広いので、その内にすべて入らないことはないのである。第四に十方三世の仏たちはすべての実からすべての権を生じ、すべての権を収めてすべての実に帰着させることを総括する。〔以上が〕「窮大」の意味である。

一明四実四権四因四果即一経之大意也。二近該華厳之始竟双樹之終也。三摂釈迦過去成仏、逸多不見其始、未来湛然不変、群聖莫測〔底本の「惻」を改める〕其終。時長化広、莫不入其内也。四総括十方三世諸仏従一切実起一切権、摂一切権以帰一切実。謂窮大矣。〔菅野博史訳注『法華統略』上〔法華経注釈書集成6　大蔵出版、一九九八年〕二五〇頁、続蔵一―四三―一・五左上一五―左下一〕

と。ここに示される四義はいずれも『法華経』が「大」である理由・根拠を明らかにするものです。なかでも、第二義においては、近くは、つまり、今世に限れば、仏の説法の始めである『華厳経』から最後の沙羅双樹での『涅槃経』までの一切の経を『法華経』は包含するのであり、それゆえ、『法華経』は「大」なのであると述べられています。さらに第三義においては、『法華経』が如来寿量品に説かれるように、釈迦の過去久遠の成仏から未来の永遠不変性まで包括するものであるから、弥勒もその始源を知らず、聖者たちもその終わりを知ることができず、『法華経』の説く範囲は時間的にも長く、仏の教化も広大で、すべての教えが『法華経』の中に含まれてしまうことが指摘されています。第四義においては、『法華経』が三世十方のあらゆる仏の権実の教化、すなわち、一切の実より権を生じ、またその権を収めて実に帰着させるという教化を包含することを指摘しています。つまり、『法華経』が三世十方の諸仏のあらゆる教えを包含する偉大な経典であることを重層的に指摘していることが注目され、『法華統略』以前には見られないスケールの大きな法華経観を確認することができます。

また、天台智顗の経典解釈の方法の中に観心釈というものがございますが、それに対応するものとして、この『法華統略』においては無生観による『法華経』の解釈方法というものが説かれております。いわゆる「如是我聞」の「如是」という言葉を信心の信ですね、信ずるということと解釈した上で、この信は『法華経』の深大である、深く大であることに対する信であり、更に自己自身が深大であることに対する信をも含むんだと、この重大な事実の論拠を無生の概念によって示しております。それは単なる字義の解釈ではなくて、「如是」に対して無生を観察する、無生観という実践を行うものでありました。吉蔵はこの無生観によって三世十方の仏法が、自己自身の内に具わるとまで言っております。しかも「如是」ばかりでなく、「歓喜奉行」までということは『法華経』の初めから終わりまでですね、『法華経』の全体に対して、この無生観を実践すべきことを説いております。この無生観による経文の解釈は経文を自己に引きつけて解釈する実践的な解釈という点では、智顗の観心釈に対応すると思います。このような興味深い解釈が『法華統略』に出ています。

私の『法華統略』の翻刻は、特にこれまで知られていなかった「薬草喩品」「授記品」「化城喩品」の注釈の部分が新しい成果ですが、幸い奥野光賢先生の吉蔵の声聞成仏思想の研究にも利用して頂きました。[36]まだまだ『法華統略』の研究の余地はあると思いますので、ぜひ大学院生の方に挑戦して頂きたいと思っております。

『法華遊意』についてはですね、私は『法華とは何か――『法華遊意』を読む――』[37]という本を出しました。チャールズ・ミュラー先生の元暁の『法華宗要』の英訳と解説[38]を拝見しますと、『法華遊意』は元暁の思想に影響を与え、引用もされています。そこで、ミュラー先生は韓国仏教の専門家という立場から、『法華遊意』にはとりわけ興味があるそうで、いずれこの『法華遊意』の英文の訳注を一緒に出したいと相談しているところでございます。

『法華玄論』については、平井俊榮先生の二冊の本で訳注が完成しています。[39]『法華義疏』については横超先生の国訳があるだけです。国訳一切経のシリーズのなかの国訳としては、詳しい注釈が付されていて便利です。ただ、今となっては、さらに現代的な訳注が必要でありましょう。

八　智顗・灌頂『法華玄義』『法華文句』

智顗・灌頂の『法華玄義』『法華文句』についてでございますが、『法華玄義』のテキストと『法華玄義入門』を出したことがあります。[40]『法華玄義』の翻訳については、南山大学のポール・スワンソン先生が一部分だけでありますけれども、英訳を出されています。[41]その後、中国の学者、沈海燕氏が、『法華玄義』の全文の英訳、訳注を出版されております。[42]二〇〇五年の八月にロンドンで国際仏教学会（IABS）が開かれた時、私は初めて彼女の研究発表を聞きました。その時、彼女がベルギーのゲント大学で学位を取った論文をインドで出版したものを紹介されました。研究編と訳注編の二冊です。研究編よりも、訳注編の方が、『法華玄義』全文の訳注ですから、分厚いものです。私は直接、その場で入手しました。また、台湾の李志夫先生は『妙法蓮華経玄義研究[43]』という大変詳しい文献学的なテキスト研究書を出しておられます。これは便利な本だと思います。

『法華文句』については、平井俊榮先生の『法華文句の成立に関する研究[44]』が画期的な研究でございました。『法華文句』が吉蔵の『法華玄論』『法華義疏』の影響を受けて成立したことを論証したものであります。この研究は、天台の研究者には大きな衝撃を与えたと思います。その点、私は幸い先ほど申し上げましたように、吉蔵の法華経疏の研究を最初にやりましたので、ショックはあまりありませんでした。といいますのは、天台の研究だけをしている場合、天台の思想はこうこうだと議論してもですね、後でこれは吉蔵にも同じことがありますよと言われたら、その研究はもうアウトです。天台を研究した人も吉蔵の『法華経』の注釈書を詳しく検討しなければ、軽々しく天台に関する論文は書けないという時代になってしまったと思います。私の場合は、振り返れば玉城先生の貴重なアドバイスのおかげで、そういうことはありませんでした。ただ、平井先生の研究の一部には、やはり問題がないわけではありませんので、僭越ながら『法華文句』における四種釈について、印仏学会で平井先生の見解を批判申し上げました[45]。

今、私は『法華文句』の訳注を第三文明社から刊行中でございます。実は『法華玄義』のテキストを十数年前に出しまして、初版を完売するのに時間がかかり過ぎたのですね。その後、出版社から私の方に注文が来なくなってしまいました。九年経ちましてやっと『法華玄義』の初版が全部売れたということで、『法華文句』の訳注をお願いしたいと言われました。『法華文句』のⅠとⅡを出しました。ところがですね、四十歳代の時のような気力も体力もございませんから、地道な訳注研究はなかなか進みが悪いわけですね。それで時々編集者には厳しく催促されるのです。私の「失われた十年」をどう考えるのか。十年前に頼んでくれればですね、もうちょっとスムースにできたはずだと冗談を言っております。出版社に義理立てするよりは、自分の命、健康の方が大事であると言って開き直ってゆっくりやっております。本当は昨年、第三巻を出す予定でございましたが、到底出せないので、『現代に生きる法華経』[46]という本を出しました。そうはいっても、あまり延ばすと、次の仕事に移れませんので、今年は第三巻、来年は第四巻の完成に集中したいと思っております。

『法華文句』についても、中国の朱封鰲という人が『妙法蓮華経文句校釈』というテキストの訳注を出しております。[47]これも便利なものだと思います。

以上、この演題の「中国法華経疏の研究と今後の課題」ということで、雑駁なお話を致しました。中国法華経疏と言っても、『法華玄賛』の研究など手つかずの研究分野は多いと思います。今後、少しずつ研究を進めて参りたいと思います。

九　『大乗四論玄義記』

最後に、多少時間があるようですので、私の最近の研究について若干ご紹介したいと思います。二〇〇七年度から二〇〇九年度の三年間、「慧均『大乗四論玄義記』に基づく中国南朝仏教学の再構築」という題目で科学研究費を獲得しました。私はすでに「慧均『大乗四論玄義記』の三種釈義と吉蔵の四種釈義」[48]という論文を発表したことがあり、『大乗四論玄義記』には関心を持っていたのですが、科学研究費を獲得した以上、ある程度集中的に取り組まなければならなくなりました。とはいっても、なかなか集中的に研究する時間的余裕もなかったのですが、この間、印仏学会の、二〇〇八年の大会で「『大乗四論玄義記』の基礎的研究」[49]、二〇〇九年の大会で「『大乗四論玄義記』における前代教学の批判―「三乗義」を中心として」[50]を発表しました。また、二〇〇九年の大会では、「『大乗四論玄義記』とその周辺」というパネルの代表者を務めました。駒澤大学の奥野先生、伊藤先生にも参加していただき、さらに二〇〇八年一月二六日の駒澤大学仏教学会で講演された崔鈆植先生に韓国から参加していただきました。私がパネルを開いた背景としては、次のような事情がありました。昨年（二〇〇九）の二月に、韓国の金剛大学校仏教文化研究所が第二回学術セミナーとして「『大乗四論玄義記』とその周辺」を主催致しました。韓国側から崔鈆植先生、石吉岩先生、ドイツからJörg Plassen先生、日本側から伊藤先生（書面発表のみ）、奥野先生、そして私が参加し、それぞれ研究発表をしました。私は、最近の『大乗四論玄義記』をめぐる新しい研究の興隆について、ぜひ日本の学会においても紹介すべきであると考え、最も相応しい場所として、印仏学会においてパネルを組織しました。基本的には、韓国でのシンポジウムと同じような内容となりましたが、二月のシンポジウムの後、崔鈆植氏は、待望の『校勘 大乗四論玄義記』を刊行しましたので、ちょうど良いタイミングだったと思います。

『大乗四論玄義記』の研究の意義は、詳細な研究の結果、自ずと明らかになる性質のものではありますが、今、気がついているいくつかの点を指摘しておきたいと思います。

(1)南北朝時代の著作の多くが散逸している情況において、本書は実に多くの資料を引用している点が注目されます（とくに三論宗の伝統説と、批判の対象である成実宗の理論の引用）。すなわち、南北朝時代の仏教思想の研究のうえで重要な書物と言うことができると思います。

(2)三論宗の思想が主に吉蔵の著作によってこれまで研究されてきたことは当然であり、妥当でもありましたが、同門の慧均が提示する吉蔵とはやや異なる三論宗の思想は、三論宗のなかで吉蔵の思想を相対化し、新たに位置づけるうえで重要であると思います。

(3)崔鈆植先生の本書の百済撰述説がもし正しければ、百済の三論宗の実態を明らかにすることができるとともに、中国、百済、日本の三論宗に関する当時の学術文化交流について知ることが期待されます。

崔鈆植氏の『校勘本』が刊行されて、『大乗四論玄義記』の研究は新しい段階に入りました。『大乗四論玄義記』の解読のために、崔鉛植氏の仕事は大きな貢献をしてくれることを実感していますが、それでもなお『大乗四論玄義記』は難解です。今後、訳注研究、思想的研究が待望されるところであります。私は、自身の研究のためにラフな訓読訳を作成しましたが、今後のさらなる研究を期したいと思います。

また、中国法華経疏に話を戻すと、当面、『法華文句』の訳注、『法華玄義』の新しい訳注（大蔵出版の新国訳大蔵経・中国篇の企画）に取り組むつもりです。今回、このようなすばらしい学会で講演する機会を与えられましたおかげで、自分のこれまでの研究を振り返ることができました。これは私自身にとってとても貴重な体験でした。若い研究者の方々にとっても何か参考になることがあれば、講演者として望外の幸せです。本日はご清聴まことにありがとうございました。

注

（1）三友健容『アビダルマディーパの研究』（平楽寺書店、二〇〇七年）八一六頁を参照。
（2）平井俊榮『中国般若思想史研究—吉蔵と三論学派—』（春秋社、一九七六年）を参照。
（3）山川智応『法華思想史上の日蓮聖人』（新潮社、一九三四年／浄妙全集刊行会、一九七八年）を参照。
（4）塩田義遜『法華教学史の研究』（地方書院、一九六〇年）を参照。
（5）坂本幸男編『法華経の中国的展開』（平楽寺書店、一九七二年）を参照。
（6）丸山孝雄『法華教学研究序説—吉蔵における受容と展開—』（平楽寺書店、一九七八年）を参照。
（7）村中祐生『天台観門の基調』（山喜房仏書林、一九八六年）を参照。
（8）菅野博史『中国法華思想の研究』（春秋社、一九九四年）を参照。
（9）横超慧日「竺道生撰法華経疏の研究」（『大谷大学研究年報』五、一九五二年。後に、横超慧日『法華思想の研究』（平楽寺書店、一九七五年）に収録）を参照。
（10）中国仏教思想研究会「道生撰妙法蓮花経疏対訳（上巻）」（『三康文化研究所年報』九、一九七六年三月）、同「道生撰妙法蓮花経疏対訳（下巻）」（『三康文化研究所年報』一一、一九七九年三月）を参照。

(11) Young-ho Kim, *Tao-sheng's Commentary on the Lotus Sutra: A study and Translation*. Albany: State University of New York Press, 1990.

(12) 『仏教・インド思想辞典』（春秋社、一九八七年四月）を参照。

(13) 横超慧日「仏教における宗教的自覚―機の思想の歴史的研究―」（初出は一九四四年。『中国仏教の研究　第二』〔法藏館、一九七一年〕所収）を参照。

(14) 前掲書、一八頁を参照。

(15) 菅野博史「竺道生における機と感応について」（『印度学仏教学研究』〔以下、『印仏研』と略記する〕三二―一、一九八三年一二月、二六一―二六四頁）を参照。

(16) 菅野博史「『大般涅槃経集解』における道生注」（『日本仏教文化研究論集』五、一九八五年三月、七四―八五頁。本書、第三部、第二章に収録）を参照。

(17) 伊藤隆寿『中国仏教の批判的研究』（大蔵出版、一九九二年）の「序論　第一章　中国における仏教受容の基盤―道・理の哲学」「本論　第三章　竺道生の思想と〝理の哲学〟」を参照。

(18) 平井宥慶「敦煌文献よりみた『法華経』研究」（田賀龍彦編『法華経の受容と展開』〔平楽寺書店、一九九三年〕六三九―六七八頁）を参照。

(19) 方廣錩「敦煌遺書中的《妙法蓮華経》及有関文献」（『中華仏学学報』10期〔中華仏学研究所、一九九七年〕二一一―二三二頁）を参照。

(20) 上海古籍出版社・上海博物館合編『上海博物館蔵敦煌吐魯番文献』第一冊（上海古籍出版社、一九九三年）一一八―一五九頁を参照。

(21) 方廣錩編『蔵外仏教文献』第二輯（宗教文化出版社、一九九六年）二九三―三五四頁を参照。

(22) 菅野博史「『法華経文外義』研究序説」（『印仏研』五五―一、二〇〇六年一二月、四九九―四九二頁。本書、第一部、第六章に収録）を参照。

(23) 平井宥慶、前掲論文、六六〇―六六一頁を参照。

(24) 「諸相善」「世間相善」の「相善」を「有相善」と解釈することについては、『法華経文外義』の「相善」の用例を参照。たとえば、「以此都験、故知世間有相諸善皆能運載、得為乗体也。又問。若世間善都以為乗体者、世間善有動出。何以経言、世間諸善、不動不出、有相沈沒、無相出世也。此解詎不違経文也。又解。道言相善不動不出者、霊山以前不了義説、為修五戒十善、得人天果報、属於人天、名人天乗」（方廣錩編『蔵外仏教文献』第二輯、前掲同書、三〇〇頁）を参照。

(25) 池田宗譲「『俗諦常住』考序章—法華経の『世間相常住』解釈ノート—」(『三康文化研究所年報』三九、二〇〇八年三月、一—三四頁)を参照。

(26) 佐藤哲英『続・天台大師の研究—天台智顗をめぐる諸問題—』(百華苑、一九八一年)二六九—二八〇頁を参照。

(27) 拙著『中国法華思想の研究』の第一篇・第三章に劉虬の『注法華経』の逸文を集めたが、第10番の逸文の後半が欠けていたので、ここで訂正しておきたい。本文に「注経云、諸尼之中、挙姨妻二人者、豈唯標親以兼疎。乃因名以託旨」と示したが、その後に、「浄名経云、智度菩薩母、方便以為父、法喜以為妻。欲明虚已修度則従生之義顕、滅累体法則伉儷之業成」が続く(拙著、一二六頁)。

(28) 田村芳朗「法雲の法華義記の研究」(坂本幸男編『法華経の中国的展開』〔平楽寺書店、一九七二年〕一七五—二二一頁)を参照。

(29) 菅野博史『法華義記』(法華経注釈書集成2、大蔵出版、一九九六年)を参照。

(30) その成果は、『南岳思大禅師立誓願文索引』(共編、東京大学東洋文化研究所、一九八八年三月)を参照。

(31) 川勝義雄「中国的新仏教へのエネルギー—南岳慧思の場合—」(福永光司編『中国中世の宗教と文化』〔京都大学人文科学研究所、一九八二年〕五二一—五三〇頁所収)を参照。その後、川勝義雄『中国人の歴史意識』(平凡社、一九九三年)二〇七—二七四頁に収録された。

(32) Daniel B. Stevenson and Hiroshi Kanno, *The Meaning of the Lotus Sūtra's Course of Ease and Bliss: An Annotated Translation and Study of Nanyue Huisi's (515-577) Fahua jing anlexing yi*, 2006, Bibliotheca Philologica et Philosophica Buddhica, vol. IX, The International Research Institute for Advanced Buddhology. モノグラフのなかの菅野論文の日本語原文は、菅野博史「『法華経安楽行義』の研究(1)」(『東洋学術研究』四三—二、二〇〇四年一二月、一七六—一九五頁。本書、第一部、第四章に収録)、「『法華経安楽行義』の研究(2)」(『東洋哲学研究所紀要』二〇、二〇〇四年一二月、五三—八一頁。本書、第一部、第五章に収録)を参照。

(33) 伊藤隆寿「三論宗関係典籍目録(稿)」(『駒澤大学仏教学部研究紀要』五四、一九九六年三月)を参照。

(34) 『法華統略』上(法華経注釈書集成6、大蔵出版、一九九八年)、『法華統略』下(法華経注釈書集成7、大蔵出版、二〇〇〇年)を参照。

(35) 智山伝法院編『真福寺文庫撮影目録』上巻(真言宗智山派宗務庁、一九九七年)、同下巻(一九九八年)を参照。『法華統略』の二種のマイクロフィルムについては、上巻一四〇頁(番号482-11)と下巻五三六頁(番号615-2)に記載されている。私が翻刻したものは、上巻に記載された写本である。

(36) 奥野光賢『仏性思想の展開—吉蔵を中心とした『法華論』受容史—』(大蔵出版、二〇〇二年)一三一—一三五頁を参照。

(37) 菅野博史『法華とは何か—『法華遊意』を読む—』(春秋社、一九九二年)を参照。

(38)『韓国伝統思想叢書　仏教編　元暁』（近刊）に収録される。また、Charles Muller, "Wonhyo on the *Lotus Sūtra*"（『印度哲学仏教学研究』16、二〇〇九年、二五―三八頁）を参照。

(39) 平井俊榮『法華玄論の註釈的研究』（春秋社、一九八七年）、『続法華玄論の註釈的研究』（春秋社、一九九六年）を参照。

(40) 菅野博史『法華玄義』上・中・下（第三文明社、一九九五年一月、二月、三月）、『法華玄義入門』（第三文明社、一九九七年）を参照。

(41) *Foundation of T'ien-t'ai Philosophy*. Berkeley: Asian Humanities Press, 1989.

(42) Shen Haiyan, *The Profound Meaning of the Lotus Sūtra: T'ien-t'ai Philosophy of Buddhism*, 2 volumes. Delhi: D K Fine Art Press P Ltd, 2005. なお、最近、この書の中国語版が刊行された。沈海燕『《法華玄義》的哲学』（上海古籍出版社、二〇一〇年）を参照。

(43) 李志夫『妙法蓮華経玄義研究』（中華仏教文献編撰社出版、一九九七年）を参照。

(44) 平井俊榮『法華文句の成立に関する研究』（春秋社、一九八五年）を参照。

(45) 菅野博史「『法華文句』における四種釈について」（『印仏研』五四―一、二〇〇五年一二月、七九―八七頁。本書、第一部、第九章に収録）を参照。

(46) 菅野博史『現代に生きる法華経』（第三文明社、二〇〇九年）を参照。

(47) 朱封鰲『妙法蓮華経文句校釈』（宗教文化出版社、二〇〇〇年）を参照。

(48) 菅野博史「慧均『大乗四論玄義記』の三種釈義と吉蔵の四種釈義」（『木村清孝博士還暦記念論集・東アジア仏教　その成立と展開』〔春秋社、二〇〇二年〕八七―一〇〇頁所収。本書、第四部、第一章に収録）を参照。

(49) 菅野博史「『大乗四論玄義記』の基礎的研究」（『印仏研』五七―一、二〇〇八年一二月、六一―三九頁〔左〕）を参照。この論文をやや拡大した論文を韓国で発表した。「『大乗四論玄義記』の研究序説―自己の基本的立場の表明」（『불교학리뷰』5、Geungang University、二〇〇九年六月、六五―九〇頁。本書、第四部、第二章に収録）を参照。

(50) 菅野博史「『大乗四論玄義記』における前代教学の批判―「三乗義」を中心として」（『印仏研』五八―一、二〇〇九年一二月、五〇一―四九三頁〔左〕。本書、第四部、第三章に収録）を参照。

〔本書のための付記〕本稿発表後、『法華文句』Ⅲ（第三文明社、二〇一〇年）、『法華文句』Ⅳ（二〇一一）、『法華玄義Ⅰ』（大蔵出版、『新国訳大蔵経』中国選述部、二〇一一年）を刊行した。

二　初期中国仏教の経典注釈書について

一　問題の所在

経典注釈書の制作にきわめて熱心であったことは、中国仏教の大きな特色と言ってもよいと思う。中国では二世紀の半ば過ぎから仏典の漢訳が開始され、中国人が中国語によって仏教を学ぶことができるようになった。仏典は大きく経・律・論の三種に分けられるが、仏教の研究がしだいに進むと、経・律・論のそれぞれに対する注釈書が制作されるようになった。すでに中国では、儒教古典や『老子』、『荘子』などの諸子に対する注釈を制作する伝統があり、その文化的伝統が仏典の注釈書の制作を促したと考えられる。仏典の中でも、経が釈尊の思想を学ぶうえで最良のものであったから、経典の注釈が最も熱心になされるようになった。また、中国人仏教徒は自己の思想を表明する場合、必ずしも独立の書を執筆するのではなく、経典の注釈という形式のなかで、自己の思想を表明する場合も多かったのである。もっとも『弘明集』、『広弘明集』などに収録されている多くの論文が現存するばかりでなく、『出三蔵記集』の目録によれば、今は散逸した多くの論文が著わされた事実も忘れてはならないと思う。

中国仏教史における経典注釈書の注釈の方法の推移、発展に関しての専論として、横超慧日「釈経史考」(1)がある。これは中国仏教史全体を扱った非常にすぐれた研究であり、筆者も絶えず参照した。本稿では、経典注釈書のはじまりから浄影寺慧遠、智顗、吉蔵の注釈書までを考察の対象として取りあげ、経典注釈書の形式、内容、および注釈の方法の推移、発展について概観したい。

二　注と義疏の区別と中国仏教史における注から義疏への展開

古勝隆一「釈奠礼と義疏学」(2)は、後漢から魏晋の時代にかけて流行した古典注解の形態である「注」と、南北朝時代に成立して主流を占めた注釈形式である「義疏」との本質的な区別は何かという問題を取りあげている。古勝氏は、儒教古典の注釈書を資料として、注は経典の全文を出し、それに説明を加えたもので、経典本文が中心的存在であり、注は経典から独立した著作ではなかったとしている。他方、義疏は、経典の全文を出さずに、撰者の選んだ経文を出し、それに説明を加えたものであり、撰者自身の著作と見なされるものであるとしている。

この注と義疏の区別は、中国仏教の初期における経典注釈書(本稿では、「注釈」という語を注と義疏のいずれをも含むものとして用いる)に適用すると、現存する最古の注釈書のいくつかは「注」の形式を採用し、その後、道生の『妙法蓮花経疏』に代表されるような「義疏」の形式を採用した注釈書が現われることがわかる。義疏はそもそも講経と問答の記録と見なされるものである。あるいは講経のための準備の草稿と見なされるものである(3)。南北朝時代、仏教界においてこの講経という活動が非常に盛んになったことが、義疏の活発な制作と密接な関係があることは言うまでもない。さらに、中国仏教の経典注釈書の注から義疏への移行、展開は、儒教古典の注釈書の注から義疏への変化と対応したものであろうが、仏教文献の特色も注から義疏への移行に関係しているのではないかと思われる。

前述のとおり、注は本文全体を出し、経文を適宜区切って、その下に説明を加えるものであるから、もし非常に大部の経典に対して、注の形式で注釈するならば、大変な労力を要するし、実質上不可能に近いのではないかと思われる。仏教の義疏でさえも、経典の後半になればなるほど、注釈がごく簡潔になっていく傾向は多くの経典の義疏に共通に見られるものである。仏教経典の場合、大部の経典が陸続と翻訳され続けられたという状況を考えると、注から義疏への移行は必然的だったのではないであろうか。現存する「注」の形式で残る注釈はいずれも短い経典に対してのものである。ただし、『大般涅槃経集解』については、『南本涅槃経』全文を出して（「A至B」という形式によって中略する場合も多い。「A至B」は「AからBまで」の意味）、十八名の注釈を編集している。しかし、編集されたもとの個別の注釈はおそらく「義疏」であったと推定されるが、確かなことは不明である。

また、義疏の主要な内容を占める分科は、注の形式では、それを詳しく明らかにすることはなかなか難しいのではなかろうか。後述する『金剛般若波羅蜜経注』にも分科がみられるが、経典全体を三章に分けるというごく簡単な分科にすぎない。

しかしながら、我々は注から義疏への移行の哲学的な背景も考えなければならないであろう。注は経典の語句の意味のような表面的な事がらに注意を払う傾向があるのに対して、義疏は経典の根本的な意味に焦点を当てる傾向がある。たとえば、それは王弼（二二六―二四九）や道生たちの「得意忘言」という経典の取り扱い方に見られる。

さて、『出三蔵記集』によれば、早くも支謙（二世紀末―三世紀中頃）は『了本生死経』に注し、康僧会（？―二四七―二八〇）は『安般守意経』、『法鏡経』、『道樹経』に注したことが知られるが[4]、それらの注は現存しない。「注」の形式で著わされた初期の注釈書には、完本としては次のようなものが現存している。

第一に安世高訳『陰持入経』（『大正蔵』第十五巻所収。六〇三番）に対する呉陳慧の『陰持入経註』二巻である。陳慧の「陰持入経序」が付せられている。「師云」という引用が十五箇所見られる[5]。また、『陰持入経註』には、「一説云」（「一説言」も含む）が三箇所見られ、他の解釈についての言及が見られる。また、十三の経典からの引用が見られ、塚本善隆氏がすでに経名を取りあげている[6]。塚本氏の研究で問題となるのは、「中心経」の引用（三回の引用が見られる）について「佗真経」（支婁迦讖訳『佗真陀羅所問如来三昧経』[7]）と同一であるかもしれないと推定しているが、これは曇無蘭訳『忠心経』を指すことは明らかである。ただし、漢訳者の曇無蘭は東晋時代、四世紀に活躍した人であり、陳慧より遅い人なので、時代的に矛盾がある。湯用彤氏は、訳者不明であった『忠心経』が後に曇無蘭訳とされたことを指摘している[8]。この他に「偈曰」が三箇所あり、そのうち二箇所は『法句経』、支謙訳『私呵昧経』からの引用である（一箇所は不明）。また「経曰」が二箇所あるが、いずれも出典不明である。また、「安般解曰」が四箇所あるが、これは陳慧と康僧会の共同になる『安般守意経』の注であろう[9]。

第二に支謙訳『大明度経』の本文に施されている割注である。『大明度経』は全六巻であるが、注釈は巻第一、行品に対してのみ付されている。この注釈の作者は不明であるが、この注釈も「注」の形式でなされている。「師云」という引用が二十数箇所見られるが、これは支謙を指すという説が有力である[10]。また、維祇難等訳『法句経』、支謙訳『了本生死経』、支婁迦讖訳『純真経[11]』、支謙訳『慧印三昧経』の引用が見られる。

第三に安世高訳『人本欲生経』に対する道安[12]（三一四―三八五）の『人本欲生経註』である。道安の「人本欲生経序」が付せられている。これも「注」の形式を採用している。注釈の特徴としては、『陰持入経』、『法句経』、支謙訳『七処三観経』の三経からの引用が見られる。また、経典の本文批判が見られる。たとえば「句が逆である」（句倒[13]）という表現が五箇所見られ、経文の語順の誤りを指摘している。また、「現は見とするべきである」（現当為見[14]）とあり、経文の漢字を訂正している。その他、ある文字が欠けているとか、多い（衍字）とかの指摘もある。その他、興味深い指摘として、「インドの言語は質朴であり、細かく詳しいことを嫌わない」（天竺言質、無慊其悉也[15]）とあり、経典にしばしば見られる冗長な繰り返しは、中国では悪文と見なされるけれども、それはインドの言語の特徴であると指摘している。

以上の三種の注は、すでに横超慧日氏が指摘するように、経典の分科を示していないところに特徴がある。

第四に僧肇撰と伝えられる『金剛般若波羅蜜経注』がある。[16] 宇井伯寿「金剛般若経及び論の翻訳並に註釈」によれば、[17] この注は僧肇（三八四―四一四）ではなく、謝霊運（三八五―四三三）の著作とされる。この注は、「如是我聞」の注の前に、経序とは名づけられていないが、経序に相当する文章が置かれている。そこには、「〔『金剛般若経』の説く〕理は中道に帰着し、二諦を根本趣旨とする」（理帰中道、二諦為宗）[18] とあり、二諦、中道についての言及が見られる。また、経序にしばしば見られる経典の題目（金剛般若波羅蜜経）の解釈がなされている。さらに、「この経の本質は、空の智慧を中心とする」（此経本体、空慧為主）[19] とあり、経典全体を三章に分けるという簡潔な分科が見られる。第一章は境空、第二章は慧空、第三章は菩薩空を明かすと規定されている。また、「四時般若」[20] の中で、最初の経典であると位置づけている。随文釈義においては、「理」という概念を多用していることが特徴的であり、道生の注釈書と共通性を持っている。また、文章表現にも道生の注釈書と類似したものが感じられる。また、「述成」「結成」「合譬」などの後の注釈書によく見られる注釈術語も出ている。

上に取りあげた四つの注以外に、安世高訳『安般守意経』がある。これは、注が経文のなかに組み込まれており、両者を明確に区別することが困難である。康僧会の「安般守意経序」（『出三蔵記集』巻第六所収）に、「陳慧が注釈し、私が助けて修訂した」（陳慧注義、余助斟酌）[21] とあるように、注の部分は陳慧が作成し、康僧会がそれに手を加えたようである。[22]

さて、現存する経の注を紹介してきたが、次に『注維摩詰経』（以下、『注維摩』と略記する）を取りあげよう。これは、『維摩経』の全文を取りあげ、鳩摩羅什、僧肇、道生の注釈を編纂したものである。[23] 経典の全文を取りあげる点は注の形式であり、この点は『大般涅槃経集解』と共通であるが、編纂される以前の彼らそれぞれの注釈書が注であったか義疏であったかは問題である。現在、僧肇の単注本が発見されているので、[24]『注維摩』の編纂以前には、僧肇の注釈は『維摩経』に対する「注」であったことがわかる。また、工藤雅也氏は、僧肇の注釈が「注」であったのに対して、道生の注釈は「義疏」であったのではないかと推定している。[25] 妥当な見解だと思われる。道生の『妙法蓮花経疏』は彼の著作のなかで完本としては唯一現存するものであるが、これは「義疏」の形での注釈である。では、『大般涅槃経集解』に収録されている道生の注釈はどうであったか。『涅槃経』そのものの分量（『南本涅槃経』三十六巻）と、道生の注の収録が経文に対して少ないことから考えると、道生の注釈はやはり「義疏」の形式だったと推定される。[26]

『出三蔵記集』巻第八には、僧叡の『毘摩羅詰堤経義疏序』が収められているので、僧叡に『維摩経』に対する義疏があったことがわかるが、[27] これは現存しない。ただし、道液『浄名経集解関中疏』（『大正蔵』第八十五巻所収）には、僧叡の注釈が十数箇所引用されている。

さて、『注維摩』にも僧肇の経序が付いている。経序は一般に経典の中心思想、経題の解釈、翻訳の経緯などの記事を含むが、これが後に吉蔵、智顗などに見られる玄義、玄論という名の注釈書に発展するのである。また、『注維摩』も最初に取りあげた三経の注と同様、科段が説かれていないことに注目すべきである。

三　現存する最古の義疏―道生『妙法蓮花経疏』

道生には、『法華経』、『維摩経』、『涅槃経』に対する注釈が現存している。ただし、『維摩経』、『涅槃経』に対する注は単著ではなく、他の注釈家の注釈とともに編集されたものである。たとえば、『大般涅槃経集解』における道生の注釈は、二十五品のうち十三品については、まったく道生の注釈が採用されていない。[28] これは、『大般涅槃経集解』の編纂者が十八人の注釈を編纂するという困難な仕事のなかで、僧亮の注釈を中心とした編纂方法を採用したということであろう。

前述したように、僧叡、道融に『維摩経』に対する義疏があったので、道生の『妙法蓮花経疏』が最古の義疏とは言えない[29]が、現存するものとしては最古であるといえよう。そこで、『妙法蓮花経疏』を資料として、簡潔に道生の注釈の特色を見たい[30]。道生の『妙法蓮花経疏』は、後の隋・唐の経典注釈書に大きな影響を与えたものと思われる。本疏は経序を独立に立てていないが、随文釈義の前に、簡潔な義疏撰述の背景、経題釈が見られ、その経題釈のなかで、教判（四種法輪）、『法華経』の「宗」（根本思想）を「大乗」とすることが示される。当時、各経典の「宗」を明確にすることによって、経典間の関係を捉えること（教判に相当する）が課題であったことは、横超氏の指摘の通りである。以下、本稿では、随文釈義の部分を資料として、道生の注釈の方法を何点かに整理して考察したい。

(一)注釈の形式的特色

まず、第一に、注釈の形式的特色として、(a)「来意」に相当する部分が存在すること、(b)分科が示されていること、(c)経文の標出（標起止）についての特色、(d)音写語の解釈の特色、(e)異説の取り扱い方の特色について考察したい。

(a)については、道生は各品の随文釈義に入る前に、その品の一経全体における位置づけ・存在意義、品名の解釈などについて叙述している。これは、後の吉蔵などの経典注釈書などでは「来意」と呼ばれるもので、後代の経典注釈書に広く見られるものである。

(b)については、道生は『法華経』を三因を一因となす段、三果を一果となす段、三人を一人となす段の三段落に大分している。これは後代のいわゆる序・正・流通の一経三段とは異なるが、道生は各品の位置づけの中で、序、流通の用語を使用しているとともに、正説に相当する概念として「理説」（内容的には法華経の一因一果の教えを指している）という表現を使っている[31]。

いわゆる「分科」は、このような経典全体の段落分けばかりでなく、むしろ経文のより詳細な段落分けを意味するが、本疏には序品から信解品まで、若干の分科が見られる。とくに譬喩品の火宅の譬喩の長行・偈頌については重層的な分科が見られ、本疏の分科の中では道生が最も力を注いだものである。そこには、「外譬」（外面的な譬喩）、「内義」（内面的な意味）という注釈術語が見られる。後に法雲『法華義記』が「開譬」「合譬」「外譬」「内合」という術語を使うが、道生がすでに「外譬」と言い、「内合」という術語はまだ使っていないものの、「内面的な意味をそれに対応させる」（以内義合之）[32]などと同じ内容を述べている点は注目に値する。ちなみに、「内合」とは譬喩がどのような事実を示しているかを明らかにすることである。つまり、経典自身が、譬喩を説いた（これを開譬という）後に、しばしばその譬喩がどのような事実を意味しているかを解説する（これを内合という）が、その譬喩の意味が、道生においては「内義」と言われ、「合」とは、そのような「内義」が譬喩のどのような内容に対応（合）しているかを意味する。これが「内」合と言われるのに対して、譬喩のほうを「外」譬と表現するのである。

これを要するに、法雲や吉蔵など後代の経典注釈書に見られる経典全体にわたる詳細な分科に比べれば、道生の分科は部分的に過ぎないが、後代の経典注釈書の先駆的地位を占めていることは十分認められるであろう。

(c)については、道生は注釈の対象となる経文のみを標出しており、これは法雲などと比べて異なる方法である。というのは、法雲の場合なども、直接注を施す語句は経典の一部に過ぎないのであるが、「……此下」「……已下」などという省略的表現によって、経文全体にわたって分科を施しているので、結果的には経文全体を標出していることになる。

また、道生は分科を施している箇所についての経文の標出についても、その段落の範囲の全文を標出してはいないので、経文の標出の仕方としては不完全と言わざるをえない。なお、経文の比較的短いものは全文を標出し、長いものは「A至B」という中略の形式で標出しており、これは後代の経典注釈書にも受け継がれていく。

(d)については、人名などの音写語の解釈を「宋云……」「宋言……」という形式で示す。「宋」とは道生の活躍した劉宋（四二〇—四七九）を指す。この形式は、『注維摩』にも頻出するものである。

(e)については、道生が自説を証明するために他の経論をまったく引用しないことは、すでに横超氏の指摘するところである。それに関連することであるが、後代の注釈書には異説を列挙、論評して、自説の正当性を主張する形式がよく見られるが、道生においては、わずか二箇所において、「一義云、……」として異説を紹介しているだけである。

(二)偈頌の解釈

第二に、道生の偈頌の解釈について考察する。経典の内容は文章形式の上から、散文体の長行と韻文体の偈頌とから成っており、長行と偈頌とが交互に説かれている。道生は、偈頌の意義を四種挙げている[33]。第一は長行を説く時に間に合わず、後にやって来る人のために偈頌が説かれるとされ、第二は長行をまだ理解していない人のために偈頌が説かれるものとされ、第三では長行が簡略であるため、偈頌によって長行の内容を敷衍すると述べられている。第四では窮まりない心の昂揚で歌い踊るという、偈頌を説く主体者の感情の側面、つまり、感情の昂揚が自然に偈頌を生み出すことを指摘している。

第三の長行と偈頌の関係を内容の広略で捉える視点は、序品の注釈の後の箇所では一層深められている[34]。つまり、長行にあっても、それを偈頌で繰り返さない場合や、対応する内容が長行になくとも、偈頌を新しく説き起こす場合のあることを指摘している。また、長行と偈頌との関係はより多様で、確定しがたいので、その時々に応じて適宜な関係を認定しなければならないと述べている。また、他の箇所[35]では、偈頌が長行に対して、内容的に広である場合、略である場合、さらに、長行に説かれていても偈頌で繰り返さない場合など、さまざまな場合のあることを指摘している。

さて、道生の偈頌に対する注は簡略であるが、その中心は、長行に付した分科との厳密な対応関係を指摘することである。この対応関係を示す表現が「A頌B」であり、偈頌の文Aが長行の文Bを頌すという意味で、偈頌と長行との対応関係を示す定型的表現として後代の経典注釈書にも受け継がれていく。

(三)解釈の基本的立場、理論的枠組み

道生が経典を解釈する基本的立場としては、すでに横超氏が指摘しているように、経典の具体的事相(放光、大地の震動、宝塔の出現など)や譬喩が深い思想的意義を有しているとする強い確信に立って、その意義をどこまでも闡明しようとすることと、経典の言語を魚兎を捕らえる筌蹄にたとえ、[36] 経典の含蓄する深い意義が明らかになった段階では具体的事相や譬喩に執らわれてはならないとすることとが重要である。[37]

次に道生が経典を解釈する際に一貫して用いている、いくつかの解釈の枠組みについて、ごく簡潔に触れておく。第一に、聖人の超越性についてである。三乗の説法や入涅槃などの聖人の諸活動は凡夫の実情に対応したものであり、聖人自身はそれらを超越した存在とされる。第二に、「仏・菩薩の応現・教化を発動させ、かつそれを受け止める衆生の側の構え、ありかた」としての「機」が聖人を「感」じ(発動させ)、それに対して聖人が応じるという感応思想が、譬喩品の火宅の譬喩や信解品の窮子の譬喩などの解釈の枠組みとして活用されている。この点、後代の経典注釈書への影響が大きいと思われる。第三に、とくに一乗思想との関連において「理」という概念を多用している(百三十七回の用例)。第四に、十住思想によって経文を解釈することが見られる。この解釈方法も後代の経典注釈書に受け継がれていく。

四 『大般涅槃経集解』、法雲『法華義記』

(一) 『大般涅槃経集解』

『大般涅槃経集解』（『集解』と略す）七十一巻は、劉宋の道生から南斉・梁にかけての十八人の僧の大乗の『南本涅槃経』に対する注釈を編集したものである。底本の来歴、編纂者に関しては拙論[38]を参照されたいが、今のところ、編纂者は建元寺法朗（『集解』に収録されている慧朗と同一人物と推定されている）という説が有力である。

現行の『集解』は七十一巻あり、その巻第一には、梁武帝が霊味寺宝亮のために書いた「大般涅槃経義疏序」と、道生、僧亮、僧宗、宝亮などの十人の法師の経序が収められている。さらに『集解』の編纂者がこの十法師の経序それぞれの内容を分解して、釈名、辨体、叙本有、談絶名、釈大字、解経字、覈教意、判科段の八項目のもとに整理している。言い換えれば、それぞれの経序のなかに、八項目と関連する記述を発見し、その部分を関連する項目のもとに貼り付けているのである。そこには、経序を書いた十法師以外にも、僧肇、法雲など八名の名も挙げられ、彼らの解釈が紹介されている。巻第二以下は随文釈義であり、『南本涅槃経』三十六巻二十五品を二千八百六十四に区切り、諸師の注釈を編集している。注釈が紹介されている僧の名は、先の経序を書いた十法師のうち九名（曇准の注釈は実際には一箇所もない）以外に、慧朗、智蔵など九名の注釈が収録されている。注釈が採用されている十八人の僧のなかで、僧亮が二千百三十箇所、僧宗が千百五十五箇所、宝亮が千八十一箇所に注釈が採用されている。逆に慧令、智蔵などはただ一箇所に注釈が採用されているだけである[39]。多くの僧の注釈を編集するのはなかなか面倒な作業であり、もっとも基準となる注釈を僧亮に求め、それと相違する特徴ある注釈を編纂者の判断で選択したものであろう。

『集解』の注釈の特徴に関して、もっとも注目すべきは、編纂者が十法師の経序を八項目に分類したことである。これら釈名、辨体、叙本有、談絶名、釈大字、解経字、覈教意、判科段の八項目は、後代の智顗、吉蔵の注釈書に見られる項目と共通のものも見られ、梁代の経典注釈書のほとんどが散逸して現存しない今、これらの八項目は大いに注目すべきである。

さて、第一の釈名では『大般涅槃経』という経典の題目のうち、「般涅槃」を解釈している。第五の釈大字では「大」を解釈し、第六の解経字では「経」を解釈している。この三項目を合わせると、「大般涅槃経」という経典の題目すべてを解釈することになる。後代には、このように三項目に分けることをせず、「釈名」のなかで、経典の題目の全体を解釈することになり、智顗、吉蔵の場合も例外ではない。第二の辨体では『涅槃経』の本体についての議論がまとめられており、智顗、吉蔵の「辨体」と共通している。第三の叙本有では涅槃が本来的存在であることを論じ、第四の談絶名では法身や涅槃の概念が本来名づけることのできないものであることを論じている。これらは、いわば『涅槃経』の根本思想である法身や涅槃についての議論であり、『集解』の前後の経典注釈書に見られる「宗」の概念に近いかもしれないが、他方、後代であれば、「辨体」の項目のもとに整理されても差支えないと判断される。

(二)法雲『法華義記』

次に、『法華義記』[40]は法雲の『法華経』講義を弟子が筆録したものであり、筆録者は法雲の弟子、法雲の学系に連なるものであるが、その名を明らかにすることはできない。筆録者は法雲の講義をそのまま筆録したのではなく、『法華義記』の注釈書としての充実を期するため、とくに異説の提示、批判などにおいて、自分なりの工夫をこらした跡を認めることができる。

『法華義記』の構成については、教判、経題（妙法蓮華経）の解釈、『法華経』の分科から成る総序ともいうべき部分が冒頭に置かれる。浄影寺慧遠の注釈書の冒頭部分も、教判、経題釈、分科の三要素を説いている場合がほとんどであるが、『法華義記』は経序の模範とも言うべき充実した内容を備えている。その後、「如是我聞」から経末までの随文釈義の部分が続く。このような構成は、浄影寺慧遠の注釈書、吉蔵の『法華統略』などと同じである。法雲『法華義記』の最大の特色は、『法華経』全体にわたる詳細な分科であり、そこに注釈者が最も力を注いだと見られる。『法華義記』に見られる分科は、智顗、吉蔵の『法華経』解釈に大きな影響を与えた。

五　浄影寺慧遠の注釈書

慧遠の現存する経典注釈書は、『維摩経義記』『涅槃経義記』『勝鬘経義記』『温室経義記』『無量寿経義疏』『観無量寿経義疏』である[41]。それぞれの経典注釈書の随文釈義に入る前の部分はほぼ共通の内容からなっており、要点としては、第一に声聞蔵・菩薩蔵の二蔵判、第二に「釈其名」に始まる経典の題目の解釈、第三に経典の分科がそれぞれ説かれている。各経典の義記の説明の分量はさまざまであるが、項目を立て組織だった説明をしているのは、第一の二蔵判の部分と第二の経題の解釈の部分を「五要」に分ける『観無量寿経義疏』、「六要」に分ける『温室経義記』である。『温室経義記』の説明はごく簡潔であるが、ここでは「六要」を紹介しよう。

第一に声聞蔵・菩薩蔵の二蔵判について説き、本経が菩薩蔵に収められることを明かし、第二に頓漸について説き、本経が漸教であることを明かし[42]、第三に経・律・論の三蔵について説き、本経が修多羅蔵（経蔵）であることを明かし、第四に経の「宗趣」について説き、本経は福徳檀行（福徳の原因となる布施行の意）を宗とすると明かし、第五に経題の付け方にさまざまな場合のあることを説き、本経（具名は、仏説温室洗浴衆僧経）は人と法に基づいた命名であり、「仏」は人、「説洗僧経」は法を指すとしている。第六に五種の説法人（仏・聖弟子・諸天・神仙・変化人）の相違を挙げ、本経が仏説であることを説いている。次に、「次釈其名」とあって経題を解釈している。他の経典の義記においては、「六要」の一部は、この経題の解釈の中で論じられる。最後に、序・正宗・流通の三段の分科について説いている。

なお、慧遠は一般には序・正宗・流通の三分科経を用いているが、『涅槃経義記』では、序分・顕徳分・修成徳分・破邪通正分・如来滅度闍維供養分の五段に分けており、第五分は中国に伝来していないと説いている。『維摩経義記』においては、三分科経も用いているが、さらに複雑な分科も示している。[43]

さて、慧遠の経典注釈書の他に見られない大きな特色は、経文の語学的研究である。筆者はかつて『維摩経義記』について、彼の注釈の特色を考察したことがあるので[44]、ここでは簡潔に要点を紹介する。第一に、漢訳仏典という翻訳文の一部の語順が、一般的な中国語文の語順と相違している事実を指摘している。第二に、経典の中の一文字（この場合は実詞と虚詞のどちらも含む）を取り出して、さまざまな形式で、その意味を明らかにしている。たとえば「A謂B也」「A猶B也」「A是B義」「A者B辞」（主に助字を説明する場合）「A謂AB」（説明対象の文字を含んだ二字の熟語を作る形式である）などである。第三に、経典のなかに使用されている助字がなぜそこで使用されているかを文脈に即して明らかにしている。このような特色は、大変珍しいものであり、智顗、吉蔵にはほとんど見られないものである。

六　智顗、吉蔵の注釈書

智顗、吉蔵の注釈書の第一の特徴は、随文釈義を含まず、経典の思想を総合的に明らかにする注釈書が著わされたことである。智顗の『法華玄義』、『維摩経玄疏』、吉蔵の『法華玄論』、『浄名玄論』、『法華遊意』などは、かつての経序の内容を敷衍発展させた新しい形式の経典注釈書といえる。智顗は、たとえば『法華玄義』において、釈名・辨体・明宗・論用・判教の五重玄義の視点から『法華経』を総合的に解釈している。[45] 釈名は「妙法蓮華経」という経題を解釈すること、辨体は『法華経』の体が諸法実相であることを論じること（智顗においては、『法華経』ばかりでなく、すべての大乗経典の体は諸法実相とされる）、明宗は仏の自行の因果が『法華経』の宗（根本）であることを明かすこと、論用は三種（自行・化他・自行化他）の権実の二智が『法華経』の断疑生信の力用であることを論じること、判教は釈尊の一代の教化のなかで『法華経』を位置づけることである。また、『維摩経玄疏』では、経典の解釈の枠組みとして、四悉檀、三観（空観・仮観・中観）、四教（蔵教・通教・別教・円教の化法の四教）について説いている。

吉蔵はたとえば『法華遊意』において「十門」を立てている。第一章は「来意門」である。「来意」とは、経や品が説かれる意義、すなわち、経や品の存在意義を意味する。第二章は「宗旨門」である。「宗旨」とは根本の趣旨の意味で、『法華経』の根本の趣旨が何であるかを説くものである。「来意門」が『法華経』に説かれる具体的な思想、教説を明らかにするのに比べて、「宗旨門」は因果論、つまり、修行とその果報という視点から『法華経』の根本趣旨を考察したものである。第三章は「釈名題門」である。第四章は「辨教意門」である。「辨教意」とは『法華経』の教えの意義を明らかにするという意味で、具体的には『法華経』の教判的位置づけの試みがなされる。第五章は「顕密門」である。声聞と菩薩とに対する教化の態度を顕（顕露の意。真意をはっきりと示すこと）と密（秘密の意。真意を隠すこと）とに分け、釈尊の一代の教化を四門に整理している。この顕密の四門は『法華遊意』において完成した教判思想の一つである。とくに、『法華経』と『般若経』との比較に適用されている。この「顕密門」は独立した段になっているが、『法華経』の教判的位置づけという意味では、内容的には第四章「辨教意門」で扱われてもよいものである。第六章は「三一門」である。『法華経』方便品の中心思想である、三乗と一乗の関係について論じる章である。第七章は「功用門」である。『法華経』が偉大な救済力を持っているのは、十種の不可思議な事がらを備えた経典であるからであると明らかにしている。第八章は「弘経門」である。『法華経』を弘通する方法と、弘通する法師について論じている。第九章は「部党門」である。『法華経』の異訳、法華部に属する経典について整理している。翻訳の歴史的な研究である。第十章は「縁起門」である。『法華経』の講義の歴史を整理している。講経の歴史的研究である。

智顗、吉蔵の注釈書の第二の特徴は、彼らが独特の解釈方法を確立したことである。智顗は『法華文句』で因縁・約教・本迹・観心という四種釈を用いている。吉蔵は、依名釈義・理教釈義・互相釈義・無方釈義という四種釈を用いている[46]。智顗、吉蔵のいずれの場合も、実際には経典の解釈に、これらの解釈方法を全面的かつ十分に適用しているとはいえないが、大きな特徴に数えることはできるであろう。

七　結　論

初期の中国仏教における経典注釈書について概観を試みた。儒教の経学における注と義疏の区別と、注から義疏への移行をふまえて、仏教経典の注釈書における注から義疏への移行を具体的に見た。中国仏教においても、はじめに注が撰述され、後に義疏が流行する。その転換点は、道生の時代であり、現存する最古の義疏として道生の『妙法蓮花経疏』の特徴についてやや詳しく考察した。道生の注釈の特色は、基本的に後代の注釈書に受け継がれていくものである。梁代の注釈書で現存するものは少ないので、『大般涅槃経集解』と法雲『法華義記』について論及した。隋の三大法師である浄影寺慧遠、智顗、吉蔵のうち、慧遠の注釈書の冒頭部分と、『維摩経義記』に見られる慧遠の注釈の特色を考察した。智顗、吉蔵については、玄義、玄論、遊意などの随文釈義を含まない注釈書の成立と彼らの独特の解釈方法の確立について要点のみを記した。この二人については、別稿を期したい。

本稿では、経典の注釈書を「注」と「義疏」に二分類したが、その他の形態として、『法華経文外義』[47]のような著作の存在もあることを付言しておきたい。これは、『法華経』の思想に関連した項目、たとえば「二智」「因縁を明かす」「若しは二、若しは三」「舎宅を焼く」「浄土」「五百由旬険難道」などを取りあげ、問答形式によって考察を加えたものである。この形態は、慧思の『法華経安楽行義』、吉蔵の『法華玄論』巻第四以下に類似していると言える。

注

（1）横超慧日『中国仏教の研究』第三（法蔵館、一九七九年。初出は『支那仏教史学』一―一、一九三七年四月）所収。今、引用は『中国仏教の研究』第三による。

（2）小南一郎編『中国の礼制と礼学』（朋友書店、二〇〇一年一〇月）所収。その後、古勝隆一『中国中古の学術』（研文出版、二〇〇六年）に収録。

（3）牟潤孫「論儒釈両家之講経与義疏」（『注史斎叢稿』〔中華書局、一九八七年〕所収。初出は『新亜学報』四巻二期、一九六〇年）を参照。

（4）『出三蔵記集』巻第十三、大正五五・九七上、九七下を参照。

（5）この「師」については、康僧会、安世高、支謙を指すという三説がある。Stefano Zacchetti, "An early Chinese translation corresponding to Chapter 6 of the *Petakopadesa*—An Shigao's *Yin chi ru jing* T603 and its Indian original: a preliminary survey", *Bulletin of SOAS*, 65, 1, 2002, p. 93, note108を参照。

（6）塚本善隆『中国仏教通史』第一巻（鈴木学術財団、一九六八年）八五―八六頁を参照。

（7）この経は『大明度経』の注の部分に引用されており、そこには「純真経」とある。

（8）湯用彤『漢魏両晋南北朝仏教史』（北京大学出版社、一九九七年。初版は一九三九年）九七頁を参照。

（9）後注（21）（22）を参照。また、Erich Zürcher（*The Buddhist Conquest of China*. Leiden, 1972 (first ed. 1959), E. J. Brill. p. 54）を参照。

（10）Whalen Lai, "Before the Prajñā Schools: The Earliest Chinese Commentary on the *Aṣṭasāhasrikā*", *Journal of the International Association of Buddhist Studies*, 6, 1, 91-108.

（11）正しくは『伅真経』である。

(12) 本論では完全な形で現存する注のみを取りあげたが、敦煌写本に『維摩経』の注の断片がある。釈果朴『敦煌写巻 P. 3006「支謙」本《維摩詰経》注解考』(台北法鼓文化出版公司、一九九八年)を参照。釈氏は、これを道安の著作と推定している。

(13) 大正三三・一中、一下、二中、三上、四上。

(14) 大正三三・一中など。

(15) 大正三三・四上。

(16) 鵜飼光昌「謝霊運『金剛般若経注』の基礎的研究 上」『仏教大学大学院研究紀要』二〇、一九九二年三月)を参照。

(17) 宇井伯寿「金剛般若経及び論の翻訳並に註釈」(『宇井伯寿著作集』第六巻〔大東出版社、一九六七年〕所収。初出は一九三三年)を参照。

(18) 続蔵一—三八—三・二〇八左上。

(19) 同前。

(20) 『仁王般若経』巻上、序品、「摩訶般若波羅蜜、金剛般若波羅蜜、天王問般若波羅蜜、光讃般若波羅蜜」(大正八・八二五中)を参照。

(21) 大正五五・四三中—下。

(22) 道安の「安般注序」(『出三蔵記集』巻第六所収)には、「魏の初め、康僧会が安般経に注釈をしたが、義は隠れてまだはっきりとしないものがある」(魏初康会為之注義、義或隠而未顕者)(大正五五・四三下)とあり、陳慧ではなく康僧会が注釈したことになっているが、その実態は、陳慧と康僧会の合作だったのであろう。

(23) 道融の注が一箇所だけ見られる(大正五五・三七一下—三七二上)。

(24) 臼田淳三「維摩経僧肇単注本」(『聖徳太子研究』一一、一九七七年一二月)には、トルファン出土の僧肇の単注本が紹介されており、池麗梅「敦煌写本『維摩詰経解』」(『印仏研』五〇—一、二〇〇一年一二月)には、羅振玉旧蔵の現存最古の僧肇単注本が紹介されている。また、百済康義「僧肇の維摩詰経単注本」(『仏教学研究』五六、二〇〇二年三月)を参照。

(25) 工藤雅也「『注維摩』道生注における経典注釈法」(『天台学報』四二、二〇〇〇年一一月)、同「『注維摩』における注釈形式の問題について」(『印仏研』四八—二、二〇〇〇年三月)を参照。

(26) 『大般涅槃経集解』は『南本涅槃経』を二千八百六十四箇所に区切り、諸師の注釈を編集しているが、そのなかで、道生の注釈は二百六十箇所に見られる。二十五品のうち十三品については、道生の注は一つも採用されていない。これほど多くの品に道生がまったく注釈を書かなかったとは考えにくいので、編集者がこれらの品に関しては、道生の注釈を無視して採用しなかったのであろう。菅野

博史「『大般涅槃経集解』の基礎的研究」（『東洋文化』六六、一九八六年二月。本書、第三部、第一章に収録）を参照。

(27) 同じく鳩摩羅什の弟子である道融（生没年未詳）にも『維摩経』に対する義疏があったらしい。『高僧伝』巻第六、道融伝、「所著法華大品金光明十地維摩等義疏、並行於世矣」（大正五〇・三六三下）を参照。

(28) 前注（26）を参照。

(29) 『高僧伝』法崇伝（大正五〇・三五〇下）によれば、法崇が最も早く義疏（『法華義疏』四巻）を著わしたことになる。牟潤孫、前掲論文を参照。

(30) 詳しくは拙著『中国法華思想の研究』（春秋社、一九九四年）六九―七八頁を参照。また、横超慧日「竺道生撰法華経疏の研究」（『大谷大学研究年報』五、一九五二年一二月。また『法華思想の研究』〔平楽寺書店、一九七五年〕所収）、前掲論文「釈経史考」の「三　釈経史上における竺道生」（『中国仏教の研究』第三、一七〇―一七三頁）を参照。

(31) 続蔵一―二乙―二三―四・四一一左下を参照。

(32) 同前・四〇二左下を参照。

(33) 同前・三九八左上を参照。

(34) 同前・三九九右下を参照。

(35) 同前・四〇九右下を参照。

(36) 同前・四一〇左上を参照。

(37) 同前・四一一左下を参照。

(38) 菅野博史「『大般涅槃経集解』の基礎的研究」（前掲）を参照。

(39) 上に挙げた十八名の他に「明駿」の注釈が諸師の注釈の最後に八十三箇所採用されている。一部の学者は、明駿を『大般涅槃経集解』の編纂者であると推定したが、本書の編纂より後代の割注が本文に紛れ込んだという可能性を指摘する学説もあり、筆者はそれを支持したい。

(40) 菅野博史『中国法華思想の研究』（前掲同書）一四一―一四四頁、菅野博史訳『法華義記』（法華経注釈書集成2、大蔵出版、一九九六年）を参照。

(41) 慧遠の『仁王経疏』（スタイン本S二五〇二、『大正蔵』第八十五巻所収）の断片も残っており、慧遠の他の注釈書とほぼ同じく、二蔵判、経題釈の部分が見られる。

(42) その他の義記では、当該の経典がいずれも頓教法輪であることを明かしている。

（43）菅野博史「浄影寺慧遠『維摩経義記』の研究」（『東洋学術研究』二三―二、一九八四年一一月。本書、第二部、第二章に収録）を参照。

（44）菅野博史「浄影寺慧遠『維摩経義記』の研究」（前掲）を参照。この研究方法論を慧遠の他の経典注釈書に適用した研究論文が木村清孝「漢訳仏典解釈法の基礎的研究―浄影寺慧遠を中心として」（科学研究費補助金研究成果報告書、一九八七年。木村清孝『東アジア仏教思想の基礎構造』〈春秋社、二〇〇一〉所収）である。筆者も、『維摩経義記』『涅槃経義記』についての研究成果を資料として提供した。

（45）吉蔵は『仁王般若経疏』において、智顗の影響を受けて、五重玄義を経典解釈の方法として採用している（大正三三・三一四中を参照）が、体と宗の概念の異同については、同じと見る立場、異なると見る立場の両方を認めている。拙著『中国法華思想の研究』（前掲同書）四九六―五二八頁を参照。

（46）『三論玄義』（大正四五・一四下）による。『二諦義』（大正四五・九五上）によれば、随名釈・因縁釈・顕道釈・無方釈である。吉蔵の四種釈については、平井俊榮「吉蔵教学の基礎範疇―因縁釈と理教釈」（『インド思想と仏教』〈春秋社、一九七三年〉所収）、同「四種釈義」（平井俊榮『中国般若思想史研究』〈春秋社、一九七六年〉四二九―四四〇頁）、同「『文句』四種釈と吉蔵四種釈義」（平井俊榮『法華文句の成立に関する研究』〈春秋社、一九八五年〉二二九―二五〇頁）を参照。また、拙稿「慧均『大乗四論玄義記』の三種釈義と吉蔵の四種釈義」（『木村清孝博士還暦記念論集・東アジアの仏教　その成立と展開』〈春秋社、二〇〇二年〉所収。本書、第四部、第一章に収録）、拙稿「『法華文句』における四種釈について」（『印仏研』五四―一、二〇〇五年一二月。本書、第一部、第九章に収録）を参照。

（47）「大統十一年」（西暦五四五年）の書写である。方廣錩編『蔵外仏教文献』第二輯（宗教文化出版社、一九九六年）所収。

第一部　法華経疏の研究

一　中国における法華経疏の研究史について

序

(一)中国仏教と経疏

中国では二世紀半ば頃から仏典の漢訳が開始され、中国人が中国語によって仏教を学ぶことができるようになった。仏典は大きく分けると経・律・論の三つに分けられるが、しだいに仏教の研究が進むと、経・律・論のそれぞれに対する注釈書が制作されるようになった。すでに中国では儒教古典に対する注釈の伝統があり、その伝統が仏典の注釈書の制作を促したのかもしれない。南北朝時代から隋唐時代にかけて盛んになった仏典の注釈はかえって同時代の儒教古典の注釈を質量ともに凌駕するほどであった。

仏典の中でも、経が釈尊の思想を学ぶ上で最良のものであったから、最も熱心に経の注釈がなされるようになった。また、すでに述べたように、中国の注釈の伝統の影響を受けたと思われるが、中国人仏教徒は自己の思想を展開する場合、必ずしも独立の書を執筆するのではなく、経の注釈という形式を墨守する中で、自己の思想を表明するという傾向が強く見られるのである。

たとえば、隋の三大法師と言われる浄影寺慧遠（五二三—五九二）、天台大師智顗（五三八—五九七）、嘉祥大師吉蔵（五四九—六二三）の著作において、経の注釈書の占める分量はかなりの割合であり、吉蔵の場合を具体的に調べると、二十五部の著作のうち、十八部が経の注釈書であり、『華厳経』『維摩経』『勝鬘経』『金光明経』『無量寿経』『観無量寿経』『大品般若経』『金剛般若経』『仁王般若経』『法華経』『涅槃経』の十一の大乗経典に対する注釈書である。また、隋代頃までは、三大法師のように、一人で多くの経典の注釈書を著わす点が一つの特色となっている。換言すれば、どれか特定の経典を選択するのではなく、吉蔵の場合に挙げたような大乗経典の代表的なものに対して、偏りなく取り組む姿勢が見られるのである。

上に述べたように、中国には経典の注釈書が多数存在する。したがって、一つの経典の注釈書が複数存在する場合も少なくなく、ある経典が中国でどのように解釈されていったかという解釈の変遷が研究の課題となるのである。『法華経』もそのような例の典型的なものである。

(二)中国における法華経疏

『法華経』は代表的な大乗経典の一つとして、インド、中国、日本において広く人々の信仰を集めてきたことは言うまでもないが、中国には二八六年、竺法護（生年およそ二三〇年代で、七十八歳示寂）によって『正法華経』として漢訳された。しかし、この経典は訳文が難解であること、そして、より根本的には当時の仏教学の中心が般若教学であったこと等の理由によって、それほど仏教界の注目を喚起することはなかったと言える。ところが、時代が下って鳩摩羅什（三四四—四一三、あるいは三五〇—四〇九）によって、四〇六年、『妙法蓮華経』が訳出されるに及んで、ようやく時代の脚光を浴びるようになり、多くの人によって研究されるようになった。

今、現存する『法華経』の注釈書を挙げると、まず最古のものとして、竺道生（三五五頃—四三四）の『妙法蓮花経疏』がある。道生は鳩摩羅什の門下で、闡提成仏説（法顕将来の『六巻泥洹経』は一闡提の成仏には否定的であったが、それにもかかわらず、道生は経に背くものと非難されながら、曇無讖訳『大般涅槃経』四十巻の思想を先取りして、一闡提も仏性を有し終には成仏するという説を主張）や頓悟説（仏教の真理は不可分、唯一なるものであるから、その真理を部分的、段階的に悟るという漸悟説を批判し、修行の段階的進展は認められるものの、こと悟りに関しては、悟るか悟らないかのいずれかであることを主張）によって、その独創的かつ透徹した仏教理解を高く評価された人物である。

次に、光宅寺法雲（四六七―五二九）の『法華義記』（法雲の親撰ではなく、弟子が筆録したもの）がある。法雲は、開善寺智蔵（四五八―五二二）や荘厳寺僧旻（四六七―五二七）とともに梁の三大法師と呼ばれた人で、その法華学は南北朝時代（江南において成立した宋王朝（四二〇―四七九）と華北を統一した北魏王朝が拮抗併立した五世紀前半から、隋の文帝によって南北が統一される西暦五八九年までの時代）を通じて第一級のものであった。天台大師智顗もその著『法華玄義』において、妙法の解釈について、「昔から今までのさまざまな解釈について、世間では光宅寺法雲をもっともすぐれていると見なしている（今古諸釈、世以光宅為長）」（大正三三・六九一下）という見地から、古い時代の解釈を法雲に代表させて、これを批判しているほどである。

次に、その智顗には、『法華玄義』のほかに、法華経の随文解釈である『法華文句』があるが、実はこの二著は智顗の親撰ではなく、弟子の章安大師灌頂（五六一―六三二）が智顗の講義を筆録したものを、後に整理して完成したものと言われている。その成立に関しては、後に紹介するように平井俊榮氏の画期的な研究がある。

次に、三論学派（龍樹の『中論』『十二門論』、その弟子の提婆の『百論』の三論を重視する学派）の大成者である嘉祥大師吉蔵には、『法華玄論』『法華義疏』『法華遊意』『法華統略』があり、最も多くの『法華経』の注釈書を著わしているのである。

最後に、法相宗の慈恩大師基（六三二―六八二）には『法華玄賛』がある。

これらの人々はいずれも中国仏教史上著名な仏教徒であり、それぞれの宗教的、学問的立場から『法華経』の研究に取り組んだのである。

本論　中国における法華経疏の研究史

上に挙げた代表的な法華経疏に対するこれまでの研究を紹介する。本稿では単行本として刊行された研究のみを紹介する。

(1)山川智応『法華思想史上の日蓮聖人』（新潮社、一九三四年／浄妙全集刊行会、一九七八年）

本書の目的は日蓮の法華思想史上における位置づけと、その思想・宗教に対する考察にある。前者の課題を解決するために、インドにおける法華経思想と中国における法華経思想とを考察している。本稿に関連するものは、第一部・第三編の中国における法華経思想の部分である。

その第三編の内容目次を紹介すると次のようである。

第一節　天台大師智顗の法華経観
第二節　妙楽大師湛然の法華経観
第三節　四明尊者知礼の法華経観
第三章　法華傍系思想の台頭
第一節　慈恩大師窺基の法華経観
第二節　賢首大師法蔵及び清涼大師澄観の法華経観
第三節　三蔵善無畏及び大広智三蔵不空の法華経観

目次を一覧して分かるように、山川智応氏は智顗および、その門流の法華経観を『法華経』の正統な解釈と認め、智顗以前の道生、法雲、吉蔵などを「法華正系思想の確立以前」として一括して扱い、また智顗の法華経観に反対する解釈を「法華傍系思想」として一括し、法相宗の基、華厳宗の法蔵、澄観、密教経典の翻訳家の善無畏三蔵、不空三蔵などの解釈を扱っている。山川氏が中国の仏教徒の法華経観を整理する方法の一つの特色は、『法華経』二十八品の各品の重要な教義に対する各人の解釈を見ていくことである。

山川氏が中国におけるさまざまな仏教徒の『法華経』解釈を通覧したことは、彼以前に見られなかった彼の業績であることは認めなければならない。また、多くの思想家の『法華経』解釈に対する山川氏の着眼点や個々の理解には今でも見るべきものがあると思われる。しかし、彼が智顗の解釈を正統視し、その立場から他の解釈を低く評価している点には、智顗とそれ以外の人との客観的な比較を必ずしも経由していない場合もあり、やや行き過ぎの感を否めない。とくに、後述する平井俊榮氏の研究によって、灌頂によってまとめられた『法華玄義』『法華文句』の中に吉蔵の法華疏の大きな影響のあることが論証された現在の研究状況においては、山川氏の吉蔵に対する研究はすでに時代遅れのものとなっている。また、限られた紙数で大勢の人の『法華経』解釈を扱ったために、全体的に大ざっぱな概論風の叙述になっている。

(2)日下大癡『台学指針――法華玄義提綱』(興教書院、一九三六年/百華苑、一九七六年)
本書は『法華玄義』全体の内容を解説したものである。

(3)塩田義遜『法華教学史の研究』(地方書院、一九六〇年)
本書は山川智応氏の前掲書と同様に、インド、中国、日本にわたる法華思想史を研究したものである。いま、本稿の主題である中国における法華経疏の研究に関連する、「第二編　中国鑽仰史」の内容目次を紹介する。

第一章　法華経の漢訳と鑽仰
　第一節　法華経の漢訳
　第二節　法華経鑽仰の大観
第二章　中国初期の註家
　第一節　道生の法華経疏
　第二節　法雲の法華義記
第三章　実義開顕時代
　第一節　南岳慧思の教学
　第二節　天台智顗の法華三大部
第四章　顕教交流時代
　第一節　三論吉蔵の法華経疏

第二節　法相窺基の法華玄賛
第三節　華厳元暁の法華宗要
第五章　密教交流時代
第一節　一行阿闍梨の大日経疏
第二節　不空三蔵の法華観智儀軌

目次からも分かるように、智顗の三大部を『法華経』の真実の意義を開顕したものと認めている点は山川氏の前掲書と同じ観点である。それぞれの思想家の法華経観を要領よく整理している点、現在でも参照に値すると思われるが、全体的に概論風の叙述になっている点はやむをえないであろう。智顗の三大部と吉蔵疏との関連については、山川氏の研究に対するのと同じ評価が下される。

(4)佐藤哲英『天台大師の研究―智顗の著作に関する基礎的研究―』(百華苑、一九六一年)
本書は智顗の撰述、または講説と伝えられているすべての著作に対する文献批判を試みたものであり、天台教学研究史上、画期的な研究であった。「第三篇　天台三大部の研究」では、三大部の成立過程を詳しく考察している。『法華玄義』については、吉蔵の『法華玄論』との関連、『法華文句』については、吉蔵の『法華玄論』『法華義疏』との関連についても指摘しているが、後に紹介する平井氏の批判にもあるように、灌頂が吉蔵の法華疏を参照し、下敷きにして『法華文句』を執筆した点の解明がまだ徹底していない欠点がある。

(5)横超慧日編著『法華思想』(平楽寺書店、一九六九年)
本書は論文集であり、本稿に関連する論文は、横超慧日氏の「第一部　第三章　中国における法華思想史」、安藤俊雄氏の「第二部　第二章　第一節　法華経と天台教学」である。

前者は、第一節を「鳩摩羅什翻訳時代の法華教学」と題して、鳩摩羅什、僧叡、竺道生、道融、慧観の五人の法華経観をごく簡潔に整理している。これは(7)に紹介する書に詳しい研究が別にあるからである。第三節を「中国における法華経研究」と題して、法雲、吉蔵、智顗、窺基の四人の法華経観を整理している。全体的に概論風の叙述になっている。

(6)坂本幸男編『法華経の中国的展開』（平楽寺書店、一九七二年）
本書は論文集であり、本稿の主題に関連する論文も多い。関連論文のタイトルのみを左に示す。
第一篇　第一章　坂本幸男「中国に於ける法華経研究史の研究」
第二篇　第一章　横超慧日「竺道生の法華思想」
第二章　田村芳朗「法雲の法華義記の研究」
第三章　佐藤哲英「智顗の法華玄義・法華文句の研究」
第四章　里見泰穏「吉蔵の法華経玄論について」
第五章　丸山孝雄「吉蔵の法華義疏の研究」
第六章　平川彰「道宣の法華経観」
第七章　勝呂信静「窺基の法華玄賛における法華経解釈」
第八章　日比宣正「法華五百問論の研究」
第九章　水野弘元「戒環の法華経要解の研究」
第十章　浅井円道「智旭の法華経会義等の研究」

(7)横超慧日『法華思想の研究』(平楽寺書店、一九七五年)

本書は論文集であり、本稿の主題に関連する論文は、「竺道生撰法華経疏の研究」と「法華教学における仏身無常説」の二論文である。前者は序論「竺道生の思想的背景」と題して、

一　竺道生の思想的地位
二　東晋時代の正法華経研究
三　江南支遁の仏教学
四　長安道安の仏教学
五　慧遠及び羅什の法華経観
六　羅什門下の法華経観

の六節から成り、本論は「竺道生の法華経疏」と題して、

一　本疏の組織と成立の由来
二　教法組織論
三　法華経の帰趣
四　経題解釈
五　一経の分科
六　表現の理解
七　三車説と一乗方便
八　長寿の意義と泥洹経

の九節から成る。道生の法華経疏に関する最も信頼できる研究として、その後の学者の研究の確かな礎石となったものである。鳩摩羅什とその門下の法華経観についても、現在なおその価値を失っていないと思われる。後者の論文は、『法華経』に説かれる仏身は無常の存在であり、大乗の『涅槃経』においてはじめて仏身の永遠性が説かれるとする法雲の説と、それに対する吉蔵、智顗の批判を整理したものである。要領よく整理されており、後の学者の研究の礎石となったが、このテーマについては、現在ではより詳しい研究が発表されている。

(8)稲荷日宣『法華経一乗思想の研究』（山喜房仏書林、一九七五年）
本書には、中国におけるさまざまな『法華経』の科文（全体の段落分け）の紹介があり、また、一乗に対するさまざまな解釈を紹介している。概論的な内容である。

(9)丸山孝雄『法華教学研究序説―吉蔵における受容と展開―』（平楽寺書店、一九七八年）
本書は副題にあるとおり、吉蔵の法華疏の研究を集大成したものである。この書が出るまで、吉蔵の法華疏に関する研究はそれほど多くなかったので、後の学者の研究に大いに刺激を与えたと考えられる。序論の第二章に「近代日本における中国法華教学の研究――吉蔵を中心として――」があり、吉蔵の法華疏に対する研究史が整理されていて便利である。本論は二部に分かれており、第一部は「法華経開会思想の受容と展開」と題して、
　第一章　吉蔵の開会思想概観
第二章　『法華玄論』における五乗と三引
第三章　五乗と薬草喩品三草二木

第四章　『法華義疏』における一実二権説と一実三権説
第五章　『法華遊意』における三中一と三外一
第六章　『法華遊意』における仏身観

の六章から成る。

第二部は「法華教学研究上の諸問題」と題して、四章から成るが、本稿の主題に関連する論文は、

第二章　吉蔵の三時説と後五百歳
第三章　中国における末法思想と後五百歳

である。

また、巻末には『法華遊意』の訓読と注が掲載されている。

⑽平井俊榮『法華文句の成立に関する研究』（春秋社、一九八五年）

本書は、天台三大部の一つに数えられる『法華文句』が、智顗亡き後、弟子の灌頂によって、吉蔵の『法華玄論』『法華義疏』に全面的に依拠し、これを参照し下敷きにして書かれたことを論証することを目的としている。智顗の著作に対する文献批判的研究は上に紹介した佐藤哲英氏によって開始されたが、依然として護教的な立場を脱却していない面も見られ、文献批判が徹底していなかったが、『法華文句』の吉蔵疏への依存的関係が平井氏の研究によって徹底的に解明された。『法華経』に対する智顗疏と吉蔵疏との関係についての画期的な研究であるので、やや詳しく紹介する。

本書の内容目次を紹介すると次のようである。

第一篇　序論　智顗と吉蔵―経典註疏をめぐる諸問題

第一章　智顗の経典註疏と吉蔵註疏
第二章　維摩経註疏をめぐる諸問題
第三章　『法華玄義』と『法華玄論』
第二篇　法華文句の成立と伝承に関する批判
第一章　『法華文句』の成立
第二章　『法華文句』のテキスト
第三章　経の科文に関する問題
第四章　『文句』四種釈と吉蔵四種釈義
第五章　『文句』と『玄論』の引用文献
第六章　証真『法華疏私記』の吉蔵関説
第三篇　法華文句における吉蔵註疏の引用
第一部　法華文句と法華玄論
第二部　法華文句と法華義疏

第一篇・第一章では、佐藤哲英氏の次のような研究を批判し、新しい見解を示している。智顗『金剛般若経疏』一巻は智顗の著作ではないと推定されるが、この智顗疏と吉蔵『金剛般若疏』四巻とを比較すると、両疏には少なからぬ本文の一致が見出され、また、吉蔵疏には智顗疏の文を指して「ある人」と呼び、批判しているので、吉蔵疏の成立以前に智顗疏が存在していたこと、しかも吉蔵疏では智顗疏の経典の段落分けを全面的に踏襲するほど重視しているので、智顗疏の本当の著者は吉蔵に一目おかせるほどの人物であることが推定されるが、実際に誰なのかは容易に浮かび上がってこない、というものである。

これに対して、平井氏は、両疏の綿密な比較対照をなすことによって、吉蔵疏の「ある人の説」を智顗疏が無断で借用し、これをあたかも自説のごとく述べたものであることを論証し、あわせて智顗疏が全面的に吉蔵疏に依拠し、これを参照し下敷きにして成立したものであることを論証した。これによって、智顗の撰述と言われてきた『金剛般若経疏』は佐藤哲英氏も認めるようにまったくの偽撰であること、しかし、実際の著者については佐藤哲英氏の説の吉蔵以前の人物ではなく、吉蔵以後の天台学徒であることが判明したのである。

第二章では、智顗の数少ない親撰書の代表格として重要視されてきた維摩経疏（『維摩経玄疏』六巻と、『維摩経文疏』二十八巻のうちの前二十五巻）は、智顗没後の翌年の五九八年に灌頂と普明の二人によって晋王広（後の煬帝）に献上されたものであり、一方、長安に入った吉蔵が維摩経疏（『浄名玄論』八巻、『維摩経略疏』五巻、『維摩経義疏』六巻）を著わすのは、早くとも五九九年以降であるから、本来は智顗の維摩経疏に吉蔵の維摩経疏の影響のあるはずはないのである。しかし、智顗自らが維摩経疏に対する弟子の加筆補訂を期待している点があることや、長安における灌頂と吉蔵の出会いの高い可能性などから、智顗の維摩経疏に吉蔵疏の影響がある可能性があり、実際に両疏を比較対照すると、絶対数は少ないが、智顗疏が吉蔵疏を参照した箇所を発見できるとする。このように、平井氏は、智顗の維摩経疏といえども、智顗の経疏の一般的傾向――吉蔵疏の影響を受けているという傾向――を免れていないことを論証しようとしたのである。

第三章では、平井氏は、『法華玄義』という著作は、後世の天台の伝説に言うように、いつ、どこで、智顗が『法華玄義』の講説を行い、それを灌頂が筆録したとか、あるいは智顗の講説に灌頂が私見を加えた、などという性格のものではなくて、智顗の全く預かり知らぬところで、全篇これ灌頂が独自に創作し、自ら書き下ろした作品であるという疑いを強く持っていることを述べている。ただし、この疑いは『法華文句』については後に紹介するように十分に論証されたが、『法華玄義』については疑いにとどまっていて、十分な論証はなされていない。平井氏は、これまで、先学によって指摘されてきた『法華玄義』における『法華玄論』の影響の確認とともに、先学によって指摘されてこなかった平井氏の新たに発見した影響関係を論じている。具体的には、『法華玄義』の「体を顕わす」四項の中の第一項、「旧解を出す」の段が『法華玄論』に基づいて執筆されている事実を論証している。これらの『法華玄論』の影響を受けた部分は、『法華玄義』全体のわずかな分量なので、上の疑いは十分な論証がなされていないと評さざるをえない。

第二篇・第一章では、平井氏は『法華文句』の成立に関する研究の結論を次のように整理している。

灌頂は二十七歳のとき（五八七年）、金陵（建業）で智顗の『法華経』の講説を一回だけ聞いたことがあり、その後、六十九歳のとき（六二九年）、その記録を添削して、『法華文句』が成立したと自ら述べている。ところが、現行の『法華文句』は『法華玄義』と比較にならないほど、吉蔵の『法華玄論』『法華義疏』に依拠し、これを下敷きに書かれている箇所が多い。しかも、『法華文句』の発表は六二九年であって、『法華玄義』の成立よりもかなり遅いこと、また、灌頂が添削した『法華文句』のテキストが、左渓玄朗（六七三―七五四）が再治しなければならないほど錯乱していたことが分かっている。

平井氏は、このような事実から、稀に見る革命的な実践家であった智顗の『法華経』の講説は達意的、玄義的なものであり、経文の逐次的な解釈はむしろ伝統的な講経家の常であって、智顗はこのような講経家とは対蹠的な立場にあったはずであると推定し、したがって、実際には、経文の逐次的な講説というものは智顗にあっては行なわれていなかったか、仮にあったとしても、きわめて不完全なものであったのではないかと推定している。もし、そうであるならば、『法華文句』の成立が大幅に遅れたことや、吉蔵疏の影響を大きく受けていることの理由が説明できるとされる。さらに、『法華文句』の発表が遅れたのは、『法華文句』が全面的に依拠している『法華玄論』『法華義疏』の著者である吉蔵の死（六二三年）を待っての発表であったのではないかと推定している。

また、灌頂が『法華文句』を執筆した動機について、平井氏は、類稀なる革命的な実践家であった智顗に、さらに伝統的な経典注釈家としての地位を付与しようとする、灌頂の智顗顕彰の悲願を見て取っている。

さらに、第二章では、灌頂自身の書き下ろした部分も現行の『法華文句』の一部にすぎず、さらに時代を下って、後世の学者によって加筆増広されたかもしれないことを推定している。

第二章では、『大正蔵』所収の『法華文句』の底本である明本を底本とし、その対校本である法隆寺本と、平安時代初期の写本と推定される旧石山寺蔵本（巻第一の一巻のみ現存）の『法華文句』とを対校本として、改めて巻第一の本文を対校した資料を掲載している。

第三章では、『法華文句』に説かれる『法華経』の分科（全体を本門と迹門とに分け、さらにそれぞれを序・正・流通の三段に分ける）が智顗の講説に基づくものではなく、灌頂が吉蔵の『法華義疏』を参照して新たに作った説であろうと推定し、内容的にも吉蔵の分科ほど論理的整合性がないと批評している。

第四章では、『法華文句』の因縁釈・約教釈・本迹釈・観心釈の四種釈は、経典解釈の方法として何らの普遍性も妥当性も持っておらず、このような解釈方法の基本的な理念が吉蔵の四種釈である随名釈（別名は依名釈義。普通の辞書的な解釈方法）・因縁釈（別名は互相釈義。ある概念が他の概念と相対関係にあることを説いて、両者が相即関係にあることを認識させる解釈方法）・理教釈（別名は理教釈義。概念によって概念的把握を越えた理を示す解釈方法）・無方釈（理の立場に立って理の自在な働きを認識する解釈方法）と類似している点を考慮すると、灌頂が吉蔵の影響を受けて作った解釈方法である可能性があると推定している。

第五章では、『法華文句』と『法華玄論』の引用文献を比較対照し、両者に共通するものが少なくないこと、経論の同一箇所を引く例も多数見られることを指摘し、これも『法華文句』が『法華玄論』を参照している理由に基づくのではないかと推定している。

第六章では、日本の宝地房証真（十二世紀―十三世紀初め）の『法華疏私記』は吉蔵の『法華玄論』を参照しており、妙楽大師湛然（七一一―七八二）の『法華文句記』が『法華玄論』を参照しなかったために起こした誤った解釈を厳しく批判していることを指摘している。

第三篇は本書の中心部分であり、第一部では、『法華文句』と『法華玄論』との類似箇所を対照し、『法華文句』が『法華玄論』を下敷きに執筆されたものであることを論証し、第二部では、『法華文句』と『法華義疏』との類似箇所を対照し、『法華文句』が『法華玄論』ほどではないが、『法華義疏』をも参照している事実を論証している。

本書の研究によって、智顗の『法華文句』を研究する場合は、吉蔵の法華疏との厳密な比較対照を経なければならないことになったが、『法華文句』が下敷きにした吉蔵の法華疏のすべての資料が提示されているので、非常に便利である。

⑾多田孝正『法華玄義』（大蔵出版、一九八五年）

本書は『法華玄義』の巻第一の原文・訓読文・現代語訳・注を掲載し、あわせて解説を試みたものである。

⑿村中祐生『天台観門の基調』（山喜房仏書林、一九八六年）

本書は論文集であり、本稿の主題に関連する論文は、主として吉蔵の法華経疏を研究した次の論文である。

1　嘉祥大師「二蔵」義の成立考

2　嘉祥大師の教判思想

3　嘉祥大師における教判思想の展開

4　嘉祥大師の諸経疏の撰修について

⒀平井俊榮『法華玄論の註釈的研究』（春秋社、一九八七年）

本書は吉蔵の『法華玄論』を研究したものである。第一篇の「研究篇」は五章から成る。

「第一章　法華玄論の成立」は、吉蔵以前の法華経研究史の概説と『法華玄論』における吉蔵の注釈の態度・方法について整理したものである。

「第二章　法華玄論と法華義記」は、『法華玄論』における法雲の『法華義記』批判を主題としたものであり、とくに法雲の因果二門説（『法華経』の前半が因を明かし、後半が果を明かすとする説）と、『法華経』の仏身が無常であるとする説とに対する吉蔵の批判を概説している。

「第三章　法華玄論の流伝」は、日本の三論宗における『法華玄論』の流伝についての研究である。

「第四章　法華玄論と後世の法華註疏」は、元暁の『法華宗要』、基の『法華玄賛』、聖徳太子の『法華義疏』における『法華玄論』の影響を研究したものである。

「第五章　法華玄論のテキスト」は、『法華玄論』のいくつかの写本についての解説である。

本書の第二篇は「訳註篇」であり、『法華玄論』十巻のうち、第四巻までの原文、訓読、注が掲載されており、とくに注における経論の出典の明示は労作であり、後の研究者にとって非常に便利である。

⒁Paul L. Swanson. *Foundation of T'ien-t'ai Philosophy*. Berkeley: Asian Humanities Press, 1989.

本書には『法華玄義』の一部の英訳と注を含んでいる。巻第一下の途中（大正三三・六九一上）から巻第二下の末尾（同前・七〇五中）までの範囲である。

⒂ Young-ho Kim. *Tao-sheng's Commentary on the Lotus Sūtra: A study and Translation*. Albany: State University of New York Press, 1990.

本書は竺道生の『妙法蓮花経疏』の研究と英訳・注から成る。道生の『妙法蓮花経疏』の現代語訳は日本にもまだないので、現代語訳は本書が初めての試みである。日本では、『三康文化研究所年報』九号（一九七六年）・一二号（一九七九年）に訓読文が掲載されている。また、一字索引が最近、奥野光賢・晴山俊英の両氏によって発表された（私家版、一九九二年七月）。

本書の内容目次を紹介する。

Part I : Introduction

Chapter 1. Tao-sheng's Prehistory: The State of Buddhist Studies in China

Chapter 2. Tao-sheng's Biography

Chapter 3. Tao-sheng's Works

Chapter 4. Tao-sheng's Doctrines

Chapter 5. Tao-sheng's Influence and the Impact of His Doctrines

Part II : A Critical Study of Tao-sheng's Commentary on the *Lotus Sūtra*

Chapter 6. Tao-sheng and the *Saddharmapuṇḍarīka*

Chapter 7. Literary Aspects

Chapter 8. Central Ideas

Chapter 9. Traces of Tao-sheng's Doctrines

Chapter 10. Conclusions

Part III : Translation

(16) 菅野博史『法華とは何か―『法華遊意』を読む―』（春秋社、一九九二年）

本書は吉蔵の『法華遊意』全文の現代語訳・訓読文・注を記し、あわせて内容の解説を試みたものである。

(17) 菅野博史『中国法華思想の研究』（春秋社、一九九四年）

本書は筆者の従来の中国における法華経疏の研究をまとめたものである。道生、法雲、吉蔵の法華経疏を中心資料としており、智顗・灌頂の『法華文句』『法華玄義』にはわずかに関説するところがある。以下、内容目次を紹介する。

第五節　吉蔵における『法華経』と諸大乗経典との比較研究
第六節　吉蔵における『法華経』と仏性
第七節　吉蔵における『法華経』の宗旨観
第三章　経題「妙法蓮華経」の解釈
序
第一節「妙」の解釈
第二節「法」の解釈と仏身常住説
第三節「蓮華」の解釈
第三篇『法華経』信解品の譬喩解釈と教判思想
序
第一章　道生『妙法蓮花経疏』において
第二章　法雲『法華義記』において
第三章　吉蔵の法華経疏において
第一節『法華玄論』において
第二節『法華義疏』において
第三節『法華統略』において
第四章　智顗・灌頂『法華文句』において
本書は右のように、三篇十二章から構成される。
第一篇「吉蔵以前の法華経疏の研究」は、吉蔵以前に成立した法華経疏を主として研究したものである。前述のとおり、智顗・灌頂の『法華玄義』、『法華文句』は吉蔵の法華経疏の影響下に成立したものなので、これらは含まない。また、鳩摩羅什、慧観、僧叡、慧思はいわゆる法華経疏を著わしているわけではないが、彼らの法華経観を探る資料が現存しているので、それらの資料を用いて考察した。

本篇は五章から構成される。

第一章「鳩摩羅什・慧観・僧叡の法華経観」においては、鳩摩羅什と廬山慧遠との問答を編集した『大乗大義章』に鳩摩羅什の法華経観を探る資料が若干残っているので、それについて考察し、また、鳩摩羅什の門下の中の慧観は『法華宗要序』を著わし、僧叡は『法華経後序』を著わしているので、それらを通して、彼らの法華経観を明らかにした。

第二章「道生『妙法蓮花経疏』の研究」は、次の四節から構成される。

第一節「道生における法華経の構成把握」においては、道生の法華経観を明らかにするための重要な条件として、道生が『法華経』二十七品の構成をどのように把握しているかを考察したものである。道生は、各品の随文解釈に入る前に、その品の一経全体における位置づけ、存在意義について叙述しているので、その道生の叙述に着目し、それを主要な資料として道生が『法華経』の構成をどのように理解していたかを考察した。

第二節「『妙法蓮花経疏』における道生の経典注釈の方法」においては、中国において発展した経疏の歴史的発展を視野に入れ、『妙法蓮花経疏』に見られる注釈の方法を解明し、後代の経疏との比較研究を遂行するための基礎作業を行なった。本節では、「来意」に相当する部分の存在、分科、経文の標出、音写語の解釈、異説の提示などの注釈の形式的な側面について整理を加え、次に、偈頌についての解釈方法の特色について考察し、最後に、道生の経典解釈の基本的立場、理論的枠組みについて検討した。

第三節「道生における機と感応」においては、道生の経典注釈の理論的枠組みとして重要な「機」について「感応思想」との関連の中で考察した。本節において、中国仏教において成立した仏教用語としての「機」は、仏・菩薩の応現・教化を発動させ、かつそれを受け止める衆生の側の構え、あり方の意であることを明らかにした。

第四節「『妙法蓮花経疏』における「理」の概念」においては、道生の経典注釈の理論的枠組みとして重要な「理」の概念について考察した。また、道生の現存する『法華経』『維摩経』『涅槃経』に対する注における「理」のすべての用例集を作成した。

第三章「劉虬撰『注法華経』の逸文」は、南斉の在家の仏教信者であった劉虬が編纂した『注法華経』の逸文を集めたものである。『注法華経』は現存しないが、幸いに吉蔵の法華経疏におよそ五十回ほど引用されているので、逸文集を作成するとともに、その思想の一端を考察した。

第四章「法雲『法華義記』の研究」は、次の四節から構成される。

第一節「『法華義記』における講義者法雲と筆録者」においては、法雲、および法雲の学系に伝わる学説が『法華義記』においてどのように扱われているのかを検討し、それによって、『法華義記』が単に法雲の講義をそのまま筆録したものではなく、実際に『法華義記』を執筆した弟子が、法雲の説に基づきながらも自分なりの注釈の工夫を凝らした跡を認めることができることを論じた。

第二節「『法華義記』冒頭の総合的解釈の考察」においては、法雲の法華経観を最も総合的に示した『法華義記』冒頭の部分について、全文の訳を示し、論評を加えながら、法雲の教判思想、経題釈、分科について考察した。

第三節「『法華義記』における一乗思想の解釈―権実二智論と因果論―」においては、『法華経』の中心思想の一つである方便品の一乗思想について、法雲が独自に形成した解釈の枠組みである権実二智論と因果論を用いてどのように理解したかを、序品と方便品に対する注釈を中心的資料として考察した。

第四節「法雲『法華義記』と敦煌写本『法華義記』との比較研究」においては、法雲の『法華義記』と敦煌写本

『法華義記』（スタイン本S二七三三とS四一〇二）とについて、両者の教判思想の相違を考察し、注釈の形式・方法などについていくつかの項目を設けて両者の比較を試みた。

第五章「慧思『法華経安楽行義』の研究」においては、『法華経』の安楽行という特殊な思想的題目を扱った『法華経安楽行義』を資料として、慧思の法華経観を考察した。

第二篇「吉蔵の法華経疏の研究」は、中国において最も多くの法華経疏を著わし、しかも灌頂を介して『法華玄義』『法華文句』に深く影響を与えた吉蔵の法華経疏を研究したものである。吉蔵の法華経疏には、『法華玄論』十巻、『法華義疏』十二巻、『法華遊意』二巻（または一巻）、『法華統略』六巻があり、また、天親造・菩提留支訳『妙法蓮華経憂波提舎』に対する注釈書として『法華論疏』三巻がある。

本篇は三章から構成される。

第一章「吉蔵の法華経疏の基礎的研究」は、次の三節から構成される。

第一節「吉蔵の法華経疏の成立順序」においては、『法華論疏』を含めた五部の書の成立順序を考察し、とくに『法華論疏』『法華統略』の順に成立したとする従来の学説を批判し、『法華統略』『法華論疏』の順に成立したことを論証した。

第二節「吉蔵の法華経疏の概観」においては、吉蔵の四部の法華経疏について、その構成、特色、従来の文献学的研究の成果などについて簡潔に概観した。

第三節「『法華統略』釈序品の研究」においては、吉蔵最後の法華経疏である『法華統略』は従来あまり研究されてこなかったので、釈序品を資料として、『法華義疏』には見られなかった『法華統略』の新しい『法華経』解釈を考察した。とくに、「如是我聞」の解釈に見られる無生観について考察し、また、『法華経』の思想をさまざまな視点から整理した、一義・二義・三義・四義・七義・十義・十二義について考察した。

第二章「吉蔵の教判思想と法華経観」は、次の七節から構成される。

第一節「吉蔵の経典観」においては、大乗経典は道を顕わすことにおいて平等であるとする吉蔵の主張を確認し、小乗経典はなぜ除外されるのか、多くの大乗経典が平等であるならば、なぜ多くの経典が存在するのか、などの問題に対する吉蔵の解答を考察した。

第二節「吉蔵における三種法輪説」においては、大乗経典の価値的平等性を主張する立場から、主として『華厳経』と『法華経』の価値的平等性を立証するために考案された一種の教判思想が三種法輪（根本法輪・枝末法輪・摂末帰本法輪）説であること、三種法輪説の形成過程や、三種法輪をめぐる思想的な諸問題を考察した。

第三節「吉蔵における四調柔」においては、吉蔵は『華厳経』以後、『法華経』以前の小乗、大乗の経教（人天教・二乗教・自教・他教の四種に整理される）を声聞の機根を調柔するものと捉え、これを四調柔と呼んでいるので、この概念の意義やその概念の形成過程を考察した。

第四節「吉蔵における直往菩薩と廻小入大菩薩」においては、吉蔵における直往菩薩（本来菩薩であるもの）と廻小入大菩薩（声聞が『法華経』に至って菩薩に転換したもの）の二種類の菩薩の概念の形成過程、思想的意義を明らかにした。

第五節「吉蔵における『法華経』と諸大乗経典との比較研究」においては、吉蔵が試みた『法華経』を中心とする『華厳経』『般若経』『涅槃経』『勝鬘経』との個別的な比較研究を考察した。これは、大乗経典に価値的な差別を設ける頓漸五時教判に対する吉蔵の具体的な批判について論じたものである。

第六節「吉蔵における『法華経』と仏性」においては、『涅槃経』の独説とされる仏性が『法華経』にも説かれると主張する吉蔵の論証方法を考察した。これは吉蔵における『法華経』と『涅槃経』との比較研究を考察したものでもある。

第七節「吉蔵における『法華経』の宗旨観」においては、『法華経』の宗旨（根本思想）が何であるかについて、旧来の学説に対する吉蔵の批判を考察し、あわせて吉蔵の思惟方法の基本的特色を考察した。

第三章「経題「妙法蓮華経」の解釈」は、『法華経』の経題である「妙法蓮華経」についての吉蔵の解釈を考察したものである。経題の解釈は中国の経疏の重要な部分である。次の三節から構成される。

第一節「「妙」の解釈」においては、鳩摩羅什訳の『妙法蓮華経』と竺法護訳の『正法華経』との訳語上の相違点、すなわち、「妙」と「正」とに対する吉蔵の比較研究を考察した。また、吉蔵における相待妙・絶待妙について考察し、さらに智顗・灌頂の『法華玄義』における相待妙・絶待妙との関係について考察した。

第二節「「法」の解釈と仏身常住説」においては、経題の「法」の解釈の中で展開される代表的な議論、すなわち、法雲の法華無常説（『法華経』の仏身は無常であるとする説）に対する吉蔵の批判の内容を考察した。これは『涅槃経』の独説とされる仏身常住説が『法華経』にも説かれると主張する吉蔵の論証方法を考察したもので、吉蔵における『法華経』と『涅槃経』との比較研究を考察したものでもある。

第三節「「蓮華」の解釈」においては、経題の「蓮華」の解釈を考察した。

第三篇「『法華経』信解品の譬喩解釈と教判思想」は、信解品の窮子の譬喩が中国の教判思想の形成に果たした役割りを考察したものである。『法華経』は吉蔵によれば、釈尊の一代の教化を一乗→三乗→一乗に整理している。中国ではこの『法華経』の思想が教判の一つの基準を提供した。しかし、この図式だけでは、小乗と大乗の関係、より多部の大乗経典の間の相互関係などは理解できないので、窮子（声聞を譬える）に対する詳しい段階的な教化を説く信解品の譬喩が着目されたのである。多くの法華経疏が、この譬喩の解釈の中で、最も詳細な教判思想を展開している理由がここに存するのである。また、本篇は、前二篇で考察した法華経疏の注釈の実態がどのようなものであるかを明らかにすることにもなったはずである。第一章において道生、第二章において法雲、第三章において吉蔵、第四章において智顗・灌頂の法華経疏を取りあげて考察した。とくに、第三章の吉蔵においては、第一節で『法華玄論』、第二節で『法華義疏』、第三節で『法華統略』の解釈を考察した。

以上、中国の法華経疏に対する研究の中で、単行本として発表されている代表的なものを紹介した。最後に、代表的な法華経疏の訳注研究の現状について付言しておく。

道生の法華経疏についてはすでに紹介したように、英訳、一字索引が発表されている。法雲『法華義記』についてはまだ訓読文も発表されていない。吉蔵疏や智顗疏に対する影響の大きさから言っても、訳注研究が待望される。『法華文句』については訓読文が発表されているだけである。『法華玄義』は訓読文が発表されているほかに、すでに紹介したように巻第一の現代語訳・注が発表され、また巻第一下の途中から巻第二下までの英訳が発表されている。吉蔵の『法華玄論』についてはすでに紹介したように、巻第四までの訓読・注が発表されている。『法華義疏』については、訓読文が発表されている。『法華遊意』についてはすでに紹介したように、現代語訳・訓読文・注が発表されている。『法華統略』については、まだ訓読文さえ発表されず、吉蔵の法華経疏の中でも最も研究が遅れている。いずれにしろ、文献学的研究の柱として、それぞれの法華経疏の現代語訳・注・索引の作成が望まれる。

なお、中国における法華経疏に対する研究論文は多数発表されているが、本稿では割愛せざるをえない。近年、日本では、吉蔵の法華経疏に対する研究が盛んであるが、それらの論文については、平井俊榮監修『三論教学の研究』（春秋社、一九九〇年）の末尾に付されている論文目録を参照されたい。

〔付記〕本稿の内容のうち、⒄を除いた部分については、左の雑誌に英訳が掲載されている。
Kanno Hiroshi, "An Overview of Research on Chinese Commentaries of the *Lotus Sūtra*," ACTA ASIATICA 66, 1994.1.

〔追記〕本稿の校正中に、奥野光賢編『法華遊意一字索引』（一九九三年一二月）が刊行された。

〔本書のための付記〕末尾に記した訳注研究の現状については、その後、新しい訳注研究が発表された。次章を参照されたい。

二　中国における法華経疏の研究史について（2）

本稿は、かつて『人文論集』に掲載した拙稿「中国における法華経疏の研究史について[1]」の続編である。そこには、次の十七点の著作を紹介した。

(1)山川智応『法華思想史上の日蓮聖人』（新潮社、一九三四年／浄妙全集刊行会、一九七八年）
(2)日下大癡『台学指針―法華玄義提綱』（興教書院、一九三六年／百華苑、一九七六年）
(3)塩田義遜『法華教学史の研究』（地方書院、一九六〇年）
(4)佐藤哲英『天台大師の研究―智顗の著作に関する基礎的研究―』（百華苑、一九六一年）
(5)横超慧日編著『法華思想』（平楽寺書店、一九六九年）
(6)坂本幸男編『法華経の中国的展開』（平楽寺書店、一九七二年）
(7)横超慧日『法華思想の研究』（平楽寺書店、一九七五年）
(8)稲荷日宣『法華経一乗思想の研究』（山喜房仏書林、一九七五年）
(9)丸山孝雄『法華教学研究序説―吉蔵における受容と展開―』（平楽寺書店、一九七八年）
(10)平井俊榮『法華文句の成立に関する研究』（春秋社、一九八五年）
(11)多田孝正『法華玄義』（大蔵出版、一九八五年）

(12) 村中祐生『天台観門の基調』（山喜房仏書林、一九八六年）
(13) 平井俊榮『法華玄論の註釈的研究』（春秋社、一九八七年）
(14) Paul L. Swanson, *Foundation of T'ien-t'ai Philosophy*. Berkeley: Asian Humanities Press, 1989.
(15) Young-ho Kim, *Tao-sheng's Commentary on the Lotus Sūtra: A study and Translation*. Albany: State University of New York Press, 1990.
(16) 菅野博史『法華とは何か―『法華遊意』を読む―』（春秋社、一九九二年）
(17) 菅野博史『中国法華思想の研究』（春秋社、一九九四年）

本稿では、その続編として、次の(18)から(30)の著作を紹介する。[2]

(18) 菅野博史『法華玄義』（上）（中）（下）（第三文明社、一九九五年一月、一九九五年二月、一九九五年三月）

本書は、智顗・灌頂の『法華玄義』の訓読訳と注を示したものである。また、菅野は『法華玄義Ⅰ』（大蔵出版、『新国訳大蔵経』中国撰述部、二〇一一年）を刊行した。

(19) 平井俊榮『続法華玄論の註釈的研究』（春秋社、一九九六年）

本書は、上記の(13)の続編であり、吉蔵『法華玄論』巻第五から巻第十までの訳注研究である。訳は、訓読訳である。これによって平井氏は、『法華玄論』の訳注を完成させた。

(20) 方廣錩編『蔵外仏教文献』第二輯（北京、宗教文化出版社、一九九六年）

本書は、敦煌で発見され、上海博物館に保存されている、『法華経』の注釈書である『法華経文外義』の翻刻を含んでいる[3]（二九三―三五四頁）。

(21)菅野博史『法華義記』（大蔵出版、法華経注釈書集成2、一九九六年九月）

本書は、光宅寺法雲『法華義記』の訳注研究（訓読訳であるが、本邦初訳である）と解説を示したものである。

(22)李志夫『妙法蓮華経玄義研究』（中華仏教文献編撰社出版、一九九七年）

本書は、『法華玄義』に新たに句読点を施し、我々の本文に対する理解を助けてくれる。さらに、引用経論の出典調査、内容の要約、重要な文の提示、コメント、テキストの説明、諸注釈の紹介、重要な語句の注、現代の学術思想に基づくテキストの思想の発展的説明、重要な漢語・梵語の索引を含んでいる。諸注釈の紹介は、中国・日本の重要な注釈を含んでいる。本書は、『法華玄義』の理解に大いに役立つと思われる。

(23)菅野博史『法華玄義入門』（第三文明社、一九九七年七月）

本書は、『法華玄義』全体の入門的解説を示したものである。

(24)菅野博史『法華統略』上・下（大蔵出版、法華経注釈書集成6、一九九八年三月、法華経注釈書集成7、二〇〇〇年三月）

本書は、『法華統略』の訳注研究（訓読訳であるが、本邦初訳である）と、名古屋の真福寺（大須観音）に保存されている『法華統略』の良質な写本の翻刻である。『法華統略』は『大日本続蔵経』に収録されているけれども、薬草喩品・授記品・化城喩品の三品の注釈を欠いていた。真福寺の写本は、この部分を含んでいた。

(25)朱封鰲『妙法蓮華経文句校釈』（北京、宗教文化出版社、二〇〇〇年）

本書は、智顗・灌頂『法華文句』に対して、新たに句読点を施し、注釈したものである。朱封鰲氏はその後、『《法華文句》精読』（上海古籍出版社、二〇一〇年）を刊行された。

(26)奥野光賢『仏性思想の展開―吉蔵を中心とした『法華論』受容史―』（大蔵出版、二〇〇二年）

本書は、吉蔵の法華経観を考察したものであり、当然のこととして、吉蔵の法華経疏を研究したものである。著者は本書によって駒澤大学より博士の学位を授与された。本書の内容目次を紹介すると次のようである。

第一節　天台における『法華論』受容―吉蔵との比較において―
第二節　最澄の授記思想―『大乗十法経』を中心として―
第三節　円珍と吉蔵―その『法華論』解釈をめぐって―
第四節　『一乗要決』における『法華論』解釈について―特に声聞授記を中心として―
付録一　『涅槃経』をめぐる最近の研究について―一闡提論を中心として―
付録二　最澄撰とされる『三平等義』について
第二篇　吉蔵の思想形成についての考察
第一章　吉蔵における「決定業転」をめぐって
第二章　吉蔵における「有所得」と「無所得」―有所得は無所得の初門―
第三章　吉蔵のいう「無諍」について
第四章　吉蔵における四悉檀義
第五章　吉蔵教学と『華厳経』をめぐって
第六章　吉蔵教学と草木成仏説

本書は、二篇から構成され、全部で十一章から成る。第一篇「吉蔵およびそれ以降の『法華論』依用と仏性思想」は五章から成る。第一章「『法華論』について」は、本書の中心テキストである『法華論』についての過去の研究史をまとめ、また著者の展望を述べている。

第二章「吉蔵教学と『法華論』」は三節から成る。本章は、吉蔵がなぜ仏性の思想を、彼の『法華経』解釈に持ち込んだのか、『法華論』のどこに仏性の思想を見いだしたのかを明らかにしている。著者は、とくに『法華経』方便品の「仏知見」に対する吉蔵の解釈の特色について論じている。

第三章「吉蔵の声聞成仏思想」は、唯識学派がインドで四世紀頃に確立した五姓各別思想が吉蔵の思想にも見られるとする末光愛正氏の研究[4]を批判したものである。本章と第四章「吉蔵と仏性思想」は、本書の中心部分である。著者は、末光氏によって提起された仮説を検証し、吉蔵の思想にはさまざまな要素が含まれてはいるが、吉蔵は一切衆生が成仏できるという立場を取ったと結論づけた。

第四章「吉蔵と仏性思想」は、仏性に対する吉蔵の理解を明らかにする。すなわち、『勝鬘宝窟』「来意門」を主要な資料として、吉蔵の仏性理解は、すべての現象世界は真如から生起するという真如随縁的なものであるとする。著者は、この点において、吉蔵の考えは、法相宗の真如は静止的なものであり、現象世界に生起してくることはないとする真如凝然の考えと大いに相違していることを指摘する。

第五章「天台教学と『法華論』」は、四節から成る。本章は、智顗の『法華論』の具体的な依用を調査し、また智顗から日本の源信まで天台宗において、『法華論』がどのように、あるいはどんな観点から『法華論』を依用してきたかについて論じる。また、本章は吉蔵との比較研究を含んでいる。

第二篇「吉蔵の思想形成についての考察」は、六章から成る。本篇は、仏性の思想を『法華経』の解釈に導入した吉蔵の思想が、「決定業転」「空観」「草木成仏説」などの特定の問題を通してどのように発展したかを考察している。

(27) 菅野博史『法華経思想史から学ぶ仏教』(大蔵出版、二〇〇三年)
本書は、論文集であり、本稿に関連する三つの論文、「智顗は果たして法華経至上主義者か」「中国仏教における『法華経』」「『法華経』の実践的思想—常不軽菩薩の礼拝行—」を含んでいる。

(28) Shen Haiyan, *The Profound Meaning of the Lotus Sūtra: T'ien-t'ai Philosophy of Buddhism*, 2 volumes. Delhi: D K Fine

Art Press P Ltd, 2005.

本書は、二巻から成る。第一巻は『法華玄義』と『法華玄義』のテキストに見られる天台の哲学の研究であり、第二巻は『法華玄義』全体の英訳である。第一巻の内容目次を紹介すると次のようである。

IRREFUTABLE?

1. Technique of polarity

2. A Technique of definition

3. A Technique of complete critique and evaluation of theories of others

4. A Technique of comparison

5. A Technique of describing exhaustive and comprehensive lists of various notions and concepts

6. A Technique of Sign Interpretation

Conclusion of the second issue in question

III. WHAT ARE THE THEORIES AND SYSTEMS CHIH-I FORMULATES TO DISPLAY THE CHARACTERISTICS OF SYNCRETISM AS THE BACKBONE OF HIS PERFECT AND HARMONIZING PHILOSOPHY?

1. System of Classifying the Teaching of the Buddha

2. System of integration

3. System of weeding out the old and bringing forth the new

Conclusion of the third issue in question

General Conclusion

本書は、三つの問題とそれらに対する著者の解答から成る。第一の問題について、沈海燕氏は、「どのように智顗が、彼の思想体系を示すために、『法華経』を解釈する彼の著作『法華玄義』を組織しているかという問題は、テキストの体系と内容に関して、その概観を提供するのに役立つ。これは、テキストの概略と全体の構造を描くことによって提供される。この問題を通じて、智顗が『法華経』を解釈するためと、彼の思想を提示するために取る解釈学的なアプローチの全体的な描写が与えられる」と述べている。

第二の問題について、彼女は、「智顗がどのように一切を包含するという彼の諸理論を一貫した完全なものにするために、それらの理論を結びつけるのか、またそれらの理論を欠点のない、論駁できないものにするために、智顗がどのような技法を使うのかという第二の問題は、六つの方法を検討するのに役立つ。第一に、両極性の技法、第二に明確な定義の技法、第三に他者の理論に対する完備した批判と評価の技法、第四に比較の技法、第五に包括的で総合的なリストのさまざまな観念と概念に関する描写の技法、第六に記号解釈の技法である。これらの技法を通じて、智顗が彼自身の〈救済論的意味を伝える〉哲学的思索の観点から何を伝えようとするのかが明白になる」と述べている。

第三の問題について、彼女は、「智顗が定式化する理論と体系―智顗の円融の哲学の重要要素としてのシンクレティズムの特色を表示するものである―が何であるかという最後の問題は、認識論の観点、つまり中国の知識論を反映する智顗の提示に見られるシンクレティズムに関係する。この特色を明らかにする理論と体系は、次のように要約される。第一に教判の体系、第二に統合、第三に古いものを整理して新しいものを生み出す体系である。この問題を通じて、実践的な重要性を示す智顗の哲学の形成に関する第三の認識論的問題の観点が検討されるばかりでなく、教育的意味を前提とする解釈学的アプローチの第一の観点との関係や、救済論的重要性を持つ第二の観点も同様に解明される」と述べている。

筆者は、彼女の研究が天台哲学の研究を前進させることを疑わないが、日本の学者の研究成果をもっと参照してもらいたいと思う。というのは、天台哲学の学術的研究を遂行するためには、今や我々は『法華経』の解釈に関して、智顗と吉蔵の関係を考慮しなければならない。たとえば、「絶待妙」と「相待妙」の二妙の用語に関して、我々は智顗の『法華玄義』と吉蔵の『法華玄論』のいずれにも見いだすのである。(5)

なお、本書の中国語版、沈海燕『《法華玄義》的哲学』（上海古籍出版社、二〇一〇年）が刊行された。

(29) Daniel Bruce Stevenson and Hiroshi Kanno, *The Meaning of the Lotus Sūtra's Course of Ease and Bliss: An Annotated Translation and Study of Nanyue Huisi's (515-577) Fahua jing anlexing yi*, Bibliotheca Philologica et Philosophica Buddhica, vol. IX, Tokyo: The International Research Institute for Advanced Buddhology, Soka University, 2006.

本書は、南岳慧思『法華経安楽行義』の英文の訳注研究であり、Daniel Bruce Stevenson と菅野博史のそれぞれの研究論文、及びテキストの校訂を含む。本書の内容目次を紹介すると次のようである。

『法華経安楽行義』は、『法華経』の随文釈義の注釈書ではなく、明確なテーマとしてとくに安楽行、つまり『法華経』の安楽行品第十四に説かれる安楽行に集中する著作である。『法華経安楽行義』に対するスティーブンソン氏のアプローチは、慧思が活動した歴史的環境に特有な仏教の思想と実践の潮流にさらに注意を払いながら、慧思の現存する著作全体というより大きな枠組のなかに、テキストの内容と修辞を位置づけようとすることである。

菅野の研究の観点は、主に中国中世初期の『法華経』の注釈書の一例としての『法華経安楽行義』に対する関心から生じたものである。[6]

(30)菅野博史『法華文句』(Ⅰ)(Ⅱ)(Ⅲ)(Ⅳ)(第三文明社、二〇〇七年六月、二〇〇八年九月、二〇一〇年十二月、二〇一一年九月)

本書は、智顗・灌頂『法華文句』の訳注研究(訓読訳)である。

(31)陳堅『心悟転法華—智顗「法華詮釈学」研究』(宗教文化出版社、二〇〇七年)

本書には、第二章「『法華玄義』中的詮釈方法:〝五重玄義〟」、第三章「『法華文句』中的詮釈方法:〝消文四意〟」が含まれ、それぞれ『法華玄義』、『法華文句』の経典解釈方法について考察している。

注

(1)『創価大学人文論集』六、一九九四年三月、六〇—八六頁を参照(本書の前章のこと)。

(2)(1)から(29)までの著作の紹介は、すでに英文で発表したことがある。Hiroshi Kanno, "A General Survey of Research Concerning Chinese Commentaries on the *Lotus Sūtra*"(『創価大学国際仏教学高等研究所年報』一〇、二〇〇七年、四一七—四四四頁)を参照。

(3)拙論「『法華経文外義』研究序説」(『印仏研』五五—一、二〇〇六年一二月、四九九—四九二頁〔左〕。本書、第一部、第六章に収

録）を参照。『法華経文外義』は、『法華経』の随文釈義の注釈書ではなく、『法華経』に関する重要な問題を取りあげ、問答形式で考察する注釈書である。この写本は、奥書によれば、五四五年に書写されたものである。したがって、五四五年以前に成立したことは言うまでもない。『法華経』の中国の注釈書を研究する上でとても重要な資料である。拙論は、『法華経文外義』の概略を整理したものである。

（4） 末光氏は、一九八七年から『駒澤大学仏教学部研究紀要』と『駒澤大学仏教学部論集』とに十編の論文を発表した。とくに、「吉蔵の成仏不成仏観」（『駒澤大学仏教学部研究紀要』四五、一九八七年三月、二七五―二九一頁）を参照。

（5） 菅野博史『中国法華思想の研究』（春秋社、一九九四年）五四五―五五九頁を参照。

（6） 菅野博史の論文は、日本語でも発表されている。「慧思『法華経安楽行義』の研究（1）」（『東洋学術研究』四三―二、二〇〇四年一二月、一七六―一九五頁。本書、第一部、第四章に収録）、「慧思『法華経安楽行義』の研究（2）」（『東洋哲学研究所紀要』二〇、二〇〇四年一二月、五三―八一頁。本書、第一部、第五章に収録）を参照。

〔付記〕筆者は、呉汝鈞『法華玄義的哲学綱領』（台北：文津、二〇〇二年）など、最近の台湾の研究書をまだ入手していないので、いずれ機会を改めて紹介したい。

三　中国における『法華経』の思想の受容

一　はじめに

論文題目の「中国における『法華経』の思想の受容」は、非常に大きなテーマであるので、本稿で考察する課題の範囲を限定しなければならない。『法華経』の中国における受容には、『法華経』信仰の現世利益を説く応験譚や、『法華経』の第二十五章に相当する『観音経』に基づく観音信仰などもあるが、本稿ではこれらについては論じない。本稿では、『法華経』の中心思想がどのように中国で受容されたかを考察することに焦点を絞りたい。筆者は、『法華経』の中心思想を三方面から捉えることができると考える。第一は、一切衆生が平等に成仏できるとする「一仏乗の思想」、第二は、釈尊が永遠の存在であり、娑婆世界に住む一切衆生の絶対的な救済者であるとする「久遠の釈尊の思想」、第三は、釈尊不在の世界における『法華経』の担い手を意味する「地涌の菩薩の思想」の三点である[1]。

第一の「一仏乗の思想」は、『法華経』方便品第二に説かれ、経文に即していうならば、一切衆生を平等に成仏させることが、釈尊がこの娑婆世界に出現した唯一の重大な目的（「一大事因縁」）であると説くことが、一仏乗の思想の本来の表現である。この思想の中には、衆生が平等に成仏できるという点と、救済者としての釈尊の存在を重要視するという点との二点が示されている。一般には、前者の衆生の平等な成仏の思想が強調され、後者の釈尊の存在の重視は見過ごされる傾向が強いので、後者に対する注意も怠るべきではない。第二の「久遠の釈尊の思想」は、『法華経』如来寿量品第十六に説かれ、釈尊の仏としての寿命が永遠であること、それにもかかわらず八十歳で涅槃に入るのは「方便現涅槃」（衆生に真剣な求道心を起こさせる巧みな手段として、仮りに涅槃に入る姿を示すだけであるという思想）のためであること、深い信仰を持つ者の前には久遠の釈尊が出現すること（衆生の側からいうと、「仏を見る」ことができるということ）が説かれている。第三の「地涌の菩薩の思想」は、『法華経』法師品第十、従地涌出品第十五に説かれ、地涌の菩薩は過去世においてすでに悟りを開いた偉大な菩薩であり、衆生に対する慈悲心のゆえに、娑婆世界に出現すると説かれている。筆者は、この地涌の菩薩は、『法華経』の成立時点における『法華経』の制作者、信仰者の自画像として捉えることができると考える。

次に、論文題目の「中国における」という限定語についてであるが、本稿では主に中国における代表的な法華経疏を考察の材料とする。中国では二世紀半ば頃から仏典の漢訳が開始され、中国人が中国語によって仏教を学ぶことができるようになった。仏典は大きく分けると経・律・論の三つに分けられるが、しだいに仏教の研究が進むと、経・律・論のそれぞれに対する注釈書が制作されるようになった。中でも、経が釈尊の思想を学ぶ上で最良のものであったから、最も熱心に経の注釈書（経疏）が作られるようになった。

『法華経』が中国において漢訳されたのは、完本としては次の三回を数える。第一には西晋の竺法護（生年およそ二三〇年代で、七十八歳死去）の『正法華経』十巻（二八六年訳）である。第二には姚秦の鳩摩羅什（三四四―四一三、あるいは三五〇―四〇九）の『妙法蓮華経』七巻、あるいは八巻（四〇六年訳）である。第三には隋の闍那崛多（五二三―六〇五）と達摩笈多（?―六一九）の共訳の『添品妙法蓮華経』七巻（六〇一年訳）である。『添品妙法蓮華経』は、鳩摩羅什訳の補訂版である。

『正法華経』は、訳文が難解であること、そしてより根本的な理由としては、当時の仏教学の中心が般若教学であったために、東晋時代の竺道潜の講経を忘れるべきではないが、それほど仏教界の注目を喚起することはなかった。これに対して、『妙法蓮華経』はようやく時代の脚光を浴び、多くの人によって信仰、研究された。後に紹介する中国の多くの注釈書も鳩摩羅什の訳本を対象としたものである。『添品妙法蓮華経』は『妙法蓮華経』に欠落している部分を補ったものであるが、後々まで鳩摩羅什訳が読誦された。もっとも現行の『法華経』には、鳩摩羅什訳に含まれていなかった提婆達多品などが編入されている。

中国の現存する法華経疏を挙げると、まず現存する最古のものとして、道生（三五五頃—四三四）の『妙法蓮花経疏』がある。道生は鳩摩羅什の門下で、闡提成仏説や頓悟説などによって、その独創的かつ透徹した仏教理解を高く評価された人物である。道生は鳩摩羅什の『法華経』の講義の記録をもとに、この注釈書を書いたと、自ら述べている。

敦煌で発見された断片的な法華経疏を除けば、道生の法華経疏の次に古い法華経疏は光宅寺法雲（四六七—五二九）の『法華義記』[2]である。『法華義記』は、開善寺智蔵（四五八—五二二）や荘厳寺僧旻（四六七—五二七）とともに梁の三大法師と呼ばれた法雲の『法華経』講義を弟子が筆録したものである。法雲の法華学が吉蔵（五四九—六二三）、智顗（五三八—五九七）以前の南北朝時代において傑出した地位を占めるものであったことを認めた吉蔵、智顗は、法雲の法華学の影響を深く受けながらも、『法華経』が『涅槃経』よりも劣ると考えた法雲を厳しく批判することによって、彼ら自身の法華学を築いていった。

次に、智顗には、名・体・宗・用・教の五重玄義の視点から『法華経』の思想を総合的に解釈した『法華玄義』[3]のほかに、『法華経』の随文釈義である『法華文句』があるが、実はこの二著は智顗の親撰ではなく、弟子の章安大師灌頂（五六一—六三二）が智顗の講説を筆録し、後にそれを整理して完成したものである。智顗はけっして『法華経』至上主義者ではないが、確かに『法華経』を中心とする教判を確立した。[4]

次に、三論学派（龍樹の『中論』、『十二門論』、その弟子の聖提婆の『百論』の三論を重視する学派）の大成者である吉蔵には、『法華玄論』[5]、『法華義疏』[6]、『法華遊意』、『法華統略』[7]があり、最も多くの法華経疏を著わしている。吉蔵は、大乗経典はすべて道を顕わすことにおいて平等であるとする立場に立って、法華経疏を著わした。

最後に、法相宗の慈恩大師基（六三二―六八二）には、三乗方便・一乗真実という従来の『法華経』解釈の立場とまったく異なる三乗真実・一乗方便という立場から『法華経』を解釈した『法華玄賛』がある。

これらの人々はいずれも中国仏教史上著名な仏教徒であり、それぞれの宗教的、学問的立場から『法華経』の研究に取り組んだ。八世紀以降になると、上に掲げた法華経疏のさらなる注釈書、すなわち末注が著わされるようになる。本稿では、主に中国の法華経疏を資料として、上に述べた『法華経』の三種の思想がどのように受容されたのかという問題について考察する。

二　中国における「一仏乗の思想」

(一)教判思想の基準としての「一仏乗の思想」

中国における『法華経』に対する関心の中心は、中国仏教の大きな特色の一つといわれる教判思想の基準を与えてくれる経典としての『法華経』にある。中国に仏教が伝来したのは、およそ西暦紀元前後頃と考えられ、経典の翻訳にいたっては、二世紀の半ばになってからであるから、釈尊の死からすでに五、六百年を経過していた。この間、インドの仏教は諸部派に分かれ、また大乗仏教が興起して、部派仏教、あるいはその一部と厳しく対立する状況も生じていた。このような多様な仏教思想が、インドにおける仏教思想の発展の歴史をまったく知らされずに、無秩序に中国に伝来し、翻訳されたのであった。したがって、多様な大小乗さまざまな経典をすべて釈尊の金口直説として受容した中国人仏教徒の間に混乱が生じたのは当然のなりゆきであった。

例えば、鳩摩羅什と廬山の慧遠（三三四―四一六）の往復書簡集である『大乗大義章』を参照すると、当時の中国仏教界の第一人者である慧遠でさえ、意外にも大乗と小乗の区別に対する明瞭な認識を持っていなかったことが判明して驚かされる。そこで、仏教の研究が盛んになるにつれ、経典間の矛盾対立する思想に何らかの統一を与え、それによって釈尊一代の説法教化を秩序づけようとの試みがなされるようになった。これが教相判釈、教判と呼ばれるものが生まれた事情である。

この教判思想は五世紀、主だった大乗経典が漢訳され終わった頃から盛んになった。一例として、南北朝時代に特に南地において有力であった慧観（生没年未詳。鳩摩羅什の門下で、『法華宗要序』が現存）の五時教判を紹介したいと思う。

まず仏の教えには大きく分けると頓教と漸教との二種類があり、前者には『華厳経』が相当する。後者は仏が鹿野苑で説法してから涅槃に入るまで、しだいに浅い教えから深い教えへと説き進められたもので、『阿含経』などの小乗仏教を指す三乗別教、『大品般若経』を指す三乗通教、『維摩経』や『思益梵天所問経』を指す抑揚教、『法華経』を指す同帰教、『涅槃経』を指す常住教の五種の教に分類される。

この教判の特徴は、頓教として『華厳経』を別格の高い地位に置いたこと、釈尊の一代の説法は時間的に秩序づけられ、浅い教えから深い教えへと段階的に説き進められたこと、そしてその浅い教えから深い教えへという原理から論理的に帰結することであるが、『涅槃経』が漸教中最高の地位に置かれたことである。したがって、『法華経』は、『華厳経』と『涅槃経』の二経の下位に置かれた。

また、漸教の中の三乗別教（声聞には四諦が説かれ、縁覚には十二因縁が説かれ、菩薩には六波羅蜜が説かれるように、修行の因も、それによって得られる果もそれぞれ別である教え）、三乗通教（三乗の人に共通な教え）、同帰教（三乗の人の区別なく、すべてが成仏という一果に同じく帰着する教え）は、『法華経』の方便品の三乗方便・一乗真実の思想に基づいて考案されたことは容易に推定できる。『法華経』自身が、釈尊一代の教化を三乗から一乗へ説き進められたものであることを示しているので、中国の教判を作った人は『法華経』を参考に教判を形成したのである。三乗から一乗へという図式だけでは十分に釈尊一代の教化を整理しきれないときには、中国の『法華経』の注釈家は、信解品の長者窮子の譬喩などを手がかりに、より詳しい整理を試みた。

この五時教判は、『法華経』を『華厳経』と『涅槃経』の二経の下位に置いたので、吉蔵や智顗によって厳しく批判された。しかしながら、『法華経』が教判に基準を与えるものとして重視されたこと自体は、吉蔵や智顗においても変わらなかったといえる。

要するに、『法華経』の第一の中心思想である一仏乗の思想は、中国においては教判形成の基準を提供するものとして受容された。『法華経』の第二、第三の中心思想に対する関心と比べものにならないほど、中国仏教はこの点に関心を集中させたといえる。

(二)三乗方便・一乗真実（開三顕一）と法相宗の特殊な『法華経』解釈

中国においては、『法華経』の「一仏乗の思想」が教判の基準として受容されたことを述べたが、具体的には、『法華経』の思想をそのまま受け入れて、三乗方便・一乗真実、中国の注釈術語では「開三顕一」が『法華経』の中心思想の一つとして捉えられた。ところが、この「一仏乗の思想」は、法相宗の五性各別思想（衆生には声聞定性・縁覚定性・菩薩定性・不定性・無性の五種の差別があり、第一、第二、第五の種性は成仏できないとされる）を立場とする慈恩大師基の『法華玄賛』においては、まったく逆転した解釈を与えられた。というのは、基によれば、『法華経』は、不定性のものを、声聞、縁覚の方向ではなく、菩薩の方向に導くために、三乗方便・一乗真実を説いたにすぎず、本来的立場としては、三乗真実・一乗方便であると規定されたからである。これは、『法華経』の成立時点の思想を誤って解釈したものであるが、このような問題は、日本において、最澄（七六七―八二二）と徳一（生没年未詳）の間における三一権実論争（三乗と一乗のいずれが真実で、いずれが方便であるかという問題を巡る論争）として受け継がれた。

㈢智顗の種熟脱の三益

「一仏乗の思想」には、衆生が平等に成仏できるという面ばかりでなく、衆生救済における釈尊の存在の重視という面もあることを指摘した。このことは、成仏論に関する『法華経』と『涅槃経』との相違に関連することである。つまり、大乗の『涅槃経』は、「一切衆生に、悉く仏性有り」と主張し、すべての衆生に内在する仏性によって、衆生の成仏を根拠づけた。ところが、それ以前に成立した『法華経』の場合は、すべての衆生の平等な成仏を主張する場合、「釈尊が自分たちを成仏させるために、この娑婆世界に出現してくれた。それが釈尊の唯一の重大な仕事である」という主張をなし、釈尊と衆生自身との深い宗教的絆に焦点を合わせている。

衆生救済における釈尊の存在の重視という面は、中国においては必ずしも注目されなかったが、智顗は見事にこの点に注目して成仏論を考え、下種益、熟益、脱益の三益という概念を提示した。これらは植物の種子を蒔き、成熟させ、収穫することを意味し、具体的な意味としては、下種益は、釈尊が衆生と初めて結縁すること、つまり宗教的絆を結ぶことであり、熟益は、衆生の機根を成熟させることであり、脱益は、衆生を解脱、成仏させることである。(8) 智顗は、化城喩品に説かれる大通智勝仏の物語が、化導の始終・不始終を説くものと捉え、釈尊が衆生に与える三種の利益として、下種益、熟益、脱益を考えたのである。

㈣『法華経』における仏性の説・不説

大乗の『涅槃経』はおよそ四世紀頃にインドで成立した。その中心的な思想は、仏の本体は法身であり、法身は永遠常住であるということと、すべての生きとし生けるものに仏性が内在しているということである。簡潔に表現すれば、仏身常住と仏性の普遍性を説いている。

この『涅槃経』の思想が、『法華経』の中心思想である一仏乗と久遠の釈尊の思想に近似していることに、我々はすぐ気がつくであろう。一仏乗の思想は、すべての衆生が平等に成仏できることを意味し、久遠の釈尊の思想は、釈尊の永遠性を説いたものである。『法華経』の一仏乗の思想は、釈尊と衆生の過去世からの宗教的絆を説くことによって衆生の成仏を根拠づけ、久遠の釈尊の思想は歴史上の釈尊に即して永遠の釈尊を捉えるという歴史重視の特色がある。その点、『涅槃経』は時代が下って成立したために、仏性という内在原理によって衆生の成仏を根拠づけ、また端的な仏身の永遠性を説いているなど、全体的に理論化が進み、それだけ抽象的な説き方になっていると思われる。

さて、南北朝時代には、『法華経』には『涅槃経』に説かれる仏性と仏身常住が説かれていないという認識が一般的であった。(9) ここでは、『法華経』には仏性が説かれないとする考えに対する浄影寺慧遠（五二三―五九二）の批判を簡潔に紹介する。

慧遠には法華疏七巻があったといわれるが現存しないので、『大乗義章』に見られるごく簡潔な劉虬の教判に対する批判の中で、仏性の問題について論及している箇所を参考にする。

もし『法華経』がまだ仏性を説かないので『涅槃経』より浅いというならば、この理論は正しくない。『涅槃経』に「仏性はとりもなおさず一乗である」と説くようなものである。『法華経』のなかに一乗を明らかにするのは、どうして仏性でないとするのか。そのうえ、『法華経』のなかで、不軽菩薩が四衆を見る場合、声高らかに「あなたは成仏するでしょう。私はあなたを軽んじません」と唱える。みな衆生に仏性があることを知っているから、「みな成仏する」と唱える。ただ「みな成仏する」というのは、とりもなおさず仏性があることを示している。

若言法華未説仏性、浅於涅槃、是義不然。如経説性即是一乗。法華経中辨明一乗、豈為非性。又法華中不軽菩薩若見四衆、高声唱言、汝当作仏。我不軽汝。以知衆生有仏性故、称言皆作。但言皆作、即顕有性。(大正四四・四六六上―中)

ここに用いられている慧遠の批判の方法には二つある。第一には、『北本涅槃経』巻第二十七、師子吼菩薩品の「一乗とは名づけて仏性と為す」(大正一二・五二四下)を証拠として、『法華経』に説かれる一乗はとりもなおさず仏性であるという批判方法である。第二には、有名な常不軽菩薩の礼拝行の理由も、衆生に仏性があって将来みな成仏すべき尊い存在であるからであるという批判方法である。(10)

智顗や吉蔵の場合は、慧遠よりももっと詳しく『法華経』が仏性を説いていることを論証しようとしているが、ここでは省略する。(11)

三　中国における「久遠の釈尊の思想」

『法華経』の第二の久遠の釈尊の思想に対して、中国における関心は比較的稀薄であったといえよう。これは、上に紹介した五時教判において、『涅槃経』が第五時常住教と規定され、『涅槃経』こそが真の仏の永遠性を説く経典であると認められたことと関係が深い。つまり、『法華経』と『涅槃経』を同じ土俵の上で受けとめた中国においては、仏の永遠性は、『涅槃経』によって学べばよいと考えられたのである。したがって、『法華経』の、歴史的釈尊に即して超歴史的な永遠の釈尊を見るという独自の立場は、智顗などの一部を除いてあまり理解されなかったといえよう。ただし、五時教判における法華経観、つまり、『法華経』に説かれる釈尊は無常の存在であるという考えは、後に厳しく批判された。

まず、五時教判成立以前を振り返ると、『法華経』を翻訳した鳩摩羅什の直接の弟子たち（とくに僧叡）によれば、寿量品の仏は永遠・無限の寿命を象徴したものと解釈された。これは、五百塵点劫の譬喩のような大きな仕掛けによって時間の長さを示した方が、聴衆に仏の永遠性を強く印象づけることができると考えるもので、この譬喩は本来、過去の永遠性を象徴したものと解釈するのである。したがって、仏の過去も未来も実質的に無限であると解釈する。

ところが、法雲は五時教判の立場から、これとまったく反対の解釈をした。法雲の『法華義記』によれば[12]、『法華経』以前に説かれる釈尊の寿命は八十歳（普通の仏伝による）や七百阿僧祇（『首楞厳三昧経』による）であり、これに対して、『法華経』に明かす仏の寿命はそれらよりも長遠であり、そしてその寿命が長遠である理由は、衆生を救済するために神通力によって寿命を延長したからであるといわれた。したがって、『法華経』の寿命長遠も相対的な長遠にとどまるとされたのである。法雲はこれを次のような譬喩によって示している。五丈の柱を二丈だけ土に埋めて、三丈を土から出した場合、この三丈が昔説いた七百阿僧祇の寿命であり、土に埋まった二丈も堀り出して五丈となったものが『法華経』に明かす寿命であるから、今と昔の仏の寿命の相違は、三丈と五丈の相違にすぎず、相対的な長遠の差があるだけである、というものである。

このように、法雲は『法華経』の仏の寿命について、昔の短寿に比較して相対的な長遠を認めたが、その長遠が相対的なものであるかぎり、『涅槃経』に明かされる仏の常住（永遠性）から見れば、なお無常の存在であると、結論づけたのであった。

このような『法華経』の仏身無常説に対して、浄影寺慧遠は、仏身常住の問題について、次のように説いている。

もし如来の寿命が過去についてはガンジス河の砂の数を超過し、未来については過去の寿命の二倍であるとするのは、まだ常住を明かしていないというならば、この理論は正しくない。そこでは地涌の菩薩の見る応身を説いていることを知るべきである。過去についてはガンジス河の砂の数を超過し、未来については過去の寿命の二倍であるとするのは、真身を論じていない。もし真身を論じるならば、究極的には〔寿命が〕尽きることはない。どうして応身であって、真身でないと知ることができるのか。『〔法華〕経』に「私は成仏してからずっと説法し地涌の菩薩を教化してきた」とある。また「私は常に霊鷲山やその他の住みかに存在し、神々や人々に見られる」とある。応身であることが明らかに知られる。この応身はなぜ未来については過去の寿命の二倍であるのか。仏の教化する対象である地涌の菩薩が過去の寿命の二倍を過ぎた未来世においてみな成仏し、仏の教化を借りなくなり、如来はそのとき応身を滅して真身に帰着するから、過去の寿命の二倍というのである。真実の道理としては、仏の教化は究極的には尽きることがない。

若言如来前過恒沙、未来倍数、未明常者、是義不然。当知彼説踊出菩薩所見之応。前過恒沙、未来倍数、不論真身。若論真身、畢竟無尽。云何得知是応非真。経言、我成仏已来、説法教化踊出菩薩。復言、我常在霊鷲山、及余住処、天人所見。明知是応。此応何故未来倍数。以其所化踊出菩薩、於未来世、過倍数劫、皆悉作仏、不仮仏化、如来爾時息応帰真、故言倍数。理実仏化畢竟無尽。（大正四四・四六六中）

「過去についてはガンジス河の砂の数を超過し、未来については過去の寿命の二倍である」と訳した部分は、慧遠が『法華経』如来寿量品の思想をまとめたものである。「過去についてはガンジス河の砂の数を超過し」の部分は、五百塵点劫の譬喩の後で、「我成仏已来、復過此百千万億那由他阿僧祇劫」（大正九・四二中）の取意引用であり、「未来については過去の寿命の二倍である」の部分は、「我本行菩薩道所成寿命、今猶未尽、復倍上数」（同前）の取意引用である。この文は、法雲に代表される、『法華経』の仏身が無常であると主張する者が自説の証拠として引用するものである。

慧遠のこの文に対する解釈によれば、ここで説かれる仏身は地涌の菩薩を教化することを目的とする応身であるとする。したがって、すべての地涌の菩薩が遠い将来、成仏してしまえば、その応身は仏の教化という役割を果たしたのであるから、尽きてしまうのも当然であるとしている。一方、真身は無条件に永遠なものであるとされているが、では具体的に、『法華経』のどこに真身が明かされているのかについては、慧遠はまったく言及していない。この点、「復倍上数」という経文そのものに対して、何とか苦心の解釈を施して、仏身の常住を主張しようとする智顗や吉蔵とは相違している。

智顗や吉蔵の場合は、慧遠よりももっと詳しく『法華経』が仏身常住を説いていることを論証しようとしているが、ここでは省略する。(13)

四　中国における「地涌の菩薩の思想」

釈尊が涅槃に入った後に、『法華経』を受持、弘通するものが地涌の菩薩であるが、主体的に自ら地涌の菩薩の自覚を持って、『法華経』の信仰に励むということは、中国においては見られなかった。(14)南岳大師慧思（五一五—五七七）の『法華経安楽行義』には、熱烈な法華信仰と折伏の思想が見られるが、地涌の菩薩についての主体的な解釈は見られない。

ところで、筆者は『法華経』の「一仏乗の思想」の最も生き生きとした表現が、常不軽菩薩の礼拝行であると考えているが、三階教の信行（五四〇—五九四）においては、常不軽菩薩の礼拝行を自己の信仰実践に取り入れた点が認められ、きわめて興味深い。

この点について、西本照真氏は、「三階教に独自な実践として注目されるのは、『法華経』の常不軽菩薩の実践をならった人間礼拝行である。これは、三階教思想の大きな柱ともいえる普敬の思想の実践的具体化である。『法華経』は南北朝時代の仏教者の中で一貫して高く位置づけられていたが、実際に常不軽菩薩の人間礼拝行を実践したと伝えられているのは信行だけである。この実践は、他の修行者との対比で三階教の実践の特徴として注目されるだけでなく、まさに三階教の中心思想から直結するという点で重要な実践といえる」[15]と指摘している。「普敬」とは、自己の悪を厳しく批判する「認悪」と一対になる三階教の中心思想で、自己以外のすべての人の善を尊敬することである。浄影寺慧遠や智顗が、常不軽菩薩の礼拝行を、『法華経』に仏性が説かれる理由として取りあげたのに対して、信行の場合は、自らの信仰実践の中に積極的に取りあげた点は、大変興味深いものがある。ただし、三階教の場合も地涌の菩薩の自覚とは直接の関係はない。

五　結　論

中国においては、『法華経』の第一の中心思想である「一仏乗の思想」は、「開三顕一」という教判思想として、教判思想の形成という中国仏教に特徴的な事柄に引きつけられて受容された。また、衆生の成仏の根拠として、『涅槃経』に説かれる「仏性」が『法華経』に説かれるかどうかという議論が盛んに行なわれたのは、この「一仏乗の思想」と大いに関係がある。また、衆生救済における釈尊の存在の重視は、智顗の下種益、熟益、脱益の三益として捉えられた。また、第二の「久遠の釈尊の思想」は、『涅槃経』の影に隠れて、必ずしも重視されなかったが、『法華経』に説かれる久遠の釈尊が常住であるか、無常の存在であるかという議論が盛んに行なわれた。「地涌の菩薩の思想」については、慧思や信行のような興味深い菩薩行の実践を説いた者もいたが、『法華経』弘通の主体者として、自己を地涌の菩薩と認定する者は現われなかった。

注

(1) 菅野博史『法華経の出現』（大蔵出版、一九九七年）を参照。

(2) 菅野博史訳『法華義記』（法華経注釈書集成2、大蔵出版、一九九六年）を参照。

(3) 菅野博史訳『法華玄義』上・中・下（第三文明社、一九九五年）、菅野博史『法華玄義入門』（第三文明社、一九九七年）を参照。

(4) 拙稿「A Comparison of Zhiyi's and Jizang's Views of the *Lotus Sūtra*—Did Zhiyi, after all, Advocate a "Lotus Absolutism"?」（『創価大学国際仏教学高等研究所年報』三、二〇〇〇年三月）、拙稿「智顗と吉蔵の法華経観の比較—智顗は果たして法華経至上主義者か？—」（『平井俊榮博士古稀記念論文集・三論教学と仏教諸思想』所収、春秋社、二〇〇〇年一一月。本書、第一部、第七章に収録）を参照。

(5) 平井俊榮『法華玄論の註釈的研究』（春秋社、一九八七年）、『続法華玄論の註釈的研究』（春秋社、一九九六年）を参照。

(6) 菅野博史『法華とは何か—『法華遊意』を読む—』（春秋社、一九九二年）を参照。

(7) 菅野博史訳『法華統略』上（法華経注釈書集成6、大蔵出版、一九九八年）、『法華統略』下（法華経注釈書集成7、大蔵出版、二〇〇〇年）を参照。

(8) 『法華文句』巻第一上（大正三四・二下）を参照。

(9) 浄影寺慧遠『大乗義章』衆経教迹義に紹介される劉虬の五時教判を参照（大正四四・四六五上）。また、『法華玄義』巻第一下には、法雲を批判する中で、「どうして軽々しく『法華経』に一乗を明かしている点は了義であるが、仏性を明かしていない点は不了義であるというのか。どうしてまた『法華経』に縁因仏性を明かしている点は完全であるが、了因仏性を明かしていない点は不完全であるというのか。どうしてまた〔如来の寿命が〕過去についてはガンジス河の砂の数を超過し、未来については過去の寿命の二倍であるということはやはり無常の因であるというのか（那忽言、法華明一乗是了、不明仏性是不了。那復言、法華明縁因是満、不明了因是不満。那復言、前過恒沙、後倍上数、猶是無常因）」（大正三三・六九一下—六九二上）と述べられている。

(10) 常不軽菩薩の礼拝行と仏性を結びつける解釈は、すでに『法華論』においてなされている。『法華論』巻下、「礼拝讃歎作如是言、我不軽汝、汝等皆当得作仏者、次現衆生皆有仏性故」（大正二六・九上）を参照。

(11) 智顗については、『法華玄義』巻第五下（大正三三・七四四下—七四六上）を参照。吉蔵については、『法華玄論』巻第一（大正三四・三六七上―中）を参照。なお、菅野博史『法華経の出現』（前掲同書）第五章「仏性・仏身常住の問題と中国法華思想」を参照。

(12)『法華義記』巻第一（大正三三・五七三下―五七四上）を参照。

(13) 智顗については、『法華玄義』巻第十上（大正三三・八〇二下―八〇三上）を参照。吉蔵については、『法華玄論』巻第二（大正三四・三七四下―三七八中）を参照。なお、菅野博史『法華経の出現』（前掲同書）第五章「仏性・仏身常住の問題と中国法華思想」を参照。

(14) 日本の日蓮（一二二二―一二八二）は、自身を地涌の菩薩と認め、末法時代における『法華経』の担い手とする宗教的自覚を持った。

(15) 西本照真『三階教の研究』（春秋社、一九九八年）四七―四八頁。資料として、『対根起行法』に、「一人・一行の法について。一人とは、自身はただ悪人である。一行とは、『法華経』に説くように、常不軽菩薩はただ一行だけを行ずる。自身以外の者について、ただ尊敬して如来蔵、仏性、未来の仏、仏のように思われる仏などと見なすので、一行と名づける（一人一行法。一人者、自身唯是悪人。一行者、如法華経説、常不軽菩薩唯行一行。於自身已外、唯有敬作如来蔵仏性当来仏仏想仏等、故名一行）」（『敦煌宝蔵』一二一・二三七下。西本、前掲同書三一六頁）とある。

〔付記〕『法華経』の第二章が「方便品」と名づけられたことについて、幾人かの中国の注釈家は、なぜ「実相品」と名づけないで、方便品と名づけるのかという問題意識をもった。思うに、この問題意識は、方便を真実と対比させる視点に立つものであり、方便品の「方便」の意味を正しく捉えていない。方便品の「方便」は、真実とではなく、智慧と対比されるべきもので、仏が智慧に基づきながら、衆生という他者に対する慈悲を導入したものが方便である。誤解を避けるためには、むしろ「方便力」といった方が良いかもしれない。要するに、方便品は、仏の方便力（智慧＋慈悲）を讃嘆する命名なのである。

〔本書のための付記〕本章の冒頭に、「『法華経』の中国における受容には、『法華経』信仰の現世利益を説く応験譚や、『法華経』の第二十五章に相当する『観音経』に基づく観音信仰などもあるが、本稿ではこれらについては論じない」と記したが、この問題については、拙稿「法華経の中国的展開」（『シリーズ大乗仏教第四巻・智慧／世界／ことば』所収、春秋社、近刊）において論じた。また、地涌の菩薩の思想については、拙稿「『法華経』における地涌菩薩について―現実世界への関与」（『東洋学術研究』四九―一、二〇一〇年五月）において論じた。

四　慧思『法華経安楽行義』の研究（1）

一　問題の所在

南岳大師慧思（五一五―五七七）は『立誓願文』によれば、『般若経』と『法華経』に対する信仰が厚かったことがわかるが、[1] 慧思の法華経観は、幸いに慧思の『法華経安楽行義』（以下、『安楽行義』と略記する）の中に探ることができる。[2] 『安楽行義』はいわゆる随文釈義の書ではなく、安楽行という特殊な思想的題目に関する書である。しかも、『法華経』安楽行品に説かれる四安楽行の第一、慧思の命名によれば、「正慧離著安楽行」について解説した書である。この安楽行は、伝記によれば、慧思が智顗とはじめて大蘇山で出会ったときに、慧思が智顗に最初に教示したものである。[3]

『安楽行義』の構成について述べると、慧思は冒頭に自身の法華経観を総論的に明らかにし、次に、この総論に基づき、十五の偈頌の形式によって、有相行と無相行の安楽行、一乗の意義などについて説明する。次に、十種の問答を設けて、偈頌に示した思想をさらに明らかにする。本稿では、『安楽行義』の冒頭の総論の部分と十五の偈頌に見られる慧思の法華経観について紹介し、さらに十種の問答の中からは、紙数の関係で、第一の問答の中で説かれる慧思の「妙法」、「蓮華」についての解釈を考察する。その他の問題、たとえば「安楽行の定義」、「四安楽行」、「無相行と有相行」、「三忍の意義」についての考察は、別の機会に発表したい。

二　『安楽行義』の冒頭に見られる法華経観

慧思の法華経観は『安楽行義』の冒頭の数行に尽くされていると言える。すなわち、

『法華経』とは、大乗のなかのたちどころに悟る法門であり、師がなく自然に悟る法門であり、速やかに仏の悟りを完成する法門であり、すべての世間〔の人々〕の信ずることの難しい法門である。およそすべての新しく学びはじめた菩薩が大乗を求め、〔他の〕すべての菩薩よりも速やかに仏道を完成しようとするならば、戒を保持し、忍耐し、精進し、熱心に禅定を修め、心を集中して熱心に法華三昧を学び、すべての衆生を観察してみな仏のようであると思い、世尊を尊敬するように合掌し、礼拝し、またすべての衆生を観察してみな偉大な菩薩・善知識のようであると思う必要がある。

法華経者、大乗頓覚、無師自悟、疾成仏道、一切世間難信法門。凡是一切新学菩薩、欲求大乗、超過一切諸菩薩、疾成仏道、須持戒忍辱精進、勤修禅定、専心勤学法華三昧、観一切衆生皆如仏想、合掌礼拝如敬世尊、亦観一切衆生皆如大菩薩善知識想。（大正四六・六九七下一七―二二）

とある。この冒頭の短文を解説するという形式で、『安楽行義』全体が構成されているとも言える。

慧思は冒頭に『法華経』がどのような法門であるかを述べ、大乗のなかのたちどころに悟る（大乗頓覚）法門であり、師がなく自然に悟る（無師自悟）法門であり、速やかに仏の悟りを完成する（疾成仏道）法門であり、すべての世間の人々の信ずることの難しい（一切世間難信）法門であるという四種の説明を与えている。

『法華経』は、第一に大乗の「頓覚」と規定されている。「頓覚」は、にわかに、速やかに悟るという意味である。

『安楽行義』には「漸覚」という表現は見られないが、『安楽行義』に論じられているように、「頓覚」は大乗仏教の、もう一つの修行方法である「次第行」という概念に対立するものである。つまり、大乗仏教の修行・悟り方の中に、「次第行」と「頓覚」という明確に区別される二つのあり方があることを前提に置いて、「頓覚」を理解しなければならない。詳しくは後述する。

また、慧思『諸法無諍三昧法門』にも、『法華経』と頓覚を結びつけて、

『法華経』の集会にはただ一乗の頓のなかの究極的な頓である諸仏の智慧だけを説き、大菩薩のために、如来の記別を授ける。

妙法華会但説一乗頓中極頓諸仏智慧、為大菩薩受如来記。（同前・六三五中八—九）

と述べている。

佐藤哲英氏は、この「頓覚」の出典として、『菩薩瓔珞本業経』仏母品の「私の昔の法会に一億八千の無垢大士がいて、すぐに法性の根源に通達し、たちどころに不二である一切法の統一された相を悟った。法会から出て、おのおの十方界に座って、菩薩の瓔珞の偉大な法蔵を説いた。そのとき法会に座っていた大衆は、一億八千の世尊が頓覚如来と名づけられ、それぞれ百の宝石で飾られた師子吼の座に座っているのを見た。そのとき、無量の大衆もまた同じ場所に座り、等覚の如来が瓔珞の法蔵を説くのを聞いた。それゆえ漸覚如来はなく、ただ頓覚如来がいるだけである。三世の諸仏の説く内容に相違はなく、今の私も同様である（我昔会有一億八千無垢大士、即坐達法性原、頓覚無二一切法一合相。従法会出、各各坐十方界、説菩薩瓔珞大蔵。時坐大衆見一億八千世尊、名頓覚如来、各坐百宝師子吼座。時無量大衆亦坐一処、聴等覚如来説瓔珞法蔵。是故無漸覚如来、唯有頓覚如来。三世諸仏所説無異、今我亦然）」（大正二四・一〇一八下一四—二一）を取りあげて、「慧思はその仏教思想の特色とする頓覚の用語をまず『瓔珞経』に求め、この頓覚説に立って不次第道不次第入の法華経の思想特色をおさえ、これを頓覚の法門といったものではなかろ

うか」[4]と指摘している。[5]

次に、「無師自悟」は、他の師から教えられるのではなく、自然に悟ることを意味する。『続高僧伝』慧思伝には、慧思が法華三昧を他者に依存しないで自然に得たことを述べていて、この「無師自悟」の考えと通じる考えを示している。[6]もっとも『安楽行義』は、慧思一人の問題ではなく、『法華経』の特徴として、自然に悟ることのできる経典であることを述べたものである。『安楽行義』の十五の偈頌のなかにも、類似の思想表現が見られる。たとえば、第五偈に「衆生性無垢　無本亦無浄　不修対治行　自然超衆聖」（大正四六・六九八上二四―二五）とあり、第六偈に「無師自然悟　不由次第行　解与諸仏同　妙覚湛然性」（同前・六九八上二六）とあり、第十偈に「妙法蓮華経　是大摩訶衍　衆生如教行　自然成仏道」（同前・六九八中五―六）とある。とくに第六偈の「無師自然悟」は「無師自悟」の「自」が「自然」と言い換えられているので、意味が明瞭となっている。「自」は「自分自身で」と「自然に」の二つの意味があるが、第六偈によって後者の意味であることがわかる。また、「自然に」という言葉の具体的な内容については、第五偈・第六偈によれば、対治行＝次第行を修行しないことが「自然に」と表現されていることがわかる。

「疾成仏道」は、速やかに仏の悟りを完成するの意であり、表現としては、『法華経』常不軽菩薩品に「不軽菩薩は死んで、無数の仏に出会い、この法華経を説いたので、無量の福徳を獲得し、しだいに功徳を備えて、すみやかに仏の悟りを完成した（不軽命終　値無数仏　説是経故　得無量福　漸具功徳　疾成仏道）」（大正九・五一中二二―二四）、「ひたすら敷衍してこの法華経を説いて、生まれ変わるたびに仏に出会い、すみやかに仏の悟りを完成すべきである（応当一心　広説此経　世世値仏　疾成仏道）」（同前・五一下六―七）と説かれる。[7]『安楽行義』においては、「疾成仏道」は先に見た「頓覚」と同じ意味と解釈してよいと思うが、常不軽菩薩品においては、無数の仏に出会って修行を続けることを指摘しているので、必ずしも「頓覚」のようにきわめて短い時間を意味するものではないように思われる。

「一切世間難信法門」は、『法華経』序品の「すべての世間〔の人々〕の信ずることの難しい法を衆生にみな聞くことができるようにさせようとするので、この瑞相を現じた（欲令衆生咸得聞知一切世間難信之法、故現斯瑞）」（同前・三下一七）を受けたものであろう。

さて、「頓覚」と同義の「疾成仏道」が「頓覚」とともに『法華経』の法門の四種の説明のうち最も重要であると思われる。その理由は、慧思が、新学の菩薩が疾成仏道を望むなら、持戒、忍辱、精進を行ない、熱心に禅定を修め、さらに法華三昧を学ばなければならない、と話を続けているからである。

慧思が要求する実践は、六波羅蜜のなかの四波羅蜜に相当するが、禅定と法華三昧[8]の関係は、一般的な禅定をさらに限定したものが法華三昧と考えられるから、『安楽行義』では法華三昧が重要である。また、法華三昧の内容を説明するなかで、衆生という他者に対する態度に言及して、衆生を仏であると観察する、世尊を敬うように衆生に対して合掌礼拝する、衆生を大菩薩、善知識であると観察することなどを指摘している。そして、これらの修行について、簡潔な説明を加えている。

まず、「精進」については、『法華経』に説かれる薬王菩薩の修行[9]と妙荘厳王の修行[10]を見習うように説明している。また、すべての衆生を観察して仏のように思うことについては、常不軽菩薩品[11]を参照すべきこと、「熱心に禅定を修める（勤修禅定）」ことについては安楽行品[12]を参照すべきことを指摘している。ここに指摘される衆生を仏であると観察することと「熱心に禅定を修める」こととの関係について説明して、衆生は法身という蔵を完備していて仏と同一であるが、煩悩によって法身が顕現していないだけであり、熱心に禅定を修めて煩悩を浄化すれば、法身が顕現すると述べている。具体的には、次のように説かれる。まず、衆生が仏と同一であることについて、「法身蔵[13]」という概念を用いて、

すべての衆生は法身の蔵を完備し、仏と同一で相違がない。

一切衆生具足法身蔵、与仏一無異。（大正四六・六九八上八）

と説く。これはとりもなおさず頓覚が成立する根拠を示したものである。しかし、衆生は迷っているために、この法身が顕現していないとされ、そこで、熱心に禅定を修行することによって、法身を顕現させることができると述べている。すなわち、

三十二相・八十種好はひっそりとして清浄である。衆生はただ乱れた心や迷いによる障害、六根が暗く濁っていることによって、法身が現われないだけである。あたかも鏡が塵や垢で〔鏡〕面の像が現われないようなものである。このために、修行者が熱心に禅定を修め、迷いによる障害という垢を浄化すれば、法身が顕現する。

三十二相八十種好、湛然清浄。衆生但以乱心惑障六情暗濁、法身不現。如鏡塵垢面像不現。是故行人勤修禅定、浄惑障垢、法身顕現。（同前・六九八上九―一二）

と説かれている。

そして、法身が顕現することについて、法師功徳品、あるいは『観普賢菩薩行法経』に説かれる六根清浄の文を次のように引用している[14]。

経に「法師は父母が生んだ清浄な常住の眼を持つ。耳・鼻・舌・身・意もまた同様である」とある。

経言、法師父母所生清浄常眼。耳鼻舌身意亦復如是。（同前・六九八上一二―一三）

と。「清浄常眼」の「常」は『法華経』の梵本では、「通常の」という意味であるが[15]、慧思が、「眼は常住であるので、流動しないと名づける。どのようなものを常住と名づけるのか。無生であるから常住である（眼常故名為不流。云何名常。無生故常）」（同前・六九九中一一―一二）といっているのを参照すると、「常住」の眼という意味と理解していることがよくわかる。

三　偈頌に見られる法華経観

慧思は、以上の論述に続いて、偈頌の形式によって、彼の法華経観、および『安楽行義』の主題である安楽行の意義について説いている。五字四句を一偈と数えれば、ここには十五の偈がある。偈（現代語訳と原文）に通し番号を付して提示し、考察を加える。まず、第一・第二偈においては、『法華経』の修行とその功徳について、

1無上道を求めようとすれば、『法華経』を修学しなさい。〔そうすれば〕身心に甘露のような清浄で妙なる法門を証する。

2戒を保持し、忍耐を実行し、多くの禅定を修習すれば、仏たちの三昧を獲得し、六根は本性として清浄になる。

1欲求無上道　修学法華経　身心証甘露　清浄妙法門

2持戒行忍辱　修習諸禅定　得諸仏三昧　六根性清浄（大正四六・六九八上一六―一九）

と端的に示される。すでに『法華経』が疾成仏道の経と言われたように、ここでも最高の悟りを得るためには、言い換えれば、成仏するためには、『法華経』を修学することが必要とされる。持戒・忍辱・禅定の修行も『安楽行義』の冒頭に出た修行徳目である。これらの修行によって、仏たちの三昧と六根清浄が得られることが指摘されている。仏たちの三昧とは、前出の法華三昧と同じものと考えて差し支えがないであろう。六根清浄はすでに「経言」として出ていたが、『安楽行義』では重要な役割を果たす思想である。また後に論じることとなろう。

次に、第三偈では、『安楽行義』の主題である安楽行について、無相行と有相行の二種に区別されることを指摘し、その中の無相行についてやや詳しく論じている。すなわち、

3菩薩が『法華経』を学ぶ場合、二種の修行を完備する。第一に無相行で、第二に有相行である。

4無相の四安楽〔行〕はとても深遠で妙なる禅定であり、六根の諸法は本来清浄であると観察する。

5衆生は本性として無垢であり、本もなくまた清浄さもない。対治行を修めないで、自然に多くの聖者たちを超越する。

6師がなくて自然に悟り、次第行によらない。悟りは仏たちと同じで、妙なる悟りはひっそりとして静かな性質である。

7すぐれた六神通と清浄な安楽行によって、二乗の道に遊ばず、大乗の八正道を実践することである。

8菩薩は大慈悲によって一乗の行を完備する。とても深遠な如来蔵には、結局のところ衰えたり老いることがない。

9これを摩訶衍の、如来の八正道と名づける。衆生に五欲はなく、また煩悩を断じるのでもない。

10『妙法蓮華経』は大摩訶衍である。衆生が教えのとおり修行すれば、自然に仏道を完成する。

11どのようなものを一乗と名づけるのか。すべての衆生がみな如来蔵によって結局のところ常に安楽であることを意味する。

3菩薩学法華　具足二種行　一者無相行　二者有相行
4無相四安楽　甚深妙禅定　観察六情根　諸法本来浄
5衆生性無垢　無本亦無浄　不修対治行　自然超衆聖
6無師自然覚　不由次第行　解与諸仏同　妙覚湛然性
7上妙六神通　清浄安楽行　不游二乗路　行大乗八正
8菩薩大慈悲　具足一乗行　甚深如来蔵　畢竟無衰老
9是名摩訶衍　如来八正道　衆生無五欲　亦非断煩悩
10妙法蓮華経　是大摩訶衍　衆生如教行　自然成仏道

11云何名一乘　謂一切衆生　皆以如来蔵　畢竟恒安楽（同前・六九八上二〇―中八）

とある。第四偈では、無相行がとても深遠で妙なる禅定であることが明かされ、その内実として、衆生は本来六根清浄であることを観察することであると明かしている。もっとも、第五偈では、垢と浄という相対概念をともに否定しているので、本来清浄という表現も究極的な次元においては許されないのであるが、現実に衆生が迷っているという次元においては、衆生が本来清浄であることを指摘することには意義があり、『安楽行義』の立場は、衆生の本来清浄性を強調する立場である。

前節において、『法華経』が「頓覚」であり、「無師自悟」であるとの規定がなされていることを述べたが、第五偈でも「自然」という悟り方、第六偈でも「無師自然」という悟り方、第十偈でも「自然」という悟り方が強調されている。第五偈に説かれる「対治行」を修行しないという意味は、衆生が本来清浄であるから、改めて煩悩を対治する修行をする必要がないことを指摘したものであり、これは第九偈の「衆生無五欲　亦非断煩悩」と共通する思想である。また、「頓覚」「疾成仏道」と対立する概念である「次第行」が第六偈に出ており、この「次第行」を否定している。「次第行」とは、順序を追って、段階的に修行を進めていくことを意味する言葉である。

第八偈から第九偈にかけては、『央掘魔羅経』巻第三、「とても奥深い如来蔵には、結局のところ衰えたり老いたりすることはない。これが大乗であり、八正道を完備している（甚深如来蔵　畢竟無衰老　是則摩訶衍　具足八正道）」（大正二・五三二上二九―中一）の引用であり、第十一偈は同経、巻第三、「どのようなものを一と名づけるのか。すべての衆生がみな如来蔵によって、結局のところ常に安住していることを意味する（云何名為一　謂一切衆生　皆以如来蔵　畢竟恒安住）」（同前・五三一中二五―二六）の引用である。

第八偈以下の思想を整理すると、第八偈では、菩薩が一乗の行を完備することが説かれている。一乗と言えば、言うまでもなく『法華経』の主題である。第八偈から第九偈にかけては『央掘魔羅経』の引用に基づくが、如来蔵に衰えたり老いることがないことが、摩訶衍（＝大乗）の如来の八正道と規定されている。そして、第十偈では、『法華経』が大摩訶衍であることが指摘されているのであるから、当然『法華経』と如来蔵との密接な関係が予想されるが、果して第十一偈（これも『央掘魔羅経』の引用に基づく）では、「すべての衆生がみな如来蔵によって結局のところ常に安楽であること」が一乗の意味であると結論づけている。これらの偈はあまり論理的な文章ではないので、整理しにくいが、趣旨は、一乗、如来蔵、『法華経』を強く結びつけることにあると考えられる(16)。

最後に、第十二偈以下は、『南本涅槃経』巻第二十五、師子吼菩薩品、「一とはどのようなものか。すべての衆生がみな一乗であるからである。どのようなものが一でないか。三乗を説くからである。どのようなものが一でもなく一でないのでもないか。数えられる存在がないからである（云何為一。一切衆生悉一乗故。云何非一。説三乗故。云何非一非非一。無数法故）」（大正一二・七七〇中二九―下二）に基づいて書かれたものである。次に引用する。

12また師子吼〔菩薩〕が『涅槃経』の中で仏に質問するようなものである。「世尊よ。実性の意義は、一ですか、非一ですか」と。

13仏が師子吼に答える。「一でもあり、非一でもある。一でもなく、非一でもない。どうして一と名づけるのか。

14その意味は、すべての衆生がみな一乗であるからである。どうして非一と名づけるのか。数えられる法でないからである。

15どうして非一でないのか。数と非数はみな実体として把握できないからである。これを衆生の意義と名づける」と。

12亦如師子吼　涅槃中問仏　世尊実性義　為一為非一
13仏答師子吼　亦一亦非一　非一非非一　云何名為一
14謂一切衆生　皆是一乗故　云何名非一　非是数法故

15云何非非一　数与及非数　皆不可得故　是名衆生義（大正四六・六九八中九―一六）

とある。『涅槃経』の引用と慧思の偈頌は内容が少し相違するので、偈頌の意味を理解しにくい点があるが、趣旨は、衆生の意義が中心課題であり、その衆生が一乗である面（一として数えられる面）、数えられるものではない面、数えられる面も数えられない面も実体として把握できない面の三面を指摘することである。

以上、偈頌の思想を見てきたが、この偈頌の内容について、以下、十の問答が展開されている。ここでは、一々問答に沿って論じるのではなく、重要な思想を取りあげて、『安楽行義』の内容を整理する。しかも、本稿では紙数の関係で、「妙法」と「蓮華」についての慧思の解釈を考察するのみにとどめる。

四　「妙法」の解釈

十の問答のうち、第一問には、「妙法蓮華経」「一乗」「如来蔵」「摩訶衍」「大摩訶衍」「衆生」という六つの概念の意味について質問している。解答の仕方は必ずしも整然としたものではないが、本節では「妙法蓮華経」という経題の中の「妙法」の解釈について考察する。

「妙法」について、

妙とは、衆生が妙であるからである。法とは、とりもなおさず衆生という法（存在）のことである。

妙者衆生妙故。法者即是衆生法。（大正四六・六九八中一一―一二）

とある。つまり、妙法とは、法＝衆生が妙であることを意味すると解釈しているのである。法＝衆生という解釈は慧思独特のもので、法雲が法を因法・果法と解釈したこと[17]とは相違する。因と果も衆生の修行とその結果得られる果を意味するのであるから、衆生とまったく無関係な意味ではないが、慧思のように法を端的に衆生と規定する考えはより実存的、主体的であると思われる。

衆生が本来六根清浄であることを、慧思が強調している点についてはすでに述べたが、『安楽行義』の強く主張する点はまさしく衆生の六根の本来の清浄性にあり、慧思の「妙法」の解釈の力点もそこにある。

そこで、衆生が妙であることについての慧思の解釈をさらに検討しよう。この問題はちょうど第三答の主題となっている。そこにおいて、慧思は端的に、
衆生が妙であるのは、すべての人身は六種の相が妙であり、六自在王が本性として清浄であるからである。

衆生妙者、一切人身六種相妙、六自在王性清浄故。(同前・六九八下一八―二〇)

と述べている。このうち、前者の「六種相妙」については、「六種相」とは眼・耳・鼻・舌・身・意の六根のことであるとして、具体的には眼根を取りあげて、次のように述べている。

六種の相とは、とりもなおさず六根である。ある人が道を求め、『法華経』を受持し、読誦、修行し、法性の空を観察して十八界の無実体性を知れば、深い禅定を得て、四種の妙なる安楽行を完備し、六神通、父母の生んだ清浄な常住の眼を得る。この眼を得る時には、巧みにすべての仏たちの境界を知り、またすべての衆生の行為という原因と色心の果報を知る。どこで生まれどこで死ぬか、身分の上下や容貌の美醜を、一瞬にすべて知る。眼通の中において、十力、十八不共〔仏法〕、三明、八解脱を完備する。すべての神通はすべて眼通にあって、一時に完備する。これはどうして衆生の眼が妙であることではないであろうか。衆生の眼が妙であることは、とりもなおさず仏眼である。

六種相者、即是六根。有人求道受持法華、読誦修行観法性空、知十八界無所有性、得深禅定、具足四種妙安楽行、得六神通父母所生清浄常眼。得此眼時、善知一切諸仏境界、亦知一切衆生業縁色心果報。生死出没上下好醜、一念悉知。於眼通中、具足十力十八不共三明八解。一切神通悉在眼通、一時具足。此豈非是衆生眼妙。衆生眼妙、

即仏眼也。（同前・六九八下二〇―二八）

とある。つまり、衆生が『法華経』を修行して、空を認識し、禅定を修め、四安楽行を実践して、清浄な常住の眼を得ると、衆生の眼根は妙ということになり、それがとりもなおさず仏の眼と同一とされる。この論理は他の五根にも適用されるので、六根が妙であることが、衆生が妙であることの内実とされているのである。また、「種」を六道の「凡種」と、空の認識に基づいて諸法に執著しない「聖種」とに分類して説明し、さらに「凡種」と「聖種」との「無一無二」（同前・六九九上一八―一九）を主張している。

また、後者の「六自在王」とは、これも六根を意味するものである。六根による煩悩が制御しがたいので、王のように自在であることにたとえたものである。[18] この六自在王が本性として清浄であることは、慧思が引用するように、『法華経』法師功徳品（または『観普賢菩薩行法経』）、『大品般若経』、『大智度論』に出るものであり、[19] このような議論によって慧思が強調したいことは、

人身とはとりもなおさず衆生身であり、衆生身はとりもなおさず如来身である。衆生の身は法身と同一で、変化しないからである。

人身者即是衆生身、衆生身即是如来身。衆生之身同一法身、不変易故。（同前・六九九中三）

ということである。衆生が法身と同一であることが、衆生が妙であることの内実であり、この主張は『安楽行義』において一貫していると言える。たとえば、第四答、第五答の中で、眼が無生であるから常住であり、常住であるから流動せず、無生であるから無滅であり、無滅であるから無尽である、などと種々に表現され、眼が空・常住であることは仏であり、眼が無生であることは仏であり、眼が無尽であることは仏であると言われる。[20] そして、結論的に、

菩薩はこの金剛の智慧によって、諸法の真如の無生、無尽を知る。眼等の諸法の真如がとりもなおさず仏であるので、如来の金剛の身と名づける。諸法の真如を悟るので、如来と名づける。金色の身だけが如来であるわけ

ではないのである。真実の智を得るので、如来と呼ぶ。眼と色に対する真実の智、耳と声、鼻と香、舌と味、身と触、意と法に対する真実の智を得るので、如来の金剛の身と名づける。

菩薩以是金剛智慧、知諸法如無生無尽。眼等諸法如即是仏、故名如来。金剛之身覚諸法如、故名如来。非独金色身如来也。得如実智、故称如来。得眼色如実智耳声鼻香舌味身触意法如実智、故名如来。(同前・六九九中二六—下二)

と述べている。金色の身だけが如来ではなく、六根と六境に関する真実の智を得る衆生の身がとりもなおさず如来とされるのである。

また、

衆生は如来と平等に一つの法身であり、清浄で妙であること類いがないので、妙法華経と呼ぶ。

衆生与如来同共一法身、清浄妙無比、称妙法華経。(同前・七〇〇上四—五)

とも述べられている。これによれば、衆生が如来と同じ法身であることが、妙法蓮華経の意味とされていることがわかる。

五 「蓮華」の解釈

「妙法」の次に、「蓮華」の解釈を考察する。慧思は、「蓮華」が譬喩であり、果実がまったく実らない、あるいは稀にしか実らない「狂華」と、華があれば必ず実る「蓮華」を対照させている。また、実を結ばない「狂華」ではなく、実を結ぶのは結ぶが、はっきり現われていて知りやすい「蓮華」以外の華(便宜上、以下、原文にあるように「余華」と呼ぶ)があり、それに比べて、「蓮華」は実を結ぶ場合、隠れているのか現われているのか見えにくいと言われる。

では、具体的に、「狂華」は何をたとえ、「余華」は何をたとえ、「蓮華」は何をたとえているのであろうか。慧思は、

狂華とは、多くの外道をたとえている。その他の華が果実を結ぶ場合、はっきり現われていて知りやすいものは、とりもなおさず二乗である。また鈍根の菩薩でもある。〔彼らの〕段階的修行には優劣の差異があり、煩悩の集起を断じることもまたはっきり現われていて知りやすいと名づける。『法華経』の菩薩はとりもなおさずこのようなものではなく、段階的修行をせず、また煩悩を断じない。もし『法華経』を証得すれば、結局のところ仏の悟りを完成する。もし『法華経』の行を修めれば、二乗の道を歩まない。

狂華者、喩諸外道。余華結実顕露易知者、即是二乗。亦是鈍根菩薩。次第道行優劣差別、断煩悩集、亦名顕露易知。法華菩薩即不如此、不作次第行、亦不断煩悩。若証法華経、畢竟成仏道。若修法華行、不行二乗路。（大正四六・六九八中二五―下一）

と述べる。これによれば、「狂華」は外道、「余華」は二乗と鈍根の菩薩、「蓮華」は『法華経』の菩薩をそれぞれたとえるものと解釈されている。さらに、二乗・鈍根の菩薩と『法華経』の菩薩の相違は、前者が次第行を修行し、後者は次第行を修行しないと規定されている。「次第行」は偈頌においてすでに出たが、「頓覚」「疾成仏道」と規定される『法華経』の立場と相違する修行のあり方を指し示すものである。

この「余華」と「蓮華」のたとえる、二乗・鈍根の菩薩と『法華経』の菩薩の相違については、第二の問答において、一華が一つの果を成じる「余華」と一華が多くの果を成じる「蓮華」との相違をめぐる議論の中でより詳しく論じられている。すなわち、

一華が一果を成じることは、声聞の心を生じて声聞の果があり、縁覚の心を生じて縁覚の果がある。菩薩や仏

の果と名づけることはできない。また次に、鈍根の菩薩が対治行を修めて、次第して悟りに入り、初めの第一地に登る。このとき、法雲地と名づけることはできない。それぞれの地において別個に修行して、悟りを得るのは同時ではない。このために、一華が多くの果を成じるとは名づけない。『法華経』の菩薩はこのようではない。心を一つにして一つのことを学べば、多くの果はすべて備わり、同時に完備して、次第して〔悟りに〕入るのではない。また蓮華では一華が多くの果を成じ、同時に完備するようなものである。これを一乗とは衆生であることの意味と名づける。このために、『涅槃経』には「あるいは、ある菩薩は巧みに一地から一地に至ることを知る」とある。『思益経』には「あるいは、ある菩薩は一地から一地に至らない」とある。一地から一地に至るとは、二乗声聞、及び鈍根の菩薩が方便道の中で次第に修学することである。一地から一地に至らないとは、利根の菩薩が正直に方便を捨てて、段階的修行を修めないことである。もし法華三昧を証すれば、多くの果がすべて完備する。

一華成一果者、発声聞心即有声聞果、発縁覚心有縁覚果、不得名菩薩仏果。復次鈍根菩薩修対治行、次第入道、登初一地。是時不得名為法雲地。地地別修証非一時。是故不名一華成衆果。法華菩薩即不如此。一心一学、衆果普備、一時具足、非次第入。亦如蓮華一華成衆果一時具足。是名一乗衆生之義。是故涅槃経言、或有菩薩善知従一地至一地。思益経言、或有菩薩不従一地至一地。従一地至一地者、是二乗声聞及鈍根菩薩方便道中次第修学。不従一地至一地者、是利根菩薩正直捨方便、不修次第行。若証法華三昧、衆果悉具足。（同前・六九八下五―一七）

とある。一華が一つの果を成じる「余華」は、すでに述べたように二乗と鈍根の菩薩を指すと規定される。その内容は、二乗の場合は、声聞心を生じて声聞の果を得ること、縁覚心を生じて縁覚の果を得ることとされる。鈍根の菩薩の場合は、段階的に修行して、菩薩の階位を徐々に進んでいくことと規定される。

これに対して、一華が多くの果を成じる「蓮華」は『法華経』の立場を指し示し、多くの果が段階的にではなく、一時に完備することをたとえるものとされる。『続高僧伝』慧思伝によれば[21]、慧思が智顗に金字の『大品般若経』を代講させたとき、智顗が「一心に万行を具す」の箇所に疑問を持って、慧思に質問した。慧思は、「一心に万行を具す」は、『法華経』の円頓の趣旨であり、『大品般若経』の次第の立場、つまり段階的に修行する立場では理解できないこと、『法華経』の円頓の趣旨は慧思自身がかつて体験したものであるから疑ってはならないことを指導した。『安楽行義』において、『法華経』の立場が一華が多くの果を成じる蓮華として説明されたことと、慧思伝の『法華経』の円頓の趣旨とは共通した考えである。

なお、引用文中の「心を一つにして一つのことを学ぶ（一心一学）」は、後の箇所で、慧思は「一乗」のことであると述べている[22]。したがって、ひたすら一乗を学ぶという意味に取れるかもしれない。

六　結　び

以上、慧思の『安楽行義』の内容を考察した。慧思は大乗の修行と悟り方に、鈍根の菩薩の次第行を修行する立場と、利根の菩薩の次第行を修行しない立場とを区別する。後者が『法華経』の立場で、その特色は「頓覚」「疾成仏道」ともいわれる。この対照は、「余華」と「蓮華」の対照においても指摘されている。

では、なぜ『法華経』が「頓覚」「疾成仏道」と規定されるのかと言えば、衆生が本来六根清浄であり、その点で妙であるからと説明される。慧思は『安楽行義』の随所で、このことを繰り返している。「妙法」という経題の解釈において、法＝衆生が妙であると解釈することは、慧思の法華経観の最も大きな特色であろう。

では、現実には迷っている衆生が本来の清浄性を回復するためには何が必要とされるのであろうか。その答えは、「熱心に禅定を修める（勤修禅定）」ことといわれるのである。安楽行には、安楽行品に説かれる無相行と、普賢菩薩勧発品に説かれる有相行とがあることを、慧思は指摘しているが、この熱心に禅定を修めることは、無相行を意味するのである。したがって、無相行を実践することによって、衆生が本来の清浄性を回復することが最も重要なのである。

注

（1）『立誓願文』については、筆者も参加した中国仏教研究会「『南岳思大禅師立誓願文』訳解」（『多田厚隆先生頌寿記念論文集・天台教学の研究』〔山喜房仏書林、一九九〇年〕所収）を参照。

（2）慧思の法華経観については、横超慧日「南岳慧思の法華三昧」（『法華思想の研究』〔平楽寺書店、一九七五年〕所収。初出は『宮本正尊教授還暦記念論文集・印度学仏教学論集』〔三省堂、一九五四年〕所収）、安藤俊雄「慧思の法華思想―智度論との関係を中心として―」（『山口博士還暦記念・印度学仏教学論叢』〔法蔵館、一九五五年〕所収）、塩田義遜『法華教学史の研究』（地方書院、一九六〇年）一七七―一八五頁、佐藤哲英『続・天台大師の研究―天台智顗をめぐる諸問題―』（百華苑、一九八一年）二六九―三〇〇頁、川勝義雄「中国的新仏教へのエネルギー―南岳慧思の場合―」（福永光司編『中国中世の宗教と文化』〔京都大学人文科学研究所、一九八二年〕所収）、Paul Magnin, *La vie et l'œuvre de Huisi [515-577]*, Paris, École Française d'Extrême-Orient, 1979、菅野博史『中国法華思想の研究』（春秋社、一九九四年）二四五―二六七頁などを参照。

（3）『隋天台智者大師別伝』、「慧思が〔智顗に〕言った。『〔私とあなたは〕昔、霊鷲山でともに『法華経』を聴聞した。〔あなたは〕過去世の因縁に追われて、今再び〔私のもとに〕やって来た』と。そしてすぐに普賢〔菩薩〕の道場を示し、四安楽行を説いてあげた（思曰、昔日霊山同聴法華。宿縁所追、今復来矣。即示普賢道場、為説四安楽行）」（大正五〇・一九一下二一―二三）を参照。

（4）佐藤哲英、前掲同書、三〇〇頁を参照。

（5）佐藤氏は、慧思の散逸した著作『四十二字門』（日本の宝地房証真の『止観私記』巻第六本に引用される）にも「頓覚」の思想を発見し、頓覚を慧思の思想を貫くものとしてとらえた。「南岳の『四十二字門』には、〈経に、《仏子よ、四十二地を寂滅忍と名づける》と説かれる。乃至、この法界海を説く時、八万の無垢菩薩は、頓に大覚を悟って、その身に仏の出世間の果を得た〉とある（南岳四十二字門云、経説、仏子、四十二地名寂滅忍。乃至説此法界海時、有八万無垢菩薩頓解大覚、現身得仏出世間果）」（仏書刊行会『大日本仏教全書』二二・一〇〇九a―b）を参照。佐藤哲英、前掲同書、二九九頁を参照。

（6）『続高僧伝』慧思伝、「身を放って壁に寄りかかろうとしたところ、背がまだ壁に付かないうちに、突然法華三昧を悟り、大乗の法門に一瞬で精通し、十六特勝・〔八〕背捨・〔八〕勝処に、そのまま徹底して精通し、他人に依って悟ることをせず、鑒・最などの師に自分の証得したところを述べたところ、みなに喜んでいただいた（放身倚壁、背未至間、霍爾開悟、法華三昧、大乗法門、一念明達、十六特勝、背捨除入、便自通徹、不由他悟、鑒最等師、述己所証、皆蒙随喜）」（大正五〇・五六三上一一―一四）を参照。

（7）「疾成仏道」と類似の表現として、提婆達多品に説かれる龍女の成仏においても、「衆生が熱心に努力してこの法華経を修行して、すみやかに仏となることがあるか（頗有衆生、勤加精進、修行此経、速得仏不）」（大正九・三五中一五）、「どのようにして女の身がすみやかに成仏できるのか（云何女身速得成仏）」（同前・三五下一二）と説かれる。また、如来寿量品に、「いつも次のように考える。何によって衆生に最高の智慧に入らせ、すみやかに仏の身を完成させることができようか、と（毎自作是意　以何令衆生　得入無上慧　速成就仏身）」（同前・四四上三―四）とある。

（8）『随自意三昧』には、新しく発心した菩薩が学ぶべき三昧の一つに法華三昧を取りあげている。「すべての新しく発心した菩薩は六波羅蜜を学ぼうとし、すべての禅定を修めようとし、三十七道品を行なおうとし、説法して衆生を教化し、大慈悲を学び、六神通を生じようとし、すみやかに菩薩の位に入ることができ、仏の智慧を獲得しようとするならば、まず念仏三昧、般舟三昧を備え、また妙法蓮華三昧を学ぶべきである。この菩薩たちは最初にまず随自意三昧を学ぶべきである。この三昧が完成するならば、首楞厳定を得る（凡是一切新発心菩薩欲学六波羅蜜、欲修一切禅定、欲行三十七品、若欲説法教化衆生、学大慈悲、起六神通、欲得疾入菩薩位、得仏智慧、先当具足念仏三昧般舟三昧、及学妙法蓮華三昧。是諸菩薩最初応先学随自意三昧。此三昧若成就、得首楞厳定）」（続蔵一―二―三―四・三四四右下三―七）を参照。

（9）『法華経』薬王菩薩本事品、「この一切衆生喜見菩薩は苦行を習うことを願い、日月浄明徳仏の法の中で、精進し経行して、ひたすら仏を求め、一万二千年を満たしてから、現一切色身三昧を得た（是一切衆生喜見菩薩楽習苦行、於日月浄明徳仏法中、精進経行一心求仏、満万二千歳已、得現一切色身三昧）」（大正九・五三上二四―二六）を参照。

（10）『法華経』妙荘厳王本事品、「その王はすぐに国を弟に与え、王は夫人、二人の子供、仲間達と、仏の法の中で出家し修行した。王が出家してから八万四千年、常に熱心に努力して法華経を修行した。これを過ぎてから、一切浄功徳荘厳三昧を得た（其王即時以国付弟、王与夫人二子並諸眷属、於仏法中出家修道。王出家已、於八万四千歳、常勤精進修行妙法華経。過是已後、得一切浄功徳荘厳三昧）」（大正九・六〇中二六―二九）を参照。

（11）『法華経』常不軽菩薩品、「私たちは深くあなた達を敬い、軽んじ侮ろうとはしません。なぜならば、あなたたちはみな菩薩道を修行して、成仏することができるからです（我深敬汝等、不敢軽慢。所以者何、汝等皆行菩薩道、当得作仏）」（大正九・五〇下一九―二〇）を参照。

(12) おそらく、『法華経』安楽行品、「常に坐禅を好んで、閑静な場所でその心を散乱させないようにする（常好坐禅、在於閑処修摂其心）」（大正九・三七中一〇）を指すのであろう。

(13) 「法身蔵」は『勝鬘経』自性清浄章に「如来蔵とは、法界の蔵、法身の蔵、出世間の最高の蔵、自己の本性が清浄である蔵である（如来蔵者、是法界蔵、法身蔵、出世間上上蔵、自性清浄蔵）」（大正一二・二二二中二一—二三）と出る。また、慧思『随自意三昧』に「この法身の蔵は、ただ仏と仏だけが知ることができる。『法華経』のなかの総説は見がたく、『華厳経』の中の説明は理解しやすい（此法身蔵、唯仏与仏乃能知之。法華経中総説難見、華厳中分別易解）」（続蔵一—二—三—四・三五三右上九—一〇）とある。

(14) 『法華経』法師功徳品、「まだ天耳を得ていないけれども、父母が生んだ清浄な常住の耳によって、すべて聞き知る（雖未得天耳、以父母所生清浄常耳、皆悉聞知）」（大正九・四八上六—七）、『観普賢菩薩行法経』、「父母が生んだ清浄で常住な眼（父母所生清浄常眼）」（同前・三八九下九）などを参照。

(15) 前注（14）に引用した法師功徳品の「常耳」の「常」に対応する梵語はprākṛtaで、「普通」、「通常の」という意味である。

(16) 慧思の如来蔵に対する思想については、木村周誠「南岳慧思の衆生心性について」（『仏教文化の展開』〔山喜房仏書林、一九九四年〕所収）を参照。

(17) 『法華義記』、「今、妙法というのは、妙という名は粗雑なものを絶するすばらしいものである。法について語ると、因と果のどちらも論ずる。どうしてかといえば、昔、仏は六度をひたすら修行することを因として、有為の果と無為の果の二種の果を感得したからである。……これは因は多くの粗雑なものを絶する名であり、果は最高に精妙なものを極めている。このため、因と果の二法をともに妙法と呼ぶ（今言妙法者、妙名是絶麁之奇。語法、則因果双談。何者昔日仏偏行六度為因、感有為無為二種之果。……是則因絶衆麁之名、果極唯精之極。是故因果両法倶称為妙法）」（大正三三・五七二下一七—五七三上四）を参照。

(18) 『安楽行義』には、「この愛・無明は、制御することのできる者はおらず、自在であること王のようである（是愛無明無能制者、自在如王）」（大正四六・六九九上二二—二三）とある。同様な記述は、『諸法無諍三昧法門』にも、「六根を門と名づける。心は自在王である。生死の業を作るとき、六塵に貪著し、死に至るまで捨てない。制御することのできる者がおらず、自在であること王のようである。だからこの上ない死王と名づけるのである（六根名為門。心為自在王。造生死業時、貪著六塵、至死不捨、無能制者、自在如王。是故名為無上死王）」（同前・六三四上一〇—一二）と見られる。

(19) 『安楽行義』の引用は、「このために、仏は『父母が生んだ清浄で常住な眼である』という。耳・鼻・舌・身・意もまた同様である。このために、『般若経』には『六自在王は本性として清浄である』と説く。それゆえ龍樹菩薩は『人身の六種の相の妙であることを知るべきである』という（是故仏言、父母所生清浄常眼。耳鼻舌身意亦復如是。是故般若経説六自在王性清浄。故龍樹菩薩言、当知人身六種相妙）」（大正四六・六九九上二九―中三）である。「父母……」はすでに本論で出典を記した。その他の出典は、『大品般若経』巻第五、広乗品、「沙の字門は、諸法や六自在王の本性が清浄であるからである（沙字門、諸法六自在王性清浄故）」（大正八・二五六上一五）、『大智度論』巻第四十八、「もし沙の字を聞けば、すぐに人の身の六種の相を知る。沙は中国では六という（若聞沙字、即知人身六種相。沙秦言六）」（大正二五・四〇八中二八）を参照。

(20) 第四答、第五答の議論は、第三答に引用される、『南本涅槃経』巻第八、文字品、「字というものは、涅槃と名づける。常住であるから流動しない。もし流動しなければ、無尽である。そもそも尽きないものは、如来の金剛の身である（所言字者、名曰涅槃。常故不流。若不流者、則為無尽。夫無尽者、則是如来金剛之身）」（大正一二・六五三下二五―二六）をめぐるものである。

(21) 大正五〇・五六三中四―八を参照。

(22) 「『大強精進経』の中で、仏は鴦崛摩羅に『どのようなものを一学と名づけるのか』と質問する。鴦崛は仏に『一学とは、一乗に名づけたものである』と答える（大強精進経中、仏問鴦崛摩羅、云何名一学。鴦崛答仏、一学者、名一乗）」（大正四六・六九九下五―七）を参照。

〔本書のための付記〕「第四回中日仏学会義」（中国人民大学仏教与宗教学理論研究所主催により、二〇一〇年一〇月二三日～二四日、中国人民大学において開催）において、「慧思における忍辱思想―『法華経安楽行義』を中心として―」（『創価大学人文論集』二三、二〇一一年三月）と題する研究発表を行ない、論文も発表した。本章と次章の内容と重複する箇所が多いので、この論文は本書には収めない。しかしながら、新しく考えた点もあるので、これを本章と次章に反映させることとした（ほとんどは次章）。

五　慧思『法華経安楽行義』の研究（2）

一　問題の所在

本稿は、『東洋学術研究』四三―二（二〇〇四年一一月刊行）の拙稿の続編である。『法華経安楽行義』（以下、『安楽行義』と略記する）の構成について述べると、慧思は冒頭に自身の法華経観を総論的に明らかにし、次に、この総論に基づき、十五の偈頌の形式によって、有相行と無相行の安楽行、一乗の意義などについて説明する。次に、十種の問答を設けて、偈頌に示した思想をさらに詳しく明らかにする。本稿では、十種の問答の中から前稿で扱わなかった問題、たとえば「安楽行の定義」、「四安楽行」、「無相行と有相行」、「三忍の意義」などについて順に考察する。本稿では、原則として、原典からの引用は現代語訳と漢語原文を併記する。

二　十問答の構成

重要な思想を個別に取りあげる前に、十問答の構成について簡潔に整理しておく。問答の展開を把握することが目的であるので、内容についての詳しい考察は次節以下を参照されたい。

第一問答……第一問は、「妙法蓮華経」「一乗」「如来蔵」「摩訶衍」「大摩訶衍」「衆生」の六つの概念の意味を問う。第一答は「妙法」と「蓮華」の意味についてのみ答える。

第二問答……第一答に出た「一華成衆果」の「蓮華」と「一華成一果」の「余華」(蓮華以外の華)の比較についての問答が展開され、「余華」は声聞・縁覚・鈍根菩薩の対治行、次第行をたとえ、「蓮華」が『法華経』の利根菩薩が次第行を修めず、法華三昧を証得して、衆果を具足することをたとえることを明かす。

第三問答……第三問は、第一答において、「妙法」について、「妙」は衆生が妙であること、「法」は衆生が法であることを指摘したのを承け、その意味について問う。第三答は、衆生が妙であるのは、衆生の六根が本来清浄であるからであることを明かす。

第四問答……第四問は、第三答に引用される『涅槃経』の「常故不流」の意味を問う。第四答は、眼は無生であるから、常住であり、それゆえ流動しないと明かす。

第五問答……第五問は、第四答に出た「無生」の意味を問う。第五答は、眼は無生であり、そのまま仏であることを明かす。

第六問答……第六問は、第五答に出た、眼などの諸法の如が如来と名づけられると説く経典の出処を問う。第六答は、出典が『大強精進経』(『鴦崛摩羅経』)であることを明かし、具体的に経文を引用して、衆生の六根が如来であることを明かす。

第七問答……第七問は、安楽行、四安楽行、及び無相行と有相行という二種の行について問う。第七答は、安、楽、行のそれぞれの意味、四安楽行の名称、無相行と有相行の意味について答える。

第八問答……第八問は、第七答に出た安、楽、行のそれぞれの意味についてさらに問う。第七答において、一切法について心が不動であることが安であると示されたが、第八答は、この一切法の意味を説き、さらに菩薩はこの一切法において三忍慧（衆生忍・法性忍・法界海神通忍）を用いると説く。また、衆生忍は生忍とも名づけられ、法性忍は法忍とも名づけられ、法界海神通忍は大忍とも名づけられること、この三忍は四安楽行の第一である正慧離著安楽行にほかならないことを明かしている。

第九問答……第九問は、衆生忍と生忍の相違、衆生忍と生忍が不動忍と名づけられる理由、なぜ不動を「安」と規定するのかを問う。第九答は、生忍は衆生の因である無明についての正しい智慧であり、衆生忍は衆生の果である身行（あるいは身行の諸受）についての正しい智慧であることを明かす。さらに、生忍、衆生忍が「不動」とも名づけられる理由について説明する。

さらに、安、楽、行のそれぞれの意味について、第七答で示された意味とは相違する新しい意味を示したうえで、安楽行の意味は多様であるとして、改めて略説を試みる。凡夫のあり方は苦行、声聞の修行は苦楽行、鈍根菩薩のあり方は安楽行としている。ただし、慧思の提唱する安楽行の観は鈍根菩薩の安楽行とも相違するとして、安楽行品の菩薩の行処の説明である「もし菩薩摩訶薩が忍辱の境地にとどまり、優しく穏やかで善く調えられて従順であり、慌ただしくなく、心の中で驚かず、また法を実体視して捉えることがなく、多くの法のありのままの様相を観察し、また分別しないことをも実体視しないならば、これを菩薩摩訶薩の行動範囲と名づける（若菩薩摩訶薩住忍辱地、柔和善順而不卒暴、心亦不驚、又復於法無所行、而観諸法如実相、亦不行不分別、是名菩薩摩訶薩行処）」[1]（大正九・三七上一四―一七）を引用して、とくに「住忍辱地」の解説をする。忍については、衆生忍、法忍、大忍（神通忍）の三種の忍を取りあげ、衆生忍の三種の意義を明かす。辱については、忍耐することのできないものを意味すると述べる。

第十問答……第十問は、衆生忍の第三の意義である頑強で悪い衆生に対する厳しい攻撃的教化がなぜ忍辱と呼べるのかを問う。第十答は、衆生忍の第一の意義は世俗戒の中の外威儀忍であり、第二の意義は新学菩薩の息世機嫌方便忍辱であり、第三の意義は菩薩の大方便忍であると規定する。次に、法忍の三種の意義、大忍について解説する。次に、安楽行品の「柔和善順」、「而不卒暴」、「心亦不驚」、「又復於法無所行」、「而観諸法如実相」、「亦不行不分別」についてそれぞれ簡潔に解説する。

三　安楽行の定義

第七の問答では、『安楽行義』という書名にも採用されている安楽行について、議論が展開されている。安楽行という言葉の意味、四種の安楽行の名称と内容、無相行・有相行などについて議論されている。適宜、節を立てて順に考察する。

まず、安楽行という言葉の意味については、

すべての法に対して心が不動であるので「安」と言い、すべての法に対して受陰がないので「楽」と言い、自利・利他を行なうので「行」と言う。

一切法中心不動故曰安、於一切法中無受陰故曰楽、自利利他故曰行。（大正四六・七〇〇上一一―一二）

とある。この安楽行の言葉の定義に関しては、改めて第八の問答で取りあげられている。それによれば、ここに言う「一切法」については、

すべての法とは、いわゆる三毒・四大・五陰・十二入・十八界・十二因縁、これをすべての法と名づけるのである。菩薩はこのすべての法において、三忍慧を用いる。

一切法者、所謂三毒四大五陰十二入十八界十二因縁、是名一切法也。菩薩於是一切法中用三忍慧。（同前・七〇〇中一七―二〇）

と説明されている。ここに出る「三忍慧」は、引用は省略するが、衆生忍・法性忍・法界海神通忍のことであり、ま

た衆生忍は生忍とも名づけられ、法性忍は法忍とも名づけられる。さらに、この衆生忍と法性忍を合わせて破無明煩悩忍、聖行忍とも名づけられる。第三の法界海神通忍は大忍とも、聖忍とも名づけられる。これら三忍は、後に述べる四安楽行の第一の正慧離著安楽行であると述べられている。また、「不動忍」（同前・七〇〇下一）という概念も出るが、衆生忍の言い換えであるかもしれない。この三忍については後に節を改めて論じる。

また、「安」の意味を「不動」と規定しているが、これについては第九答のなかで、衆生忍の説明をするなかで、「不動」の意味について、次のように説いている。すなわち、

この三受はすべて一念の妄心から生じる。菩薩はこの供養、打ち罵ること、褒め讃えること、けなすことについて、与える者も受ける者も夢のようであり、奇術師の作り出したもののようであり、誰が打ち、誰が罵り、誰が受け、誰が喜び、誰が怒るのかと観察する。与える者も受ける者もすべて妄念である。この妄念を観察すると、結局のところ心もなく我もなく人もない。男女の姿形、恨むべき人・親しい人・どちらでもない中間の人、頭などの六つの〔身体の〕部分は虚空や影が把握できないようなものであるから、これを不動と名づける。『随自意三昧』の中に説くとおりである。菩薩は自ら十八界の中で、心に生滅がない。また、衆生に生滅のないことを教える。始めは生死から終わりは菩提まで、すべての法の本性は結局のところ不動である。いわゆる眼の本性、色の本性、識の本性、耳・鼻・舌・身・意の本性、乃至、声・香・味・触・法の本性、耳識の因縁によって生ずる諸受の本性、鼻・舌・身・意の識の因縁によって生ずる諸受の本性は、自もなく他もなく結局のところ空であるから、これを不動と名づける。

此三受皆従一念妄心生。菩薩観此供養打罵讃歎毀呰、与者受者如夢如化、誰打誰罵誰受誰喜誰恚。与者受者皆是妄念。観此妄念、畢竟無心無我無人。男女色像、怨親中人、頭等六分、如虚空影、無所得故、是名不動。如随自意三昧中説。菩薩自於十八界中心無生滅。亦教衆生無生滅。始従生死終至菩提、一切法性畢竟不動。所謂眼性

色性識性、耳鼻舌身意性、乃至声香味触法性、耳識因縁生諸受性、鼻舌身意識因縁生諸受性、無自無他、畢竟空故、是名不動。(同前・七〇〇下一五―一六)

とある。全体として、空の認識が不動の境地を実現するものと捉えられているといえよう。

また、第九答において、安楽行の定義については、次のようにもいわれる。すなわち、

自ら悟り、他を悟らせるので、「安」と名づける。自ら三受を断ち切って生じない。結局のところ空寂で、三受がないので、諸受は結局のところ生じない。これを「楽」と名づける。すべての法について心に行動範囲がなく、また衆生にすべての法について心に活動することがないように教え、休むことなく禅を修め、あわせて『法華経』を保持するので、「行」と名づける。

自覚覚他、故名曰安。自断三受不生。畢竟空寂無三受、故諸受畢竟不生。是名為楽。一切法中心無行処、亦教衆生一切法中心無所行、修禅不息并持法華、故名為行。(同前・七〇〇下二六―二九)

とある。ここでも、空であることが、諸受のないことの根拠となっている。先に紹介した定義と比較すると、「楽」の定義はほとんど同じである。「行」についても、自ら修行することと衆生に教える利他と規定している点は共通である。「安」については、一切法に対する不動の境地と「自覚覚他」とでは相違している。

さらに、慧思自ら安楽行の定義は多様であると述べて、改めて略説するとして、さらなる議論を展開している。それによれば、凡夫、二乗、鈍根の菩薩のあり方をそれぞれ苦行、苦楽行、安楽行と規定している。凡夫については、

すべての凡夫は、陰・界・入の中で、無明・貪愛によって感受・想念・執著を生じ、もっぱら罪苦の行ばかりで、自ら安んじることができず、生死が絶え間ない。このために、楽がなく、苦行と名づける。

一切凡夫陰界入中、無明貪愛起受念著、純罪苦行、不能自安、生死不絶。是故無楽、名為苦行。(同前・七〇一上三―五)

とある。二乗については、不浄観による貪婬の対治、慈心観による瞋恚の対治、因縁観による愚癡の対治をするなどの対治観を修め、あるいは身・受・心・法の四念処観[4]を修めることによって、苦受・楽受・不苦不楽受の三受を捨てて解脱を得ることを、苦楽行と規定している[5]。これに対して、鈍根の菩薩は、対治観を修める点では二乗と同じであるが、煩悩や解脱を実体あるものとして取捨しない点が相違するといわれ、鈍根の菩薩は一応、安楽行と規定されている。すなわち、

鈍根の菩薩はまたこの観察によるが、取捨がない点が〔声聞と〕相違する。なぜか。色心の三受は結局のところ生ぜず、十八界がないので、内外の受の執著がない。受がない以上、捨てるべきものがない。観行は同じでないけれども、三受の隔てがないので、巧みな智慧の方便が完備する。それゆえこれを安楽行と名づける。

鈍根菩薩亦因此観、無取捨為異。何以故。色心三受畢竟不生、無十八界、故無有内外受取。既無受、即無可捨。観行雖同、無三受間、故巧慧方便能具足。故是名安楽行。（同前・七〇〇中一―四）

とある。ただし、鈍根の菩薩は一応、安楽行と規定されるが、『法華経』安楽行品に説かれる観察はそれと相違するとして、衆生忍の三義について説いている。これについては、後述する。

さて、ここで、慧思以外の『法華経』の注釈家の「安楽行」の定義を、慧思の定義と比較するために、資料として紹介しておく。

道生は、

もし四法に安住すれば、身は静かで心は定まる。心が定まり身が静かであれば、外の苦におかされない。外の苦におかされないことが、安楽の意味である。

若能安住四法者、則身静神定。神定身静故、則外苦不干。外苦不干、謂安楽。（続蔵一―二乙―二三―四・一三中二一―二三）

と述べている。

敦煌本『法華義記』[6]には、

仏果を指して安楽とする。仏果のために修行することを安楽行と名づける。さらにまた解釈する。文殊師利は卑小な修行の菩薩のために、その四つの行を説くことをお願いした。もしこの四つの行を備えることができれば、悪世において〔法華経を〕流通させるのに、迫害に耐えることができるので、安楽と名づける。また次のようにも解釈できる。この四つの行を修めると、外の悪におかされず、泰然として喜ぶので、安楽行と名づける。

指仏果為安楽。為仏果修行、名安楽行。又解、文殊師利為小行菩薩請其四行。若能備此四行、悪世流通、堪受加毀、故名安楽。亦可、修此四行、外悪不干、泰然怡悦、名安楽行也。（大正八五・一七六下一九―二二）

とある。

法雲『法華義記』巻第七には、

この品の中に、弘経の菩薩は四種の行を備えると、危難を離れて安らかさを得、苦しみを遠ざけて楽を得ることができることを明かす。

此品中明弘経菩薩具四種行、則能離危得安遠苦得楽。（大正三三・六六二中二一―二二）

とある。

吉蔵『法華玄論』巻第一には、

四つの行に安住すると、身も心も快楽であるので、安楽行と名づける。

安住四行、身心快楽、故名安楽行。（大正三四・三六二上五―六）

とある。また、同巻第八には、

〔四つの行を〕共通に安楽と呼ぶのは、四つの行に安住するので、身も心も楽である。さらにまたこの四つの行を修行すると、身は安らかで心は楽である。さらにまた、外の条件に動じないことを安とし、内の心が喜んでいるのを楽とする。さらにまた、安は苦を離れることであり、楽は楽を得ることに名づける。さらにまた、身も心も安らかで、身も心も楽である。最初の意義を中心的意義とするのである。

通称安楽者、安住四行、故身心楽也。又行此四行、身安心楽。又外縁不動為安、内心適悦為楽。又安為離苦、楽名得楽也。又身安心安、身楽心楽也。初義為正也。（同前・四三〇下二九―四三一上四）

とある。『法華義疏』巻第十には、

四つの行に安住すれば、悪世にいても、常に快楽を受ける。

安住四行、雖居悪世、常受快楽。（同前・五九四上一三―一四）

とある。

智顗・灌頂『法華文句』巻第八下には、

この品を解釈するのに三とする。事がらに依ること、経文に即すこと、法門である。事がらとは、身に危険がないので安であり、心に憂悩がないので楽であり、身が安で心が楽であるので、行を進めることができる。経文に即すとは、如来の衣を着れば法身が安で、如来の室に入るので解脱の心は楽で、如来の座に座るので般若は行を導いて進める。これは上の品の経文に即して解釈するだけである。「住忍辱地」なので身は安で、「而不卒暴」なので心は楽で、「観諸法実相」なので行が進む。さらにまた法門とは、安は不動に名づけ、楽は無受に名づけ、行は無行に名づける。不動とは、六道の生死と、〔声聞・縁覚の〕二聖の涅槃に動揺されないことである。二つの極端によらない以上、身に動揺がない。上の〔化城喩品の〕文には、「身体、及び手足は、静かに安らかで不動であり、其の心は常に欲望が少なくさっぱりとしていて、散乱があったためしはない」とある。安住して不動であるさまは、須弥山の頂のようである。常住不動の法門である。楽とは、不受三昧の広大な作用である。凡夫の五陰を受けず、乃至、円教の中の五陰に見を生ずるのもみな受けない。受があれば苦があり、受がなければ苦がない。苦もなく楽もないのを、はじめて大楽と名づける。無行とは、もし受けるものがあれば、行ずるものがある。受がなければ行ずるものもない。凡夫の行を行ぜず、賢聖の行を行じないので、無行という。そして中道を行ずる。このため行と名づける。とりもなおさず法門である。

釈此品為三。依事、附文、法門。事者、身無危険故安、心無憂悩故楽、身安心楽、故能進行。附文者、著如来衣則法身安、入如来室故解脱心楽、坐如来座故般若導行進。此附上品文釈耳。住忍辱地故身安、而不卒暴故心楽、観諸法実相故行進。又法門者、安名不動、楽名無受、行名無行。不動者、六道生死、二聖涅槃所不能動。既不縁二辺、則身無動揺。上文云、身体及手足静然安不動、其心常憺怕、未曾有散乱、則安住不動、如須弥頂。常住不動法門也。楽者、不受三昧広大之用。不受凡夫之五受、乃至円教中五受生見、亦皆不受。有受則有苦、無受則無苦。無苦無楽、乃名大楽。無行者、若有所受即有所行、無受則無所行。不行凡夫行、不行賢聖行、故言無行。而行中道。是故名行。即法門也。（同前・一一八上二四—中一二）

とある。『法華文句』の第三の法門の立場からの解釈、つまり、安、楽をそれぞれ不動、無受と解釈することは慧思の解釈と類似していると言えよう。

基『法華玄賛』巻第九之本には、

危難・恐怖を離れることを安といい、身心に適合することを楽という。振る舞いには軌範があり、言葉には規則があり、心に諂いや侮りなどを除き、志に慈悲の類を含み、外界にかかわって止まらないことを、行と名づける。

離危怖曰安、適身心為楽。威儀可軌、語言有則、心除諂慢之流、志蘊慈悲之品、縁渉靡輟、名之為行。（同前・八一九上二三—二五）

とある。

四　四安楽行

『法華経』安楽行品の冒頭において、文殊菩薩は釈尊に、「菩薩摩訶薩は〔仏が涅槃に入った〕後の悪世で、どのようにこの経を説くことができるのか（菩薩摩訶薩於後悪世、云何能説是経）」（大正九・三七上一三）と質問する。釈尊は、「もし菩薩摩訶薩が後の悪世で、この経を説こうとするならば、当然四つの方法に身を落ち着けるべきである（若菩薩摩訶薩於後悪世欲説是経、当安住四法）」（同前・三七上一四―一五）と答え、順次その内容を説明する。この四法が四安楽行と呼ばれるものである。『法華経』安楽行品は、いわば初心の菩薩のための説法と位置づけられることが多い。いくつかの資料を紹介する。敦煌本『法華義記』には、

また〔次のようにも〕解釈される。文殊師利は小行菩薩のために、その四〔安楽〕行を〔仏に説くことを〕お願いする。

又解、文殊師利為小行菩薩請其四行。（大正八五・一七六下一九―二〇）

とあり、四安楽行が小行菩薩のために説かれたものであることを指摘している。

法雲は、『法華義記』巻第七において、

この〔安楽行〕品は〔流通の四品のなかの〕第三であって、如来が安楽行を用うるので、下品退堕の人を受け入れる。その意味は、もしこの四行を具えることができれば、天魔は逆らうこができないので、悪世のなかで身を捨てて衆生を救済し、命を無くして人々を救済する。つまり、下品の人がこれ（四行）によって弘経の心を起こし、さらに人々を救済する気持ちを起こすのである。

此品是第三如来則用安楽行、故接下品退堕之人。則言若能具此四行者、天魔不能忓、則於悪世中、亡身済物、没命度人。是則下品之人因此起弘経之心、更起渡人之意也。（大正三三・六六二下二―六）

と述べ、安楽行品が「下品退堕之人」のために説かれたものであることを指摘している。

吉蔵は『法華義疏』巻第十において、

勧持品の末尾には、悪世で弘経すると、侮辱・非難され、多くの苦悩を受けるといっている。卑小な修行の流輩は、退転する気持ちを起こし、弘経することができない。だから、今、四つの修行に安住すれば、悪世にいても、いつも快楽を受けることを明かすのである。今、末世における弘経の模範的な方法を示そうとするので、この品を説くのである。

持品末云、悪世弘経、被毀辱誹謗、受諸苦悩。小行之流多生退没、不能弘経。是故今明安住四行、雖居悪世、常受快楽。今欲示末世弘経模軌、故説此品。（大正三四・五九四上一一―一四）

と「小行之流」のためのものと規定している。

さらに、智顗・灌頂『法華文句』巻第八下には、

問う。これらの声聞たちは大士となった。なぜこの〔娑婆世界の〕土において弘経できないのか。

答える。悪世において苦行弘経のできない、修行を始めたばかりの初心の菩薩たちを導くためである。〔同じ理由で〕また安楽行品を説こうとするのである。

問。此諸声聞已成大士。何故不能此土弘経。

答。為引初心始行菩薩未能悪世苦行通経。復欲開於安楽行品也。（同前・一一七中九―一二）

とあり、また同じく、

もし〔位の低い〕初依、始心の菩薩が円行を修行しようと思って、濁世に入って弘経しようとすれば、濁世に

悩まされ、自己の修行は確立せず、また他を教化する働きもない。これらの人のために、〔弘経の〕方法を示して安楽行を明らかにする必要があるので、この〔安楽行〕品が説かれるのである。

若初依始心欲修円行、入濁弘経、為濁所悩、自行不立、亦無化功。為是人故、須示方法明安楽行、故有此品来也。（同前・一一八下二八—一一九上三）

とあり、「初心始行菩薩」、「初依始心」のためのものであることを指摘している。いずれの注釈も同じ論調である。慧思も新学菩薩の実践すべきものとして法華三昧を位置づけ、その法華三昧の具体的な内実として四安楽行を捉えている点は、共通性を持っている。しかし、慧思のいう第一の安楽行「正慧離著安楽行」の中心的内容である慧思の忍辱思想を見ると、新学菩薩のとうてい実践することのできない特殊な忍辱思想を提示していることに気づく。(7)慧思が中国仏教史上、仏教滅亡という末法の危機意識を表明した最初の人物であることは『立誓願文』によって知られるが、悪世末法における弘経の方法として『法華経』に説かれる修行がこの四安楽行にほかならない。したがって、慧思が四安楽行に着目するのは、末法意識と密接な関係があるのである。(8)

さて、注釈家によって、四安楽行に対する命名は相違する。『法華経』自身の説明が複雑であるため、簡潔な概念で括ることが困難であるからだと思う。

慧思の四安楽行の名称と内容については、引用は省略するが、次のとおりである。第一は正しい智慧によって執著を離れる安楽行（正慧離著安楽行）である。すでに述べたように、三忍はとりもなおさずこの第一の安楽行であるといわれる。したがって、三忍の忍の第一の意義は、智慧による正しい認識であり、さらにこの正しい認識に基づいて迫害などに対する忍耐が可能となることから、第二の派生的な意義として忍辱の意味を持つと考えられる。第二は軽々しく褒めたりけなしたりしない安楽行（無軽讃毀安楽行）であり、また、声聞たちを転換させて仏智を得させる安楽行（転諸声聞令得仏智安楽行）とも名づけられる。第三は悩みがなく平等である安楽行（無悩平等安楽行）であり、また、善知識を尊敬する安楽行（敬善知識安楽行）とも名づけられる。第四は慈悲によって〔衆生を〕救い取る安楽行（慈悲接引安楽行）であり、また、夢の中で神通と智慧、仏道と涅槃を完備し完成する安楽行（夢中具足成就神通智慧仏道涅槃安楽行）とも名づけられる。

安藤氏は、慧思の四安楽行の命名について、「慧思ができるだけ具体的に菩薩行の内容を規定して、これを無相行としての法華三昧の実践行規たらしめやうとする努力が顕著に見られる(9)」と論評している。

次に、慧思の命名の根拠を、『法華経』の記述を参照して考察する。

第一の安楽行には、行処と親近処とがある。行処とは行動範囲のことで、親近処は交際範囲のことである。行処については、『安楽行義』に引用される箇所であるが、「忍辱の境地にとどまり、優しく穏やかで善く調えられて従順であり、慌ただしくなく、心の中で驚かず、また法を実体視して捉えることがなく、多くの法のありのままの様相を観察し、また分別しないことをも実体視しない（住忍辱地、柔和善順、而不卒暴、心亦不驚、又復於法無所行、而観諸法如実相、亦不行不分別）」（大正九・三七上一八—二〇）ことと説明される。

次に、親近処については二つに分類され、第一の親近処については、交際範囲を限定することと、やむをえず交際する場合の行動の注意が示される。第二の親近処は、内容的に存在の空を認識することである。

慧思は第一の安楽行を正慧離著安楽行と名づけたが、『法華経』に命名の直接の根拠は見あたらない。おそらく『法華経』には空の認識が強調されているので、空を認識することが「正慧」にほかならないし、空の認識によって「離著」も可能であるから、このように命名したものと推定される。

第二の安楽行は、主に言葉に関する注意を指す。「進んで人の過失や〔『法華経』以外の〕経典の過失を説いてはならないし、他の法師を軽蔑してもならない。他の人の好き嫌いや長所・短所をあげつらってはならない。声聞の人に対して、名指しで悪いところを説いたり、また名指しで善いところを褒めてはならない。また恨んだり嫌ったりする心を生じてはならない。巧みにこのような安楽な心を修めているので、〔そのような〕あらゆる聴衆に対して、その心に逆らってはならない。批判的な質問をされても、小乗の法によって答えてはならない。ただ大乗だけによって彼らのために解説し、完全な仏の智慧を得させなさい（若口宣説若読経時、不楽説人及経典過、亦不軽慢諸余法師。不説他人好悪長短。於声聞人亦不称名説其過悪、亦不称名讃歎其美。又亦不生怨嫌之心。善修如是安楽心、故諸有聴者、不逆其意。有所難問、不以小乗法答、但以大乗而為解説、令得一切種智）」（同前・三八上一—七）と説かれているが、慧思の「無軽讃毀安楽行」、そして別名としての「転諸声聞令得仏智安楽行」の根拠は、この『法華経』の説明のなかに容易に読み取れるであろう。

第三の安楽行は、嫉妬やへつらい・欺きの心を持ってはならないなどの主に心のあり方に関する注意である。慧思の「無悩平等安楽行」については、「すべての衆生にたいして平等に法を説きなさい（於一切衆生、平等説法）」（同前・三八中一三）、「この第三の意の安楽行を実現するものは、『法華経』を説くとき、自分を悩まし乱すものはいない（有成就是第三安楽行者、説是法時無能悩乱）」（同前・三八中一六—一七）と関係があり、「敬善知識安楽行」は、「すべての衆生について大悲の心を生じ、如来たちについて慈父と思い、菩薩たちについて偉大な師と思うべきである。十方の偉大な菩薩たちを常に心底から尊敬し礼拝すべきである（当於一切衆生起大悲想、於諸如来起慈父想、於諸菩薩起大師想、於十方諸大菩薩常応深心恭敬礼拝）」（同前・三八中一〇—一二）と関係すると思われる。

第四の安楽行は、衆生に対する慈悲を強調している。すなわち、「『法華経』を受持するものは、在家・出家の人々にたいしては偉大な慈しみの心を生じ、菩薩でない人々にたいしては偉大な同情の心を生ずる（有持是法華経者、於在家出家人中生大慈心、於非菩薩人中生大悲心）」（同前・三八下六）ことを説いている。これは、慧思の「慈悲接引安楽行」の命名の根拠となる箇所である。別名の「夢中具足成就神通智慧仏道涅槃安楽行」については、第四の安楽行を説く長行の後の偈頌において、『法華経』を読む者は、夢のなかですばらしい事がらを見ることができると説き、具体的に自分自身が智慧を得、仏道に入り、涅槃に入ることなどを夢見ることが示されていることに基づいている。

さて、慧思以外の注釈家が四安楽行をどのように整理しているかについて、資料を紹介する。

まず、道生『妙法蓮花経疏』によれば、まず四安楽行について、

> 四法とは、第一に〔忍辱地に〕住する行である。第二に親近処の行である。親近処とは、悪を遠ざけ理に近づくことができる。心が理に住む以上、身と口に過失はない。身と口に過失がないのが第二の法である。第三に心に嫉妬がないことである。第四に大慈の心である。
>
> 四法者、一住行。二親近処行。親近処者、能遠悪近理也。心既栖理、即身口無過。身口無過、第二法也。三者心無嫉妬。四者大慈心也。（続蔵一―二乙―二三―四・四〇八左下一五―一八）

とある。第一の法が『法華経』の所説と同様、「行処」と「親近処」の二つに分けられているので、通し番号の付け方に問題はあるが、内容は容易に理解できるであろう。

次に敦煌写本『法華義記』には、

> 第一に衆生の空と法の空を明かし、第二に口にその過失がなく、第三に心の内に嫉妬を除き、第四に大慈悲を起こす。
>
> 第一明生法二空、第二口無其過、第三内除疾妬、第四興大慈悲。（大正八五・一七六下二四―一七七上二）

とある[10]。

次に、法雲の『法華義記』巻第七によれば、四安楽行のそれぞれの本質を明らかにする箇所で、

> 四安楽とは、第一に智慧を本質とし、第二に説法を本質とし、第三に過失を離れることを本質とし、第四に慈悲心を修行の本質とする。
>
> 四安楽者、第一以智慧為体、第二以説法為体、第三以離過為体、第四以慈悲心為行体。（大正三三・六六二下一

九―二〇）

とある。

次に、吉蔵の『法華玄論』巻第一によれば、四安楽行について、

第一に智慧の行、第二に憍慢を離れる行、第三に嫉妬の無い行、第四に慈悲の行である。

一智慧行、二離憍慢行、三無嫉妬行、四慈悲行。（大正三四・三六二上四―五）

とある。同じく『法華義疏』巻第十によれば、道生と劉虬『注法華経』に基づくとして、

第一に空寂の行、第二に憍慢の無い行、第三に嫉妬を離れる行、第四に慈悲の行である。

一空寂行、二無憍慢行、三離嫉妬行、四慈悲行。（同前・五九四上一七―一九）

とある。また同じく『法華統略』には「畢竟空行」「無慢行」「無嫉行」「慈行」という表現が見られる。(11)

次に智顗・灌頂の『法華文句』によれば、身・口・意・誓願の四安楽行としている。(12)

最後に、基の『法華玄賛』によれば、

第一に身を正しくする行、第二に言葉を正しくする行、第三に心が悪から離れる自利の行、第四に心が善を修める利他の行である。

一正身行、二正語行、三意離諸悪自利行、四心修諸善利他行。（同前・八一九中一一―一三）

とある。

このように諸家の四安楽行の命名を見ると、安藤氏の指摘のように、慧思が非常に具体性のある言葉によって名づけたことがよくわかる。

さて、慧思の『安楽行義』は、四安楽行のすべてについて解説したものではなく、第一の安楽行である正慧離著安楽行についてのみ解説したものである。『法華経』で言えば、菩薩摩訶薩の行処・親近処に安住することに相当する。

なかでも、慧思は菩薩の行処の中の「忍辱地に住すること」の内容について、三忍という概念を用いて解説しているのである。これについては後に論じる。

五　無相行と有相行

安楽行に無相行と有相行の二種があることは、すでに偈頌において指摘されていたことであるが、前者は安楽行品に説かれるもので、後者は普賢菩薩勧発品に説かれるものとされる。まず、無相行[13]については、

無相行とは、とりもなおさず安楽行である。すべての法に対して、心相が寂滅しており、結局のところ不生であるので、無相行と名づけるのである。常にすべての深く妙なる禅定において、行住坐臥、飲食語言のすべての礼儀にかなった振舞いにおいて、心が常に安定しているからである。

無相行者、即是安楽行。一切諸法中心相寂滅、畢竟不生、故名為無相行也。常在一切深妙禅定、行住坐臥飲食語言一切威儀、心常定故。（大正四六・七〇〇上一九―二二）

とある。すべての法に対して不動であり、受陰がないことが「安楽」の意味であることはすでに述べた。不動、受陰がないことが可能になるためには、すべての受が空であることの認識が基盤になっていることもすでに指摘した。一々引用することはしなかったが、『安楽行義』はさまざまな仕方で、徹底した空の認識を強調している。ここの無相行の説明においても、すべての法に対して、空であると認識すれば、心相が静まりかえった境地に達し、これを「深妙禅定」と言っているが、これこそ無相行なのである。禅定、無相行といっても、引用文にあるように、坐禅という修行形態に限定されるのではなく、すべての行為において心が安定していることを意味している。このように行為の形式にとらわれない三昧は随自意三昧と呼ばれるもので、慧思には『随自意三昧』の著作があり、そこには行・

住・坐・眠・食・語の六種の行為において三昧の境地を獲得することが説かれている。したがって、法華三昧＝無相安楽行の内実として忍辱というきわめて実践的な事がらが説かれても、驚くにあたらない。坐禅瞑想だけが、禅定、三昧ではないのである。

この無相行の具体的な内容は、三忍として展開されるが、これについては後に論じる。

次に、慧思は、有相行について説明する。すなわち、

これは普賢勧発品の中の、『法華経』を誦し、散心で精進することである。このような人は禅定を修めず、三昧に入らず、坐、立、行において、一心に『法華経』の文字に専念し、精進して横にならず、あたかも頭が燃えるのを救うようなものである。これを文字有相行と名づける。

此是普賢勧発品中、誦法華経散心精進。如是等人不修禅定不入三昧、若坐若立若行、一心専念法華文字、精進不臥如救頭然。是名文字有相行。（同前・七〇〇上二九―中四）

とある。無相行が禅定であるのに対して、有相行は禅定ではなく、散心で『法華経』を読誦し、厳しい実践行に努めることが特色である。したがって、厳密に言えば、法華三昧は無相行である四安楽行を指すはずである。広い意味では有相行も無相行を支える役割を果たすものとして、法華三昧に包摂されるかもしれないが、あくまで法華三昧の中心は四安楽行である[14]。有相行が完成すれば、普賢の金剛色身が六牙の象王に乗って、その人の前にとどまるのが見えたり、釈尊、過去七仏、十方三世の仏たちを見ることができ、総持陀羅尼（肉眼・天眼・菩薩の道慧）・百千万億旋陀羅尼（法眼・菩薩の道種慧）・法音方便陀羅尼（仏眼・菩薩の一切種慧）の三種陀羅尼門を完備し、すべての三世の仏の法を完備すると指摘される。

このように、無相行と有相行は、言い換えれば、禅定と誦経であるが、この二種の修行を菩薩の修行として強調することは、『大智度論』の思想でもある[15]。

六　三忍の意義

安藤俊雄氏は、『安楽行義』の三忍の典拠として『大智度論』を取りあげ、「三忍とは、生忍・法忍・大忍のことで、これももと智度論第六巻・第十四巻・第十五巻・第八一巻等にしばしば説かれてゐるのを慧思が採用したものである[16]」と述べている。

鳩摩羅什訳『摩訶般若波羅蜜経』（以下、『大品』と略記する）は、冒頭の聴衆の列挙の段落において、菩薩を取りあげ、そのすぐれた能力を描写するなかに、「また、菩薩摩訶薩はみな陀羅尼と多くの三昧を得て、空・無相・無作〔三昧〕を修行して、等忍を獲得した（復有菩薩摩訶薩皆得陀羅尼及諸三昧、行空無相無作、已得等忍）」（大正八・二一七上一四―一六）と述べている。これに対する『大智度論』の注に、「二種の等がある。衆生等と法等である。忍にもまた二種がある。衆生忍と法忍である（有二種等。衆生等、法等。忍亦二種。衆生忍、法忍）」（大正二五・九七上二五―二六）とある。さらに、これらの概念について、衆生の等忍については、

また次に、すべての衆生について、そのさまざまな様相について執著せず、衆生の様相と空の様相はまったく等しく相違しない。このように観察することを、衆生等と名づける。もし人がこのなかで心が等しく障害がなく、直ちに不退転の位に入れば、これを等と忍を得たと名づける。等と忍を得た菩薩は、すべての衆生に対して怒らず悩まないことは、あたかも慈母が子供を愛するようなものである。偈頌に説くとおりである。声はこだまのようなものであり、身体的行為は鏡に映った像のようであると観察する。このように観察することができる人は、どうして忍耐しないであろうか。これを衆生の等忍と名づける。

復次一切衆生中不著種種相、衆生相空相一等無異。如是観、是名衆生等。若人是中心等無礙、直入不退、是名

得等忍。得等忍菩薩於一切衆生不瞋不悩、如慈母愛子。如偈説、観声如呼響　身行如鏡像　如此得観人　云何而不忍　是名衆生等忍。（同前・九七中一五―二二）

と説明している。また、法の等忍についいては、

善法・不善法、有漏・無漏、有為・無為等の法、このような多くの法について、不二法門に入り、真実の法相の門に入る。このように入りおわった。このなかで、諸法実相に深く入るとき、心は忍で直ちに入り、争いも障害もない。これを法の等忍と名づける。

善法不善法、有漏無漏、有為無為等法、如是諸法入不二（異本によって「入」を削る）法門、入実法相門。如是入竟。是中深入諸法実相時、心忍直入、無諍無礙。是名法等忍。（同前・九七中二三―二六）

と説明している。

また、『大品』序品に「大忍成就」（大正八・二一七上二五）とあり、これに対する『大智度論』の注に、

この〔等忍と法忍の〕二つの忍が成長したものを、大忍と名づける。また次に、等忍は衆生のなかですべて忍耐して従順であることができ、法忍は深い法のなかで忍耐する。この二つの忍が成長して、悟りを得て、無生忍を得、〔輪廻の〕最後の身体において、十方の仏たちが眼前に応現し空中に座るのをすべて見る。これを大忍が完成すると名づける。

此二忍増長、名為大忍。復次等忍在衆生中一切能忍柔順、法忍於深法中忍。此二忍増長、作証得無生忍、最後肉身悉見十方諸仏化現在前於空中坐。是名大忍成就。（大正二五・一〇六下一六―二一）

とある。前出の「等忍」は、衆生等・法等、衆生忍・法忍を意味したが、ここに出る「等忍」は「法忍」と対比して取りあげられているので、衆生忍のことを限定して指しているようである。もしそうであるならば、衆生忍と法忍が発展したものを大忍と名づけ、第三種の大忍があるわけではない。この点は、慧思のように三忍を並列させる考えと

は相違する。大忍の説明のなかに、十方の諸仏が出てくる点は、後述する慧思の大忍の説明と共通する点があり、慧思が『大智度論』を明確に意識していることを示している。また、「また次に二種の忍がある。生忍と法忍である。生忍は衆生のなかの忍に名づけたものである（復次有二種忍。生忍法忍。生忍名衆生中忍）」（同前・一〇六下二四—二五）とあり、衆生忍は生忍とも名づけられると考えてよい。この点も慧思に受け継がれている。また、『大智度論』巻第十四・十五に、忍辱波羅蜜の意義が詳しく説かれ、そこに、生忍と法忍のさまざまな意味が説かれるが、慧思の三忍とは直接の関係がないので、説明は省略する。(17)

慧思は、安楽行品冒頭に説かれる四安楽行の第一（菩薩の行処・親近処に安住すること）のうち、行処に関する経文を引用し、(18)とくに「忍辱地に住すること」を主題として、三忍について論じている。つまり、忍辱地とは三忍のことと解釈し、この三忍を実践することを「忍辱地に住すること」としているのである。

三忍の名称については、すでに述べた。ここでは、慧思が三忍それぞれの意義について、どのように説明しているかを考察する。

第一に、衆生忍の三種の意義について、次のように述べている。

第一の意義は、菩薩が、他人に打たれ罵られ、軽蔑され、けなされたりする場合、このとき、当然忍耐して復讐をしないようにすべきである。当然次のように観察すべきである。私に身があることによって、打ち罵ることがもたらされる。たとえば的によってそうして後に矢が当たるようなものである。私にもし身がなければ、誰がやって来て打つであろうか。私は今当然熱心に空観を修習すべきである。空観がもし完成すれば、私を打ち殺すことのできる者はいない。もし罵られる時、正しく思い思惟すれば、この罵る声は発せられるやすぐに滅し、前後一緒ではない。明らかに観察すれば、また生滅がないこと、空中の響きのようなものである。誰が罵り、誰が受けるであろうか。音声は耳に入って来ず、耳は声を取りに行かない。このように観察したならば、すべて怒りや喜びがない。

第二種の意義とは、菩薩はすべての衆生に対して、すべて打ち罵ることがなく、常に穏やかな言葉を与え、彼の心を守り、導こうとする。打ち罵る事がらについて、心が安定して乱れない。これを衆生忍と名づける。衆生がもし菩薩の忍を見れば、すぐに菩提心を生じる。衆生のためであるから、衆生忍と名づける。

第三の意義とは、頑強で悪い衆生という対象に対して、調伏して心を改めさせるために、ある場合は粗雑な言葉を与えたり、けなしたり、罵り辱めたりし、彼を慚愧させ善心を生じることができるようにさせるので、衆生忍と名づける。

第一意者、菩薩受他打罵軽辱毀呰、是時応忍而不還報。応作是観。由我有身、令来打罵。譬如因的然後箭中。我若無身、誰来打者。我今当勤修習空観。空観若成、無有人能打殺我者。若被罵時、正念思惟、而此罵声随開随滅、前後不倶。審諦観察、亦無生滅、如空中響。誰罵誰受。音声不来入耳、耳不往取声。如此観已、都無瞋喜。二種意者、菩薩於一切衆生都無打罵、恒与軟語、将護彼意、欲引導之。於打罵事、心定不乱。是名衆生忍。衆生若見菩薩忍、即発菩提心。為衆生故、故名衆生忍。

第三意者、於剛強悪衆生処、為調伏令改心、故或与麁言、毀呰罵辱、令彼慚愧得発善心、名衆生忍。（大正四六・七〇一中一六―二九）

引用が長くなったが、第一の意義は、菩薩がさまざまな迫害を受けるとき、自他一切の空を徹底的に観察して、迫害に対してすべての怒りや喜びを乗り越えることを言う。このような忍辱の意義は一般的な意味であり、安藤氏が指摘するように、すでに『大智度論』にも説かれている。たとえば、『大智度論』巻第五には、「陀羅尼」の解釈のなかで、

また次に、この菩薩はまだ煩悩を尽くしていないけれども、偉大な智慧があり、利根であり、思惟して怒りの

心を捨て、次のように考えることができる。もし耳根が声のところまで行かなければ、悪声は誰に付くであろうか。さらにまた罵りの声が聞こえても、すぐに通り過ぎるようなものである。もし分別しなければ、誰が怒ろうか。凡夫は心に自我に執著し、是非を分別して、怒りや恨みを生じる。また次に、もし人が言葉は生じるとすぐに滅し、持続しないと知ることができれば、怒りはない。また、諸法には実体的な主体がないことを知れば、誰が罵り、誰が怒るであろうか。……また次に、菩薩は諸法は不生不滅であり、その本性が空であることを知る場合は、若し人が怒って罵り、打ったり、殺しても、夢や幻のようであり、誰が怒り、誰が罵るであろうか。

復次是菩薩雖未尽漏、大智利根、能思惟除遣瞋心、作是念、若耳根不到声辺、悪声著誰。又如罵声聞便直過。若不分別、誰当瞋者。凡人心著吾我、分別是非、而生恚恨。復次若人能知語言随生随滅、前後不倶、則無瞋恚。亦知諸法内無有主、誰罵誰瞋。……復次菩薩知諸法不生不滅、其性皆空、若人瞋恚罵詈、若打若殺、如夢如化、誰瞋誰罵。（大正二五・九六上一九―中五）

とある。

第二の意義は、菩薩が他の衆生を忍耐強く教化することを言う。忍耐強くということは、引用文にあるように、穏やかな言葉を話すなどの優しい態度を意味する。これは第三の意義と対照的な内容である。

第三の意義は、受動的な忍耐ではなく、頑強で悪い衆生[19]に対しては、徹底的に厳しく調伏する態度で臨むことである。この第三の意義が慧思独自のものであり、通常の忍辱の意味とはまったく異なるので、改めて第十の問答で取りあげられている。慧思は、自分が他から打たれ罵られても復讐しないのは、世俗の戒の中の外面的な礼儀にかなった振舞いとしての忍辱であり、また空の認識に基づいて恨みや憎しみを生じないのは、新しく学びはじめた菩薩が世間の批判を避ける、戒・定・慧を修めるための方便の忍辱であり、大菩薩の忍辱ではないと述べている[20]。

慧思は、大乗経典を守るために、大乗経典を誹謗する五百人の婆羅門を殺害し、その功徳によって、それ以降、地獄に堕ちることがなかった仙予国王の説話を、[21]大乗の『涅槃経』から引用している。また、正法を守護するために、持戒の覚徳比丘を守り、武器を持って迫害する破戒の悪比丘と戦闘し、戦死していく有徳王の説話を同じく[22]『涅槃経』から引用している。その護法の功徳によって、有徳王は阿閦仏のもとに生まれて一番弟子となり、覚徳比丘は二番弟子となったとされる。いずれも正法を護持するために、あえて通常の戒律を捨てた行為を賞賛しているのである。慧思は、彼らの行為こそ大慈大悲であり、菩薩の大方便の忍辱であって、小菩薩のよくなしうる所ではないと主張している。

そして、結論的に、

護法の菩薩もまた当然このようであるべきである。どうして大忍辱と名づけないであろうか。もしある菩薩が世俗の忍を実行して、悪人を対治せず、彼に悪を増大させ正法を破壊させるならば、この菩薩はとりもなおさず悪魔であって、菩薩ではない。また声聞と名づけることはできないのである。なぜか。世俗の忍を求めれば、法を守ることができないからである。外に対しては忍のように見えても、もっぱら魔の行為をなす。菩薩がもし大慈大悲を修め、忍辱を完備し、大乗を建立し、および衆生を守れば、もっぱら世俗の忍に執著することはできないのである。なぜか。もしある菩薩が悪人を守って、処罰することができず、彼に悪を増大させ、善人を悩まし乱し、正法を破壊させるならば、この人は実に〔菩薩で〕ないのであって、外に対しては偽って〔菩薩に〕似せた姿を示し、常にこのように言う。「私は忍辱を行なっている」と。その人は命が終わって、悪人たちと一緒に地獄に落ちる。このために、忍辱と名づけることはできない。

護法菩薩亦応如此。云何不名大忍辱也。若有菩薩行世俗忍不治悪人、令其長悪敗壊正法、此菩薩即是悪魔非菩薩也。亦復不得名声聞也。何以故。求世俗忍不能護法也。外雖似忍、純行魔業。菩薩若修大慈大悲、具足忍辱建立大乗及護衆生、不得専執世俗忍也。何以故。若有菩薩将護悪人不能治罰、令其長悪悩乱善人敗壊正法、此人実

非、外現詐似、恒作是言、我行忍辱。其人命終、与諸悪人倶堕地獄。是故不得名為忍辱。（大正四六・七〇一下二二―七〇二上三）

と述べている。『立誓願文』に見られる、慧思の激しい他者批判と、それがもたらした毒殺されそうになるなどの数多くの迫害[23]の思想的な原因がここに述べられているのである。『法華経』の安楽行品の趣旨を越えて、慧思独自の忍辱思想を展開したものと言える。このような慧思独自の忍辱思想の形成の背景に、彼の末法時代に対する強烈な危機意識のあることもすでに指摘されている。[24]

次に、法忍の三種の意義については、

法忍には三種の意義がある。

第一の意義とは、自ら聖行を修めて、すべての法がみな空寂で、生もなく滅もなく、また断や常もないと観察する。いわゆるすべての法について、眼根が空であり、耳・鼻・舌・身・意根が空であり、眼の対象である色が空であり、声・香・味・触・法がみな空であることを観察し、眼識が空であり、耳・鼻・舌・身・意識が空であり、我もなく、人もなく、衆生もなく、造もなく、作もなく、受者もないことを観察する。善悪の報いは空華のようなものであり、諸大・陰・界・入はみな空であり、三に六を乗じた十八〔界〕には名称はなく、初めもなく、後もなく、中間もない。その本性は本来常に静寂であり、すべての法に対して、心は不動である。これを菩薩が法忍を修めると名づける。

第二の意義とは、菩薩の法忍がすべて完備すれば、また、この法を衆生に教える。上中下の根の差別を観察し、方便によって転換させて大乗にとどまらせる。声聞・縁覚から菩薩まで、三種の観行が合わさって一つになり、色心の聖行には差別がない。二乗、凡聖は本来同一の法身であり、とりもなおさず仏である。

第三の意義とは、菩薩摩訶薩は自在の智慧によって衆生を観察し、方便によって同じ行為をなし、これを調伏する。ある場合は戒を保持し、細かな規則を行ずる姿を示し、ある場合は戒を破り威儀のない姿を示す。過去の誓願が満足するので、六道の身を現わして衆生を調える。これを菩薩が法忍を行ない方便が完備して衆生を教化すると名づける。

法忍者、有三種意。

第一意者、自修聖行、観一切法、皆悉空寂、無生無滅、亦無断常。所謂一切法、観眼根空、耳鼻舌身意根空、眼色空、声香味触法皆空、観眼識空耳鼻舌身意識空、無我無人無衆生無造無作無受者。善悪之報如空華、諸大陰界入皆空、三六十八無名号、無初無後無中間。其性本来常寂然、於一切法心不動。是名菩薩修法忍。

第二意者、菩薩法忍悉具足、亦以此法教衆生。観上中下根差別方便、転令住大乗。声聞縁覚至菩薩、三種観行合同一、色心聖行無差別。二乗凡聖従本来同一法身、即是仏。

第三意者、菩薩摩訶薩以自在智観衆生、方便同事調伏之。或現持戒行細行、或現破戒無威儀。為本誓願満足故、現六道身調衆生。是名菩薩行法忍方便具足化衆生。（同前・七〇二上九—二四）

とある。要約すると、第一の意義は、空の認識に基づいて、すべての法に対して不動の境地を得ることであり、第二の意義は、菩薩が法忍をすべて完備して、これを衆生に教えることである。この場合、衆生の機根の差別を観察して、方便によって大乗に転換させる。第三の意義は、菩薩が自在の智慧によって、衆生を観察し、方便によって、ある場合は持戒の姿を示し、ある場合は破戒の姿を示すなどの行為をなすことである。要するに、空の認識と衆生救済のための方便を強調したものと捉えることができる。

最後に、大忍は神通忍とも呼ばれる。菩薩は発心するとき、一切衆生の救済を願うが、修行が進んで空観が深まると、諸仏をも見ず、衆生をも見ずという状態になる。いわば一種の虚無空見に陥り、救済すべき衆生の存在を見失ってしまう。つまり、救済の気持ちを失いかけるのである。このとき、菩薩は本の誓願を思い出して、誓願に背くのではないかと考える。そのとき、十方の現在仏が、この菩薩に衆生救済の本の誓願を思い出して、衆生を捨てるな、と呼びかける。このとき、菩薩は偉大な神通力を得るのである。このことを、慧思は次のように述べている。

十方の仏たちがこの言葉を説くとき、菩薩はこのとき、仏たちの言葉を聞き、心に大いに歓喜して、すぐに大神通を得る。虚空の中に座って、すべて十方のすべての仏たちを見、すべての仏たちの智慧を完備し、一瞬にすべて十方仏の心を知り、またすべての衆生の心作用を知り、一瞬にすべてくまなくこれを観察することができ、一時にすべての衆生を救済しようとする。心が広大であるから、大忍と名づける。仏たちの大人の法を完備するので、大忍と名づける。衆生を救済するために、色身と智慧によって機の差別に対応し、一瞬の心の中にすべての身を現わし、一時に説法し、一音によって無量の音声を作ることができ、無量の衆生は一時に成道する。これを神通忍と名づける。

十方諸仏説此語時、菩薩是時聞諸仏語、心大歓喜即得大神通。虚空中坐、尽見十方一切諸仏、具足一切諸仏智慧、一念尽知十方仏心、亦知一切衆生心数、一念悉能遍観察之、一時欲度一切衆生。心広大故名為大忍。具足諸仏大人法、故名曰大忍。為度衆生、色心智慧対機差別、一念心中現一切身、一時説法一音能作無量音声、無量衆生一時成道。是名神通忍。（同前・七〇二中七―一五）

とある。諸仏の出現を見ることは、すでに紹介した『大智度論』の「大忍」の解説にも出ていた。本の誓願を思い出す（憶本誓願）ということは、仏教の輪廻転生の思想に基づく表現であるが、宗教体験としては、自己の存在の根底に、自己と衆生という他者存在とが同一視され、自己を救うことは他者を救うことであり、他者を救うことは自己を救うことであるという次元を洞察発見することを意味するであろう。また、諸仏の出現と激励は、自己と仏の感応道交の表現であろう。ともあれ、菩薩が過去の衆生救済の誓願を忘れず、偉大な神通力を獲得して、縦横無尽に活躍することが大忍と言われるのである。また、大忍の命名の直接の理由として、心が広大であることと、仏＝大人の法を完備することの二つが挙げられている。『安楽行義』には空観の徹底が強調されるだけに、空が誤解されて、衆生救済を妨げることにつながらないように、慧思はこの大忍を説いていると考えられる。また、衆生忍・法忍が、衆生と法に対する修行者の正しい認識であり、その正しい認識を支える諸仏の力を獲得することを大忍と捉えたのであろう。

三忍の中では、衆生忍の第三の意義、つまり剛強悪の衆生への厳しい調伏、法忍における衆生調伏のための方便の強調、大忍における諸仏との感応に基づく神通力の強調が慧思の特色ある忍辱思想として注目される。

七　結　び

以上、慧思の『安楽行義』の内容を考察した。前稿も含めて、これまでの考察の要点を改めて整理して示す。

慧思は大乗の修行と悟り方に、鈍根の菩薩の次第行を修行する立場と、利根の菩薩の次第行を修行しない立場とを区別する。後者が『法華経』の立場で、その特色は「頓覚」「疾成仏道」とも言われる。この対照は、「余華」と「蓮華」の対照においても指摘されている。

では、なぜ『法華経』が「頓覚」「疾成仏道」と規定されるのかと言えば、衆生が本来六根清浄であり、その点で妙であるからと説明される。つまり、悟りとは、何かまったく新しいものを改めて獲得するのではなく、本来性（六根清浄の本来性）の回復なので、まさに「頓覚」が可能であるということである。慧思は『安楽行義』の随所で、このことを繰り返している。「妙法」という経題の解釈においても、法＝衆生が妙であると解釈して、その点を強調していることは、慧思の法華経観の最も大きな特色の一つであろう。

では、現実には迷っている衆生が本来の清浄性を回復するためには何が必要とされるのであろうか。その答えは、「熱心に禅定を修める（勤修禅定）」ことと言われるのである。安楽行には、安楽行品に説かれる無相行と、普賢菩薩勧発品に説かれる有相行とがあることを、慧思は指摘しているが、この熱心に禅定を修めることは、無相行を意味するのである。したがって、無相行を実践することによって、衆生が本来の清浄性を回復することが慧思にとって最も重要視されるのである。

簡潔で短い『安楽行義』は、四安楽行のすべてを解説するものではなく、第一の菩薩の行処・親近処の中の行処を説明する『法華経』の経文を解釈しているだけである。とくに、「忍辱地に住する」の解釈において、衆生忍・法忍・大忍を説くのである。とくに、衆生忍の第三の意義に見られる、頑強で悪い衆生に対する厳愛に基づく大菩薩の忍辱の強調は、慧思の激しい生涯と重ね合わせて見ると、とりわけ興味深い。通常の受動的な忍辱思想を越えた慧思独自の忍辱思想の展開と思う。また、法忍における衆生救済のための方便の強調と、大忍における衆生救済のための神通力の強調も重要である。空の認識の徹底と、悪取空に堕さない菩薩の衆生救済の本願とをともに実践することが、慧思の思想の骨格を形成していると言えよう。慧思は、仏法衰滅を意味する末法という時代認識を持って、正法の護持と末法の衆生の救済に対する強い意欲を持った。彼の受けた個人的な迫害の体験も、彼の摩訶衍義（大乗の教義）の理解が、慧思が「悪論師」と呼ぶ僧たちの仏法理解と大いに対立したからである。このような末法の時代状況のもとで、正法の護持と弘通のために、慧思は独特の忍辱思想を形成して対処しようとしたのである。

注

（1）「不行不分別」には、二通りの解釈がある。中国の注釈家のなかには、「不行」と「不分別」を並列の句と解釈する（「行ぜず、分別せず」と読む）法雲（『法華義記』巻第七、大正三三・六六三中一五―一七を参照）や吉蔵（『法華義疏』巻第八、大正三四・五九三中一四―一七を参照）もいるが、慧思や智顗・灌頂『法華文句』巻第九上（大正三四・一二〇上二二―二三を参照）のように「不分別を行ぜず」と解釈する者もいる。慧思の解釈は、「『不行不分別』とは、生死と涅槃は、同一でもなく別異でもなく、凡夫と仏には、二つの法界はない。それゆえ、区別することができない。また〔生死と涅槃、凡夫と仏を区別しないという〕不二も〔実体として〕見ないので、『不行不分別』と言う。不分別の相は把握できないので、菩薩はこの無名三昧にとどまる（亦不行不分別者、生死涅槃無一無異、凡夫及仏無二法界。故不可分別。亦不見不二、故言不行不分別。不分別相不可得、故菩薩住此無名三昧）」（大正四六・七〇二下二—六）を参照。

（2）生忍と衆生忍についての慧思の説明の要点については、「生忍を因と名づけ、衆生忍とは、これを果と名づける。因とは衆生の因であり、果とは衆生の果である。因とは無明であり、果とは身体的行為である。正しい智慧によって因を観察し、無明を破り、すべての煩悩を断ち切る。すべての法は結局のところ和合することがなく、また集まることもなく、また離散することも見られない。これは菩薩が集聖諦を知る微妙な慧であり、これを生忍と名づける。……。もし和合することがなく、不動不流であれば、生もない。衆生忍とは、身体的行為の諸受に名づける。受は苦である。受に三がある。……。すべての受は結局のところ空寂で、生滅がないからである（生忍名為因、衆生忍者名之為果。因者衆生因、果者衆生果。因者是無明、果者是身行。正慧観於因破無明断一切煩悩、一切法畢竟無和合、亦無聚集相、亦不見離散。是菩薩知集聖諦微妙慧、是名生忍。若無和合不動不流、即無有生。衆生忍者、名為身行諸受。受為苦、受有三。……一切諸受畢竟空寂無生滅故）」（大正四六・七〇〇下一—一五）を参照。

（3）「質問する。どのようなものを生忍と名づけ、また衆生忍と名づけるのか。どのようなものを不動忍と名づけるのか。またこれを『安』と名づけるのか（問曰、云何為生忍、復名衆生忍。云何名不動忍、復名之為安）」（大正四六・七〇〇中二九—下一）を参照。

（4）慧思の四念処観についての思想は、『諸法無諍三昧法門』に詳しく説かれているが、この四念処観が慧思のいう法華三昧の内容であるとする解釈があるが、賛成できない。瀧英寛「初期天台思想における法華三昧について」（『仏教文化学会十周年・北條賢三博士古稀記念論文集　インド学諸思想とその周延』〈山喜房仏書林、二〇〇四年六月〉所収）を参照。なお、同氏「初期天台思想における四念処の役割」（『大正大学綜合仏教研究所年報』二四、二〇〇二年三月）も参照。

（5）大正四六・七〇一上五—中一を参照。

（6）スタイン本S二七三三とS四一〇二を指す。この二つの写本は異なる人物による同一疏の書写と推定されており、『大正蔵』第八十五巻に収録されている。前者の尾部に正始五年（五〇八年）の識語がある。

（7）『安楽行義』、「打たれ罵られても報いないのは、これは世俗の戒の中の外威儀忍である。および、内空、音声等の空、身心の空寂を観察して、恨みや憎しみを生じないのは、これは新しく学びはじめた菩薩が世間の譏嫌を止め、戒定智を修める方便の忍辱であって、大菩薩ではないのである（打罵不報、此是世俗戒中外威儀忍。及観内空音声等空、身心空寂、不起怨憎、此是新学菩薩息世譏嫌、修戒定智方便忍辱、非大菩薩也）」（大正四六・七〇一下四—七）を参照。

（8）結城令聞「南岳、天台と四安楽行」（『東方宗教』六、一九五四年一一月）は、慧思の苦難・迫害に満ちた人生経験と彼の安楽行品への関心との密接な関係を指摘している。
（9）安藤俊雄「慧思の法華思想―智度論との関係を中心として―」（『山口博士還暦記念・印度学仏教学論叢』〔法蔵館、一九五五年〕所収）二四一頁を参照。
（10）佐藤哲英『続・天台大師の研究―天台智顗をめぐる諸問題―』（百華苑、一九八一年）二七六頁に紹介されている。
（11）菅野博史訳注『法華統略』下（法華経注釈書集成7、大蔵出版、二〇〇〇年）六〇二頁を参照。
（12）『法華文句』巻第八下、「天台師は言っている。『止観の慈悲は、〔身・口・意の〕三種の業と誓願を導く』と。……これを身体的行為の安楽行と名づける。その他の口・意・誓願も同様である（天台師云、止観慈悲導三業及誓願。……是名身業安楽行。余口意誓願亦如是）」（大正三四・一一九上一九―二七）を参照。
（13）安藤俊雄氏は、『大智度論』の無相三昧（大正二五・一九五上六―一一、三六六下六―一〇などを参照）の思想が慧思に安楽行を無相行と名づけさせた根拠となっていると指摘している。前掲論文、二四一―二四二頁を参照。
（14）瀧英寛氏は、四念処観を慧思のいう法華三昧の内容であるとする解釈を提示しているが、賛成できない。前注（4）を参照。また、この問題に関して、王晴薇『慧思法華禅観之研究―法華三昧与大乗四念処的互摂与開展』（新文豊出版公司、二〇一一年六月）が刊行された。内容の検討は将来を期す。
（15）『大智度論』巻第四十一、「菩薩に二種がある。第一に坐禅、第二に経典の読誦である（菩薩有二種。一者坐禅、二者誦経）」（大正二五・三五八中一二―一三）を参照。
（16）安藤俊雄、前掲論文、二四二頁を参照。
（17）大正二五・一六四上二八―一七二上一五を参照。
（18）『法華経』安楽行品、「もし菩薩摩訶薩が後の悪世で、この経を説こうとするならば、当然四つの方法に身を落ち着けるべきである。第一に菩薩の行動範囲・交際範囲に身を落ち着ければ、衆生のためにこの経を演説することができる。もし菩薩摩訶薩が忍辱の境地にとどまり、優しく穏やかで善く調えられて従順であり、慌ただしくなく、心の中で驚かず、また法を実体視して捉えることがなく、多くの法のありのままの様相を観察し、また分別しないことをも実体視しないならば、これを菩薩摩訶薩の行動範囲と名づける（若菩薩摩訶薩於後悪世欲説是経、当安住四法。一者安住菩薩行処親近処、能為衆生演説是経。云何名菩薩摩訶薩行処。若菩薩摩訶薩住忍辱地、柔和善順、而不卒暴、心亦不驚、又復於法無所行、而観諸法如実相、亦不行不分別、是名菩薩摩訶薩行処）」（大正九・三七上一一―一七）を参照。
（19）山野俊郎「悪と仏道―南岳慧思の教学を中心として―」（『大谷大学研究年報』五五、二〇〇三年三月）には、「頑強で悪い衆生

（剛強悪衆生）」が実際何を指しているかについて、「悪趣空に染まり、濫りに『大乗』を称える悪比丘たちに対して、『大乗義』（摩訶衍義）を主題とする公の論義の場にあって、慧思は自らの大乗義を唱え、彼らを強烈に批判し、調伏しようとしたのであろう。邪空（悪趣空）にもとづいて破戒行為を正当化し、文字どおり『非道』を実践する『剛強の悪衆生』であればこそ、その反発も過激なものであった」（五一頁）と述べている。

(20) 前注（7）を参照。

(21) 『南本涅槃経』巻第十一、聖行品（大正一二・六七六上二二―中六）を参照。

(22) 『南本涅槃経』巻第五、金剛身品（同前・六二三下一〇―六二四上九）を参照。

(23) 『立誓願文』には、四度にわたる主要な迫害について述べられている。「三十四歳の時、〔私は〕河南の兗州の域内で教義を論じたため、邪悪な比丘たちにでくわすことになった。〔彼らが〕ひどい毒薬を私、慧思に食わせたので、全身が爛れおち、五臓も爛れてしまったが、死に際で、生きかえることができた。……三十九歳になって、末法百二十年であったが、淮南の郢州刺史・劉懐宝が、一緒に郢州の山中を歩きまわったおり、〔私に〕摩訶衍の教義を講ずるよう招いてくれた。この時、教義について〔問難に〕答えたところ、ある法師たちがひどく怒り、五人の邪悪な論師は、生金の毒薬を飲食物に入れて、私・慧思に食わせた。余り物のすべてを〔つれの〕三人の者が食べたところ、一日のうちに死んでしまった。私、慧思も、その時、体の中にひどい苦痛を感じ、七日間もちこたえたが、命は今にも絶えそうになった。死に際、一心に合掌して十方の仏に懺悔し、般若波羅蜜〔経〕を思念して、次のような言葉を発した。『他心智を身につけていなければ、説法すべきではない』と。このように思念した時、生金の毒薬はすぐに消え、〔病も〕なおった。それ以後も、しばしば〔迫害〕にでくわした。……四十二歳になって、末法百二十三であったが、光州城の西にある観邑寺で、重ねて摩訶衍の教義を一通り講じた。その時、邪悪な論師たちがたくさんいて、競いやって来て悩ませ、嫉妬の心を起こして、みな〔私を〕殺害して、般若波羅蜜の教えを破壊しようとした。……四十三歳になって、末法百二十四年であったが、南定州で刺史に請われて、摩訶衍の教義を一通り講じた。そのとき、邪悪な論師たちがたくさんいて、競って悪い心を起こして、大いに悩ませ、またさまざまな悪い手だてを講じ、檀越たちを遮って、食物を送らせないようにした。五十日過ぎて、弟子を遣わして〔檀越たちを〕教化することによって命拾いできた（年三十四時、在河南兗州界論義、故遭値諸悪比丘。以悪毒薬令慧思食、挙身爛壊、五臓亦爛、垂死之間、而更得活。……至年三十九、是末法一百二十年、淮南郢州刺史劉懐宝共遊郢州山中、喚出講摩訶衍義。是時為義相答、故有諸法師起大瞋怒、有五人悪論師以生金薬置飲食中、令慧思食。所有余残三人噉之、一日即死。慧思于時身懐極困、得停七日、気命垂尽。臨死之際、一心合掌、向十方仏懺悔、念般若波羅蜜、作如是言、不得他心智、不応説法。如是念時、生金毒薬、即得消除、還更得差。従是已後数遭非一。……至年四十二、是末法一百二十三年、在光州城西観邑寺上、又講摩訶衍義一遍。是時多有衆悪論師、競来悩乱、生嫉妬心、咸欲殺害、

毀壊般若波羅蜜義。……至年四十三、是末法一百二十四年、在南定州、刺史請講摩訶衍義一遍。是時多有衆悪論師、競起悪心、作大悩乱、復作種種諸悪方便、断諸檀越、不令送食。経五十日、唯遣弟子、化得以済身命）」（大正四六・七八七上二〇―下一）を参照。現代語訳は筆者も参加した中国仏教研究会「『南岳思大禅師立誓願文』訳解」（『多田厚隆先生頌寿記念論文集・天台教学の研究』〔山喜房仏書林、一九九〇年〕所収）に基づく。

（24）川勝義雄「中国的新仏教へのエネルギー―南岳慧思の場合―」（福永光司編『中国中世の宗教と文化』〔京都大学人文科学研究所、一九八二年〕所収）五二二―五三〇頁を参照。

参考文献（発表順）

横超慧日「南岳慧思の法華三昧」（『法華思想の研究』〔平楽寺書店、一九七五年〕所収。初出は『宮本正尊教授還暦記念論文集・印度学仏教学論集』〔三省堂、一九五四年〕所収）

結城令聞「南岳、天台と四安楽行」（『東方宗教』六、一九五四年一一月）

安藤俊雄「慧思の法華思想―智度論との関係を中心として―」（山口博士還暦記念『印度学仏教学論叢』〔法蔵館、一九五五年〕所収）

塩田義遜『法華教学史の研究』（一九六〇年、地方書院）一七七―一八五頁

佐藤哲英「第二章　南岳慧思の研究」（佐藤哲英『続・天台大師の研究―天台智顗をめぐる諸問題―』〔百華苑、一九八一年〕一四〇―三〇〇頁）

川勝義雄「中国的新仏教へのエネルギー―南岳慧思の場合―」（福永光司編『中国中世の宗教と文化』〔京都大学人文科学研究所、一九八二年〕所収／川勝義雄『中国人の歴史意識』〔平凡社、一九九三年〕所収）

Paul Magnin, *La vie et l'œuvre de Huisi [515-577]*, Paris, École Française d'Extrême-Orient, 1979.

中国仏教研究会「『南岳思大禅師立誓願文』訳解」（『多田厚隆先生頌寿記念論文集・天台教学の研究』〔山喜房仏書林、一九九〇年〕所収）

菅野博史「慧思『法華経安楽行義』の研究」（『中国法華思想の研究』〔春秋社、一九九四年〕二四五―二六七頁）

木村周誠「南岳慧思の衆生心性について」（『仏教文化の展開』〔山喜房仏書林、一九九四年〕所収）

瀧英寛「初期天台思想における四念処の役割」（『大正大学綜合仏教研究所年報』二四、二〇〇二年三月）

山野俊郎「悪と仏道―南岳慧思の教学を中心として―」（『大谷大学研究年報』五五、二〇〇三年三月）

瀧英寛「初期天台思想における法華三昧について」（『仏教文化学会十周年・北條賢三博士古稀記念論文集　インド学諸思想とその周延』

（山喜房仏書林、二〇〇四年六月）所収
菅野博史「慧思『法華経安楽行義』の研究（1）」（『東洋学術研究』四三―二、二〇〇四年一二月）
菅野博史「慧思『法華経安楽行義』の研究（2）」（『東洋哲学研究所紀要』二〇、二〇〇四年一二月）
鶴田大吾「南岳慧思の『無師自悟』についての考察」（『印仏研』五三―二、二〇〇五年三月）
鶴田大吾「慧思の法華三昧前方便の考察」（『印仏研』五四―一、二〇〇五年一二月）
Daniel B. Stevenson and Hiroshi Kanno, *The Meaning of the Lotus Sūtra's Course of Ease and Bliss: An Annotated Translation and Study of Nanyue Huisi's (515-577) Fahua jing anlexing yi*, 2006, Bibliotheca Philologica et Philosophica Buddhica, vol. IX, The International Research Institute for Advanced Buddhology.
鶴田大吾「南岳慧思における頓覚思想の考察」（『印仏研』五五―一、二〇〇七年三月）
鶴田大吾「『法華経安楽行義』の無相行と有相行の再考」（『東アジア仏教研究』五、二〇〇七年五月）
鶴田大吾「南岳慧思における禅観の考察―禅観至上主義をめぐって」（『仏教学研究』六四、二〇〇八年三月）
鶴田大吾「南岳慧思における『鴦掘摩羅経』の引用―『法華経』と如来蔵思想に関して―」（『印仏研』五七―二、二〇〇九年三月）
王晴薇『慧思法華禅観之研究―法華三昧与大乗四念処的互摂与開展』（新文豊出版公司、二〇一一年六月）

六 『法華経文外義』研究序説

一 はじめに

筆者が『法華経文外義』を知ったのは、上海古籍出版社・上海博物館合編『上海博物館蔵敦煌吐魯番文献』第一冊（上海古籍出版社、一九九三年）一一八―一五九頁に掲載されたテキストの影印によるものであった。巻末の叙録に、「上博一五（三三一七）法華経文外義一巻」という題で、次のような簡潔な説明がなされている。

巻幅一五六〇cm×二六・二cm、三〇紙、紙長五二cm。冒頭部分が欠けており、巻の前に、つなぎの紙を加えて表装している。……巻尾に「法華経文外義一巻」と題している。尾題の下に「一校竟」の三字がある。後ろに別に「大統十一年、歳次乙丑、九月廿一日、比丘恵襲於法海寺写訖、流通末代不絶也」という題記がある。巻の前のつなぎの紙の背には、啓功の題簽がある。

その後、方廣錩編『蔵外仏教文献』第二冊（宗教文化出版社、一九九六年）に、李際寧、張暁娟の両氏による翻刻が掲載され、解題も付されている。恵襲が大統十一年（五四五）に書写したのであるから、本書の成立は大統十一年以前であることになり、光宅寺法雲（四六七―五二九）の『法華義記』の成立時期とさほど違いはないと推定されるが、その前後関係は確定できない。

二　聖徳太子伝撰『法華義疏』の真偽問題と「一大乗」

さて、本稿は本書の内容を簡潔に紹介することを目的としているが、その前に、聖徳太子伝撰『法華義疏』の真偽問題[1]との関連で、一言述べたいことがある。

花山信勝氏は、『聖徳太子御製　法華義疏の研究』において、『法華義疏』草稿本において、「一大乗」という表現を有する四箇所の文を指摘し、そのうち三箇所においては、「大乗」と書いた後に、わざわざ「一」を加えている事実を重視して、「太子の『一大乗』とは権を実に三を一に相即せしむる無碍円融の法華大乗思想に名づけられたものであり、『一』は平等を示し、『大』は至高を意味し、以て小乗教及び大乗教の上に更に最勝円満の一大乗教を高調されんとしたものである」と述べている[2]。花山氏は、ここでは、法雲『法華義記』に「一大乗果」という句が見えることや、『勝鬘経』に「純一大乗」の熟字が見えることや、浄影寺慧遠『大乗義章』に「一大乗」という熟字が見えることも指摘している[3]。しかし、花山信勝校訳『法華義疏』の解説には、「小乗に対する大乗、三乗に対する一乗でないという点を一層明瞭に表現するために、苦心修訂して『一大乗』という熟字が作り出されたものと考えられる。天台や三論、その他の註釈書類にも見られない本書独自の用語と云ってよい[4]」とある。智顗、吉蔵における「一大乗」の用例まで完全に否定している。『法華義疏』の聖徳太子真撰を疑わない花山氏にとっては、智顗、吉蔵の法華疏は聖徳太子以前に成立したものとして重要視されているのである。

CBETA を利用したところ、花山氏の発言とは相違して、智顗、吉蔵の法華疏に「一大乗」の用例を見つけることができた。すなわち、智顗・灌頂『法華玄義』巻第五下には、

第一に総じて三軌を明かすとは、第一に真性軌、第二に観照軌、第三に資成軌である。三種の名があるけれど

も、ただ一大乗の法である。

一総明三軌者、一真性軌、二観照軌、三資成軌。名雖有三、秖是一大乗法也。(大正三三・七四一中一一―一三)

とあり、吉蔵『法華玄論』巻第七には、

質問する。どうして一音がくまなく大〔乗〕を司るとわかるのか。

答える。『〔法華〕経』には、「一大雲、一大雨」とある。それ故、一大乗を司る音とわかるのである。

問。何以知一音遍主大耶。

答。経云、一大雲一大雨。故知主一大乗音也。(大正三四・四一九中八―九)

とあり、同巻第八には、

『法華経』と『般若経』は、同じく一大乗の蔵である。

法華波若同是一大乗蔵。(同前・四三三中四)

とある。これらの用例は、必ずしも花山氏の主張する小乗と大乗の対立、三乗と一乗の対立を超越した「一大乗」を意味するものではないが、用例そのものの存在を無視するわけにはいかないであろう。このような「一大乗」の用例という文脈のなかで、『法華経文外義』には、

本来、その小機はなく、まさしく一大乗の機根である。ただ大乗の機根について、当然、強弱の相違があり、六度を感受する機もあるし、十二因縁を感受する機もあるし、四諦を感受する機もある。

本来無其小機、正是一大乗機根。但就大乗機根中、自有強弱差別不同、自有感六度之機、有感十二因縁機、有感四諦之機。(方廣錩編『蔵外仏教文献』第二冊、三二四・九―一一〔三二四頁九―一一行のこと〕。以下、『法華経文外義』からの引用は、原則として、頁・行のみを略記し、常用字体を採用し、句読点を日本式に改める。また翻刻を改めるところもある)

本来、道理はただ一大乗だけである。

本道理唯一大乗。（三二三・四）

三を一に合するのは、本来まさしく一大乗の行である。

合三為一者、本正是一大乗行。（三二三・一〇）

とある。この用例は、六世紀前半という初期の用例であるとともに、『法華経』の注釈書における用例である点で重要であると思われる。したがって、花山氏が主張するように、「一大乗」を『法華義疏』独自の用語として、聖徳太子の法華経観を論じることはやや行き過ぎの感を否めない。

三　『法華経文外義』の内容目次と翻刻

まず、本書の成立時期は、書写年の五四五年以前であることは間違いない。書名の『法華経文外義』について、「外義」を書名の一部に有する中国古典の例を調べると、『隋書』経籍志に、「尚書文外義　一巻　顧彪」とある。本書は、いわゆる随文釈義の注釈書ではなく、下記のようなテーマに関する問答から構成されている。外義は、書名の一部として用いられる場合、「外」が本筋から逸脱した外のものという意味で、謙遜、自譲の意味が込められていると推定される。次に、内容については、『蔵外仏教文献』の翻刻には、次のようにある。私に通し番号を付した。

1無題　二九四・四―三〇四・二三

2「料簡文経理経」　三〇五・一―三一一・一四

3「二智」三一一・一五―三一七・一五
4「次明因縁」三一七・一六―三一九・一四
5「告諸声聞衆及求縁覚乗者」三一九・一五―三二二・五
6「若二若三」三二二・六―三二八・二一
7「焼舎宅者　道根者」三二八・二―三三七・一一
8「浄土者」三三七・一二―三四一・一一
9「五百由旬険難道者」三四一・一二―三四五・二三
10「次明二依」三四五・二三―三四九・一
11「十地者」三四九・二―三五四・一七

これらは、おおむね本テキスト自身が主題として提起したものであるが、注意して見ると、2、3、4、7、8、11は改行されており、10は改行はされていないが、六文字ほど間隔があいているので、改行に準じたものと捉えることは可能である。一方、5、6は改行もされていないし、一文字すら間隔があいていないので、4の「次明因縁」のなかに収めることも可能であるかもしれない。他方、7の「焼舎宅者　道根者」の章のなかに、「即脱瓔珞者」という句があり、直前の文とは、二文字の間隔があいているので、独立した章として扱うことも可能かもしれない。したがって、内容目次については改めて考える余地があると思う。

次に、『蔵外仏教文献』の翻刻について一言すると、三一七頁の注3に、底本の「弁」を文意によって「變」に改めたとある（頻出する）が、ここの「弁」は「辦」の略字と解釈すべきである。たとえば、翻刻には、「因縁は一体である。万善は無であるけれども、未来仏果を実現することができる。これは〔関係が〕親しいので、因と名づけるのである。未来の仏の道理があることができるので、万善は〔仏果を〕実現することができる（因縁一體。萬善無而能變當佛果、此是親故、名之爲因也。可有當佛道理故、萬善能變）」（三一七・二一―二二）。文字の問題を扱うので、ここでは翻刻の字体をそのまま用いる。また、以下に論じるように、「變」を「辦」と訂正して現代語訳を付す）とあるが、この「變」は「辦」（成し遂げるの意）の誤りであり、「變」のままではまったく意味が通じない。その他、翻刻の解説に、通仮字、俗字が多いという指摘があったが、底本の文字を残すべきで、翻刻で必ずしも訂正しなくてもよい文字が少なからずあるように思われる。たとえば、「常恒とは、大邪見を起こし、闡提を免れない（常恒者、起大邪見、不免闡提）」（三三一・一三）の「免」について、底本の「勉」を文意により、「免」に改めたと注するが、「勉」が「免」の意味で使われることは珍しいことではないので、学術的な翻刻ではあえて「勉」を「免」に改める必要はないであろう。また、「導」とある箇所（頻出）を、断りなく「道」と翻刻している。「導」と「道」は「言」の意味で通じて用いられるので、意味に変わりはないが、何らかの注が必要であろう（本テキストには「道」という表現も少数ではあるが、見られる）。その他、「もし未来の〔仏〕果の道理がすべて無ければ、万善は何によって実現することができるのか（若畫無当果道理、万善何由能辦）」（三一七・二一―三一八・一）の「畫」が「盡」の誤りであるなど、翻刻の小さな誤りも見られる。

なお、本書には「寧馨」という表現が見られ、『漢語大詞典』によれば、「晋・宋時の俗語であり、如此、這様の意味である」とあり、六朝時代の南方の俗語である。(5) 本書においても、「若寧馨解時、修多羅不道含五也」（三一〇・一）とあり、「如此」の意味として解釈できる。もしそうであるならば、本書は南朝において成立した注釈書であるかもしれない。本書には、南朝で流行した五時教判と関連する記述、「漸教中四階説法」（三二六・一二―一三）が見られることも、(6) 南朝成立の推定を支持するであろう。

四　『法華経文外義』の注目すべき概念・思想

紙数の制限もあるので、本稿では、『法華経文外義』に見られる注目すべき概念、思想を上記のテーマ順に取りあげて、簡潔なコメントを付し、今後の本格的な考察の予備的研究としたい。なお、本書には、「一家」という用語が三箇所見え、(7)著者の学系に基づいて、他の説を採用しない際に用いている。

1無題――巻首が欠けているので、無題であるが、本項の末尾に「天下の道理には、ただ一因一果があるだけである。そこで、乗は因果に通じ、一もまた因果に通じるので、一乗というのである（天下道理、唯有一因一果。是以乗通因果、一亦通因果、故言一乗也）」（三〇四・二二―二三）とあり、「乗体」、「道と乗との同異」、「能乗と所乗」などの議論がなされているので、本項は「一乗」という題目であった可能性もあると推定される。

なお、注目すべき表現として、「金剛〔心〕以下は、百是も肯定することができず、百非も否定することができない（金剛以還、百是不能是、百非不能非）」（二九七・一六）がある。「百是不能是、百非不能非」は、現存する『大正蔵』には、吉蔵の『法華玄論』、『十二門論疏』、『大乗玄論』、『二諦義』にしか現われない表現である。

2「料簡文経理経」――能詮の文を経とするか、所詮の理を経とするかについての議論がなされている。また、「修多羅」の翻訳についての議論も見られる。なお、本題に出る「文経」「理経」は、吉蔵『大品経遊意』に、「第三に霊耀寺の盛法師はいう、『文は文の経であり、理は理の経である。教理はそれぞれ経である』と（第三霊耀寺盛法師云、文是文経、理是理経。教理各是経耳）」（大正三三・六五中二二―二四）とある。また、「無作〔戒〕の体もまた頑愚な法であるけれども、善・悪である（無作体亦是頑法、而是善悪）」（三一〇・一八）と、「頑法」という用語が出るが、最古の用例としては、『大般涅槃経集解』巻第十一に、「宝亮がいう、『無作は本来、頑愚な法であり、悟解の性質のものではない。どうして悪を止めることができようか』と〔宝亮曰、無作本是頑法、非是解性。豈能止悪〕」（大正三七・四二九中一〇―一一）と出る。

3「二智」――法雲『法華義記』の方便の釈にも、二智についてのまとまった解説があるので[8]、法華疏としての本書においても、権智（方便智）・実智の二智についての議論が見られることも不思議ではない。その記述は、分量的に『法華義記』よりも多い。

また、本項には、方便の種類として、前道（道前？）方便・誑相方便・進趣方便・善巧方便の四種方便説を出し（三二四・一―二）、『法華経』には、進趣方便と善巧方便が説かれることを指摘している。『大乗義章』巻第十五にも四種方便説（進趣方便・権巧方便・施造方便・集成方便）が出るが[9]、両者を比較すると、「進趣方便」は一致し、「善巧」と「権巧」とは名称が類似している。その他は一致しない。「前道方便」がもし「道前方便」であれば、『法華文句』巻第三下などに用例がある[10]。「誑相方便」は他に用例を見ない。

なお、本項に「一大乗機根」が出る。さらに、『法華経』と『涅槃経』とを比較して、

さらに質問する。この経（『法華経』）には二智を明かしている。ただ一種あるだけで、さらにその他のものはない。

さらに答える。もし〔仏身が〕無常であるとする理解をするならば、ただ一種の二智があるだけである。もし常住であるという理解をするならば、二種の二智がある。安楽〔行品〕以下は、其の因乗を明かしている。この因乗を対象とすることを、実智と名づける。三乗の虚しい教えを対象とすることを、方便智と名づける。踊出〔品〕以下は、寿量〔品〕の常住の果を対象とすることを、実智と名づける。金剛〔心〕まで生滅の理の生起することを対象とすることを、方便智と名づける。もしこのように理解するならば、『涅槃経』と同じである。しかし、少しく相違する。『涅槃経』は、二つの常住の理の生起することを対象とすることを、実智と名づける。

この経は現在の果報を対象とするが、未来の仏性を明かさないので、相違するのである。

又問。此経明二智。唯有一種、更有異也。

又答。若作無常解、但有一種二智。若作常解、有二種二智。安楽以来、明其因乗。縁此因乗、名為実智。縁三乗虚教、名為方便智。踊出已下、縁寿量常果、名為実智。縁金剛已還生滅理起、名為方便智。若如此解、与涅槃同。然復少異。涅槃縁二常理起、名為実智。此経縁現果報、不明当性故、所以異也。（三一五・二〇―三一六・三）

と述べている。これによれば、『法華経』の仏身が無常であると理解すれば、安楽行品以前の因乗を明かす範囲で、一種の二智（因乗を縁ずる実智と三乗の虚なる教えを縁ずる方便智）があるだけであるが、仏身常住の解釈をすれば、涌出品以下の範囲で、寿量品の仏身常住の果を縁ずる実智と成仏直前の金剛心までを縁ずる方便智もあることになるので、合わせて二種の二智があることになるというものである。この点で、『涅槃経』と同じと言われるが、相違点も指摘される。それは、『涅槃経』は二常[11]（仏身の常住と仏性の常住の意味と推定する）の理を縁ずる実智を説くのに対して、『法華経』には、「現の果報」つまり常住の仏身を説くが、「当性[12]」つまり未来の仏性を説かないというものである。頓漸五時教判が、『法華経』には仏身常住と正因仏性が説かれないと捉えるのに対して[13]、本書は『法華経』の仏身常住の説は認めるが、仏性を説かないと捉える点が注目される[14]。

4「次明因縁」――因と縁とは一体か別体か、縁因と正因、感仏の義の満・不満などについて議論している。

5「告諸声聞衆及求縁覚乗者」――『法華経』方便品の偈文（大正九・六上二四）に対する注釈である。「縁覚」について、「ただ中乗に二種の人がいる。第一に縁覚の縁覚、第二に声聞の縁覚である。今はただ声聞の縁覚があるだけで、縁覚の縁覚はない（但中乗有二種人。一縁覚縁覚、二声聞縁覚。今但有声聞縁覚、無縁覚縁覚）」（三二〇・一二―一三）とあるが、この説は古い用例としては、『大乗義章』に出る[15]。また、舎利弗、目連、迦旃延が縁覚である面もあると述べているのは興味深い。

6「若二若三」――『法華経』方便品の「無有余乗若二若三」（大正九・七中三）に対する注釈である。ここでは、二乗教を破すが、菩薩を破さないこと、しかし、菩薩に「我れ独り成仏し、声聞は得ず」という「存大之心」があるので、その執心を破すことを説いている。

また、特異な説として、大乗の初住〜三住を須陀洹菩薩、四住〜六住を斯陀含菩薩、七住〜九住を阿那含菩薩、十住を羅漢菩薩、仏を大阿羅漢と名づけると述べている。

『華厳経』と関連して「根本法輪」という用語が見られる。根本法輪は吉蔵の三種法輪（根本法輪・枝末法輪・摂末帰本法輪）の一つとして有名である。「『華厳経』の座で偉大な機根、偉大な修行者のために、たちどころに一切法の相を明らかにする……菩薩のためにたちどころに一切法の相を明かすことを、根本法輪とすることができる。漸教の中の四段階の説法は他を広くし、『華厳経』の座では枝末となる（所以華厳坐上為大根大行、頓明一切法相……為菩薩頓明一切法相、得作根本法輪。漸教中四階説法広他、華厳坐上以為條末）」（三二六・九―一三）と。

その他、五濁、人天の因果と二乗の因果との比較などが議論されている。

7「焼舎宅者　道根者」――譬喩品の火宅の譬喩に基づく題であり、有漏の五陰の身を焼くことと道根を焼くことを論じ、煩悩の断・伏について議論している。

また、上に述べたが、本項の途中に、窮子の譬喩に基づく「即脱瓔珞」とあり、「真妙の法身を捨てて、丈六として応現する。法身は精妙であり、装身具や細やかで柔らかな上着のようなものである。丈六の色根は粗であり、法身と比べると、粗末で破れた衣のようなものである。上からここまでは、みな法身の中の事がらを領解する。今、すぐに装身具をはずして、真妙の法身を捨て、丈六の姿を現じ、菩提樹のもとで成道する（捨真妙法身、応為丈六。法身精妙、若似瓔珞細濡上服。丈六色根是粗、望如法身、若似粗弊之衣。上来至此、皆領法身中事。今明即脱瓔珞、捨真妙法身、現丈六之容、樹王成道）」（三三三・六―九）と注釈している。このような解釈は珍しいものではないが、本書における『法華経』の随文釈義の例として注意しておきたい。

また、本項には、「『大品般若経』から『維摩経』の座までは、法身を根本として、丈六として応現することのあることを知る（自大品以後至維摩坐上、知有法身為本、応為丈六）」（三三四・一二―一三）とあり、『大品般若経』と『維摩経』の説時の順序をこの順序のように規定している。

また、「法説一周」（三三六・一〇、一六）、「三周説法」（三三六・一一、三三七・一）という用語が見られる。

8「浄土者」――『法華経』には、見宝塔品の穢土を浄土に変換する物語や寿量品のいわゆる霊山浄土の話があるので、浄土に関説しているのであろう。具体的には、円応変化浄土と実報浄土とについて説いている。

9「五百由旬険難道者」――化城喩品の「譬如五百由旬険難悪道曠絶無人怖畏之処」（大正九・二五下二六―二七）に対する注釈である。法説、火宅喩、化城喩の三者の関係について、三根の相違に基づいて、「この中、また法説の経文のために譬喩を作る。上は利根のために五濁を説く。まさしく五濁が心にあるので、その心を濁乱させ、大を説くことができない。中根のために火宅を借りて譬喩とする。まさしく火宅の難のために、三車によって救出する。これは鈍根人のために険道の譬喩を借りる。正しく険しい道が長遠なので、三〔乗〕を施して中途で休憩する。……上は利根のために破三帰一を明かし、中根のために大車を借りて譬喩とし、今は下根のためにその化〔城〕を消滅させることを明かす（此中還与法説経文作喩。上為利根説于五濁。正以五濁在懐、濁乱其心、不得説大。為中根借火宅為喩。正以火宅之難、故以三車汲引。此為鈍根人借険道喩。正以険道長遠、故須施三中息。……上為利根明破三帰一、為中根借大車為喩、今為下根明其滅化）」（三四一・一三―一八）と述べていることは注目される。

また、「五百」については、「そこで今、五百というのは、まさしく三界を三百とし、七住・二乗が同じく三界の惑を断じ尽くすことを、まとめて一百とし、八住から金剛〔心〕に終わるまで、この一段階の生死を、またまとめて一百として、五百とする（是以今言五百者、正以三界為三百、七住二乗同断三界惑尽、束為一百、八住以上終至金剛、此一段生死、復束為一百、以為五百）」（三四三・五―七）と注釈しているが、基本的に『法華義記』と同じ解釈である。[16]

10「次明二依」――法四依・人四依についての議論が見られる。特異な用語として、「白依」「黒依」が見られ、「法は一白依、了教は二白依、了義は三白依、智は四白依である。人は一黒依、不了教は二黒依、語は三黒依、識は四黒依である（法是一白依、了教是二白依、了義是三白依、智是四白依。人是一黒依、不了教二黒依、語是三黒依、識是四黒依）」（三四八・三―四）とあるように、依るべき対象が白で、依るべきでない対象が黒と規定されている。

11「十地者」――歓喜地から法雲地の十地についての議論が見られ、また、「損生」「潤生」との関連で断惑の問題が議論されている。

本稿では、『法華経文外義』全体を概観することに意を用いた。今後、詳細な研究を継続していきたい。

注

（1）拙論「三経義疏の真偽問題について」（大倉精神文化研究所編『綜合研究・飛鳥文化』〔国書刊行会、一九八九年〕四六五―五〇二頁。本書、第五部、第二章に収録）を参照。

（2）花山信勝『聖徳太子御製　法華義疏の研究』（山喜房仏書林、一九三三年初版、一九八八年復刻）一〇九―一一一頁を参照。なお、花山氏の取りあげた『法華義疏』のなかで「一大乗」の見える四箇所は、⑴「至於王城始発一大乗機、称会如来出世之大意」（大正五六・六四下二九―六五上一）、⑵「此三種五濁皆障一大乗機、故昔日不為説一理也」（同前・七六中二〇―二一）、⑶「以此為論、応無能発一大乗機堪聞今日法華」（同前・七六中二四―二五）、⑷「中止一城者、一城譬一大乗教。教譬城義、即如恒釈。言如来恒在一大乗教中也」（同前・九八下一二―一四）である。⑵を除く三箇所が、後に「一」を加えたものである。

（3）『法華義記』巻第三、「先明仏未応世時、欲為衆生説一大乗果、不欲与小乗果」（大正三三・六〇六下二九―六〇七上一）、『勝鬘経』如来真実義功徳章、「彼諸衆生純一大乗」（大正一二・二一七中一九―二〇）、『大乗義章』巻第九、「言無二者、一大乗外無別声聞縁覚二乗。言無三者、一大乗外無別声聞縁覚二乗、并無随化所施大乗」（大正四四・六四八中二二―二四）などを参照。

（4）『法華義疏』下巻（岩波書店、一九七五年）四〇八—四〇九頁を参照。
（5）詳しくは、柳士鎮『魏晋南北朝歴史語法』（南京大学出版社、一九九二年）一三九—一四一頁を参照。
（6）五時と四階の相違はある。また、「漸教之初所、以法為四依。今漸教之終、人為四依也」（三四五・二四）とある。
（7）「依如一家、不存此解也」（三二七・一八—一九）、「此是一家解浄土、今論経師、不存此解」（三三九・一〇）、「此解難解。依如一家、不存此解、存於前解」（三四五・一八）を参照。
（8）『法華義記』巻第二、「然此品初正明因歎二智髣髴開宗。故今且略述二智。凡有五重解釈。名義第一、覈明体相第二、明名有通別第三、明用有興廃第四、釈会五時経、辨二智不同第五。……今法華経所明二智、此拠始終為義。始則権智説三、終則実智説一也」（大正三三・五九二中一二—五九四上一六）を参照。
（9）大正四四・七六六上一一—一五を参照。
（10）「其智慧門、即是歎権智也。蓋是自行道前方便。有進趣之力、故名為門。従門入到道中。道中称実、道前謂権也」（大正三四・四〇下一七—二〇）を参照。
（11）本書には、「依涅槃経明二智復異。二常之理、絶於百非、称之為実。縁此実理而起、故称実智」（三一一・一三—一四）、「涅槃二常為宗、常無常両判」（三一六・五）などとある。
（12）「当性」の古い用例は『大般涅槃経集解』に見られる。たとえば、「不言断当性也」（大正三七・五三九中九）など。
（13）拙著『中国法華思想の研究』（春秋社、一九九四年）四六〇—四七二頁を参照。
（14）本書には他の箇所にも、「為説寿量、広明法身常住、解知丈六是権、計実心尽、方得尽名」（三三六・二三—二四）、「為説寿量、解法身常住、丈六是権、利鈍同解、方得尽名」（三三七・一一—一二）、「維摩中以漏照明常、何況法華坐上而不明常也」（三三四・二二—二三）などとあり、『法華経』の仏身の常住を主張している。本書成立の六世紀前半の法華経観としてとくに注目される。
（15）たとえば、『大乗義章』巻第十七に、「此縁覚中細分有二。一縁覚縁覚……二声聞縁覚」（大正四四・八〇七中九—一四）とある。
（16）『法華義記』巻第七（大正三三・六五四中一五—一九）を参照。

七　智顗と吉蔵の法華経観の比較
―智顗は果たして法華経至上主義者か？―

一　はじめに

中国の南北朝時代に流行した教判の一つに五時教判がある。隋の三大法師といわれる浄影寺慧遠（五二三―五九二）、智顗（五三八―五九七）、吉蔵（五四九―六二三）がいずれもその五時教判を厳しく批判していることから、この五時教判は相当な影響力を持った教判であったことが推定できる。ところで、南北朝時代の教判について直接知る資料はきわめて乏しいので(1)、一般的には、後代の浄影寺慧遠の『大乗義章』、智顗・灌頂（五六一―六三二）の『法華玄義』、吉蔵の諸著作、基（六三二―六八二）の『大乗法苑義林章』、法蔵（六四三―七一二）の『華厳経探玄記』『華厳五教章』などの間接的な紹介によらなければならない。

さて、代表的な五時教判には、浄影寺慧遠の紹介する劉虬(2)（四三八―四九五）のものと、吉蔵の紹介する慧観(3)（生没年未詳）のものとの二種類があり(4)、その内容は少しく相違するが、どちらも大乗経典の間に価値的な段階差別を設けるところに共通点がある。つまり、いずれの五時教判も、ある大乗経典は他の大乗経典よりもより価値があるとか、ある大乗経典はすべての経典の中で最高の価値を持つというような考え方を採用している。具体的な例を挙げると、『法華経』は『般若経』よりもすぐれた価値を持つが、『華厳経』や『涅槃経』よりも劣ったものと見なされたのである。

本稿は二種類の五時教判の相違点を問題とするのではないので、今は、吉蔵の紹介する慧観の五時教判を簡略に紹介したうえで、それに対する吉蔵の批判に見られる[5]「諸大乗経顕道無異」（すべての大乗経典は道＝仏教的真理を明らかにする点で相違はない）という吉蔵の基本的な大乗経典観を確認すればよい。次に、この吉蔵の考えは、慧遠にも共通に見られることを確認する。吉蔵も慧遠も大乗経典を平等視しているという予備的考察を経て、いよいよ本稿の主題である智顗の教判思想を取りあげ、智顗は果たして法華経至上主義（『法華経』を釈尊一代の説法の中で、最高の経典と見なす）の立場に立っていたのかどうかを考察する。たとえば、安藤俊雄氏は、「完全なる法華至上主義の教判体系の整備完成は智顗の努力に俟たねばならなかった[6]」、「智顗は北地における地論系の華厳至上説及び南地における涅槃系の涅槃至上説をしりぞけて、新たに法華至上説を学問的に基礎づけたのである。江北の慧思の教学に胚胎していた法華至上主義は、天台教判の完成によっていまや江南に見事な花を開くことができたのである[7]」と述べている。

結論を先取りして言えば、智顗は決して法華経至上主義者ではなく、むしろ円教至上主義者と呼ぶ方が適当であり、諸大乗経典を平等視する点において、同時代の慧遠、吉蔵と基本的に同じ見方を取っていると考えられる。また、この問題を考察するための視点として、筆者は、釈尊在世における釈尊の説法の整理と、智顗の生きた時代における新しい仏教の実践方法の考案という二つの事がらを明確に区別しなければならないことを提案したい。

二　慧観の五時教判

慧観の五時教判については、吉蔵の『三論玄義』にかなり詳しく紹介されている[8]。それによれば、五時というのは、昔、『涅槃経』がはじめて楊子江以南の地方に渡り、かくて宋の道場寺の沙門、慧観が経序を作り、仏の教えをかいつまんで区別したところ、全部で二種類に分けた。第一に頓教であり、とりもなおさず『華厳経』の仲間であり、ただ菩薩だけのために、詳しく理を示した。第二にはじめ鹿苑（釈尊の初転法輪の地であるミガダーヤ）から終わり鵠林（鶴林ともいい、釈尊が涅槃に入った地）まで、浅い教えから深い教えに至り、これを漸教という。漸教について、五時〔の教え〕に展開する。第一に三乗別教である。第二に『般若経』は、〔声聞・縁覚・菩薩の〕三種の機を通じて教化するので、三乗通教という。第三に『維摩経』、『思益梵天所問経』は、菩薩をほめたたえ、声聞を押え込むので、抑揚教という。第四に『法華経』は、かの三乗を集めて同じく一つの究極に帰着させるので、同帰教という。第五に『涅槃経』を、常住教と名づける。

　言五時者、昔涅槃初度江左、宋道場寺沙門慧観仍製経序、略判仏教凡有二科。一者頓教、即華厳之流、但為菩薩具足顕理。二者始従鹿苑終竟鵠林、自浅至深、謂之漸教。於漸教内、開為五時。一者三乗別教。二者般若通化三機、謂三乗通教。三者浄名思益讃揚菩薩抑挫声聞、謂抑揚教。四者法華会彼三乗同帰一極、謂同帰教。五者涅槃名常住教。（大正四五・五中）

とある。[9] これを理解の便のために、図示すると次のようになる。

- 頓教 ―― 『華厳経』
- 漸教（五時）
  - 三乗別教（『阿含経』）
  - 三乗通教（『般若経』）
  - 抑揚教（『維摩経』、『思益梵天所問経』）
  - 同帰教（『法華経』）
  - 常住教（『涅槃経』）

この五時教判は、吉蔵によれば、梁の三大法師、つまり開善寺智蔵（四五八―五二二）、荘厳寺僧旻（四六七―五二七）、光宅寺法雲（四七六―五二九）がいずれも用いたとされる。[10]この教判の長所は、主要な大乗経典の根本思想を捉えたうえで、「釈尊の教えは浅い教えから深い教えへと展開した」という原理を用いて、主要な大乗経典を釈尊の一生涯の中に時間的に位置づけたことである。これによって、雑然とした多数の教えを体系的に理解することを人々に可能にしたので、教判の必要性が高まっていた南北朝時代において、大きな影響力を持ったと考えられる。

三　吉蔵の五時教判に対する批判と大乗経典の平等視

さて、吉蔵の五時教判に対する批判は彼の著作の随所に見られるが、たとえば、『法華玄論』巻第三では、多くの経論を引用して、大乗と小乗、あるいは声聞蔵と菩薩蔵の二種法輪があるだけで、頓・漸・無方の三教[11]は経論に根拠がないことを指摘している。すなわち、

このようないたるところの経論はただ大乗、小乗の二乗を明かすだけであるので、ただ二種の法輪があるだけで、〔頓・漸・無方の〕三教を立てるべきではないのである。

如是等処処経論但明大小二乗、故唯有二種法輪、不応立三教也。（大正三四・三八二下）

とある。またさらに、衆生の機根の考察に基づいて、

それゆえ、ただ二〔教〕があるだけのはずで、三教を立てるべきではないことが分かるのである。

故知但応有二、不応立三教也。（同前）

という同じ結論を導いている。先にも述べたように、五時教判においては、大乗経典の間に価値の高低浅深を設けて

いるが、吉蔵は大乗経典の価値を平等視する考えに立って、五時教判を批判する。また、直接、五時教判の名を出さない場合でも、『法華経』と諸大乗経典との比較を盛んに行ない、実質的に五時教判の経典観の批判を遂行している。つまり、吉蔵は、『法華経』を中心として、『法華経』と諸大乗経典（具体的には『華厳経』、『般若経』、『涅槃経』、『勝鬘経』との比較が論じられている）とを比較する中で、具体的に五時教判の批判を試みている。というのは、たとえば、五時教判においては、頓教とされる『華厳経』は、他の漸教五時の経典とは別格の高い地位を与えられているが、吉蔵が『法華経』と『華厳経』とを比較しながら、本質的には二経が同一の価値を有すると結論づけることは、五時教判における華厳経観、法華経観に対する具体的な批判となるからである。また、『般若経』は『法華経』より劣った教えであるとする五時教判に対する批判も見られるし、『法華経』が仏身の常住と仏性を説かないという点で、『涅槃経』よりも劣るとする五時教判に対する批判も見られる。本稿では、これらの諸大乗経典についての吉蔵の比較研究を詳細に紹介することはできない[12]ので、吉蔵の基本的な経典観である「諸大乗経顕道無異」という考えについて紹介する。

吉蔵は、『法華玄論』巻第二に、

> 多くの大乗経は道を明らかにすることについて、かえって相違はないはずである。
>
> 諸大乗経顕道、乃当無異。（同前・三七八下）

と述べ、『法華義疏』巻第五に、

> 多くの大乗経は道を明らかにすることについて別ではない。
>
> 諸大乗経顕道無二。（同前・五一八下）

と述べているように、多くの大乗経典は道を明らかにすることについて相違はないこと、したがって、価値的に平等であることを主張している。このことが吉蔵の経典観の基本であることはよく知られていると思う[13]。

では、吉蔵はなぜ「諸大乗経顕道無異」と考えたのか。筆者はすでに吉蔵の顕密の四門・傍正の四門という考えに求めて、その理由について明らかにしたことがあるが、[14]必要な限りで再説すると、諸大乗経典は声聞に対する教化態度はそれぞれ異なっているが、菩薩に対して真実を顕わす点については共通であるから、その点に基づいて「顕道無異」と主張される。このことを『法華経』を中心に見直すと、次のように言える。菩薩に対する教化という視点においては、諸大乗経が平等視され、この認識は吉蔵において一貫しているが、声聞に対する教化においては、『法華経』が最重要視されていると評せよう。

吉蔵は『法華経』の思想的特色の一つを、一乗思想による二乗作仏に見ており、[15]『華厳経』以後の一切の経教（『華厳経』自身は含まない）を、声聞が『法華経』において最終的な教化を受けるまでの調柔の過程として捉えているからである。このことを明瞭に示すものが「四調柔」[16]の概念である。

次に、諸大乗経典が平等であるにもかかわらず、諸部の経典の相違・区別がなぜ成立するのかという問題については、吉蔵は『法華玄論』巻第三において、傍正二義と逗縁不同の二点から答えている。

まず、傍正二義とは、一経の中心的教説を正宗とし、明瞭には説かれない補助的な教説を傍義とすることをいう。たとえば、『般若経』は無所得を、『法華経』は一乗を、『涅槃経』は仏性をそれぞれ正宗として、それぞれ他の二つを傍義とするのである（『般若経』を例に取れば、『般若経』における一乗、仏性を傍義とする）。これの思想的意味は、諸部の相違・区別の事実を正宗の相違によって説明するとともに、傍義の存在を承認することによって、諸部の相違・区別を絶対的に固定化することを避け、相違・区別を保持しながらも、互いに通じる点を指摘して、「顕道無異」に一つの根拠を与えていることである。

このように、諸部の相違・区別は正宗の相違に基づくのであるが、この正宗が各経典において相違する理由を示すものが逗縁不同の考えである。『法華玄論』巻第三に、多くの経は〔衆生の〕機縁にぴったりした教えを説くことがそれぞれ異なり、互いに〔教えを〕開示したり、〔教えの重複を〕避けたりする。『般若経』には無所得実相を詳しく説いたので、『法華経』にはこれを明かさず、〔『般若経』には〕まだ一乗の因果を詳しく説いていないので、〔『法華経』には〕これを詳しく明かす。

衆経逗縁不同、互相開避。波若已広明無所得実相、故法華不明之、未広説一乗因果、故広明之。（同前・三八八中）

とあるように、経典が衆生の機縁に適合した教えを説くことが、各経典においてそれぞれ異なっているので、結果的に、各経典の中心的教説の重複が避けられるのである。たとえば、引用文に示したように、『般若経』の対告衆には無所得実相が適合した教えとされ、『法華経』の対告衆には一乗の因果が適合した教えとされるので、それぞれそのような教えが与えられるのである。

四　慧遠と吉蔵の共通点

吉蔵の「諸大乗経顕道無異」と同類の思想は、すでに浄影寺慧遠にも見られる。(17)

慧遠は、『大乗義章』衆経教迹義(18)において、劉虬の五時教判を批判して、大乗経典の間に価値的な浅深差別を設けることを厳しく排している。慧遠の思想の要点を整理すると、経典には各経典によって相違する「行徳」（発心、布施、戒、三昧、智慧、解脱、法身、陀羅尼、一乗、仏円寂妙果などのすぐれた修行の徳目）と、個々の経典の根底にある「所表の法」（普遍的な真理）があるので、種々に説かれる行徳に目を奪われて、大乗経典を差別するのは誤りで、各大乗経典が共通に説く「法」に注目して、その平等性を認識しなければならないとされる。そして、行徳の相違によって、経典の宗趣が相違し、諸部の相違・区別が成立するとされる。(19)以上の慧遠の思想を吉蔵のそれと比較すると、慧遠の言う普遍的な「法」は、吉蔵の言う「道」と同じであり、行徳の相違による宗趣の相違は、吉蔵の各経典における正宗の相違と同じである。これを要するに、慧遠にも、「諸大乗経顕道無異」という吉蔵の思想と共通する思想があったと言えよう。

しかし、諸部の相違・区別の根拠については、慧遠は宗趣の異なり（これは吉蔵の傍正の二義に類似する）を言うのみで、逗縁不同という点については言及していない。吉蔵は、この「縁」（衆生の宗教的素質・能力などの条件）に着目することによって、慧遠が二蔵判を確立したり、慧光の四宗判を批判的に受容しただけなのに対して、諸部の相違・区別を衆生との関係において、すなわち、衆生の機根を調熟するという視点に立って、有機的に統一する教判思想の形成に注意を払うことができたのである。[20]

五　智顗の法華経観

以上、吉蔵がすべての大乗経典を平等視すること、この点においては慧遠も同様であることを考察してきた。では、智顗の経典観は、果たして法華経至上主義であったのか。それとも吉蔵、慧遠などと共通の面を持っていたのか。この問題について考察したい。

智顗は、『法華玄義』の五重各説において、旧来の解釈を紹介、批判している。その中で、最も重視されている解釈が法雲の解釈であり、またそれを厳しく批判している。その要点を示す。[21]

『法華玄義』によれば、法雲は昔の経に明かす因果と『法華経』に明かす因果とを比較すると、前者が体狭、位下、用短であるので麁、後者が体広、位高、用長であるので妙と規定する。[22]この法雲説に対して、智顗は、因体広狭の四難、因位高下の四難、因用長短の四難、果体広狭の四難、果位高下の四難、果用長短の四難の六点から批判している。

いずれも四難とあるのは、教一、行一、人一、理一が[23]『法華経』に説かれているとする法雲の説を受けて、もし法雲がいうように、『法華経』が仏身の常住、仏性を説かない第四時教であるならば、『法華経』には四一（四種の一）が結局説かれないことになり、かえって『般若経』や『維摩経』などに四一が説かれているので、『法華経』が麁で、『般若経』や『維摩経』が妙となるではないかという批判を指している。ここでは、第一の因体広狭の四難について紹介する。

法雲は昔の経と今の経とを比較相対して、昔を麁、今を妙と規定した。智顗によれば、三蔵教＝小乗教を昔と定義するならば、法雲の指摘は正しいが、『法華経』以前のすべての経を昔と定義するならば、それらを一概に麁と規定することは誤りであると指摘している。

智顗は『般若経』、『思益梵天所問経』、『華厳経』、『維摩経』を引用して、これら昔の経にも因の体の広いことを説いていることを示している。その智顗の意図を推定すると、『華厳経』には別教・円教の二教が説かれ、『維摩経』・『思益梵天所問経』などの方等経には蔵教・通教・別教・円教の四教すべてが説かれ、『般若経』には通教・別教・円教の三教が説かれるとされるので、これらの経にはいずれもその中に円教が説かれていることになる。いわゆる「爾前（『法華経』以前の意）の円」と呼ばれるものである。爾前の円が説かれている以上、それを含む『法華経』以前の大乗経典を全面的に麁と規定することは誤りであると、智顗は指摘しているわけである。

さらに、智顗は、法雲が『法華経』を妙と判じながら、『法華経』は仏性を説かず、仏身の常住を明かさないとする説（法雲は五時教判の信奉者であり、『法華経』を『涅槃経』よりも劣る経典と捉えていた）に対しては、もしそうであるならば、かえって『法華経』が麁となってしまうではないかと、法雲の解釈の自己矛盾を突いている。

要するに、智顗の法雲への批判の方法は、法雲自身が『法華経』においては四一が説かれ、因果がともに妙であると主張していることと、『法華経』は仏性と仏身常住を説かないとする主張との矛盾を指摘することであった。

他の五点の批判の紹介は省略するが、智顗の法雲批判は、昔を麁、今を妙と全面的、一方的に規定することを批判する部分と、『法華経』には仏性と仏身の常住が説かれないとする法雲の法華経観が、昔を麁、今を妙と規定する法雲自身の考えと矛盾していることを批判する部分とからなっているといえる。その批判の底流には、昔の大乗経典に説かれる円教に対する着目と、『法華経』が仏性と仏身の常住を原理的に説いているという智顗の法華経観がある。

このように、智顗は、円教を説いている点で、すべての大乗経典を平等視している。ただし、智顗の五時教判[24]によれば、『華厳経』は円教を中心として、別教を兼ねて説き、三蔵（阿含経）はただ蔵教だけを説き、方等経（『維摩経』など）は、蔵・通・別・円の四教を並列して説き、大乗によって小乗を破り、『般若経』は、別教と円教の間に通教を挟んで説くと規定される。そして、『法華経』は他の大乗経典のように蔵教・通教・別教の方便の教えをまじえず、円教だけを説く経典と規定される[25]。

釈尊の在世に問題を限定すれば、とくに声聞の機根を調熟するために、大局的には「別の五時」のように説法は展開され、『法華経』をもって釈尊の説法の完成とする。『涅槃経』は『法華経』と同一醍醐味と規定され、『法華経』の説法を聞き漏らした衆生や、未来の衆生のために説かれたものと規定される。つまり、釈尊の在世においては、五時の経はすべて有機的に関係づけられて説かれたものであり、とくに声聞にとっては、五時の経すべてが不可欠の教えである[26]。したがって、釈尊の在世の教判について、『法華経』が絶対的なものである、至上のものであるという捉え方は、智顗の解釈とは一致しない。五時の経のどれも必要不可欠なものであり、それぞれの役割があって、釈尊の説法は完成するのである。たとえば『法華経』だけでは、声聞の救済はできないのである。声聞は中途のさまざまな経典によってしだいに機根を調熟されて、はじめて『法華経』を聞く準備が整い、最終的に『法華経』によって救済されるのである。

おそらく、華厳宗のような『華厳経』という一経典を最高視する宗派が形成され、それとの対抗上、湛然（七一一

—七八二）によって、『法華経』という一経典を最高視する経宗（経典に基づく宗派）としての天台宗という側面が強調されるに至ったのであろう。池田魯参氏が「智顗が思慮深く細心の注意をはらって斥けた、諸経典の優劣論としての教判論への立場へと、幾分か意識的に湛然は移行していったようである。……しかるに、教判論の問題に限っていえば、同じく一乗円教の宗を標榜した華厳教学との対決において、湛然の教判論は、一層先鋭化し、特色を発揮したように思われる。……華厳教学との教判論争の過程で、湛然はいきおい化法解釈より化儀解釈を契機とする教判論へと傾斜していったことが知られよう」と述べているのは、重要なご指摘であると思う。この点の筆者自身の考察は今後の課題としたい(27)。

六　結　論

一般的に、中国の教判は、あくまで釈尊在世の説法の整理を目指したものであり、教判の研究対象の空間と時間はインドと釈尊の在世に限定されている。しかし、智顗が釈尊の経教を研究して、自らの時代と地域において、真実の仏教を確立しようとする時には、彼の問題意識は、釈尊在世の教判の整理という問題意識と異なっている。智顗は、釈尊の経教を研究して、すべての大乗経典に共通に説かれている最高の真理である円教の存在を認めていることを重視するならば、智顗は法華経至上主義者であるというよりも、むしろ円教至上主義者と呼ぶ方が適当である。

筆者がこのように言うと、『法華玄義』に説かれる「迹門の十妙」、「本門の十妙」は、智顗の法華経至上主義を意味するのではないかという反論が生じそうである。しかし、『法華玄義』に説かれる「迹門の十妙」は、『法華経』迹門が、『法華経』以前の経典よりも十項目について優れていることを説いたものであるが、実際には、円教が蔵教・通教・別教よりも優れていることを説いたものである。「本門の十妙」は、久遠実成を説く点において、本門が迹門よりも優れていることを説いたものである。これは釈尊の本地を開顕する点において、『法華経』本門を特別視する視点であるが、では、久遠実成の釈尊が説いた最高の教えが何かと言えば、それは結局のところ大乗仏教の究極の教えである円教に帰着するはずである。教えを説いた仏の本地を明らかにすることは『法華経』の独説であるが、その仏の説いた教えの最高のものは円教にほかならないということである。筆者のこのような考えは、湛然からすれば批判の対象となるものであるが[28]、湛然の解釈はまた新しい時代の発揮ということができるのではないかと思う。

智顗にとって重要なことは、釈尊の教えの究極である円教を我が身に体得することである。そして、釈尊在世の時の声聞と同じように、智顗在世においてもさまざまな機根の衆生が存在するのであるから、智顗はその機根の多様性に配慮して、円教を体得する実践法を考案しようとした。そして、智顗の時代の衆生の機根の多様性は、釈尊在世の時のそれと同じであるわけではない。

そこで、智顗は、円教を体得する実践法として、円頓止観＝摩訶止観を考案したけれども、衆生の機根の多様性に配慮し、漸次止観、不定止観をも考案したのである。また、円頓止観についても、同様に衆生の機根の多様性に配慮して、四種三昧という複数の三昧を考案した。その場合、『法華経』以外の『般舟三昧経』、『方等陀羅尼経』、『文殊問般若経』などの大乗経典に依拠する三昧が説かれても何ら驚く必要はない。なぜならば、それら『法華経』以外の諸経の活用は智顗の法華経至上主義とは矛盾する可能性があるけれども、智顗の円教至上主義とは決して矛盾しないからである。

関口真大氏は、湛然以降説かれるようになった「五時八教」の教判は法華経至上主義の立場に立つものであり、『般舟三昧経』、『方等陀羅尼経』、『文殊問般若経』などに基づく『摩訶止観』の四種三昧を成立させず、智顗の経典観を誤って解釈するものであることを主張した[29]。筆者の考えによれば、釈尊在世を対象とする教判と、智顗が自分と自分の時代の人々のために考案した修行の根拠となる経典観とを明確に区別して認識すべきであると考える。たとい関口氏が危惧するように、智顗が法華経至上主義に通じる「五時八教」の教判を説いたとしても、それは釈尊在世を対象としたものであり（筆者は、釈尊在世に限定しても、智顗は法華経至上主義者ではないと考える）、智顗の時代におけるる『法華経』以外の経典に基づく三昧行の考案と決して矛盾しないと考えるし、つまるところ智顗自身の立場は円教至上主義であると結論づけるべきであると考える。

このように、智顗の経典観を考察する場合には、釈尊在世における釈尊の説法の整理と、智顗の時代の新しい仏教の実践方法の考案という二つの事がらを区別して考察することが正しいと思う。教判についての議論は、しばしばこの二つの事がらを混同しているのではないかと憂慮するので、あえてこの点を強調して擱筆する。

注

（1）梁代に編纂された『大般涅槃経集解』には、断片的ではあるが、五時教判についての直接的な言及がある。拙稿「『大般涅槃経集解』における僧亮の教判思想」（『印仏研』三五―一、一九八六年一二月。本書、第三部、第三章に収録）、「『大般涅槃経集解』における僧宗の教判思想」（『印仏研』三七―一、一九八八年一二月。本書、第三部、第五章に収録）を参照。また、法雲『法華義記』にも、五時教判についての断片的な記述がある。拙著『中国法華思想の研究』（春秋社、一九九四年）一五四―一六四頁を参照。

（2）劉虬は南斉の隠士で、熱心な仏教信者であった。彼の著作としては、『無量義経序』が現存する。また、彼の編纂した『注法華経』は現存しないが、吉蔵の法華経疏に数多く引用されている。拙著『中国法華思想の研究』（前掲同書）一一七―一四〇頁を参照。

（3）慧観は、鳩摩羅什の弟子で、『法華宗要序』が現存する。彼の法華経観については、拙著『中国法華思想の研究』（前掲同書）二〇―二四頁を参照。

（4）『大品遊意』（吉蔵撰といわれるが、異説もある）には、他の五時教判も紹介されている（大正三三・六六中―下を参照）。

（5）慧観の五時教判に対する批判は、すでに梁武帝が『注解大品序』（『出三蔵記集』巻第八所収、大正五五・五三下―五四下）において部分的に行なった。つまり、『般若経』に対する五時教判的な位置づけを四種に分類して批判している。四種とは、『般若経』が『涅槃経』に劣ること、『般若経』が『法華経』に劣ること、『般若経』が三乗通教と呼ばれ、声聞の法とされること、『般若経』が漸教の第二時とされることである。

(6) 安藤俊雄『天台学―根本思想とその展開―』（平楽寺書店、一九六八年）五八頁を参照。

(7) 安藤俊雄、前掲同書、六〇頁を参照。

(8) 慧観の五時教判は、『法華玄義』巻第十上（大正三三・八〇一上―中）にも紹介されているが、五時の教の名称が『三論玄義』のそれと異なる。つまり、『法華玄義』では、三乗別教が有相教といわれ、三乗通教が無相教といわれている。『三論玄義』では、声聞、縁覚、菩薩という三種の修行者の修行と果報の同一性・差異性に基づく命名であり、『法華玄義』では諸法の有無という存在論的な視点に基づく命名である。また、『三論玄義』の抑揚教が『法華玄義』では、より詳しく褒貶抑揚教となっているが、同義である。本稿の問題関心から言えば、両者の名称の相違をあまり問題にする必要はない。

(9) 慧観の『涅槃経序』が現存しないことから、この吉蔵の引用を信用せず、慧観の頓漸五時教判をもっと後代に成立したと推定する学者もいるが、慧観自身は『般若経』、『維摩経』、『思益梵天所問経』、『法華経』だけでなく、『涅槃経』、『華厳経』の存在を知っていた。というのは、『涅槃経』については、彼自身が曇無讖訳の北本『涅槃経』四十巻の改訂作業に携わって、南本『涅槃経』三十六巻を作った人であり、『華厳経』は、仏陀跋陀羅（覚賢。三五九―四二九）によって四一八年に、建康の道場寺において漢訳されたものであるが、慧観はほかならぬ道場寺に住んでいたからである。したがって、この教判を形成した人が慧観自身である可能性を指摘する学者もいる。今は、五時教判の創唱者の問題にはこれ以上立ち入らないこととする。

(10) 『法華玄義』巻第十上（大正三三・八〇一上―中）によれば、僧旻は四時教判を用いたとされる。また、五時教判を用いたものとして、智蔵、法雲以外に、定林寺僧柔（四三一―四九四）、慧次（四三四―四九〇）の名を挙げている。

(11) 『法華玄論』巻第三では、慧観の『涅槃経序』の頓教、漸教（五時に分類される）を紹介した後に、「後人更加其一、復有無方教也」（大正三四・三八二中）と述べている。『勝鬘経』、『金光明経』などは、『華厳経』のように最初に説かれたものでもなく、成道後四十余年を経過した釈尊の臨終のときに説かれたものでもないにもかかわらず、一乗の思想、仏身の常住の思想などが説かれる経なので、頓漸五時教判のどこにも帰属させられないので、無方教という新しい範疇を考案して、帰属させたのである。

(12) 拙著『中国法華思想の研究』（前掲同書）三九九―四〇二頁を参照。

(13) 平井俊榮『中国般若思想史の研究―吉蔵と三論学派―』（春秋社、一九七六年）四八二―四八四頁を参照。伊藤隆寿「吉蔵の経典観と対機の問題」（『日本仏教学会年報』四九、一九八四年三月）を参照。

(14) 拙著『中国法華思想の研究』（前掲同書）三四九―三五五頁を参照。

(15) 『法華論疏』巻下、「又二乗作仏、是法華正宗」（大正四〇・八一七下）、『法華義疏』巻第七、「故授二乗記、是此経之正宗、故偏挙之」（大正三四・五四四下）、『法華義疏』巻第八、「授記既是法華要義、亦是衆経大宗」（同前・五六五中）などを参照。

(16) 四調柔は、人天乗（人乗・天乗）、二乗（声聞乗・縁覚乗）、自教（『般若経』）、他教（『維摩経』）の四教によって、二乗の人の機根を調柔することを原義とする。

(17) 慧遠の教判については、吉津宜英「浄影寺慧遠の教判論」（『駒澤大学仏教学部研究紀要』三五、一九七七年三月）を参照。この項についても、すでに拙著『中国法華思想の研究』（前掲同書）三五二―三五三頁において明らかにしたことがある。

(18) 『大乗義章』衆経教迹義が吉蔵の著書などを参照して、慧遠の弟子が後から追加したものであるとする説がある。末光愛正「『大乗義章』「衆経教迹義」に於ける浄影寺慧遠撰の問題―吉蔵著書との対比―」（『曹洞宗研究員研究生研究紀要』一三、一九八一年七月）を参照。

(19) 「言定宗者、諸経部別、宗趣亦異。……如是等経所明各異。然其所説皆是大乗縁起行徳究竟了義。階漸之言不応輒論」（大正四四・四六六下―四六七上）を参照。また、同様の思想は、『大乗義章』二諦義においても説かれ、そこでは慧光の四宗判を批判して、「勿得於中輒定浅深」（同前・四八三中）と述べている。

(20) 『法華玄論』巻第一の如来の十種の大恩を明かす段（大正三四・三六七下―三六八上を参照）や、巻第七の「信解品譬喩義」（同前・四一六上を参照）において、吉蔵は信解品の譬喩に基づく一応のものとして五時教判を説いている。この点、「諸経対縁不同、故明宗互異耳」（『法華玄義』巻第九下、大正三三・七九五中）と述べ、やはり五時教判を立てる智顗・灌頂と同じ問題意識に立っている。信解品の譬喩と五時教判との関係については、拙著『中国法華思想の研究』（前掲同書）六一五―八二六頁を参照。

(21) 『法華玄義』巻第一下を参照（大正三三・六九一中―六九二下）。

(22) 現存する『法華義記』に見られる法雲の解釈と若干の相違があるが、今は『法華玄義』によって紹介する。『法華義記』自身に見られる法雲の解釈については、拙著『中国法華思想の研究』（前掲同書）一六九―一八二頁を参照。

(23) 教行人理について説明すると、教は経に説かれる教えのこと、行は教によって修する修行のこと、人は修行する人のこと、理は修行によって見られる真理のことである。

(24) 智顗は、釈尊の説法順序を、一応、『華厳経』、阿含経、方等経、『般若経』、『法華経』・『涅槃経』の五時に分類する。これは釈尊がとくに声聞の機根を調熟するために考案した説法順序であり、「別の五時」といわれる。それに対して、必要があればいつでもどこででも、五時の経を自由自在に説いたものを、「通の五時」という。

(25) 『法華玄義』巻第一上、「当知華厳兼三蔵但方等対般若帯。此経復無兼但対帯、専是正直無上之道。故称為妙法也」（大正三三・六八二中）を参照。

(26) 『涅槃経』は声聞にとっては必ずしも必要ではなかったし、一部の菩薩においては、五時の経がすべて必要なわけではない。

(27) 池田魯参「湛然に成立する五時八教論」（『印仏研』二四―一、一九七五年一二月。また、関口真大編著『天台教学の研究』（大東出版社、一九八八年、二一六―二一七頁）を参照。

(28)『法華文句記』巻第一中、「比窃読者、尚云天台唯蔵等四。一何味哉。一何味哉。是故須知消経方軌。頓等是此宗判教之大綱。蔵等是一家釈義之綱目。若消諸教但用蔵等、其文稍通。若釈法華無頓等八、挙止失措」（大正三四・一六〇上）を参照。池田魯参、前掲論文を参照。

(29) 関口真大編著『天台教学の研究』（前掲同書）を参照。

八　中国における『法華経』見宝塔品の諸解釈
―宝塔出現と二仏並坐の意義を中心として―

一　『法華経』見宝塔品の内容

『法華経』見宝塔品には、多宝塔の出現が描かれる。[1]つまり、大地から宝塔が涌現して、その塔の中から多宝如来が釈尊の説法が真実であることを讃える。この多宝如来の塔は、『法華経』が説かれる場所に必ず出現するという多宝如来の誓願によって、今出現したことが明かされる。一座の大衆が多宝如来を拝見したいと言うので、釈尊はその不可欠の条件を満たすため、十方世界の分身仏を集める。釈尊が塔の扉を開けると、多宝如来は釈尊に呼びかけて半座を譲って坐らせる。これが二仏並坐と呼ばれるものである。[2]大衆も釈尊の神通力によって虚空に昇り、この後は空中で説法が行なわれるのである。

以下、物語の展開に沿って、もう少し詳しく品の内容を紹介しよう。

㈠宝塔の出現

見宝塔品の冒頭には、「そのとき、仏の前に七宝でできた塔があった。高さが五百由旬、縦横二百五十由旬で、大地から涌き出て空中にとどまっている。……そのとき、宝塔の中から大きな声を出し、感嘆して言った、『すばらしい。すばらしい。釈迦牟尼世尊は、平等で偉大な智慧、菩薩を教える法で仏に大切に守られる妙法華経を大勢の人々のために説いた。そのとおりである。そのとおりである。釈迦牟尼世尊の説くことはすべて真実である』[3]」と説かれている。

引用文では省略したが、仏の前に大地から出現した宝塔の様子については次のように説かれている。この宝塔はさまざまな宝によって飾られ、五千の手すりがあり、壁面に作られた部屋は千万ある。無数のはたぼこで飾り、宝石でできた装身具を垂らし、万億の宝石でできた鈴がその上にかかっている。タマーラや栴檀の樹の香を四方に出して世界にくまなくひろがる。はたときぬがさは七宝で作られ、高くそびえて四天王（六欲天の第一）の宮殿に達するほどである。三十三天（六欲天の第二）は天上の華である曼陀羅華を降り注いで宝塔を供養し、その他の神々や龍などの八部衆のような人間でないものや、人間などの千万億のものたちが華・香などのさまざまな物で宝塔を供養・尊敬・尊重・讃歎する。このように形容されるすばらしい宝塔が大地から涌出し、しかもその中から、釈尊の説いた『法華経』は真実であるという大きな声が聞こえてくるのである。品の出だしとして興味津々たるものがある。

(二)多宝如来の誓願―『法華経』の証明

宝塔の出現という不思議な現象を体験したものたちを代表して大楽説菩薩が、釈尊に宝塔の出現の理由を質問する。釈尊は次のように答える。東方のはるかかなたの宝浄という国に多宝如来がいた。多宝が成仏する以前、菩薩であったときに、『法華経』を説く場所であればどこにでも『法華経』を聞くために、自分の仏塔が出現して、「すばらしい」と褒め讃えて『法華経』の正しさを証明しよう、という誓願を立てた。そこで、多宝如来は涅槃に入るときに、一つの大きな仏塔を建立するよう指示した。その後、多宝如来の誓願のように、『法華経』を説くところにはどこにでも出現して『法華経』の正しさを証明してきた。今の現象もまったく同じで、多宝如来は『法華経』を聞くために、この場に出現して『法華経』の正しさを証明するのである。

このことから、多宝如来はすでに涅槃に入った過去仏であることが分かる。その多宝如来を供養するために、多宝塔が建立されたのである。

㈢三変土田―十方分身仏の来集

大楽説菩薩が多宝如来を拝見したいと言うので、釈尊は、そのためには多宝如来の立てた誓願を満たすという条件をクリアしなければならないと答える。その誓願とは、多宝如来を見ようとする仏の分身仏（釈尊の身体から化作された仏で、十方世界で説法しているとされる）をすべて集めることである。今の場合は、釈尊の分身仏を十方世界から集合させなければならない。そこで、釈尊は分身仏を集合させるために、「三変土田」と言われるように、三回にわたって娑婆世界とその周辺の世界を浄化する。つまり、釈尊が眉間白毫相から光を放つと、東方の五百万億那由他恒河沙という膨大な数の国土の仏たちが見えた。そこはすばらしく荘厳された浄土で、仏たちはそれぞれ説法し、多くの菩薩たちも衆生のために説法している。東方以外の九方（西・南・北・四維・上・下）の国土も同様であった。分身仏たちはそれぞれの国土の菩薩たちに「私は今、娑婆世界の釈尊のもとに行き、多宝如来の宝塔を供養しよう」と言った。そのとき、娑婆世界もすばらしい浄土となり、『法華経』の会座に集ったものを除いて、その他の神々・人々を他土に移し変えた。これが第一の国土の浄化である。そのとき、分身仏たちはそれぞれ一人の菩薩を侍者として引き連れて娑婆世界にやって来、五百由旬の高さの宝樹のもとにある五由旬の高さの師子座の上に結跏趺坐した。このように膨大な数の分身仏を集合させるために、師子座を用意し、それが三千大千世界（十億個の世界）に満ち満ちたが、十方の中の一方の分身仏の用にも不十分であった。そこで、釈尊は改めて四方・四維の八方において二百万億那由他の国土を浄土に変えた。それらは一仏国土のようにひと続きとなった。これが第二の国土の浄化である。さらに、釈尊は八方において二百万億那由他の国土を浄土に変え、それらは一仏国土のようにひと続きとなった。これが第三の国土の浄化である。このようにして浄化された八方の四百万億那由他の国土に、十方の分身仏たちが満ち満ちたのである。そこで、分身仏たちは侍者を派遣し、釈尊や菩薩・声聞の弟子たちに挨拶をさせ、宝華を釈尊の上に散らせて供養させ、多宝如来の宝塔を開くことを願っていることを伝えさせた。

以上が三変土田の内容である。このように釈尊の分身仏が十方世界から集合させられたのであるが、見方を変えれば、十方世界のおびただしい数の諸仏はすべて釈尊の身体から化作された分身仏であると言ってよい。これは仏の空間的統一と言ってよいであろう。如来寿量品の久遠実成の思想は、膨大な過去仏、未来仏を釈尊一仏に統一するので、仏の時間的統一と言える。方便品の一仏乗の思想は、教えの統一を図ったものであるから、『法華経』は仏と仏の教えを統一しようという大きな特色を持った経典であると言えよう。

㈣釈尊と多宝如来の二仏並坐

釈尊の分身仏を集合させるという条件が調ったので、釈尊は虚空に昇った。四衆は起立し、合掌して、一心に釈尊を仰ぎ見る。釈尊は右手の指で多宝如来の宝塔の戸を開けると、大きな音がし、その中に多宝如来が師子座に坐り、全身は散らばらず、禅定に入っているような姿が見え、多宝如来が「すばらしい。すばらしい。釈迦牟尼仏は『法華経』を気持ちよく説いた。私はこの教を聞くためにここに来た」と言うのが聞こえた。

そのとき、四衆ははるか過去に涅槃に入った多宝如来がこのような言葉を語る姿を見て、これまでにないすばらしいことだと感嘆し、多宝如来と釈尊の上に天の宝華を散らせた。そのとき、多宝如来は宝塔の中で、半座を釈尊に与えようとして、「釈迦牟尼仏よ。この座席に坐ってください」と述べた。釈尊は宝塔に入り、その半座に坐って結跏趺坐した。これが有名な二仏並坐である。

この様子を見た大勢のものたちは、仏は高く遠いところにいるので、私たちも虚空に昇らせてくださいとお願いした。そこで、釈尊は大勢のものたちを虚空に置き、大きな声で四衆にくまなく「誰かこの娑婆世界で『法華経』を敷衍して説くことができるか。今、ちょうど適当な時である。如来は遠からず涅槃に入るであろう。仏はこの『法華経』をしっかりと付嘱させたい」と告げた。

このように見宝塔品の最後は、娑婆世界において、釈尊が涅槃に入った後に『法華経』を継承するものはいったい誰なのか、という問題で終わっている。(4)

二　中国法華経疏の諸解釈

見宝塔品は上に紹介したようにとてもスケールの大きな魅力的な内容であるが、多宝塔の出現、三変土田と分身諸仏の集合、二仏並坐などが重要なテーマである。本稿では、とくに宝塔出現と二仏並坐の意義について、中国の法華経注釈家がどのように解釈しているかを以下紹介する。

㈠道生『妙法蓮花経疏』

道生は、宝塔の出現の理由について、見宝塔品の注釈の冒頭ではっきりと示している。すなわち、

塔を現わす理由は、『法華経』を説けば、道理としてきっと明らかで正当であることを証明するからである。第一に塔によって証明し、第二に〔多宝如来の〕出す声によって証明する。衆生は〔塔と声の〕二つの事がらによって信がますます深くまで達する。また、遠く〔如来寿量品で説かれる〕究極の果を表わし、かすかに〔仏身の〕常住を現わす。

所以現塔者、証説法華理必明当。一以塔証、二以所出声証。物因二事、信弥深至。亦遠表極果、微現常住也。

（続蔵一―二乙―二三―四・四〇八右下二―一三）

と。つまり、宝塔の出現と多宝如来の出す法華真実の証明の声の二事によって、『法華経』を説くことが正当であることを証明するためであることを示している。もちろん、第二の多宝の証明の声は、第一の宝塔の出現が前提となっている。法華真実の証明とは、『法華経』の開三顕一の思想を指すと思われる。また、見宝塔品の趣旨が、如来寿量品の所説である久遠釈尊の「極果」、「常住」を、遠くから（見宝塔品と如来寿量品の両品の位置が離れていることを指す）、また微かな仕方で表現していることを指摘している。これは、見宝塔品が、開三顕一の証明だけでなく、如来寿量品の開近顕遠とも関係していることを示している。この問題については、後に吉蔵の解釈を紹介するときに、再び触れたい。

また、経文の「爾時仏前有七宝塔……至従地踊出、住在空中」（大正九・三二中一七―一八）について、

そもそも人の心は道理に暗いので、不思議なことによって信をもたらさないわけにはいかない。このことによってはっきりと証明しようとするので、宝塔を現ずるのである。具体的な事がらによって意義を表わし、はっきりと見ることができるようにする。三乗が一つであることを言う以上、すべての衆生は仏でないものはなく、みな涅槃である。〔釈尊の〕涅槃と〔成〕仏は、一生の間〔の事がら〕である。〔衆生と仏とは〕どうして相違するであろうか。ただ煩悩に覆われているのは、塔が潜在し、下方の大地に隠されているようなものである。〔衆生の備えている〕大いなる智慧の持ち前は、最後まで覆うことはできず、きっと突出するのは、塔が大地から涌出し、出現することを妨げることができないようなものである。もともと空という真理にあるのは、塔が空中に止まるようなものである。

夫人情昧理、不能不以神奇致信。欲因茲顕証、故現宝塔。以事表義、使顕然可見。既云三乗是一、一切衆生莫

不是仏。亦皆泥洹。泥与仏始終之間。亦奚以異。但為結使所覆、如塔潜在、或下為地所隠。大明之分不可遂蔽、必従挺出、如塔之踊地、不能昇出。本在於空理、如塔住於空中。（続蔵一―二乙―二三―四・四〇八右下一四―左上二）

とある。多宝塔が大地の下から涌出し空中に止まることを、結使＝煩悩に覆われている大明の分（大いなる智慧の持ち前）は本来、空の真理に止まっており、ついに煩悩の覆いから現われ出ることをたとえている。つまり、多宝塔の出現を衆生の成仏を示すものと解釈している。これは次に引用する「衆生大悟之分、皆成乎仏」と共通する思想である。

二仏並坐については、

「半座を分かつ」について、半座を分けともに座る理由は、〔仏が〕涅槃に入るのは必ずしも涅槃に入るのではなく、存在するのは必ずしも存在するのではない。〔仏の〕存在と涅槃の相違は、衆生に原因がある。聖人が〔自分から〕そうするのではない。また涅槃が間もなくあるという相を示すのである。法を求める気持ちを切実にする。「神通力を以て諸大衆を接して皆な虚空に在《お》く」とは、これ（衆生）を〔空中に〕受け取る理由は、衆生に大いなる悟りの持ち前があってみな成仏することを明かそうとして、この相を示すからである。

分半座、所以分半座共坐者、表亡不必亡、存不必存。存亡之異、出自群品。豈聖然耶。亦示泥洹不久相也。使企法情切矣。以神通力接諸大衆皆在虚空、所以接之者、欲明衆生大悟之分皆成乎仏、示此相耳。（同前・四〇八左上一八―左下四）

とある。道生らしい簡潔な表現であるが、過去仏の多宝如来の「亡」も固定的な亡ではなく、現在仏の釈尊の「存」も固定的な存ではないこと、このような仏の存亡のあり方は、仏の自分からの行為ではなく、衆生のあり方に適合した行為であることを示している。(5)

(二)法雲『法華義記』

法雲は見宝塔品を、経(『法華経』)を弘通する人を求める品と規定している。宝塔が出現して塔より声を出すことについては、「釈迦を讃歎す」(大正三三・六六一中九—一〇)と注釈しているだけである。

ただし、宝塔の出現の意義について、

今、〔多宝如来の〕応〔現〕は真実の応〔現〕ではないといい、〔多宝如来の〕滅は真実の滅ではないことを示す。

今云応不実応、顕滅不実滅也。(同前・六六一下一〇—一一)

とある。ここでは多宝如来の不生不滅を指摘しているだけで、釈尊との関係については言及していないが、次の引用文は釈尊の不生不滅に言及している。

二仏並坐については、

多宝仏が釈迦と一緒であると言う理由は、滅度した仏(多宝仏)が座っているからには、この意は釈迦は生じないけれども生を現ずることを表わす。釈迦と多宝とが並んで座る理由は、これは〔釈迦の〕双樹の滅が真実の滅ではないことを明らかにする。

所以言多宝仏与釈迦共者、滅度仏既坐、此意表釈迦不生而現生。釈迦与多宝並坐者、此明双樹滅非実滅。(同前・六六一下二九—六六二上三)

とある。つまり、釈尊の誕生は不生の生であり、涅槃は真の涅槃ではないと言っている。つまり、釈尊の不生不滅を象徴するものと解釈している。後者は如来寿量品の「方便現涅槃」の思想と同じことを説いたものである。

㈢吉　蔵

吉蔵は、見宝塔品の意義について、『法華玄論』、『法華義疏』、『法華遊意』、『法華統略』のなかでそれぞれ解釈を示している。順に紹介する。

(1)『法華玄論』

『法華玄論』は全体が六章より成り、その第二章「大意」（序説経意とも呼ばれる）に、『法華経』が説かれる理由を十数箇条にわたって明らかにしている。その中に、如来の身方便・身真実を説くために『法華経』を説くという箇条があり、見宝塔品に関連する記述が見られる。

まず、身方便・身真実の定義について、吉蔵は、法身（本身）を真実身とし、迹身を方便身としたうえで、本身と迹身の二身に四種あると述べている。つまり、第一に、生滅を迹身とし、無生滅を本身とする。ここで、吉蔵は、「多宝のような仏は滅するけれども滅せず、釈迦は生ずるけれども生じないことを示している（如多宝雖滅不滅、顕釈迦雖生不生）」（大正三四・三七〇上二九―中一）と述べている。これは多宝如来の不滅と釈尊の不生とを指摘したものであり、道生のいう釈尊の不生不滅と少しく異なる。ただし、吉蔵も釈尊の不生不滅を主張することについては、後の『法華義疏』の項を参照されたい。第二に、本身は一で迹身は多とする。第三に、一仏について、その法身を本とし、本から垂迹したものを迹身となす。第四に、十方の諸仏を同一の法身とし、その法身から垂迹した一切の身を迹身とする。ここで、吉蔵は、「多宝と釈迦が並坐するのは、十方の諸仏は同一の法身であることを表わそうとする（以為多宝与釈迦並坐者、欲表十方諸仏同一法身）」（同前・三七〇中八―九）と述べている。この点は道生、法雲には見られなかった解釈である。さらに、吉蔵は、『法華論』を引用して、[6]「多宝如来は涅槃に入ったが、再び身を示し現わした。これは、自身と他身の仏性、法身が平等であることを顕わし、四義のなかの第四の義、第一の義を証明している（多宝如来已入涅槃、復示現身。此顕自身他身仏性法身平等、証四義中第四義及第一義也）」（同前・三七〇中一四―一六）と述べており、上記の四義のうち第一義と第四義を『法華論』によって権威づけている。

次に、『法華玄論』の六章のうち、第六章は随文釈義に当てられており、吉蔵は『法華経』の主要な品の重要テーマを取りあげて解釈している。巻第九には、「宝塔品密開本迹義」というテーマが取りあげられ、見宝塔品に関連するいくつかのテーマについて議論している。

吉蔵は、見宝塔品の位置づけについて五人（河西道朗、劉虬、道生、僧印、法雲）の説を紹介して、僧印（四三五―四九九）の説に賛成して、宝塔品は前段の乗方便・乗真実（開三顕一）を証明する役割と、後段の身方便・身真実を展開する役割を持っていると結論づけている[7]。そして、見宝塔品から如来寿量品まで略して三義を明かすとして、第一に「多宝の滅は不滅である以上、釈迦の生もまた生でないことを明らかにする。不生不滅を実身とし、生滅を方便〔身〕とすることを顕わそうとして、身の方便の門を開き、身の真実の意義を顕わす（明多宝滅既不滅、則知釈迦生亦非生。欲顕不生不滅為実身、生滅為方便、則開身方便門、顕身真実義）」（同前・四三三下一六―一八）と述べている。これは上述の「大意」の解釈とほぼ同じであるが、要するに、滅したはずの過去仏、多宝如来が『法華経』の会座に出現することは、多宝如来が不滅であることを意味する。この多宝如来の滅は不滅であることを釈尊の身に応用すれば、釈尊の生は不生であり、釈尊の滅も不滅となり[8]、釈尊が真実には不生不滅であることになる。この点は道生と共通の解釈である。

宝塔の出現については、二つの意義を示している。第一には、仏の出現や涅槃は衆生の縁に適合したものであることである。つまり、「教化の主体者が〔姿を〕隠すか顕わすかは、〔衆生の〕縁に適合したものであることを表わす。縁が〔仏を〕感ずれば〔仏は〕顕われ、縁が消滅すれば隠れる（表能化隠顕適縁。縁感則顕、縁謝則隠）」（同前・四三四下一三―一四）とある。この点は道生と共通の解釈である。第二には、「教化の対象である衆生に仏性、涅槃がもともとあるのは、塔が地下にあって、地を裂いて出現するようなものである。涅槃はもともとあるけれども、煩悩に覆われているので現われない。煩悩の地が裂けてそのまま顕現する。道生の説の通りである（所化衆生仏性涅槃本自有之、如塔在地下裂地而出。涅槃本有、煩悩覆故不見。煩悩地裂、則便顕現。如生公之説也）」（同前・四三四下一八―二〇）とある。吉蔵の言うように、この解釈は上述の道生の説と類似している。

二仏並坐については、「多宝が並んで座ることによって、十方の諸仏如来が同じくともに一法身であることを顕わす（以多宝並坐、顕十方諸仏如来同共一法身）」（同前・四三四下二七―二八）とある。この解釈は巻第一にも見られたことは上述の通りである。

(2)『法華義疏』

『法華義疏』は随文釈義の注釈書なので、吉蔵は見宝塔品の全体について比較的詳しい注釈を施しているが、その趣旨は『法華玄論』の所説とほぼ同じである。ただし、二仏並坐については『法華玄論』と趣旨は同じであるが、やや詳しい解釈が見られるので紹介する。

二仏が同じく座る理由は、まさしく多宝によって釈迦を顕わそうとするからである。多宝の滅は不滅である以上、不滅であるけれども滅を示す。釈迦が双林で涅槃に入ると唱えるのも、意味は同じである。さらに多宝の滅が不滅である以上、不滅であるけれども滅を示すとは、釈迦が不生であるけれども生であり、生であるけれども不生であることを顕わす。多宝の出現によって、釈迦が真実には生滅がなく、方便によって生滅することを顕わそうとするので、釈迦にともに座るように求めるのである。多宝によって釈迦を顕わそうとするのは、まさしく釈迦の教えを受ける人が、釈迦には真実に生滅があると執著するので、多宝を挙げて釈迦を顕わし、釈迦の生滅に執著する病を破すのである。

所以二仏同坐者、正欲以多宝顕釈迦也。多宝滅既不滅、不滅示滅。釈迦双林唱滅、義亦同然。又多宝滅既不滅、不滅示滅、即顕釈迦不生而生、生而不生。以多宝出現、欲顕釈迦実無生滅、方便生滅、故要釈迦共坐也。所以多宝欲顕釈迦者、正為稟釈迦教人、執釈迦実有生滅、故挙多宝以顕釈迦、破執釈迦生滅病也。（大正三四・五九〇下七―一四）

上にも述べたが、多宝如来の出現は滅の不滅（過去に滅度した多宝如来が再び出現すること）を意味するが、見方を変えれば、もともと不滅である多宝如来が過去に滅度する姿を示したことになり、多宝如来の不滅の滅を示したことになる。また、釈迦が生滅する存在であると執著する病を治療するために、多宝如来の出現、および二仏並坐があることを指摘している。この病の対治という視点は新しい。

(3)『法華遊意』

『法華遊意』には、仏身に対する正しい三種の見方を説くなかで、第二に法身には生滅がなく、応身の応現する作用には生滅があることを示す。ここで、次のように見宝塔品に言及している。

〔宝〕塔を開いて〔二仏が〕並んで座り、生と滅とが互いに明らかになる。多宝の滅が不滅である以上、釈迦は生じるけれども不生であることを明らかにする。不生不滅を法身と名づけ、方便によって涅槃に入ると唱えることを〔応身の〕応現する作用と呼ぶ。

開塔並坐、生滅互顕。多宝滅既不滅、則顕釈迦雖生不生。不生不滅名為法身、方便唱滅称為応用。（大正三四・六三六上一一―一三）

と。内容的には、『法華玄論』と同様である。

（4）『法華統略』

『法華統略』には、見宝塔品の意義を説くなかの一つで、次のように説いている。

さらに見宝塔品は、まさしく『法華経』の仏が無常であると執著する者を破す。仏は未来に、この経は仏が生滅無常であると明かしていると思う人がいるのを見るので、多宝如来は涌現して、法身は不生滅であるので常住であることを明かす。

又見塔品、正破執法華経仏是無常者。以仏見未来有人、謂此経明仏是生滅無常、是故多宝踊現、明法身不生滅故常住也。（菅野博史校注『法華統略』下〔法華経注釈書集成7、大蔵出版、二〇〇〇年〕七五八頁一四―一五行／続蔵一―四三―一・七〇右上一一―一三）

と。これは、『法華義疏』と同じく、『法華経』の仏の生滅無常を執著する者を破すために、多宝如来が出現するという内容である。

また、宝塔の出現について、

多宝如来が出現する理由は、釈迦仏の法身仏は不生滅であり、方便によって生滅することを開示するために、「仏」と掲げるのである。

多宝所以現者、為開釈迦仏法身仏不生滅、方便生滅、故標仏也。（前掲同書、七六一頁九行／同前・七一右上八―九）

とある。「釈迦仏法身仏」は、釈尊の体現している本地が法身であり、その法身が不生不滅であることを指摘したものである。特に新しい解釈ではない。

次に二仏並坐については、

二仏がともに座るのを解釈する。多宝如来が塔を閉じて声を出せば、塔を閉じて〔仏の〕常住を明かす。塔を開いて声を出すので、塔を開いて〔仏の〕常住を明かせば、多宝如来の常住の意義は明らかになった。多宝如来の常住を明かす理由は、釈迦を顕わすことに意図があるので、釈迦に座席に着くように求める。さらに、多宝如来が声を出すのは、多宝如来が不滅であるので、毘盧舎那となる。多宝如来が空に昇るのは、常寂滅光土に住す。釈迦は不滅で、また毘盧舎那になり、空に昇って常寂光土に住する。今古の二仏〔釈迦と多宝〕がそうである以上、あらゆる仏も同様である。

釈二仏共坐。多宝閉塔出声、則閉塔明常。開塔出声、故開塔明常、則多宝常義已顕。所以顕多宝常者、意在顕於釈迦、故要之就座。又多宝出声、是多宝不滅、則成毘盧舎那。多宝昇空者、住常寂滅光土。釈迦不滅、亦成毘盧舎那、昇空、亦住常寂光土。今古二仏既爾、一切諸仏類然。（前掲同書、七六八頁五―八行／続蔵一―四三―一・七三右下一五―左上二）

とある。ここでは、多宝如来と釈尊の不滅常住を言い、さらに、毘盧舎那法身仏と法身仏の住処である常寂光土にも言及していて、興味深い[9]。

㈣智顗・灌頂『法華文句』

『法華文句』は吉蔵の『法華玄論』、『法華義疏』の影響を受けて成立したので[10]、最後に紹介する。『法華文句』も、吉蔵と同様に、見宝塔品を証前起後の役割を持つと位置づけている。

塔の出現〔の意義〕に二つある。第一に〔多宝如来が〕音声を発して前〔の説〕を証明する。〔第二に〕塔を開いて後〔の説〕を起こす。前〔の説〕を証明するとは、三周説法がすべて真実であることを証明することである。……後〔の説〕を起こすとは、もし塔を開こうとすれば、分身仏を集めて奥深い義理を明かして付嘱し、本弟子を召し出して、〔久遠の釈尊の〕寿量を論ずる。

塔出為両。一発音声以証前。開塔以起後。証前者、証三周説法皆是真実。……起後者、若欲開塔、須集分身明玄付嘱、声徹下方、召本弟子、論於寿量。（大正三四・一一三上二六―中一〇）

と。そして、引用文の「真実」について、『中論』の八不を用いて解釈している点が新しい。それによれば、宝塔が地より涌出するのは「不滅」を示し、座を分けてともに坐するのは「不生」を示し、釈迦が半座に坐するのは「不出」を示すなどとある。(11)

二仏並坐については、見宝塔品の品題の観心釈において、

観心によって解釈すると、経によって観を修し、法身と相応して、境と智が必ず合致するのは、塔が現われて経を証明するようなものである。境と智が合致する以上、大いなる報が円満となるのは、釈迦と多宝が同じく一座に座るようなものである。大いなる報が円かであるので、機にしたがって応現するのは、分身仏がみな集まるようなものである。

観心解者、依経修観、与法身相応、境智必会、如塔来証経。境智既会、則大報円満、如釈迦与多宝同坐一座。以大報円故、随機出応、如分身皆集。（同前・一一三中二六―下一）

と述べ、境と智とが合致して円満なる大果報が実現することと解釈している。

三　結び

宝塔の出現の意義は、第一に『法華経』に説かれるように、法華真実の証明であるので、見宝塔品以前の『法華経』の所説（開三顕一や乗方便・乗真実などの教え）を証明することである。吉蔵は、道朗・劉虬・道生は起後のみを

説き、法雲は証前のみを説くと批判しているが、少なくとも道生は上述したように、証前・起後をともに説いていると思う。証前は特に取りあげる必要もないほど自明の解釈であろう。

第二に、見宝塔品の内容（特に二仏並坐）を、後段の如来寿量品の所説（開近顕遠、久遠実成などの教え）と関連づけて解釈することである。これも多くの注釈家が指摘している。

道生は簡潔ながらも、後に吉蔵がやや詳しく展開している解釈をすでに示していた。法雲はあまり見宝塔品に対する注釈に熱心でなかった。『法華文句』は『中論』の八不や境智による解釈が他の注釈と相違している点で新しいものがあつた。

注

（1）横超慧日氏は、多宝塔の思想の起源を、遺教護持者としての摩訶迦葉の説話に求めている。『法華思想の研究』（平楽寺書店、一九七五年）「多宝塔思想の起源」（五七―六七頁）を参照。

勝呂信静氏は、多宝塔の出現について、「多宝塔出現の意義については、学者の間で種々論ぜられているが、基本的には塔崇拝と経（法）崇拝とを止揚統一したものと理解されるものであろう。しかしこれは両者が同じレベルにあるものとして統一されるということではない。歴史的にいえば塔崇拝は、仏滅後ほどなくして盛んに行なわれるようになったが、経典（法）崇拝は『般若経』などに見られるように、大乗仏教興起後に有力になったものである。ゆえに塔崇拝の方が先行しているわけであるが、『法華経』の思想は塔崇拝を土台にし、その上に立って、塔崇拝そのものの中に経典崇拝の意義を見出そうとするものである、というように理解されるべきであろう。多宝塔の存在は、『法華経』の思想は塔崇拝を基盤とするものであって、決してそれを排除するものでないことを示すというべきである」（『法華経の成立と思想』〔大東出版社、一九九三年〕一三九頁）と、興味深い考察を示されている。ただし、筆者は、塔（舎利）崇拝に対して新しい経崇拝を持ち出すこと自体、伝統的な塔（舎利）崇拝に一定の敬意を払いながらも、塔崇拝から経崇拝への移行を狙っていると解釈したいと思う。

（2）二仏並坐については、勝呂信静氏は、「二仏の並坐は、現在仏の釈尊（応身）を中心にして、『塔崇拝』（過去仏。多宝如来。報身）と『経典崇拝』（未来への経典流布。法身）が統一され、この統一をとおして仏陀の永遠性が明らかにされるべきことを示しているということができよう、そしてこれは寿量品において久遠実成の本仏の教えとして開顕されるのである」（前掲同書、一四一頁）、「つぎに釈迦仏は空中に昇り、宝塔の中に入って多宝如来と並坐される。これは過去仏と現在仏が一体であることを意味するが、このような形で現在と過去が接続することによって、現在諸仏の統一を媒介にして過去諸仏が統一されることを示唆するであろう」（前掲同書、二八四頁）と述べている。過去仏の多宝如来と現在仏の釈尊の二仏の並坐は、如来寿量品に明瞭に示される過去諸仏の統一の意義を示唆したものと解釈されている。筆者は、見宝塔品は過去諸仏の統一を説くのに対し、如来寿量品は過去諸仏の統一ばかりでなく、未来諸仏の統一も説いていると解釈するので、その点で見宝塔品は如来寿量品の内容を一部先取りしたものと考える。拙著『法華経入門』（岩波書店、二〇〇一年）一七一―一七四頁において、諸仏の空間的統一・時間的統一について論じたことがあるを参照。

（3）「爾時仏前有七宝塔。高五百由旬。縦広二百五十由旬。従地踊出住在空中。……爾時宝塔中出大音声歎言、善哉善哉。釈迦牟尼世尊。能以平等大慧教菩薩法仏所護念妙法華経為大衆説。如是如是。釈迦牟尼世尊如所説者、皆是真実」（大正九・三二中一七―下二）を参照。

（4）この後に続く偈においては、釈尊滅後の『法華経』の弘経がきわめて困難であることを強調している。

（5）道生は、衆生の機が、聖人（仏）の行為を規定していることを強調している。拙論「中国仏教初期の機と感応思想について―道生・僧亮を中心として―」（『創価大学人文論集』一九、二〇〇七年三月、三三―五一頁）を参照。

（6）『法華論』巻下、「遠離穢者、示現一切諸仏国土平等清浄故。多宝者、示現一切諸仏国土同実性故」（大正二六・九下一六―一八）を参照。

（7）大正三四・四三三下一四―一五を参照。吉蔵は、道生の説を起後のみを指摘するものと解釈しているが、筆者は証前も説いていると解釈する。

（8）釈尊の滅（涅槃）が不滅であることは、ここの引用文には出ないが、後に紹介する『法華義疏』に出る。

（9）吉蔵は、一切衆生も毘盧舎那となることを指摘している。「今日大衆亦成毘盧舎那、同住真如土。故接之昇空。若爾者、則一切仏及一切衆生同栖一土也」（菅野博史校注『法華統略』下、七六八頁一一―一二行／続蔵一―四三―一・七三左上六―八）を参照。

（10）平井俊榮『法華文句の成立に関する研究』（春秋社、一九八五年）を参照。

（11）『法華文句』巻第八下（大正三四・一一三中一―四）を参照。

九　『法華文句』における四種釈について

一　問題の所在

本稿は、平井俊榮「『文句』四種釈と吉蔵四種釈義」[1]について、その仮説の妥当性を検討することを目的とする。平井氏の『法華文句』の四種釈（因縁釈・約教釈・本迹釈・観心釈）についての総合的評価は、「四種釈というものが、経典解釈法としての何らの普遍性も妥当性も持ち合わせていないということである。あるのはただ、経典の文々句々に対して随宜的に諮《ママ》意的に四釈乃至は十一釈[2]のいずれかを当てはめるだけに過ぎないということである。何故これが『完全且つ合理的な四釈』[3]と評されるのであろうか」（二三九頁。以下、平井論文からの引用は、『法華文句の成立に関する研究』の頁数のみを記す）に示されている。さらに、『法華文句』の四種釈の成立に吉蔵の四種釈が影響を与えた可能性について、次のように推定している。「どうみても随宜的、諮《ママ》意的に経文に対して『文句』が応用しているとしか思われない『四釈』という命題を、『文句』が果たしてこれをどこから得たかということである。……しかし、『文句』が吉蔵の『玄論』や『義疏』を下敷きにして、これに全面的に依拠しているという事実を前提にするならば、『文句』の著者は、吉蔵の教学について熟知していた形跡がある。とすれば、吉蔵の説く『四種釈』と『文句』の説く『四種釈』とは、全く無関係ではあり得ないということも予測される」（二三九―二四〇頁）と。

平井氏は、この論考を、「ただし、『文句』の四種釈が吉蔵の四種釈の概念を借りて、これを換骨奪胎し、全く異なった用法のもとに用いたのであるという確たる証拠はないのである。にもかかわらず、『文句』が吉蔵の『玄論』や『義疏』を下敷きにして、これに全面的に依拠して成立したものであることは、第三篇の両者の本文の比較対照からも明らかである。このまぎれもない事実を大前提として考えるならば、この両者の四種釈に見られる共通性と類似性には、やはり何らかの関係があると見るのが妥当ではないであろうか」（二四七頁）と結んでいる。

筆者は、このような平井氏の仮説の妥当性について、改めて考察したいと思う。

二　果たして『法華文句』四種釈は吉蔵の四種釈の影響か――『維摩経文疏』との関係

平井氏は、『法華文句』の四種釈は吉蔵の四種釈に発想を得たものであると推定している。吉蔵の四種釈について、平井氏は『二諦義』、『三論玄義』の所説を紹介しているが[4]、『法華文句』が吉蔵の『法華玄論』を重要な参考資料として執筆されたことを論証しようとした平井氏としては、『法華玄論』の四種釈を紹介すべきであったと思う。『法華玄論』巻第四の「権実二智義」によれば、依名釈・相資釈・顕道釈・無方釈の四種釈は、次のように説明される。

今、解釈する意味は、大乗の経論に依ると、かいつまんで四種ある。第一に依名釈である。権は権巧（巧み）で、実は審諦（真実）という意味である。第二に相資釈である。権は実の権であり、実は権の実である。実は権を妨げず、権は実を妨げない。実であるけれども権であり、権であるけれども実である。それ故、権は実をその意味とすることができ、実は権をその意味とすることができるのである。第三に顕道釈である。権は不権をその意味とし、実は不実をその意味とする。それ故、「一切の有無の法について、有無ではないと体達する。また一切の権実の法について、権実ではないと体達する」とある。第四に無方釈である。『華厳経』には、「一の中で無量を理解し、無量の中で一を理解する」と。もしそうであるならば、一の権に無量の意味があることが可能であり、無量の法は一の権の意味であることが可能である。

今所釈義、依諸大乗経論、略有四種。一依名釈。謂権是権巧、実為審諦。二相資釈。権是実権、実是権実。実不礙権、権不礙実。雖実而権、雖権而実。故権得以実為義、実得以権為義也。三顕道釈。権以不権為義、実以不実為義。故云、一切有無法、了達非有無。亦一切権実法、了達非権実。四無方釈。華厳云、一中解無量、無量中解一。若爾、一権得有無量義、無量法得是一権義也。（大正三四・三九四上一三―二二）

と。この四種釈の名称は、『二諦義』、『三論玄義』のそれと少しく異なるが、相資釈が『二諦義』の因縁釈、『三論玄義』の互相釈義と対応する。

さて、筆者は、佐藤哲英氏の研究に基づき、智顗の維摩経疏（『維摩経玄疏』六巻と『維摩経文疏』二十八巻のうちの前二十五巻）を、智顗の親撰か親撰に準ずる資料と認める。(5) そこで、まず『維摩経文疏』の注釈方法を参照しよう。つとに浅井円道氏が指摘するように、(6)『維摩経文疏』巻第三には、

もし『法華経』を講ずるならば、本迹に焦点をあてて意味を明らかにし、同じ聴聞の衆の歎徳を解釈する必要がある。今経（『維摩経』）はまだ発迹顕本していないからには、ただ因縁の具体的な事がらの解釈と観行を解釈するだけである。

若講法華経、必須約本迹明義、解釈同聞歎徳。今経既未発本顕迹、但釈因縁事解観行而已。（続蔵一―二七―五・四四右下三―五）

とあり、『維摩経文疏』には『法華経』の解釈と異なり、本迹釈がないこと、因縁事解と観心の解釈があることを指摘している。

この指摘について、『維摩経文疏』によって具体的に考察しよう。たとえば、『維摩経』冒頭の「如是我聞。一時仏

在毘耶離菴羅樹園……」（大正一四・五三七上五）に注目すると、「如是」については、「一総明如是意在勧信者……第二約教明如是者……第三観心明如是義者……」（同前・四三八右上一八―左下五）とあり、「我聞」については、「今解亦為三意。一総釈、二則別約教釈、三約観心」（同前・四三八左下一八―四三九右上二）とあり、「一時」についは、「今釈一時、亦為三意。一総解、二約教別解、三約観心」（同前・四四〇右下一四―一五）とあり、「仏在」については、「就此亦為三意。一総明仏住、二約教分別仏住不同、三約観心解釈」（同前・四四一右上一二―一三）とあり、「毘耶離」については、「第一通方所明毗耶離城者、復為三意。一約事解釈、二対法門、三約観心」（同前・四四一左下一二―一四）とあり、「菴羅樹園」については、「此亦為三意。一約事翻釈、二対法門、三約観心」（同前・四四二右下一五―一六）とある。これによって、『維摩経文疏』の三釈（この三釈も上に引用した箇所以外にはほとんど見られない）のなかにも、いわゆる約教釈、観心釈の名称が見られることが確認できた。

次に、三釈の第一に当たる「総明」「総釈」「総解」「約事解釈」「約事翻釈」と呼ばれる解釈の内容と『法華文句』の因縁釈との関係について考察したい。先に引用した「因縁事解」という表現からも、因縁釈と「約事解釈」との共通性が推測されるのであるが、具体的に考察しよう。まず、『維摩経文疏』には『法華文句』の「因縁釈」という名称も出ないし、因縁釈の内容である四悉檀による解釈も見られないことを確認しておきたい。[7] ただし、『法華文句』のすべての因縁釈に四悉檀による解釈が見られるかというと、必ずしもそうではない。たとえば『法華経』序品の「耆闍崛山」（大正九・一下一六）に対する『法華文句』の因縁釈に相当する段落（実際には因縁釈という標題は付いていない）には、四悉檀の名称は出ない。[8] 同様に、『法華文句』は『法華経』方便品の「我始坐道場」（同前・九下四）に対する解釈において、

「始坐道場」とは、至高の理は時を選ばないが、時を借りて衆生を教化する。教化をする最初なので、「始」というのである。事釈とは、最初にここで修行得道するので、「道場」という。此の樹下に座って、悟りを得るの

で、「道樹」と名づける。樹の恩を感じるので観察し、地の徳を心に思うので、経行する。悟りが完成し恩恵に報いるとき、偉大な法を与えて衆生にとって適当かどうか測ろうとするのである。

始坐道場者、至理無時、仮時化物。為化之初、故言始也。事釈者、初在此処修治得道、故言道場。坐此樹下、得三菩提、故名道樹。感樹恩故観察、念地徳故経行。道成賽沢之時、欲以大法擬宜衆生也。（大正三四・六〇下二〇―二五）

と述べている。ここに「事釈」とある点に注目したい。『法華文句記』は、これに対して、

「始坐」等とは、文に四つの解釈を備える。最初に「時を借りる」等というのは世界〔悉檀〕であり、「悟りを得る」のは為人〔悉檀〕であり、恩に感じ徳に報いるのは対治〔悉檀〕であり、大〔法〕をあてがうのは第一義〔悉檀〕である。

始坐等者、文具四釈。初云仮時等即世界、得道即為人、感恩報徳即対治、欲以大擬即第一義。（同前・二五一上二〇―二三）

と述べ、この事釈の内容を四悉檀に対応させ、因縁釈として捉えている。

また、『法華文句』巻第一上の「同聞衆」の解釈において、法雲『法華義記』の解釈を引用して、[9]「旧云、有事有義」（同前・六上二）と述べ、「此一解似両釈。事解似因縁、義解似約教」（同前・六上九―一〇）と指摘している。つまり「事解」（事釈と同義と考えられる）を因縁釈と類似していると指摘している。

このように見てくると、上に引用した『維摩経文疏』に出る「約事解釈」「約事翻釈」は、名称の上から、『法華文句』の「事釈」と共通性を持つと認められ、さらにこれは因縁釈と共通する面、あるいは因縁釈に発展していく可能性があると言えよう。ただし、『維摩経文疏』には、因縁釈という名称もなく、因縁釈の主たる内容である四悉檀による解釈も見られないことは改めて確認しておきたい。[10]

なお、『維摩経文疏』の三釈の第一と第二の約教釈の相違点は、それぞれ「総釈」と「別釈」と規定されていることにも留意したい。これは、『維摩経文疏』の三釈も、総釈、別釈、観心釈という体系性を備えていることを意味する。

次に、上に引用した『維摩経文疏』の三釈のなかで、第二の約教釈に替わって、「対法門」という解釈が二箇所に出ていたことに注意したい。この解釈の内容を見ると、『法華文句』の本迹釈との関連性を伺わせる点が存する。第一は、「毘耶離」の解釈をめぐる箇所である。「毘耶離」は「広博厳浄」「好道」などと漢訳されることを踏まえて、

第二に法門に対して解釈するとは、前に翻訳したものに従うことが、法門に対することである。「広博厳浄」（広大で荘厳されていること）というのは、とりもなおさず釈迦の法身の住む本土、常寂光国である。その本性は広大であり、あたかも大空のようである。功徳と智慧に汚れはないので、「厳浄」という。具体的な姿は人里にあり、また〔身を〕広博厳浄の国に住む。迹でなければ本を示すことはない。毗耶離（ヴァイシャーリー）に〔身を〕寄せ、諸仏の国土は大空のように永遠に静寂であると説く。とりもなおさず毘盧遮那の常恒の静寂の本国を示すのである。……本によって迹を垂れる。迹を垂れるので、「好道」と名づける。迹によって本を示すので、人里の好道の国に住み、心が清浄であれば、仏土も清浄であると説くのである。

第二対法門解釈者、随取前所翻、即対法門。所言広博厳浄者、即是釈迦法身所居本土、常寂光国。其性広博、猶若虚空。功徳智慧無諸穢悪、故云厳浄。迹居人間、亦託広博厳浄之土。是知非本無以垂迹。垂迹故居人間厳浄之国。非迹無以顕本。寄毗耶離、説諸仏国土永寂如虚空。即顕毘盧遮那常寂之本国也。……由本垂迹。垂迹、故名好道。因迹顕本、故居人間好道之国、説心浄仏土浄也。（同前・四四二右上一二―右下一二）

と注釈している。明らかに、「本迹」の概念を利用して解釈していることがわかる。また、第二の箇所は「菴羅樹園」

に対する解釈である。そこには、

　第二に法門に対して意味を明かすとは、仏は三十七品・総持の法に住するので、「住菴羅樹園」という。……本によって迹を垂れるので、人里の菴羅樹園に住む。迹によって本を示すので、仏は菴羅園に住み、不思議で無礙の陀羅尼と無漏の法の林と総持の園とを説くのである。

　第二対法門明義者、仏住三十七品総持之法、故言住菴羅樹園。……由本垂迹、故居人間菴羅樹園。用迹顕本、仏住菴羅園、説不思議無礙陀羅尼無漏法林樹総持之園苑也。（同前・四四二左上六―左下二）

とある。先に引用したように、『維摩経』には発迹顕本が説かれないので、『維摩経』を解釈するにあたって本迹釈を用いないという指摘があったけれども、これらの例は、『維摩経文疏』にも、本迹釈と共通する解釈が認められることを示すものである。

　これを要するに、『維摩経文疏』には、明確に約教釈、観心釈が示され、さらに「約事解釈」「約事翻釈」には因縁釈と一部共通する面が見られ、また「対法門解釈」には本迹釈と共通する面が見られたのである。平井氏は、吉蔵の四種釈と『法華文句』の四種釈がともに「四」種の釈であることと[11]、両者の内容的な類似性（次節でこの類似性を否定する）から、『法華文句』が吉蔵の四種釈を参考に、経典解釈の方法としては普遍性も妥当性もない四種釈を形成したと推定したのであるが、『維摩経文疏』の考察から、必ずしもそうとは言い切れないことを指摘した。「四」種の釈という点にあえて焦点を合わせると、平井氏が言及した『二諦義』、『三論玄義』ではなく、『法華文句』が熱心に参照した『法華玄論』の四種釈の影響を受けて、『法華文句』が明確な形で四種釈を用いたと言えるかもしれない。しかし、『維摩経文疏』の時点で、すでに約教釈、観心釈が見られ、本迹釈は用いないという形で逆に言及し、さらに因縁釈（『法華文句』と異なり、四悉檀の解釈は用いていない）と共通する解釈も見られたのである。したがって、平井氏の推定するような、まったく必然性のない剽窃のようなものではなかったことは、示すことができたのではないであろうか。

三 『文句』四種釈と吉蔵の四種釈との類似性に関する平井説の妥当性

すでに述べたように、平井氏は、吉蔵の四種釈と『法華文句』の四種釈との類似性を指摘している。本節ではその平井説の妥当性を検証したい。

第一の因縁釈については、『法華文句』にも吉蔵（『二諦義』による）にも見られる名称である。ただし、吉蔵の場合は、相資釈（『法華玄論』による）、互相釈義（『三論玄義』による）などとも呼ばれている。平井氏も吉蔵の因縁釈は、「空・有、真・俗のように対称的なものを因縁として相依相対的な関係にある両者の因縁相即の義を明かす解釈法である。それは文字通り因縁の義によって現象を解釈することである」（二四三頁）と述べ、『法華文句』の因縁釈については、「経の文々句々における因縁譚を語ることである。しかし、本来の趣旨から言えば、教の興るのは説者たる仏陀と聴者たる仏弟子が感応道交し、因縁和合するところに興るのであるから、因縁の立場から教を解釈しようというもので、広義の意味の因縁釈であることに変りはない」（同前）と述べている。筆者の言葉でまとめると、吉蔵の因縁釈は、概念の相対性を自覚させることによって、相対的概念による把捉を超絶する真理を志向させるものであり、『法華文句』の因縁釈は、経典という仏の教説を解釈する際に、仏と衆生の因縁＝感応の立場から解釈するものであり、大いに相違すると見た方が自然ではなかろうか。

第二の約教釈については、平井氏は、「第二の解釈（菅野注―俗を浮虚と解釈するのは経に約す解釈であり、俗を風俗と解釈するのは律に約す解釈である）に随えば、一般的な字義によって解釈するのが随名（依名）釈であるといっても、それは正しくは経や律、すなわち教によって解釈する意に他ならないのである。したがって、依名釈は換言すれば約教釈に他ならない。……吉蔵の依名釈が巧みに換骨奪胎されたものが、『文句』の約教釈であるということができよう」（二四五頁）と述べているが、随名釈を約教釈と対応させるために、筆者には相当無理な解釈を施しているとしか思えない。

第三の本迹釈については、平井氏は、「第三の理教釈は、真俗という名相の教と、非真非俗の無名相の理という縦の相即関係を明かすもので、それは体用・中仮・本迹等の範疇に他ならないからである」（同前）と述べている。体用・中仮は、『二諦義』に出るが、本迹は、平井氏が故意に入れたものである。さらに、「吉蔵の理教釈を、狭く本門と迹門の仏身に限って、迹を亡じ本を尋ねるという『法華経』の趣旨に則って設定されたのが、『文句』の本迹釈であったと考えられる」（二四六頁）と述べている。「理本」「教迹」の用語があるので[12]、理と本、教と迹がそれぞれ対応することは認められるが、筆者には、本仏・迹仏と理・教の概念が対応しているとは思われない。

第四の観心釈については、平井氏は、これを無方釈と対応させている。無方釈は、「一法即一切法、一切法即一法の無礙自在なることを体得する釈義」（二四七頁）であり、「これをまさに観心という自己の一心に寄せて説いたのが、『文句』の観心釈であったと考えられる」（同前）と述べている。しかし、筆者にはこの類似性もとうてい納得いくものではない。

平井氏は、『法華文句』が吉蔵の法華経疏を重要な参考資料として成立したことを論証した勢いで、『法華文句』四種釈も吉蔵の四種釈の影響下に成立したと推定し、その前提のもとに、両者の類似性を無理に主張しているように思われる。

四　『法華文句』の四種釈の経典解釈方法としての妥当性

経典の解釈とは、分科によって経典の構造を理解することと、個々の経文を正しく理解することを目的としている。経典とは仏が衆生に対して説いた言葉が編集されたものであるから、経文の理解には、経文の成立の根拠である四悉檀による因縁釈が有意義であると思う。そもそも四悉檀は、仏の教説が衆生とどのような関係のもとに説かれたものであるかを明らかにするものであった。約教釈は、智顗による蔵教・通教・別教・円教の化法の四教に基づくものであり、智顗にとっては、釈尊の教えがこのように四教に分類されると見なされる以上、経文の趣旨を理解するためには必要な解釈と見なされることになる。本迹釈は、智顗によれば、始成の釈尊の立場で説かれる教説と久成の釈尊によって説かれる教説が立て分けられる以上、経文の解釈に何らかの仕方で適用する必要があったであろう。そして、これらの三種の釈が経文を言葉の次元で理解しようとするものであるのに対して、観心釈は経文の趣旨を実践的に体得することを目指したものである。観心を重視する智顗にとって、経文と向き合う際に、実践への注意喚起を強く要請する解釈方法であろう。さらに言えば、これらの四種釈はたんに並列されるものではなく、理念的には〔『法華文句』には直接には出ていない〕四教それぞれに因縁釈があるはずであり、また事実として因縁釈における観心、約教における観心、本迹の観心が出る[13]。

しかし、『法華文句』の四種釈が『法華文句』全体において一貫して用いられているかと言えば、平井氏の指摘を待つまでもなく、とても十分な適用がなされているとは言えない。また、適用そのものが成功していない場合も認めなければならない。そもそも、中国の経疏のなかで、一貫した解釈方法を経典全体に満遍なく適用した例を筆者は知らない。平井氏が『法華文句』の四種釈に決定的な影響を与えたと推定する吉蔵の四種釈にしても、その実態はわずか「中」「俗」「権」という概念に適用した例を見るだけである。したがって、上に述べたような因縁釈、約教釈、本迹釈、観心釈は、その理念の提示と若干の適用例を読者に示すのをもって満足するしかないのではないか[14]。現実には、経文の分科と語義解釈が随文釈義の経疏の内容のほとんどを占めるのが実態であろう。

なお、平井氏は「王舎城」の約教釈と観心釈とが内容的に区別できないことを指摘し、両釈の意義そのものを否定的に評価している（二三八―二三九頁を参照）。しかし、四教が三観に基づいて規定されている天台教学においては、四教それぞれの教え、たとえば「如是」についての『維摩経文疏』の約教釈を適用すれば、蔵教＝「因縁生滅如是」、通教＝「因縁即空如是」、別教＝「因縁仮名如是」、円教＝「因縁即中如是」をそれぞれ観察することが観心釈になる[15]。したがって、内容的に似ているのは当然であるし、また一方では、教と観の厳然たる区別の存することも言うまでもないことなのである。

五　結　び

筆者は、『法華文句』の四種釈が吉蔵の「四」種の釈に影響を受けた可能性を否定するものではない。『維摩経文疏』には、明確な形では、因縁釈も本迹釈も出ていなかったのである。しかし、一方では、因縁釈、本迹釈と一部共通する面も見て取ることができたのであるから、吉蔵の影響があったとしても、平井氏の主張するような「換骨奪胎」というものではなかったと考えざるをえない。そのことは、平井氏が強調した両釈の類似性が、実際には妥当性を欠いていることに端的に現われていると考えられる。なお、智顗の最晩年の『維摩経文疏』に明確な因縁釈がないことは[16]、『法華文句』の四種釈が智顗ではなく灌頂の手になるものであるとの推測に有利であるが、智顗自身の手になるという可能性を全面的に否定するものではない。

最後に、付言しておきたいことが二点ある。筆者は、慧均『大乗四論玄義記』には、表理釈名・開発釈名・当体釈名という三種の釈名が紹介されており、それぞれ理教釈（顕道釈、竪論表理）[17]、互相釈義（因縁釈、横論顕発）、依名釈義（随名釈）に対応していることを明らかにした。また、三種釈が一括して示されるばかりでなく、無方釈とまで確定的に言えるかどうか問題であるが、無方釈の萌芽も見られることも指摘した。つまり、四種釈義は、吉蔵の独創というわけではなく、吉蔵や慧均以前の三論宗の伝統のなかに、少なくとも萌芽的にはすでに存在していたことを示したのである[18]。

次に、『法華文句』の観心釈に対応する吉蔵の解釈方法は、吉蔵の四種釈の無方釈などではなく、実は『法華統略』に見られる「無生観」であることを指摘しておきたい。これは、「如是我聞」の「如是」に対する解釈に見られるものである。筆者はこれについて、すでに、「吉蔵の展開した論理構成を紹介すると、『如是』を信と規定したうえで、この信はまず何よりも『法華経』の『深大』であることを信ずることであり、さらにそれに止まることなく、自己自身が深大であることを信ずることをも包含するものであり、この重大な事実の論拠を無生の概念によって示している。それは単なる字義の解釈ではなく、『如是』に対して無生を観察する無生観という実践を行なうことを意味するものである。吉蔵はこの無生観によって、三世十方の仏法が自己自身のうちに備わるとまで言っているのである。しかも、『如是』ばかりでなく、『如是』から『歓喜奉行』まで、ということは、『法華経』の全体について、この無生観を実践するべきことを説いているのである。従来、吉蔵の仏教学の特徴をあまり実践的ではなく、学問仏教に偏したものと見る傾向があったと思う。実際にそのような傾向の見られることは事実であり、同時代の智顗に比べるとますますその感を深くするが、この無生観による経文の解釈は、経文を自己に引きつけて実践的に解釈するという発想においては、智顗の観心釈に対応するものと考えて差し支えないと思う[19]」と述べたことがある。ただし、吉蔵の場合も、この無生観を、『法華統略』全体に一貫して用いているわけではない。その点、『法華文句』の観心釈と同様である。

注

(1)『法華文句の成立に関する研究』(春秋社、一九八五年)二二九―二五〇頁。該書については、筆者は、「中国における法華経疏の研究史について」(『創価大学人文論集』六、一九九四年三月、六〇―八六頁。本書、第一部、第一章に収録)において紹介・批評した(七〇―七五頁〔本書六一―六六頁〕を参照)。また、『法華文句』は吉蔵の法華疏を下敷きに執筆されたものであるという平井氏の指摘をめぐって、筆者は、「日本における中国法華経疏の研究について」(『中外日報』一九九九年一二月七日号)において、同じような事が吉蔵にも見られることを次のように指摘した。「吉蔵の『維摩経義疏』は、『什公云』『肇公云』などと言って、鳩摩羅什や僧肇の『注維摩詰経』を引用しているばかりでなく、何ら断ることなく、つまり引用の体裁ではなく地の文として、おびただしい注を『注維摩詰経』から引き写している。その割合は『維摩経義疏』の半分近くを占めるほどである。『法華文句』が『法華玄論』を下敷きにして執筆されたと平井氏が指摘する以上に、吉蔵は『注維摩詰経』を下敷きにして『維摩経義疏』を執筆したと言わざるをえない」と。

(2) 平井氏によれば、因縁釈は四悉檀によるので四釈と数え、約教釈は四教によるので四釈と数え、本迹釈は本迹二門によるので二釈と数え、観心釈を一釈と数え、総計して十一釈とする(二三七頁を参照)。

(3) 安藤俊雄『天台学―根本思想とその展開―』(平楽寺書店、一九六八年)四四頁からの引用である。

(4)『二諦義』巻中には、「一随名釈、二就因縁釈、三顕道釈、四無方釈」(大正四五・九五上三―四)とあり、『三論玄義』には、「総論釈義、凡有四種。一依名釈義、二就理教釈義、三就互相釈義、四無方釈義」(同前・一四上一九―二一)とある。平井氏の論考の注十六(二四九頁)を参照。

(5) 佐藤哲英『天台大師の研究―智顗の著作に関する基礎的研究―』(百華苑、一九六一年)四一六―四四八頁を参照。もっとも、平井俊榮氏は現行の智顗の維摩経疏の成立について、灌頂の加筆、及びその加筆を通しての吉蔵の影響が絶無とは言えないとして、維摩経疏を智顗の親撰、または親撰に準ずるものとして見る見方に批判的である(『法華文句の成立に関する研究』、前掲同書、第一篇・第一章「維摩経註疏をめぐる諸問題」を参照)。しかし、私見によれば、平井氏は、智顗の維摩経疏における吉蔵の影響の事実を論証するには至っていない。

(6) 浅井円道「解説」(『国訳一切経和漢撰述部経疏部二・妙法蓮華経文句』〔大東出版社、一九八〇年改訂〕五〇八頁)を参照。

(7) 第八回東アジア仏教研究会・年次大会(二〇〇九年一二月五日、駒澤大学)において、藤井教公氏が「『維摩経文疏』における四悉檀の依用について」という発表をされ、本文で指摘した「『維摩経文疏』には『法華文句』の「因縁釈」という名称も出ないし、因縁釈の内容である四悉檀による解釈も見られないことを確認しておきたい」という考えを批判され、具体的に『維摩経文疏』における四悉檀を用いた注釈を紹介された。たとえば、『維摩経』巻上、仏国品、「仏以一音演説法、或有恐畏、或歓喜、或生厭離、或断疑。斯則神力不共法」（大正一四・五三八上六―七）の偈に対して、『維摩経文疏』巻第六が「又約悉檀者、三界苦可畏、即世界悉檀也。歓喜即為人。令生善根故歓喜。厭離是厭煩悩、即対治薬病相対也。断疑即見諦道、是第一義」（続蔵一―二七―五・四六九左下二―五）と注釈している。このように、『維摩経文疏』に四悉檀による注釈が見られることは事実であるので、私の上記の指摘は表現不足であった。『法華文句』における因縁釈としての四悉檀による注釈は、『法華経』に出る、たとえば「如是」「一時」「住」などの語句に対して、世界悉檀・為人悉檀・対治悉檀・第一義悉檀のそれぞれの立場からどのように解釈するかを示すものである。この方法は約教釈も同じであり、上記の語句に対して、蔵教・通教・別教・円教のそれぞれの立場からどのように解釈するかを示すものである。これは、『法華経』を注釈するときに、言葉として具体的に説かれた語句は固定したものであるが、その背景に、仏の教えの広がりや奥行きの深さのあることを明らかにするものである。つまり、具体的な経典の背景に、仏の広大無辺の教えを見て取るということである。これに対して、引用した『維摩経文疏』の四悉檀による解釈は、『維摩経』の経文のある部分は世界悉檀に基づく説法であり、また他の部分は第一義悉檀に基づく説法であるというものである（もっとも『法華文句』にも『維摩経文疏』と同じ方法の注釈が見られる。たとえば、巻第十下、「爾当授彼三世継嗣、即世界悉檀也。一心流布、即為人悉檀也。広令増者、即対治悉檀也。益者、即第一義悉檀也」〔大正三四・一四二下八―一一〕を参照）。したがって、『法華文句』の注釈方法としての因縁釈とは、性質が相違すると思われる。この点に改めて気づかせていただいた藤井氏の発表に感謝申し上げる。（二〇〇九年一二月六日追記を、二〇一一年五月一八日さらに修正）

（8）大正三四・五中二八―下一三を参照。『法華文句記』巻第一中は、『法華文句』のこの段の解釈に、四悉檀のそれぞれを対応させている（同前・一六四下三―八を参照）。このように、『法華文句』に因縁釈という名前が出ず、しかも四悉檀による解釈もない場合に、『法華文句記』が『法華文句』の解釈を四悉檀に対応させている例が少なからず見られる。

（9）『法華義記』の原文には、「又意致尋求、則有事有理」（大正三三・五七七中二一―二三）とあり、『法華文句』の引用における「義」が「理」になっている。

（10）前注（7）を参照。

（11）多田孝文「法華文句四種釈考」（『大正大学研究紀要』七一、一九八六年一〇月、六七―七八頁）は、平井説の批判を含む論文である。多田氏は、吉蔵の四種釈の『法華文句』の四種釈に対する影響を否定するために、『法華文句』の四種釈の背景を独自に探求している。この方法は、「四」種の釈の吉蔵以外の起源を探求するものである。具体的には、多田氏は、四種釈と僧肇の宗本義（本無実相・非有非無・漚和般若・泥洹尽諦）、道生の四種法輪、慧観の五時教判のなかの四教（有相教・無相教・同帰教・常住教）、慧光の四宗判、『大智度論』の四悉檀、『涅槃経』聖行品の四種四諦などの考え方には、ある一定の共通性があると指摘している。多田氏は、さらにこの共通性の淵源を、原始仏教以来の四法印に求める。そして、多田氏は、吉蔵の四種釈もその共通性を持っていると指摘する。要するに、『法華文句』の四種釈は、仏教思想史の長い伝統的思考に根ざすものであり、単に智顗と吉蔵という狭い関係からのみ論ずることはできないことを指摘したものである。智顗以前の中国仏教思想や原始仏教以来の四法印を視野に入れた研究であるが、十分に説得的であるとは言い難い。

多田氏には、ほかに『法華文句』の四種釈の解説として、「四種釈について」（『天台大師全集　法華文句』一〈中山書房、一九八五年〉、一九―二六頁）がある。

また、瀧英寛「初期天台思想における法華三昧について」（『仏教文化学会十周年　北條賢三博士古稀記念論文集　インド学諸思想とその周延』〈山喜房仏書林、二〇〇四年〉五三一―五五〇頁）にも、「吉蔵の四種釈が〔平井〕の主張するほど『法華文句』の四種釈と対応しているようには受け取れないし、『法華文句』の四種釈説明部分の記述に対する〔平井〕の考察には、感応の意義がまったく気付かれていない。『法華文句』の四種釈には、三大部に一貫して主張される天台智顗の思想的意義が認められるので、吉蔵の解釈法を模倣して章安灌頂が作り上げたものとは考えられない」（五四八頁下段―五四九頁上段）と、智顗における感応思想の重視の視点から平井説を批判しているが、これ以上の詳しい批判は見られない。

(12)『維摩経玄疏』巻第四（大正三八・五四五中二七―下五）を参照。

(13)平井氏、前掲論文に、譬喩品の偈の解釈に、それらの実例があることが指摘されている（二三六頁を参照）。

(14)とくに円教をのみ説くと規定される『法華経』の注釈書『法華文句』において、蔵教・通教・別教・円教それぞれに焦点を合わせた解釈をする必要もないと筆者は考えるが、やはり約教釈の存在を読者に知らせるためには、少しは約教釈に言及する必要もあったのであろう。

(15)『維摩経文疏』巻第二（同前・四三八右下一四―一五）を参照。

(16)明確な本迹釈が『維摩経』の注疏に見られないこと自体は不思議ではない。

(17)「竪論表理」「横論顕発」は、『大乗玄論』論迹義（大正四五・七五下一〇）に出る。

(18)拙論「慧均『大乗四論玄義記』の三種釈義と吉蔵の四種釈義」（『木村清孝博士還暦記念論集・東アジア仏教　その成立と展開』〈春秋社、二〇〇二年〉八七―一〇〇頁。本書、第四部、第一章に収録）を参照。

(19)拙訳『法華統略』下（法華経注釈書集成7、大蔵出版、二〇〇〇年）四七〇―四七一頁を参照。また、拙著『中国法華思想の研究』（春秋社、一九九四年）三一一―三二一頁を参照。

〔本書のための付記〕一、藤井教公氏の拙論への批評に対する解答については、注（7）を参照されたい。二、二一五頁の『維摩経文疏』の「未発本顕迹」は、「未発迹顕本」（『法華玄義』、『法華文句』に多数の用例がある）の誤りとして翻訳した。ただし、『法華文句』巻第一に、「若釈他経、但用三意。為未発本顕釈故」（大正三四・三下二五）、『観音玄義』巻下に、「昔鹿苑仏未発本顕迹、不会三帰一」（同前・八九二上四）と、「未発本顕迹」という表現もある。

一〇　『天台三大部補注』（『法華玄義』の部）研究序説

智顗（五三八—五九七）の講説を弟子の灌頂（五六一—六三二）が整理して成った『法華玄義』は、その後湛然（七一一—七八二）によって注釈が作られた。湛然は『法華玄義釈籤』二十巻（『大正蔵』第三十三巻、『天台大師全集・法華玄義』[1]所収）、『法華三大部科文』十六巻（巻第一から巻第五の部分。『大日本続蔵経』〔以下、続蔵と略記する〕一—四三—二所収）を執筆し、後代の注釈の重要な礎石を築いた。後代の注釈のほとんどが、形式的には『法華玄義』の直接の注釈ではなく、『法華玄義釈籤』の注釈という体裁を取っているほど、『法華玄義釈籤』の地位は重かったのである。後代の注釈が、注釈の注釈という意味で、末注と呼ばれた所以がここにある。『法華玄義釈籤』成立の後に、中国でもいくつかの重要な末注[2]が成立したが、最も早い時期に成立したものが、本稿で取りあげる宋代の従義（？—一〇九一）の『天台三大部補注』十四巻である。これは『法華経三大部補注』とも呼ばれるもので、巻第一から巻第三の部分が『法華玄義』・『法華玄義釈籤』に対する注釈（続蔵一—四三—五～一—四四—一所収）であり、広く読まれたようである。

さて、本稿では、『天台三大部補注』十四巻のうち、巻第一から巻第三の部分を占める『法華玄義』・『法華玄義釈籤』に対する注釈を取りあげ、内容的な研究に入る前の準備的研究として、注の索引を作ることを目標とする。実は『続蔵』所収本には、「天台三大部補注条箇」が掲載されている。これは頭注に「新添此条箇」とあるように、『補注』の内容を容易に把握できるように、『続蔵』に収載する際に新しく作られたものであろう。大変便利なものであるが、

『補注』で注の対象とした『法華玄義』・『法華玄義釈籤』の文を完全に網羅的に取りあげたものではなく、また文章を簡略にまとめたものである。そこで、本稿では、次のような方針によって、図表を作成することにした。

全体を六段の構成とする。第一段は『補注』の文の通し番号である。第二段は『補注』の文、つまり『補注』の注の対象となる『法華玄義』・『法華玄義釈籤』の文である。第三段は『補注』の出典である。たとえば、443aは、『続蔵』一―四三―五の四百四十三丁右葉上段を意味する。同様に、右葉下段はb、左葉上段はc、左葉下段はdと表記する。途中、1aが出るが、これ以下は『続蔵』一―四四―一の丁葉段を指す。第四段は『法華玄義』（『大正蔵』第三十三巻所収本）の頁段である。たとえば、1aは、『大正蔵』第三十三巻の一頁上段を意味する。同様に、中段はb、下段はcと表記する。第五段も『法華玄義』の出処を示すものであるが、第四段と異なり、ここには、『法華玄義』を研究する際、広く利用されている『天台大師全集・法華玄義』所収の『法華玄義』の頁を記す。たとえば、1-12は、『天台大師全集・法華玄義』第一冊・一二頁を意味する。第六段は『法華玄義釈籤』の出処を記すものであり、『天台大師全集・法華玄義』所収の『法華玄義釈籤』の頁を記す。表記の仕方は第五段と同じである。なお、『天台大師全集・法華玄義』所収本は、『法華玄義釈籤』の本文を独自に区切っているので、『補注』が一文として引用しているものが、『天台大師全集・法華玄義』所収本では、区切られて複数の頁にまたがる場合もあるので注意を要する。左の図表では、冒頭の文字のある頁を記す。

なお、『補注』の取りあげる『法華玄義』・『法華玄義釈籤』のテキストは、筆者が用いる『大正蔵』所収本、『天台大師全集・法華玄義』所収本と異なることを付言しておく。たとえば、『補注』は自ら用いる『法華玄義釈籤』の文字をしばしば正しく改める場合があるが、『天台大師全集・法華玄義』所収本はすでに『補注』の訂正した文字になっていることも多い。[3]また、『補注』の引用する『法華玄義釈籤』と『天台大師全集・法華玄義』所収本とでは、文字の相違する場合がある。[4]

『補注』の内容的な考察は別稿を期するが、その形式的な特徴について整理しておく。第一に、『補注』は『法華玄義釈籤』を注の対象とするだけではなく、『法華玄義』そのものをも注の対象としている。その際、「釈籤云」とあれば、その引用以後、改めて「妙玄云」とあるまではすべて『法華玄義釈籤』からの引用であり、同様に「妙玄云」とあれば、その引用以後、改めて「釈籤云」とあるまではすべて『法華玄義』からの引用である。ただし、いくつかの例外がある。左の図表の19番の「肇云等」、148番の「肇什多附通意」は形式的には『法華玄義釈籤』からの引用のはずであるが、実際には『法華玄義』の文である。また、532番の「是老死等如止観第六記」は形式的には『法華玄義』からの引用のはずであるが、実際にはここからしばらく『法華玄義釈籤』からの引用が続く。したがって、本来は、この文の前に「釈籤云」とあるべきところである。また、508番の「十仙」から511番の「十功徳」までは形式的には『法華玄義』からの引用のはずであるが、実際には『法華玄義釈籤』の文である。本来は、「十仙」の前に「釈籤云」とあるべきであり、さらに、512番の「筌罤」の前に「妙玄云」とあるべきである。そこで、同じ文が『法華玄義』と『法華玄義釈籤』のいずれにも出る場合があるが、その場合は、今述べた原則に従って、その出処を示す。また、49番の「妙玄云宝所釈籤云宝渚」、550番の「妙玄引涅槃初成道等釈籤中云且借秘密」の二例は、言うまでもなく『法華玄義』と『法華玄義釈籤』のいずれにも関係するので、両者の出処を示す。

第二に、『補注』の引用する『法華玄義』・『法華玄義釈籤』は原文通りではなく、原文を簡略にまとめた場合もある。これはテキストの相違による文の相違ではなく、従義が手を加えたものである。したがって、文が完全ではなく、そのうえ途中で文を切っている場合もあるので、左の図表では『補注』の文に句読点を打つのは省略する。

第三に、人名・地名などの固有名詞の注が多いことと、『法華玄義釈籤』における「如止観第~記」などの注が多いことが大きな特色である。後者の場合は、湛然の『摩訶止観輔行伝弘決』から実際に本文を引用紹介して、読者に便宜を提供している。

A＝補注の出処　B＝玄義（大正蔵本）の出処　C＝玄義（全集本）の出処　D＝釈籤（全集本）の出処

番号	補注の文	A	B	C	D
1	釈籤云台嶺	443a			1-10
2	毗壇	同右			同右
3	章安	同右			1-12
4	江陵	443b			同右
5	妙玄云東漸	同右	681a	1-12	
6	釈籤云漢明夜夢迦竺初臨	同右			同右
7	隋文御寓	同右			同右
8	台衡誕応	443c			同右
9	習禅義解翻訳	同右			同右
10	文宣王記室王簡栖所集百巻	443d			1-13
11	礼云動則左史書之言則右史書之	同右			同右
12	嘉祥皎法師所集高僧伝	同右			同右
13	大蘇	同右			1-14
14	代受法師講金字大品	同右			同右
15	法華前方便	444a			同右
16	華頂仏壠唐谿	同右			1-16
17	陳少主再勅頻迎隋文帝有勅請住	同右			同右
18	論語包氏引王制	444b			1-18
19	楽説辯如止観第一記	同右			1-19
20	託胎霊瑞	同右			同右
21	誕育徴祥	同右			同右
22	髫齔精誠	444c			同右
23	従師訪道	同右			同右
24	臣主珍敬	同右			同右
25	緇素帰心	同右			同右

番号	補注の文	A	B	C	D
26	臨終示相	同右			同右
27	滅後応験	444d			同右
28	建業	同右			1-21
29	亦云建康	同右			同右
30	晋宋等	同右			同右
31	依俙	445a			同右
32	髣髴	同右			同右
33	漢南曰荊自漢南至衡山之南江南曰揚自京江至南海已来	同右			同右
34	台嶺鶴林如止観第一記	同右			同右
35	止観禅門浄名疏各有余分説未終	同右			1-22
36	孔子諸弟子歎孔子智深如窺其宮牆鑽之弥覚其堅仰之弥覚其高	445b			1-24
37	妙玄云諮詢	445c	同右	1-24	
38	釈籤云如涅槃雪山童子聞半偈已伝於石壁	同右			1-25
39	五比丘	445d			1-34
40	十九踰城	同右			1-45
41	妙玄云那由佗	446a	681b	1-46	
42	釈籤云具如下文本迹用中各有十義	同右			1-48
43	具如疏文三根互転得利鈍名具如疏第四巻十門解釈	同右			1-49
44	頭角声聞本是菩薩如富楼那等	446b			1-51
45	菩薩本是古仏如文殊等	同右			同右
46	如止観発心初云積聚精要名之為心	同右			1-57
47	八相	同右			1-49

48	五百由旬	同右			1-63
49	妙玄云宝所釈籤云宝渚	446c	同右	1-62	同右
50	釈籤云庠序	同右			1-68
51	妙玄云皆安五事	446d	682a	1-80	
52	釈籤云四種阿難	同右			1-80
53	妙玄云須陀洹	同右	682b	1-108	
54	体字訓礼君臣撙節	同右	同右	1-112	
55	釈籤云礼記第七云孔子曰大道之行也等	447a			1-112
56	妙玄云金剛蔵説仏甚微智空有不二不異不尽	同右	682c	1-116	
57	垢衣内身実是長者	447c	683a	1-128	
58	釈籤云頗梨如意二珠	448b			1-123
59	妙玄云如薩婆悉達等	同右	同右	1-146	
60	彎弓	448c	同右	同右	
61	釈籤云捔力	同右			1-146
62	調達	同右			同右
63	瞿夷	同右			同右
64	擲象	同右			同右
65	華厳日照三譬	同右			1-156
66	幽谷	448d			1-168
67	多跢	同右			同右
68	嘍唎	同右			同右
69	嗅有薝蔔	同右			1-171
70	須弥	同右			同右
71	世人判楞伽或同華厳或同法華具如止観記已有二処引楞伽文判属方等	449a			同右
72	方等如食時般若如禺中	同右			1-174

73	嬰児	449a			同右
74	如宋厳観法師与此太史官何承天等	同右			1-176
75	人不見之等	449c			同右
76	叡法師	同右			同右
77	捃拾	同右			1-177
78	善星	449d			1-183
79	闡提	同右			同右
80	古人多有異釈等	同右			1-191
81	近代蔵法師	450a			同右
82	釈迦	450c			同右
83	鹿苑	同右			同右
84	閻浮提	同右			同右
85	阿僧祇	同右			同右
86	刹那	同右			1-198
87	大適	同右			1-213
88	故世時念世時念	450d			1-217
89	伽耶	同右			1-232
90	十宝山	同右			1-254
91	肇云等	451a	684c	1-262	
92	凡言云云如止観第一記	同右			1-264
93	新旧医如余文説	451b			1-270
94	妙玄云大論云信行人等	同右	686a	1-289	
95	釈籤云大論四句評聞慧者具如止観第一記	同右			1-291
96	百論	451c			同右
97	牟子有説行之義如止観第一記	同右			同右
98	含於三観如止観第五巻破古師中意	同右			1-301
99	妙玄云天竺	451d	686c	1-303	

100	南岳云胡漢	同右	同右	1-309	
101	釈籤云破群那	452b			1-313
102	快馬見鞭影如止観第二記	452c			1-320
103	金師之子如止観第五記	同右			1-335
104	生生十因縁如止観第五記	452d			1-343
105	仰覆世界如華厳	同右			1-352
106	皆是寂静門如止観第二記	同右			同右
107	妙玄云天親	453a	689a	1-362	
108	舎利弗	同右	同右	同右	
109	訶梨跋摩	同右	同右	1-363	
110	毘勒	同右	同右	同右	
111	迦旃延	453b	同右	同右	
112	龍樹	同右	同右	同右	
113	無著	453c	同右	同右	
114	釈籤云無性之文全同敗種	同右			1-363
115	五百羅漢造毘婆沙如止観第六記	453d			同右
116	陳如	同右			1-380
117	憍尸迦	同右			1-381
118	馬鳴	454a			1-383
119	罽賓	同右			同右
120	脅比丘	同右			同右
121	奢提羅婆夷秀羅	同右			同右
122	八万四千更有不同之相如止観第一記	454b			1-386
123	富楼那九旬化外道如止観第六記	同右			1-390
124	迦絺那如止観第九記	454c			同右
125	身子不度福増	同右			同右
126	初地有教道如止観第三記	454d			1-402

127	妄生疣贅	同右			1-406
128	妙玄云泥洹	455a	691a	1-418	
129	阿那波那	同右	同右	1-421	
130	摩訶衍	同右	同右	同右	
131	求那跋摩	同右	同右	1-422	
132	釈籤云天帝釈	455d			1-423
133	千眼天	同右			同右
134	舎脂天	同右			同右
135	婆蹉婆	同右			同右
136	婆佉婆	同右			同右
137	金剛宝頂	同右			同右
138	宝幢	456a			同右
139	当分一音如止観第一記	同右			1-435
140	妙玄云道場観	同右	691b	1-440	
141	会稽基	同右	同右	同右	
142	光宅雲	同右	同右	1-442	
143	釈籤云誌公	456b			1-442
144	関中	456c			1-449
145	鳩摩羅什	同右			同右
146	生	同右			同右
147	融	457a			同右
148	肇什多附通意	同右	691c	1-449	
149	妙玄云祇洹	457b	同右	1-451	
150	毘盧遮那	同右	692b	1-477	
151	釈籤云矛盾如止観第五記	同右			1-481
152	引央掘経如止観第七記	同右			1-493
153	趣義具如止観第二記具引本文委釈	457c			同右

154	破心微塵如止観第三記	457d			1-495
155	増数之相略如止観第六記	458a			1-502
156	猶依南岳通云十如	同右			1-504
157	釈十法界名約三諦者具如止観第五記	同右			1-515
158	央掘経中如来説偈	458b			1-526
159	闍王	458c			1-527
160	如善相師具如止観孫劉曹等第五記	同右			1-539
161	瞿伽離	458d			同右
162	修性善悪如止観第五	同右			同右
163	習続不断者自分因也倶舎名為同類因具如止観第八業境中	同右			1-549
164	二乗既不生則無後報者中含二十七具如止観第五記	459a			1-557
165	因縁如止観第五文	同右			1-573
166	亦合云発三菩提弘誓之心具如止観第一巻	459b			1-588
167	摂大乗云因縁生死等如止観第七記	同右			1-595
168	如大瓔珞慧眼菩薩問文殊具如止観第五記	同右			1-603
169	下無升見上	459c			1-606
170	心法本妙如止観云云	同右			1-619
	重釈如虚空如止観云云				1-622
	妙玄云借三種譬如止観云云		696b	1-627	
	釈籤云若理若修若結若譬等				1-628
171	浄名満中云説法等具如浄名疏止観第一記略釈	459d			1-640
172	妙玄云波羅柰	同右	同右	1-640	
173	尸城	460a	同右	同右	
174	五衆生滅	同右	同右	同右	

175	釈籤云若委釈三仮具如止観第五記	同右			1-649
176	寰中如止観第一記	同右			1-659
177	三仙二天如止観第十記	460b			2-5
178	二十五諦如止観第十記	同右			同右
179	十二牽連	460c			2-8
180	犍度	同右			2-11
181	略果及略因由中可比二如観第三記	同右			2-16
182	妙玄云歌邏羅	460d	699a	2-17	
183	阿浮陀	同右	同右	同右	
184	卑尸	同右	同右	同右	
185	伽那	同右	同右	同右	
186	波羅奢訶	461a	同右	同右	
187	釈籤云倶舎亦云連縛等四刹那是其一也如止観第七記	同右			2-18
188	薄拘羅	同右			2-20
189	大経十四増数文同	461b			2-21
190	毗婆闍婆提	同右			同右
191	育多婆提	同右			同右
192	妙玄云諸論	461c	699c	2-42	
193	阿梨耶	同右	同右	同右	
194	破此如止観	同右	同右	2-44	
195	釈籤云四句求夢具如止観第五文	同右			2-44
196	三種意生身如止観第三記	同右			2-50
197	釈籤云又如宝篋経釈十二支等	462a			2-58
198	毗伽羅論如下第六記	同右			2-62
199	次引信解具如品中	462b			2-66
200	無生無作文稍隠略如止観第一記	同右			2-80

201	摩訶拘絺羅	462c			2-86
202	摶等四食	同右			同右
203	頭陀	同右			同右
204	正量部	同右			同右
205	知聖諦智凡有二	同右			2-104
206	妙玄云達摩鬱多羅	462d	701b	2-111	
207	釈籤云引妙勝定経如止観第三記	同右			2-131
208	始離五障	同右			2-133
209	彼金勝陀羅尼品等	同右			2-136
210	仏果出二諦外如止観第三記	463a			2-147
211	古来二十三家明二諦義如止観第三記文在梁昭明集	同右			2-148
212	根欲如止観十力中釈	463c			2-149
213	随情等如止観第三記	同右			2-150
214	五百身因如止観第七記	同右			2-151
215	如止観中始自迦羅終至円著等	463d			2-157
216	経云世法有五種謂名世句世等	同右			2-163
217	引文同異如止観第七記	464a			2-188
218	如如意珠如止観第五記	同右			2-195
219	無性宗家不見此意	464b			2-203
220	問若不接等至具如止観第三記	同右			同右
221	弄引秖是方便耳如止観記	同右			2-219
222	彭城寺嵩法師	464c			2-230
223	謗法之罪苦流長劫具如止観逆流十心中説	同右			同右
224	畜八不浄	同右			2-232
225	真丹義如止観第二記	464d			2-246

226	一三三一如止観第二巻顕体中及第七巻破横竪中	同右			2-249
227	凡釈別義多用此意具如止観第三記	465a			2-253
228	解脱亦爾多諸名字如止観第三記	465b			2-270
229	如止観摂法中因縁逆順各有其相	同右			2-276
230	忠孝等略如止観記	同右			2-296
231	多識鳥獣草木之名莫過於爾雅	465c			同右
232	波斯匿	同右			同右
233	摩羅延	465d			同右
234	婆羅門	同右			同右
235	阿竭陀	同右			同右
236	瞿曇仙	同右			同右
237	耆兎	同右			同右
238	婆藪	同右			同右
239	羅羅者	466a			同右
240	迦毗羅者	同右			同右
241	古人張楷能作霧	同右			同右
242	欒巴善吐雲	同右			同右
243	葛洪陶淵明	同右			同右
244	妙玄云捫模	466b	707b	2-296	
245	釈籤云但列名対病而已広如止観第七記	同右			2-301
246	妙玄云瞿沙	同右	707c	2-303	
247	毗尼	同右	同右	2-304	
248	釈籤云摩納婆	同右			2-316
249	評家	同右			2-313
250	聖由失地捨異生由命終煗必至涅槃頂終不断善忍不堕悪道第一入離生	466d			2-343

251	若逆若順具如止観第二記	467a			2-346
252	三祇菩薩具如止観第三記	同右			2-347
253	三蔵仏言一時用八忍八智等具如止観第三記料簡同異	同右			2-350
254	円位具如止観第七文中	同右			2-374
255	四句堕性如止観第三	467b			同右
256	可作四説如止観第五記	同右			2-375
257	先五眼具如止観第三記	同右			2-398
258	超越三昧如止観第四記	467c			同右
259	身子僻教如止観第五記	467d			同右
260	阿那律	同右			2-403
261	迦陵頻伽如止観第一記	同右			2-411
262	三蔵菩薩毒器縁如止観第三記	468a			2-439
263	落漠	同右			2-450
264	煩悩障及智障具如止観第六巻達摩鬱多羅釈	同右			2-471
265	初文具如止観顕体中説	468b			2-480
266	瓔珞三観具如止観第三記	同右			同右
267	修観義具如止観破法遍次第不次第破	同右			同右
268	給孤独	468c			2-510
269	増二法中具如止観第三記	同右			2-511
270	晋安帝	468d			同右
271	僧伽婆	同右			同右
272	五部至如止観第六記	同右			2-513
273	推四大如止観第二観音観門	同右			2-517
274	如前火木如止観第三記	469a			2-519
275	摩耶	同右			2-520

276	伊沙那	同右			同右
277	勝熱	同右			同右
278	落叉	469b			2-521
279	倶胝	同右			同右
280	那庾多	同右			同右
281	菩提流支	同右			2-523
282	言繋縁等及一切無礙人等如止観第一記	同右			2-525
283	始四念至八道如止観道品中	469c			2-526
284	九種大禅至如法界次第	同右			同右
285	十種境如止観	同右			同右
286	菩薩発心至如止観第一及第五明発心中辨	同右			2-535
287	白四羯磨	同右			2-536
288	性遮両戒等持無欠	同右			同右
289	而世大乗語者	469d			2-537
290	謂証真如則大妄居首	470a			同右
291	三宝交互盗用為先	同右			同右
292	未善媒房	同右			同右
293	安疑衣鉢	470b			同右
294	受食受薬詎思益方	同右			同右
295	屏坐露坐曾無介意	470d			同右
296	説法豈求男子	同右			同右
297	宿載無間女人	同右			同右
298	羅刹乞浮嚢等如止観第四	同右			同右
299	妙玄云偸蘭遮	471a	717a	2-542	
300	方等二十四戒	同右	同右	同右	
301	釈籤云利衰等八	同右			2-547
302	勒沙婆	同右			同右

303	亦如婆沙屠児伽吒縁及六十二見等	同右			同右
304	波離	471c			2-558
305	梵網	同右			2-562
306	重仍存四	同右			同右
307	軽分四篇	同右			同右
308	今小吉既与僧残共篇	同右			同右
309	懺法一槩対首	471d			同右
310	況夷愆許懺許増益受	同右			同右
311	加制六夷与小異耳	同右			同右
312	式叉等如止観第四記	472a			2-565
313	数息依婆沙其相如止観第七記	同右			3-5
314	八聖種者如止観第六記	472b			同右
315	発時下至如止観第九略記	同右			3-9
316	且約三十六物分之如止観第九記	472d			3-21
317	特勝通明在法界次第委釈亦如止観第九記	同右			3-23
318	知天文地理等如止観第九略記	同右			3-29
319	言六欲者如止観第六記	473a			3-33
320	九十八使如止観第五記	473b			3-34
321	八背捨勝処一切処如禅門止観	同右			同右
322	此観等四名及相状並在大品大論	同右			3-44
323	妙玄云成論人云色是無教法不至無色	473d	720a	3-53	
324	釈籤云三苦如止観第七記	474b			3-65
325	十方土者如止観第二記	同右			3-84
326	識病如止観中知病	同右			3-86
327	精薬如止観中識薬	474c			同右
328	得差如止観中授薬	同右			同右
329	浄種種仏土如止観第三記	同右			同右
330	慈具三種至如止観第六記	474d			3-102
331	枯栄如止観第七記	同右			3-103
332	若合十為六成無作六度如止観第二記	同右			同右
333	首楞厳具如止観第一第二記	475a			同右
334	経仍広明殺羊初縁	同右			3-119
335	輪皮全蟻如止観第七記	475c			3-130
336	難陀婆竭	同右			同右
337	自折己牙以恵猟者	475d			同右
338	遞推為尊	同右			同右
339	妙玄云弗婆提	476a	722c	3-133	
340	瞿耶尼	476b	723a	3-135	
341	欝単越	同右	同右	同右	
342	焔摩	同右	723b	3-140	
343	兜率	同右	同右	同右	
344	釈籤云不思議用如止観第五記	同右			3-146
345	肇云仰攀玄根俯提弱喪	同右			3-161
346	嘍唎如前釈	476c			3-162
347	優鉢	同右			3-166
348	物物	同右			同右
349	分陀利	同右			同右
350	鉢揵提	同右			同右
351	那羅延	476d			同右
352	大論九悩四如今文	同右			3-168
353	興起行有七宿縁	同右			同右
354	荘周明狙等	同右			3-176
355	路逆路	477a			3-185
356	旃陀羅	同右			同右

357	不男	同右			同右
358	以十八空銷十八句	同右			3-186
359	婆羅門八地已上等	477b			3-196
360	妙玄云三摩跋提	同右	726a	3-202	
361	摩尼	477c	726c	3-211	
362	箜篌	同右	727a	3-213	
363	揵陀羅	同右	同右	同右	
364	善法堂	同右	727b	3-217	
365	釈籤云応臾（頭注に「臾疑更」）撿成論	同右			3-219
366	五停治五障如止観第七	477d			3-229
367	三結八十八使七生如止観第六記	同右			3-238
368	造順現業等	同右			3-239
369	滅尽定如止観第九記	478a			3-245
370	及不定	同右			同右
371	三蔵六度縁起及行人片小具如止観第三記	478b			3-266
372	妙玄云罽那尸棄	同右	729b	3-271	
373	燃灯	同右	同右	同右	
374	毗婆尸	同右	729c	同右	
375	釈籤云具如止観記	同右			3-272
376	遊戯神通如止観第六記	同右			3-287
377	立忍名等如止観第六記	同右			3-302
378	故知此中問意与止観稍似有殊	478c			3-312
379	地持中明種性等六住如止観第五所引論文	同右			3-333
380	竺法護	同右			3-336
381	朱仕衡	478d			同右
382	支讖	同右			同右
383	雖不孟浪有始有卒其唯聖人	同右			3-351

384	彼経挫其同於悲境	同右			3-354
385	一塵中有大千経巻如止観第三記	479d			3-365
386	妙玄云薩婆若	同右	734b	3-395	
387	釈籤云十梵行空如止観第七記	同右			3-390
388	斉桓公等	480a			3-434
389	迦陵頻伽如止観第一記	同右			3-438
390	梵王答曰	480b			3-498
391	存三廃一広如止観第三記	同右			3-502
392	娑婆耶	同右			3-515
393	已如前与止観記中簡竟	同右			3-531
394	瓦官	480c			3-609
395	如来蔵如占察下巻末文	同右			3-612
396	金蔵喩如止観第一記已具引文	同右			3-615
397	大円鏡智平等性智妙観察智成所作智	480d			3-631
398	徧同	同右			同右
399	従方等生者翻名解義如止観第二文	481a			3-667
400	亦凡石也	同右			3-672
401	安置諸子秘密蔵中如止観第二記	同右			3-676
402	五百群賊得法眼	481b			4-22
403	珊檀那	同右			4-33
404	月蓋曲躬如止観第二記	同右			同右
405	広如疏第十巻	481c			4-52
406	慈童女縁如止観第五記	481d			4-56
407	所以不言接引等意如止観	同右			4-57
408	煩悩境中諸法般若三十六句	同右			4-62
409	如止観第五記	482a			4-66
410	略釈六通如止観第七記彼文並是発宿習通	482b			4-69

411	無記化化如止観第一記	482c			4-75
412	引鴦掘如止観第七記	同右			4-76
413	釈籤云然乗戒四句文在大経如止観第二記浄名疏	1a			4-89
414	為上中下如止観第四巻中	同右			同右
415	且準倶舎明十六重	1b			4-114
416	妙玄云伊帝目多伽	1d	753b	4-125	
417	釈籤云是老死誰老死為人法二空如止観第六記	2a			4-131
418	妙玄云儒林	同右	754b	4-146	
419	釈籤云五人至具如疏釈	2c			4-172
420	又如帝釈発心若太子於最後身成仏之時願為馬載太子出城	2d			4-183
421	亦如大拏太子見阿周陀阿周陀発願若太子成仏願為神通弟子即目連是	3a			同右
422	妙玄云調達是賓伽羅菩薩	同右	756b	4-194	
423	阿闍世是不動菩薩	同右	同右	同右	
424	薩遮尼乾是大方便菩薩	3b	同右	同右	
425	波旬是住不思議解脱	同右	同右	同右	
426	法身菩薩或従生身進道或従法身進道	同右	同右	4-198	
427	釈籤云如闍本根如止観第六記	4a			4-212
428	亦如止観記兼引楞伽経	4b			4-220
429	具如薬草疏中明横竪不及	同右			4-226
430	八聖種如止観第八記	同右			4-237
431	得縄如止観第七記	同右			4-244
432	余三趣因略如止観十心中	4c			同右
433	如救頭然如止観第七記	同右			4-255

434	妙玄云藉草	5b	766b	4-398	
435	釈籤云綩綖	5c			4-410
436	譬如諸天共宝器食如止観第三記	同右			4-427
437	阿私陀	5d			4-443
438	離車	同右			4-445
439	十六悪律義	同右			4-446
440	如阿弥陀寿実有量而名無量若寿無量如何得有観音補処	6a			同右
441	倚臥背痛如止観第八記	6c			同右
442	北首臥等如止観第一記	同右			同右
443	波波城闍頭園有長者名周那	6d			4-448
444	妙玄云阿鞞跋致	7a	770c	4-497	
445	釈籤云伏犠造八卦	7c			4-520
446	神農造五穀	同右			同右
447	貨狄造舟	7d			同右
448	維父造臼杵	同右			同右
449	蚩尤造兵	同右			同右
450	黄帝造冠冕	同右			同右
451	容成造歴	同右			同右
452	岐伯造医	8a			同右
453	隷首造数	同右			同右
454	皐陶造獄	同右			同右
455	嵆仲造車	同右			同右
456	伯益造井	同右			同右
457	蒙恬造筆	同右			同右
458	蔡倫造紙	8b			同右
459	未見造網人準例可悉	同右			同右

460	釈大経意如止観第一記	8c			4-547
461	郁伽長者	同右			4-559
462	梵天初下如疏及止観第七記	同右			同右
463	感通伝	8d			同右
464	故安師云訳経有五失及三不易訳梵為秦如嚼食与人令人嘔噦	9a			4-577
465	一塵有大千経巻如止観第三記	9b			4-602
466	無窄隘等如止観第六記	9c			4-608
467	斉桓公正而不譎	同右			4-639
468	周公制礼	9d			4-641
469	孔子刪詩	同右			同右
470	経謂五経七等九也	同右			同右
471	三墳	10a			同右
472	五典	同右			同右
473	古人書簡等	同右			同右
474	五行如止観第六記	10b			同右
475	社謂后土稷謂后稷略如止観第六第十記	同右			同右
476	張陵為大蟒所呑嵆康為鍾会所譖而記伝云得仙謬矣	10c			同右
477	長爪縁如止観第五記	10d			4-646
478	一指二指等如止観第五記	11a			5-25
479	張儀等	11b			5-44
480	石中有金如止観第六記	11c			5-77
481	力士額珠如止観第三記	11d			同右
482	六十二見如止観第二第五記	12a			5-95
483	修陀	同右			5-96
484	六群	同右			同右

485	八十八使如止観第五記	12b			5-97
486	妙玄云須跋陀羅	同右	786c	5-100	
487	釈籤云示人無諍如止観第六記	12c			5-121
488	冥初生覚如止観第七記	同右			5-128
489	周璞鄭璞如止観第十記	同右			5-129
490	以地人釈地義倫安荘老如止観第五記	12d			同右
491	三徳縦横如止観第三中	同右			5-147
492	二輪二翼如止観第五記	同右			5-161
493	一止等如止観第三文	13a			同右
494	止観記具注解	同右			5-172
495	三蔵生法二空如止観第六記	13b			5-184
496	迦羅迦鎮頭迦	同右			5-190
497	快馬見鞭影如止観第五記	同右			5-196
498	闍提首那	同右			5-199
499	遠師	13d			5-242
500	龍師印師	同右			5-243
501	漢順帝時等	同右			5-316
502	妙玄云阡陌	14b	800a	5-359	
503	増一	同右	800b	5-363	
504	中	同右	同右	同右	
505	雑	同右	同右	同右	
506	長	同右	同右	同右	
507	三修	同右	同右	5-368	
508	十仙	同右			5-368
509	三十六問	14c			同右
510	五行	同右			同右
511	十功徳	同右			同右

512	筌罤	同右	同右	5-370	
513	釈籤云近代已来読山門教者仍有此説悞哉	14d			5-384
514	及疏文中広以十義	15d			5-391
515	妙玄云盧舎那	同右	801a	5-389	
516	釈籤云高麗	同右			5-395
517	三論	16a			同右
518	梁武勅十人止観詮等	同右			同右
519	興皇伏虎朗	同右			同右
520	栖霞得意布	同右			同右
521	長干領語辯	16b			同右
522	禅衆文章勇	同右			同右
523	妙玄云虎丘山岌師	16c	同右		
524	宗愛法師	同右			
525	荘厳旻師	同右	同右		
526	定林柔次二師	16d	801b		
527	開善	同右	同右		
528	仏駄三蔵学士光統	同右	同右		
529	耆闍凜師	同右	同右		
530	北地禅師	17a	同右		
531	出異解竟	同右	同右		
532	是老死等如止観第六記	18b			5-399
533	如食檀耳	同右			同右
534	迦留陀夷	同右			同右
535	仏性有五種名如止観第三意仍少別	同右			5-407
536	生身乃至九悩	同右			5-410
537	均提沙弥至如止観第四記	18c			5-411
538	八千声聞得授記別如止観第七記	18d			5-430

539	毗舍遮	同右			5-438
540	富単那	同右			同右
541	於諸如来常如止観第七	19a			同右
542	八大声聞	同右			同右
543	八大菩薩	同右			同右
544	提謂	同右			5-447
545	六因四縁如止観第八記	同右			5-461
546	大品十喩如止観第五記	19b			5-465
547	一切法趣如止観第二記	同右			
548	下仏答中仍云菩薩不応食肉故知仍存小教中開	同右			5-477
549	又八術如止観第八記	19c			5-489
550	妙玄引涅槃初成道等釈籤中云且借秘密	20a	806a	5-495	5-495
551	龍宮三本	同右			同右
552	于闐	20b			同右
553	摩竭提	20c			同右
554	阿蘭若	同右			同右
555	熙連河	同右			同右
556	舎利弗滅度縁出増一第九	同右			5-585
557	次各釈文自為四如止観第三記	20d			5-599
558	妙玄云誕公	同右	813b	5-645	

注

（1）『仏教大系』（仏教大系完成会）の『法華玄義』を復刻した『註解合編　天台大師全集・法華玄義』全五冊を指す。

（2）本論で取りあげる従義の注釈以外に、有厳（?—一一〇一）『法華経玄籤備撿』四巻（続蔵一—四四—四所収）、善月（一一四九—一二四一）『大部妙玄格言』二巻（続蔵一—四四—四所収）、法照（一一八五—一二七三）『法華三大部読教記』二十巻（巻第一～巻第七の部分。続蔵一—四三—四～五所収）、智旭（一五九九—一六五五）『法華経玄義節要』二巻（続蔵一—四四—四～五所収）、伝灯（生没年未詳、明代）『法華経玄義輯略』一巻（続蔵一—四四—五所収）、霊耀（?—一六八三—?）『法華経釈籤縁起序指明』一巻（続蔵一—四四—五所収）、智銓（生没年未詳、清代）『法華経玄籤証釈』十巻（続蔵一—四四—五所収）などがある。

（3）たとえば、「五百身因如止観第七記」に対して、『補注』は「文在止観第二記也」（続蔵一—四三—五・四六三左上）と注するが、『天台大師全集・法華玄義』所収本では「五百身因如止観第二記」（第二冊・一五一頁）となっている。

（4）たとえば、『補注』には「依俙」（続蔵一—四三—五・四四五右上）とあるが、『天台大師全集・法華玄義』所収本では「依稀」（第一冊・二一二頁）とある。

第二部　維摩経疏の研究

一　中国における『維摩経』入不二法門品の諸解釈

―仏教における真理と言語―

一　はじめに

鳩摩羅什訳『維摩経』の思想的核心の一つが入不二法門品第九に説かれる「維摩の一黙」にあることは、贅言を要しないであろう。そこでは維摩詰の

　あなたがた。どのようにして菩薩は不二の法門に入るのですか。めいめい思うがままに説いて下さい。

　諸仁者。云何菩薩入不二法門。各随所楽説之。（大正一四・五五〇中—下）

という問いに対して、まず法自在菩薩から楽実菩薩までの三十一人の菩薩たちが、さまざまに、二とは何かを規定したうえで、その二を否定超越することが不二法門に入ることであると答えている。左に、三十一人の菩薩名と、どんなものを対立する二項として設定したかを図示する。

1	法自在菩薩	生・滅
2	徳守菩薩	我・我所
3	不眴菩薩	受・不受
4	徳頂菩薩	垢・浄
5	善宿菩薩	動・念
6	善眼菩薩	一相・無相

7	妙臂菩薩	菩薩心・声聞心
8	弗沙菩薩	善・不善
9	師子菩薩	罪・福
10	師子意菩薩	有漏・無漏
11	浄解菩薩	有為・無為
12	那羅延菩薩	世間・出世間
13	善意菩薩	生死・涅槃
14	現見菩薩	尽・不尽
15	普守菩薩	我・無我
16	電天菩薩	明・無明
17	喜見菩薩	色・色空
18	明相菩薩	四種異・空種異
19	妙意菩薩	六根・六境
20	無尽意菩薩	六度・廻向一切智
21	深慧菩薩	空・無相・無作
22	寂根菩薩	仏・法・衆
23	心無閡菩薩	身・身滅
24	上善菩薩	身・口・意
25	福田菩薩	福行・罪行・不動行
26	華厳菩薩	従我起二
27	徳蔵菩薩	有所得相
28	月上菩薩	闇・明
29	宝印手菩薩	楽涅槃・不楽世間
30	珠頂王菩薩	正道・邪道
31	楽実菩薩	実・不実

正確には二項対立でないもの（21・22・24・25・26・27）も含まれているが、いずれも二が何であるかを規定したうえで、その二を否定超越することが不二法門に入ることであると説明している点は共通である。ここでは二項対立を説くものから、理解しやすい例を一つだけ引用する。十三番めの善意菩薩は、

　生死と涅槃とは異なる二つのものです。もし生死の本質を見れば、生死はなく、束縛も解放もなく、生じも滅しもしません。このように理解することが不二法門に入ることです。

生死涅槃為二。若見生死性、則無生死、無縛無解、不生不滅。如是解者、是為入不二法門。（同前・五五一上）

と述べている。

次にこれらの三十一人の解答に対して、文殊菩薩は、

私の考えでは、すべての法について、言うことも説くこともなく、示すことも知ることもなく、議論を越えていることが不二法門に入ることとです。

如我意者、於一切法、無言無説、無示無識、離諸問答、是為入不二法門。（同前・五五一下）

と述べている。つまり文殊は、一切法（これは、三十一人の菩薩が二として取りあげたものすべてを包括する）について、いかなる言語表現も不可能であるとすることが入不二法門であると述べているのである。入不二法門が言語で説くことができないということについて、ほかならぬ言語によって説いたのである。最後に、文殊が維摩詰に対して、不二法門に入るとはどういうことか質問するが、維摩詰は沈黙を守って一言も答えない。それを見た文殊は、その維摩詰の沈黙の意味を理解し、讃嘆するのである。すなわち、

そこで、文殊師利は維摩詰に「私たちはめいめい説きました。今度はあなたが、菩薩が不二法門に入るとはどのようなことか説いて下さい」と質問しました。そのとき、維摩詰は沈黙して言葉を発しませんでした。文殊師利は「まことにすばらしいことです。なんと、文字や言葉を越えています。これこそ真に不二法門に入ることです」と感歎しました。

於是、文殊師利、問維摩詰、我等各自説已。仁者。当説何等是菩薩入不二法門。時維摩詰、黙然無言。文殊師利歎曰、善哉善哉。乃至無有文字語言、是真入不二法門。（同前）

と。以上、入不二法門品の内容を簡単に紹介したが、その議論のテーマをつきつめると、仏教における真理と、その言語表現の問題に帰着するように思われる。(1) この問題に関して、『注維摩詰経』（以下、『注維摩』と略記する）に収録

されている鳩摩羅什、僧肇、道生の解釈、さらに隋の三大法師と称される浄影寺慧遠、智顗、吉蔵の解釈を検討して、それぞれの解釈の思想的特徴を考察することが本稿の目的である。

二 『注維摩』において

㈠鳩摩羅什において

すでに整理したように、維摩経の入不二法門品そのものが、三十一人の菩薩、文殊菩薩、維摩詰の三段階の発展的構成を取っているが、羅什はこの三段階については言及していない。しかし黙と語の対立については、

そもそも沈黙と言語表現は異なるが、根本を明かす点では同一である。帰着するところは同一であるが、外にあらわれた形には精妙なものと粗雑なものとの違いがある。言語を越えた真理を言語で表現するのは、言語を越えた真理を言語で表現しないことに及ばない。かくて、沈黙の議論が議論のなかですぐれたものなのである。

夫默語雖殊、明宗一也。所会雖一、而迹有精麁。有言於無言、未若無言於無言、故默然之論、論之妙也。（大正三八・三九九中）

と述べている。文殊の語と維摩の黙とは、帰着する根本は同一であるが、外にあらわれた形としては維摩の黙が文殊の語よりも精妙であるという主張である。

また、三十一人の菩薩の答えの意義については、

こうもいえる。心の迷いは人によって異なっている。悟りを開くにはきっかけがあるので、それぞれ悟りを説かせて、多くの迷いを広い範囲にわたって解消させるのである。そもそもすぐれた集会で根本を明らかにするに

は、必ず終わりをよくすることを美点とするのである。今、法の集会が解散しようとするので、その深い趣旨を究めようとする。〔そこで〕広く不二を説いて、はじめてその妙を発揮するのである。

亦云、情惑不同。発悟有因、令各説悟、広釈衆迷。夫勝会明宗、必以令終為美。令法坐将散、欲究其深致。広説不二、乃尽其妙也。（同前・三九六中―下）

と述べている。衆生の情惑は多様であり、悟りを開くには、何かきっかけが必要であるから、多くの菩薩に彼ら自身の悟りを説かせて、衆生の多くの迷いを捨てさせるのである。つまり、三十一人の菩薩の多様な説は、衆生の多様な迷いを捨てさせることにとって有効であるとみなされているのである。前述した第一段階が単に、第二、第三段階を宣揚するための手段としてだけではなく、衆生にとっての現実的な効果として認められているところに特徴があると思われる。

(二)僧肇において

僧肇は入不二法門品の経全体における意義について次のように述べている。すなわち、

経典の最初の部分からずっと明らかにしていることは異なるが、いずれも大乗無相の道である。無相の道はとりもなおさず不可思議解脱の法門であり、第一義無二法門にほかならない。これは、浄名が仮りに病を示し文殊が病について質問することによって建立されるのである。凡夫と聖人の道が完成するのは、すべてこのことを経由するのである。かくて事柄、議論として、文章や言葉の端緒となる。その帰着するところを突きつめていくと、唯一である。しかるに学ぶものは、〔それぞれ〕心が悟るのに拠るところがあり、馴染むものも異なっている。生滅を観察して根本にたち返ることもあり、有無を推しはかって真実を体得することもあり、罪福を探求して一なるもの（真理）を身に体することもあり、身口の行為を観察して静寂の境地になることもある。そのあり方は

さまざまであるが、帰着するところは異ならない。異ならないから、多くの人が共通する点を取りあげて、この経典の大旨の証しとするのである。

自経始已来、所明雖殊、然皆大乗無相之道。無相之道、即不可思議解脱法門。即第一義無二法門。此浄名現疾之所建、文殊問疾之所立也。凡聖道成、莫不由之、故事為篇端、談為言首。究其所帰、一而已矣。然学者、開心有地、受習不同。或観生滅以反本、或推有無以体真、或尋罪福以得一、或察身口以冥寂。其塗雖殊、其会不異。不異故取衆人之所同、以証此経之大旨也。（大正三八・三九六下）

と。維摩経の根本を大乗の無相の道と規定し、それと第一義無二法門（不二法門）とを同一視している。そして、三十一人の菩薩たちの多様な説も、その帰着するところは唯一であるが、修学する衆生の悟りを開くあり方は多様であるから、それに応じてさまざまな説がなされることを明かしている。この点は羅什と同じ解釈である。

次に第一段階と第二段階との相違については、

以上の人々が明らかにしていることは同じであるが、基づくところはそれぞれ異なる。仮りにただ法相を論じて、〔不二が〕無言（言語表現を越えていること）であることを明かさない。ところで今、文殊は多くの人々（三十一人の菩薩）の説をまとめて、不二の門を開示する。ただ法相は言語表現できないことを言うのみで、法相について言語表現をしない。〔文殊の〕この言葉は、言葉のなかの究極のものである。しかしながら、〔維摩の〕沈黙にくらべるとやはり劣るのである。

上諸人、所明雖同、而所因各異、且直辨法相、不明無言。今文殊、総衆家之説、以開不二之門。直言法相不可言、不措言於法相。斯之為言、言之至也。而方於静黙、猶亦後焉。（同前・三九九上）

と述べている。三十一人の菩薩は、法相が無言である。すなわち、言語で表わすことができないことを説いていない点、それを明らかにした文殊より劣る。また、文殊は、言説の次元では最高であるが、第三段階の維摩の黙よりは劣

るといわれる。この第二段階と第三段階の優劣については、

無言（言語表現を越えていること）を言葉で説明することは、無言を言葉で説明しないことに及ばない。そこで沈黙するのである。上の菩薩たちは法相について言語表現し、文殊は無言を言葉で説明し、浄名は無言を言葉で説明しない。この三者は根本を明らかにすることは同じであるが、外にあらわれた形には深浅の差がある。ゆえに言は無言より劣り、知は無知より劣るのである。まことに真実である。

有言於無言、未若無言於無言。所以默然也。上諸菩薩、措言於法相。文殊有言於無言。浄名無言於無言。此三明宗雖同、而迹有深浅。所以言後於無言、知後於無知。信矣哉。（同前・三九九中―下）

と述べている。第一文は、前引の羅什の言葉と全同であるが、次下の解釈をみると、第二と第三段階の比較のみでなく、第一段階も含みこんで（少なくとも、羅什の場合の同箇所の注はそうではなかった）、これら三段階は、根本を明かす点では、共通であること、しかし、迹の次元においては深浅の差別があることを明かしている。

要するに、僧肇は羅什とほとんど同様な解釈を試みているが、入不二法門品の三段の構成を三段として自覚的に明示している点において理解しやすい。もっとも、この点については、羅什も同様であった可能性は十分あると推測される。

㈢道生において

第一段階と第二段階との相違については、

前の菩薩たちはそれぞれ不二の意味について説いた。〔そうすると〕説くことのできる不二があるようになる。もし説くことのできる不二があるならば、〔それは〕すぐに二に対立する不二となってしまう。そこで、文殊は説くことのできるものがないことこそ不二であることを明かすのである。

前諸菩薩、各説不二之義。似有不二可説也。若有不二可説者、即復是対二、為不二也。是以文殊、明無可説乃為不二矣。（大正三八・三九九上―中）

と指摘している。言葉で説かれる不二があれば、これは二と不二の相対関係が残存し、究極的立場ではない。そこで、文殊は、説かれることがないことこそ不二であると明かすのである。また、不二は「一」と言い換えられ、その悟達が万事のなかの根本であることを、入不二法門品の釈において、「その一であることを悟る以上、多くの事がらはみな獲得される。それ故、一を多くの事がらの拠り所とするのである（既悟其一、則衆事皆得。故一為衆事之所由也）」（同前・三九六下）とか、菩薩行品の釈において、「もしその一であることに通達すれば、多くの事がらはみな完了する（苟達其一、衆事皆畢）」（同前・四〇四下）とかと示している。

第二段階と第三段階との相違については、

文殊は、説くことのできるものがないことを明かすが、まだ、〔そのような〕説明が〔本来〕説明できないものであることを明かしていないのである。そこで維摩は沈黙するのである。言葉を発しないことによって、言葉が中味のないことを表わす。言葉がもし中味があるならば、どうして沈黙するであろうか。

文殊、雖明無可説、而未明説為無説也。是以維摩黙然。無言以表言之不実。言若果実、豈可黙哉。（同前・三九九下）

と述べている。文殊は、「説が無説であることを明かさない」と評されているが、意味はよくわからない。ひとまず上のように訳しておいた。維摩の黙の理由は、言葉が実体をもたないものであることに求められている。基本的には、道生も羅什、僧肇と同じであると評せよう。

三　浄影寺慧遠において

慧遠は維摩経の注釈書として『維摩経義記』を著わしている。(2) 彼は入不二法門品の趣旨を、「この品は敷衍して平等不二の理を証得し〔それに〕入ることを明かす（此品広明証入平等不二之理）」（大正三八・四九一中）と述べている。この品の注釈は四項に分けられているが、その第一項「定其所辨」では、入不二法門品の根本思想について、有人の説を批判して、自身の説を提示している。すなわち、

ある人は解釈する。「この品は根本として不二の理を示し、修行の徳目を議論するのではない」と。経文に即して追求すると、この品は根本として不二に入る修行を明かし、正面から理を論ずるのではない。明らかにわかる。根本として不二に入る修行を示し、ただ理を明かすだけではない。

有人釈言。此品宗顕不二之理、非辨行徳。即文以求、此品宗明入不二行、非正論理。……明知、宗顕入不二行、不唯明理。（同前）

と。理を明かすことよりも、理に入るべき実践修行を中心としている。これは南地の学解仏教に対して北地が実践仏教といわれることをよく反映した解釈であると考えられる。

不二の意味については、

不二というのは、相違がないという意味である。とりもなおさず経の中の一実という意味である。実の理は、すばらしく静まりかえって相を離れており、ありのままで平等であり、彼此の対立を無みしているので、不二という。

言不二者、無異之謂。即是経中一実義也。実之理、妙寂離相、如如平等、亡於彼此、故云不二。（同前・四九一

下）と説明されている。さらに、なぜ二だけが否定されるのかという問題（これは羅什においても問われたものである。注（1）を参照）については、

質問する。諸法には一、二、三、乃至、多くのものがある。それを翻して理を説けば、道理として不一、不二、不三、乃至、〔不〕多があるはずである。どのような意義によって、不二とだけ言うのか。

解釈する。不一、乃至、不多は、経に説く箇所がある。それ故、『涅槃経』には、「一の法相を除いて、数えることはできない。ただ、今一時的に一の不二門について道理を議論して、その他のものについては省略して論じない。まことに二とは彼此を通じて意味するからである。このため偏って対応させて不二を説く。さらにまた二とは、法を区別する開始である。今、これは理の体に区別が無いことを明かすために、偏って二に対して不二を説く。不二を説くけれども、不一、不三、乃至、不多はすべてその中に収められる。

問曰。諸法有一二三乃至衆多。翻彼説理、理応不一不二不三乃至衆多。以何義故、偏言不二。

釈言。不一乃至不多、経有説処。故涅槃云、除一法相、不可算数。但今且就一不二門、而辨道理、余略不論。良以二者、彼此通謂。是故偏対、而説不二。又復二者、別法之始。今此為明理体無別、故偏対二而説不二。雖説不二、不一不三、乃至衆多、悉入其中。（同前）

と。ここで最も重要な視点は、二を、法を別ける始めと規定していることである。不二を説くことが、不一、不多などを含むということの理由は次のようである。たとえば、一を立てるときは、それに相対する多を一方で立てることによって、この両者の相対関係を「二」という概念に還元することができる。したがって、この場合における「不二」は、一と多との二を否定超越することである。

次に、三十一人の菩薩、文殊菩薩、維摩詰の三分類に関しては、

第一に維摩が質問する。諸菩薩等は言語によって相を否定することを、不二に入ると名づける。第二に諸菩薩が質問する。文殊はこれに対して、言語によって言語を否定し、その不二を明かす。第三に文殊が質問する。維摩は質問をきっかけとして、沈黙によって言語を否定して、不二を示す。これら三者は、みな教化の分斉であり、想念を止息させて〔不二に〕入ることを教える段階である。もし自覚と相応する境界を論じれば、言語によって明らかにすることができず、沈黙によって示すことが難しい。なぜそのようであるか。実に基づいて追求すれば、法の外に本来、音声や文字は無く、どうして言語によって明らかにすることができようか。法の外にもまた獲得すべき形相はなく、だれが沈黙によって示そうか。言語によって明らかにすることができなければ、証得の境地において詮（明らかにされるもの）は無い。沈黙でなければ示すことができず、証得の境地において相を超絶する。詮と相はすべて無く、他が推測する対象ではない。このため自覚の境界と名づける。覚の境地において他も無く、自もまた〔法に〕対することが無い。

質問する。この品は奥深いものを明らかにする究極である。もし沈黙の外になお自覚と相応する境界があれば、なぜ論じないのか。

解釈する。教化をなすことは、言語と沈黙にきわまる。言語と沈黙の外に、もはや述べることのできるものはない。述べることのできない境地においては、もともと論じたためしはない。どうして今だけ〔論じない〕であろうか。

一維摩問。諸菩薩等、以言遣相、名入不二。二諸菩薩問、文殊対之、以言遣言、明其不二。三文殊問。維摩因問、以默遣言、而顕不二。此三皆是化之分斉、息想教入之階降也。若論自覚相応境界、不可言彰、叵以默顕。何故如是。拠実以求、法外本無音声文字、何言能彰。法外亦無形相可得、誰用默顕。無言能彰、証処亡詮。非默能顕、証処絶相。詮相悉無、他所莫測。是故名為自覚境界。覚処無他、自亦亡対。

問曰。此品、闡玄之極。若使黙外、猶有自覚相応境界。何故不論。
釈言。為化、極於言黙。言黙之外、不復可陳。不可陳処、従来未辨。豈独今哉。（同前・四九二下）

と。これによれば、三十一人の菩薩は、「以言遣相」であり、文殊は「以言遣言」であり、維摩は「以黙遣言」であると、三者の特徴が端的にまとめられている。しかし、これは、「化之分斉、息想教入之階降也」という立場にもとづいたものであることを断っている。他方、「自覚相応境界」については、言語によっても、沈黙によっても表現できないことを強調している。末尾の問答においても、教化は、言語表現と沈黙に極まるが、自覚相応境界は述べることができないことを指摘している。

さらに、第一段階と第二段階との関係については、

前の諸菩薩が相を否定するけれども、言語を留めて法に対するのは、とりもなおさずその二である。言語を無みし〔法に〕対することを超絶することがはじめて不二である。

前諸菩薩雖復遣相、留言対法、即是其二。亡言絶対、方是不二。（同前・四九八下）

とある。第三段階の維摩の沈黙については、

維摩は究極的に不二の実を証得している。実の境地は〔凡夫の〕情を無みし、言説はすべて無いので、沈黙によってこれを示す。さらにまた、前の文殊は言語に対して道を明らかにする。まだ維摩が深い沈黙によって追求するのに及ばない。言語を無みすればそのまま道であるので、沈黙して言わない。言語表現を越えた道は、言語の立場では推測できない。語る者に言語を止息させ同じく会得させようとするので、下で文殊は賛嘆してこれを示す。

維摩窮証不二之実。実処亡情、言説悉無、故黙顕之。又前文殊対言明（底本の「期」を脚注により改める）道。未若維摩淵黙去求。亡言即道、故黙不言。無言之道、居言莫測。欲令言者息言同会、故下文殊嘆以顕之。（同前）

とある。また、「亡言入実、顕理最勝」（同前）、「無言即道。道絶言対」（同前）とある。第一段階は、「留言対法」（言語を留めて法に対する）であるが、これらを否定超越してはじめて不二であることが明かされ、第三段階は、言語を超越した道は、沈黙によってのみ示すことができることが説かれている。

四　智顗において

智顗の晩年最後の仕事は維摩経の注釈を完成することであった。現存する関連の注釈書としては、『四教義』、『三観義』、『維摩経玄疏』、『維摩経文疏』がある(3)。

はじめに、『維摩経玄疏』巻第一を見ると、四悉檀から聖説法・聖黙然が生起することを説いているなかで、維摩経における聖説法・聖黙然を明かしている。すなわち、

この『浄名経』はとりもなおさず大乗方等の教えである。四番の悉檀によって〔衆生の機〕縁に赴いて説くことを、聖説法と名づける。四種の四諦がみな不可説であることを、聖黙然と名づける。たとえば三十二の菩薩が第四番の悉檀によって一実諦を説き、不二法門に入ることを、聖説法と名づける。四一の実諦がみな不可説であることを、聖黙然と名づける。浄名が口を杜ぎ、畢竟して説くことが無いのは、とりもなおさず真の黙然である。

此浄名経、即是大乗方等之教。用四番悉檀、赴縁為説、名聖説法。四種四諦、皆不可説、名聖黙然。如三十二菩薩、用第四番悉檀、説一実諦、入不二法門、名聖説法。四一実諦、皆不可説、名聖黙然。如浄名杜口、畢竟無説、即是真黙然也。（大正三八・五二三中―下）

とある。三十一人の菩薩と文殊菩薩をあわせて三十二人の菩薩は聖説法と規定され、維摩詰の杜口（沈黙）は聖黙然といわれる。さらに、「黙者、是不可説也」（同前・五二三下）と述べたうえで、この「不可説」に六種類の段階があ

ると述べ、最も重要な第六の円教の不可説の相を明かすなかで、「此乃浄名杜口之意耳」（同前・五二四上）と述べている。

全般的に言って、『維摩経玄疏』においては、入不二法門品に対する注意は稀薄なようである。とくに、次節で考察する吉蔵の「不二」に対する関心の強さと対照的である。

次に、『維摩経文疏』をみる。この著は二十八巻であるが、後の三巻（第二十六〜二十八巻）は智顗の没後、灌頂が補ったものであり、入不二法門品の注は巻第二十六にあるので、この品の注は灌頂の手になるものであるが、一往、智顗の解釈を扱う本節において考察することにする。

まず、入不二法門品という品名の解釈に関して、「門有多義、入亦不同」（続蔵一―二七―五・一六一右下）という立場から、四句分別を十種類挙げているが、すこぶる体系的であるとともに、形式的分類にすぎる嫌いがある。詳しくは本論では触れない[4]。

また、『維摩経玄疏』においてと同様、聖説・聖黙について説いているが、より明瞭な論述である。すなわち、

三十一の菩薩のようなものがみな言語によって無言について語るのは、別教である。文殊が無言によって無言について語り、浄名が無言によって語ることがないのは、円教と名づける。円教に二種がある。第一に聖説法であり、第二に黙然である。第一に聖説とは、聖とは正に名づける。正は中道にほかならず、かえって言と無言〔の対立〕であるべきではない。また無言を語ることを論じることができる。このため、文殊は不思議の聖説法を示すので、無言によって無言を語る。維摩は聖黙然を示すので、無言によって語ることがない。この聖説は黙然にほかならず、黙然はとりもなおさず聖説である。

若是三十一菩薩、皆以有言、言於無言、是別教。文殊以無言、言於無言。浄名以無言、無言。是名円教。円教二種。一聖説法、二黙然。一聖説者、聖者名正。正即中道、乃不当言与無言。亦得論言無言。是故文殊、顕不思

議聖説法、故無言、言於無言。維摩顕聖黙然、故無言無言。此之聖説即是黙然、黙然即是聖説。（同前・一六三右上―下）

と。いわゆる化法の四教（蔵・通・別・円）の中で、第一段階を別教にあてはめ、文殊と維摩はともに円教と規定している。これは、他の諸師と比較して特異な解釈といえよう。というのは、他の諸師は、迹の次元において、文殊と維摩の間に、浅深優劣の差別を設けているからである。

さらに、第一段階もまた別教ではなく円教ではないかという問いに対して肯定的な解答をなしている。すなわち、もし一一の門をなして別々に無言に入ることができるならば、別教の意である。もし不生不滅の一門をなして四十二地を収めることができれば、とりもなおさず円教の意である。

若作一一門、別（底本の「判」を改める）得入無言者、是別教意。若作不生不滅一門、能摂四十二地者、即是円教意也。（同前・一六三右下）

と。

このように、他の諸師と異なり、文殊の聖説法を円教として高く評価したことは、諸法実相が言説を超越していることを踏まえながらも、円融三諦、一念三千等の理論によって実相の内的構造を明らかにしようとした智顗の態度と大いに関係があるであろうと推定される。

五　吉蔵において

吉蔵には、維摩経関係の著作として、『浄名玄論』、『維摩経略疏』、『維摩経義疏』があり、「不二」についての資料もかなり多いので、ここでは、ひとまず『浄名玄論』を資料として少しく考察するにとどめる。

維摩経は、鳩摩羅什訳では『維摩詰所説経』であるが、経末に「是経名為維摩詰所説。亦名不可思議解脱法門」（大正一四・五五七中）とあるごとく、「不可思議解脱法門」も維摩経の一つの名として、吉蔵の考察の対象となっている。

経典の題目を、人と法という範疇によって分類する場合があるが、不可思議解脱法門は、人と法とをどちらも取りあげ、開いて二つの名とする。人を一名とする。とりもなおさず維摩詰所説経である。法を一名とする。不可思議解脱法門を意味する。

人法両挙、開為二名。謂人為一名。即維摩詰所説経。法為一名。謂不可思議解脱法門。（大正三八・八六四中）

とあるように、「法」（教説、思想内容）に基づいた命名であり、この「法」の内実は、法というのは、不思議解脱を意味する。その大旨をまとめると、全部で三種がある。第一に不思議境、第二に不思議智、第三に不思議教である。

所言法者、謂不思議解脱。統其大帰、凡有三種。一不思議境、二不思議智、三不思議教。（同前・八五三上―中）[5]

とあるように、不思議と形容される境、智、教の三者である。この三者の相互関係は、仏の立場においては、不思議境によって、不思議智を生ずる。不思議智によって、不思議教を説く。

由不思議境、発不思議智。以不思議智、吐不思議教。（同前・八五三中）

とあるように、境→智→教と説かれる。他方、衆生の立場からは、

教化を受ける弟子たちに、教によって理に通じ、理によって智を生じさせようとする。

欲令受化之徒藉教通理因理発智。（同前）[6]

とあるように、教→理→智と説かれる（境と理はこの場合、同じ意味）。この境・智・教の三者を本迹の範疇によって

分けると、

境と智は、不思議の本を意味するのである。教は、不思議の跡を意味するのである。境によって智を生じなければならず、そうして後、衆生に応じて教を施すのである。本によって跡を垂れることを意味する。教によって理に通じることは、跡によって本を示すことを意味する。

境之与（底本の「興」を「與」＝「与」に改める）智、謂不思議本也。教謂不思議跡也。要由境発智、然後応物施教。謂以本垂跡。藉教通理、謂以跡顕本。（同前）

とあるように、境と智が本であり、教が迹と規定される。

以上を予備的考察として、「不二」についての吉蔵の解釈を次に検討する。『浄名玄論』の取り扱う主題は、釈名題、論宗旨、論会処の三つである。その第一の釈名題とは、言うまでもなく、維摩経の経典題目についての解釈を意味するわけであるが、その中において、経名の由来するところ、経名の根本である「不二法門」について集中的に議論している。すなわち、

維摩詰不思議解脱の本とは、不二法門を意味する。

維摩詰不思議解脱本者、謂不二法門。（同前）

と、基本的立場が提示され、なぜ不二法門といわれるのかという理由については、

不二の道を体得することによるので、無二の智がある。無二の智によるので、固定したあり方を越えて適宜に教化することができるのである。

由体不二之道、故有無二之智。由無二之智、故能適化無方。（同前）

と述べられている。このことは巻第二にも、

不二の理を体得することによるので、無二の智がある。無二の智によるので、固定したあり方を越えて適宜に

教化する。

由体不二之理、故有無二智。由無二之智、故適化無方。(同前・八六三上)

と繰り返されている。両文を比較すると、道と理が同じ意味として使用されていることがわかる。巻第三にも類似の文が見られる。すなわち、

不二の道を体得することによるので、不二の智がある。不二の智によって、固定したあり方を越えて適宜に教化することができる。

由体不二之道、故有不二之智。不二之智、能適化無方。(同前・八六八中)

とある。これによれば、無二と不二が全く同じ意味として使われていることがわかる。

この境・智・教がそれぞれ何を内容としているかについては、「辨不思議体」の箇所において、質問する。今、何の法について不思議を明かすのか。答える。法は無量であるけれども、かいつまんで三種がある。第一に境、第二に智、第三に教門である。境はとりもなおさず真俗二境の不思議であり、智は権実両智の不思議にほかならず、教は二諦の教門を意味する。

問。今就何法、明不思議。

答。法雖無量、略有三種。一境、二智、三教門。境即真俗二境不思議、智即権実両智不思議、教謂二諦教門。

(同前・八六八下)

と述べられている。

以上のように、不思議解脱法門の構成要素は、境・智・教と分析的に示されているが、その最も根本に位置する境(不二の道、不二の理)をいかに把握するかについて、入不二法門品では、既述のとおり三段階に分類している。このことについて、吉蔵は、

大いに不二を論ずると、全部で三品がある。第一に多くの人が不二を語り、まだ不二が無言であることを明かさない。いわゆる下である。第二に文殊は不二が無言であることを明かすけれども、なお無言について語る。いわゆる中である。第三に浄名は沈黙し、不二が無言であることを観察して、無言について語ることがないことができる。いわゆる上である。

大論不二、凡有三品。一衆人、言於不二、未明不二無言。所謂下也。二文殊、雖明不二無言、而猶言於無言。所謂中也。三浄名杜（底本の「吐」を改める）黙、鑒不二無言、而能無言於無言。所謂上也。（同前・八三五中―下）

と述べているので、この三段階に分けることについては、他の諸師と同じ理解である。つまり、第一段階は三十一人の菩薩の場合であり、彼らはさまざまな仕方で不二の理について説いているが、不二の理は言語で説かれないことを明らかにしていないから下の段階である。第二段階は文殊の場合であり、彼は不二の理が言語で説かれないことを明らかにするが、それを言語を用いて説いているから中の段階である。第三段階は維摩詰の場合であり、彼は沈黙して不二の理が言語で説かれないことを観察し、言語の手段を用いないから上の段階である、と規定されている。

この上中下の三段階について、質問者は、

最高の趣旨は無言であるけれども、奥深い典籍はいよいよ広がるという以上、とりもなおさず無言について語ることは、かえって文殊の言語が深く、浄名の沈黙が浅いと見える。

既云至趣無言、玄藉弥布、即是言於無言、乃見文殊之言深、浄名之黙浅。（同前・八五三下）[7]

と文殊が維摩詰より深いのではないかと述べている。この問題については、吉蔵は、

三段階の説は、理を明かす浅深であり、まだ衆生に応じて教えを垂れることを論じていない。

三階之説、為明理浅深、未辨応物垂教。（同前）

と述べ、三段階の優劣は、理を明かすことの浅深に基づくものであり、衆生に応じて教えを垂れることについて論じ

たものではないと答えている。そして、さらに、不二の理と応物垂教との関係について、上述の三段階を理との関連で再び説いている。すなわち、

そもそも不二の理とは、不思議の本を意味するのである。衆生に応じて教えを垂れることは、不思議の跡を意味するのである。本でなければ跡をたれることはないので、理によって教えを説く。跡でなければ本を示すことはないので、教えを借りて理に通じる。もしそうであるならば、理の無言を体得する必要があり、そうして後にはじめて衆生に応じるのに有言であることができるのである。多くの人は理について語るけれども、まだ至理の無言を明らかにしていない。まだ理に到達していないのである。文殊は理の無言を唱えるけれども、なお至理についてまだ語る。またまだ理に合致しない。浄名は理の無言を観察して理について語ることがないことができる。始めて理に到達するのである。

夫不二理者、謂不思議本也。応物垂教、謂不思議跡也。非本無以垂跡、故因理以説教。非跡無以顕本、故藉教以通理。若然者、要須体理無言、然後乃得応物有言耳。衆人、雖言於理、未明至理之無言。即未詣理也。文殊、雖唱理無言、而猶言於至理。亦未称理。浄名、鑒理無言、而能無言於理。始詣理也。(同前)

と。上の三段階の説明と比較すると、不二や無言を至理と言い換えているにすぎないが、文意がより明瞭となっている。

次に、この三階の説と不二の理とが矛盾するのではないかという問いに対し、三階の説は教の次元であり、理の次元と異なるから矛盾でないと答えている。すなわち、

難詰する。三段階の説がもし成立するならば、不二の言はすぐに破壊される。どうしてかといえば、不二という以上、どうして三があるであろうか。もし三があれば、どうして不二と名づけようか。事がらについて相違し、内容的に矛盾するようである。

答える。思うに、教によって理に迷っているので、相違するという。もし理一・教三を知れば、割り符が一致するようなものである。どうしてかといえば、多くの人は、言語によって法を滅し、まだ法を滅する言語を止息させないので、浅いのである。文殊は法を滅する言語を止息させようとするので、言語を借りて言語を止息させる。言語を借りて言語を止息させることは、なおまだ言語を免れていないので、二番目である。浄名は文殊の言語を借りることを止息させようとするので、沈黙して無言を示し、かえって究極的である。それ故、教に三段階があるけれども、理に二つの轍《わだち》はないのである。

難曰。三階之説若成、不二之言即壊。何者、既称不二、寧有三耶。如其有三、何名不二。即事相違、義如枘楯。答。蓋是以教惑理。故謂相違。若識理一教三、則有如符契。何者、衆人以言泯法、未息泯法之言、則為浅也。文殊欲息泯法之言、故借言以止言。借言以止言、猶未免於言、則為次也。浄名欲息文殊之借言、故黙顕於無言、乃為極也。故教有三階、而理無二轍。（同前）

と。

次に維摩詰の場合は沈黙して言語を用いないのであるから、教といえないのではないかという質問に対して、浄名は黙然の相にこと寄せて、無言の理を示す。明らかにする対象は無言であり、とりもなおさず理である。表わす側の相であるので、これを教と呼ぶ。そこで教に三門があるけれども、理に二はないのである。

浄名寄黙然之相、以顕無言之理。所詮無言、即為是理。能表之相、故称之為教。是以教有三門、而理無二矣。（同前・八五四上）

と答えている。しかし、それならば、維摩詰は、無相であるべき至理を、相（黙然の相）によって顕示していることになり、無言の至理を言語によって示している文殊と同じ次元ではないかという疑問が生じる。この問いに対して、維摩詰は、理の無相を体得しているから無相を相とすることがないが、言語（文殊の言を借りること）を止《とど》めようとするためにだけ、無相を相としているのであると答えている。

そして、不二の理に通入するためには、この三門で完全であることを、

これはかえって理に備わらないものはなく、教えはくまなく備わっているので、ただ三だけを明かすのである。

斯乃理無不備、教無不周、故但明三矣。（同前）

と説いている。

さて、不二の理を明かす浅深によって、三段階を設定することは、上述のとおりであり、それが最も基本的である。吉蔵はこの三段階の相違点を、人（三根）・三慧・三位・三忍・治病・三法・三句・三絶・摂法の種々なる視点から示しているが、詳しい説明は割愛する。

以上、『注維摩』に見られる三師（鳩摩羅什・僧肇・道生）、隋の三大法師（慧遠・智顗・吉蔵）の、『維摩経』入不二法門品の解釈を考察してきた。とくに、隋の三大法師の場合は資料が豊富であるため、本稿での考察が部分的であったことは否定できず、また六人の相互比較も不十分であったが、これらの問題は今後の課題としたい。

注

（1）この問題について、主として漢訳仏典を資料として研究した論文に、丘山新「東晋期仏教における言語と真理」（『東洋文化』六六、一九八六年二月）がある。

なお、仏教の真理が何故に不二法門と表現されるのかという興味深い問題について、鳩摩羅什は、「問曰。亦有三四乃至無量法門。云何独説不二耶。答曰。二事少而惑浅。余門事広而累深。二尚応破、則余可知也。復次万法之生、必従縁起。縁起生法、多少不同。極其少者、要従二縁。若有一縁、未之聞也。然則有之縁起、極於二法。二法既廃、則入於玄境。亦云、二法門、摂一切法門。問曰。云何不破一耶。答曰。若名数之、則非一也。若以一為一、亦未離於二。遣二、則一斯尽矣。復次無相之一、名仮而実立。実立則体与相絶。故直置而自無也」（大正三八・三九六下）と答えている。やや難解な箇所もあるが、次の諸点に要約できよう。㈠不二とは、「二」の否定であるが、三、四、ないし無量を否定の対象としないで、なぜ二だけを否定するのかが問いとして設定されている。惑の浅い二です

ら否定しなければならないのであるから、累の多いその他のもの（三、四、ないし無量の法門）は、なおさらであると答えている。したがって、二の否定は、それ以上の数の否定に比較すると、初歩的段階と位置づけられている。㈡すべての現象（万法）は諸条件（縁）によって生成するが、その条件の最も少ない場合は、二つの条件が備わればよい。すなわち、現象の生起は、きりつめれば、「二」によるといってよい。したがって、この「二」を否定すれば、本質界（玄境）に入ることができるのである。㈢二は一切を含むというものの。

（2）『維摩経義記』については、拙稿「浄影寺慧遠『維摩経義記』の研究―注釈の一特徴と分科―」（『東洋学術研究』二三―一、一九八四年一一月。本書、第二部、第二章に収録）を参照。

（3）智顗の維摩経疏についての筆者の研究には、「維摩経分科に関する智顗と吉蔵の比較」（『印仏研』三三―一、一九八四年一二月。本書、第二部、第三章に収録）、「『維摩経玄疏』の組織と梗概」（『多田厚隆先生頌寿記念論文集・天台教学の研究』〔山喜房仏書林、一九九〇年〕所収。本書、第二部、第四章に収録）がある。

（4）参考のために、十種の四句を左に図示しておく。

㈠1偏門入偏理……三蔵三乘
2円門入偏理……三乗聞円而入偏者
3偏門入円理……三蔵菩薩
4円門入円理……入仏慧菩薩
★「後二句是今入不二法門也」（一六一右下）

㈡1次第門入次第理……別教菩薩入初地者
2次第門入円理………別〔教〕菩薩入初住者
3円門入次第理………円菩薩入初地者
4円門入円理…………円菩薩入初住者

㈢1教為理門
2理為教門
3教為教門
4理為理門
★「前三句多是三十一菩薩、入不二法門。後一句多是文殊浄名入不二法門也」（一六一左上）

㈣1教門非理門
2理門非教門
3教門即理門
4理門即教門
★「前二句三蔵理教、非今入門。後二句是今入不二法門也」（一六一左上）
㈤1黙門不入…………身子黙然
2黙門入…………浄名杜口
3黙説門皆不入……三蔵理教、二乗
4教理皆入…………円家之教理、三十二（『維摩経略疏』では「二」を「三」に作る）菩薩
㈥1教門入
2行門入
3教行共為門人
4非教非行入……文殊浄名
㈦1得教不得門……文字之法師
2得門不得教……観慧禅師
3得門復得教……聞慧禅師
4門教倶不得……仮名阿練若
㈧1出門論入…………三乗歴五味教入
2出門不得入…………凡夫五道者
3亦出亦入得入……別教菩薩入
4不出不入出入……円教菩薩入
㈨1一入而不入
2入而論入
3出而論入
4不入不出而入

(十)1一三門不入…………蔵通二教
2三門入…………円教菩薩
3三門亦入亦不入……別教菩薩
4三門非入非不入……修三観門不定円教人者

(5) 類似の文として、「法雖無量、略有三種。一境、二智、三教門」(大正三八・八六八下)、「今四会所明、亦辨三法。如不思議境、不思議智、不思議教也」(同前・九〇二上)を参照。

(6) なお別の箇所でも、「拠能化為言、由不二理、発不二観。由不二智、説不二教。就所化辨、藉不二教、悟不二理、生不二智也」(大正三八・八六二上)、「以如説而行、識教悟理、発生二智……」(同前・八六八下)とある。

(7) なお、「既云至趣無言、玄藉弥布」は、『浄名玄論』の上文に「至趣無言、而玄藉弥布」(大正三八・八五三上)を指すのであるが、この文は、『注維摩』の序で、僧肇が「至韻無言、而玄藉弥布」(同前・三二七上)と述べているのに基づく表現である。

〔付記〕本稿は一九八六年九月に聖徳太子奉賛会に提出した研究生報告論文の一部に今回新たに改訂を加えたものである。(一九八七年八月三日)

〔追記〕脱稿後、大西龍峯氏の「浄名玄論釈証(5)―入不二法門三階説―」(『曹洞宗研究員研究生研究紀要』一九、一九八七年七月)という論文を入手した。拙稿と同様のテーマを扱ったすぐれた研究であり、教えられる点も少なくないが、今は旧稿のまま掲載することにする。(一九八七年一一月一四日、初校時に記す)

〔本書の付記〕本章の元となる論文には、『注維摩』からの引用文にのみ現代語訳を付し、その他の引用文には訓読訳も現代語訳も付していなかったので、改めて現代語訳を付した。

二　浄影寺慧遠『維摩経義記』の研究

――注釈の一特徴と分科――

一　はじめに

浄影寺慧遠（五二三―五九二）の維摩経に対する注釈書『維摩経義記』[1]を資料として、彼の経典注釈の特徴と維摩経の分科を考察することが本稿の課題である。

注釈の特徴を解明するためには、さまざまな視点を設定しなければ、十分な成果を挙げることはできない。たとえば、地論宗南道派の学匠として、慧遠は、『維摩経』本文の解釈に、十地思想、心識論を持ち込むことがしばしばあるが、これなどはその注釈の思想的特徴といえよう。また、引用経論を調査することは、注釈者の学問的背景を明らかにすることにつながり、重要な作業であるが、本書の場合、大乗の『涅槃経』、『菩薩地持経』、『十地経論』からの引用が多く、なかでも『涅槃経』の引用が多い（およそ七十回）のには驚かされる。

今、仮りに挙げた二つのことが、『維摩経』の注釈に特徴的なことなのか、他の経典を注釈する場合にも通じる一般的特徴なのかは、慧遠の他の経疏を検討しなければ結論は出せないであろう。また、以上のことは、経典注釈の方法的特徴についてであるが、経典本文の具体的な解釈内容の特徴についてであれば、他の維摩経注釈書との比較を経なければ解明できないことが多いことは言うまでもない。

このように、一つの経疏を研究する場合でも、同一注釈者の他の経疏と、同一経典の他の注釈書を視野に入れて研究しなければ十分な成果は望めないであろう。しかし、今、それだけの準備をしないまま、慧遠の注釈の特徴を議論することは軽率との譏りを受けるかもしれないが、本稿では注釈の特徴のなかでも、これまでほとんど注目されなかった視点に光をあてて考察したい。

慧遠の『維摩経義記』を読むと、彼が『維摩経』の本文を語学的に正確に理解しようと心がけていることに気づく。それは、漢訳仏典という翻訳文と中国語文との語順の相違についての指摘や、経典の一文字を取り出して訓詁を示すことや、経典の中の「雖」「亦」「但」等の助辞がなぜそこに使用されているのかを文脈に即して説明すること、等にあらわれている。筆者は、これまで南北朝時代・隋代の経典注釈書を研究してきたが、今、挙げたことは、他に見られない慧遠の大きな特徴といってもよいのではないかと考える。そこで、第二節ではこの点を中心として考察し、第三節では、慧遠の維摩経観を解明する第一の手続きとして、経典の分科について整理する。

二　注釈の特徴

(一)経文の語順の訂正

(1)経典の冒頭における「如是我聞」について、慧遠は、

『温室経』の初めに、「阿難は『私は仏からこのようなことを聞いた』という。それ故、仏の説く内容を「如」と名づけ、仏の説く内容を「是」という。ただ地域による言語は同じでない。かの『温室経』はここの言語に従う。このため、先に「私は仏から聞く」といい、後に、聞く対象のこのような法を出す。その他の経は多く外国

人の言語に従う。先に如是をあげ、後に我聞という。

温室経初言、阿難曰吾従仏聞於如是。故知名仏所説為如導仏所説以之為是。但方言不同。彼温室経順此方語。是故先導吾従仏聞後出所聞如是之法。余経多順（底本の「憤」を脚注によって「順」に改める）外国人語。先挙如是却云我聞。(2)

と述べている。温室経の原文は「阿難曰、吾従仏聞如是」(3)であるが、慧遠の引用では「……吾従仏聞於如是」となっており、「如是」を体言として理解していることがわかるが、(4)ここでは問題としない。問題は、鳩摩羅什の訳経以前の古訳にしばしば見られる「聞如是」の方が中国語文としては普通の語順であり、「如是我聞」は外国語、すなわち梵語の語法にしたがった語順であるという指摘である。この指摘は妥当であると思う。

(2)語順の問題ではないが、仏教経典冒頭の定型句である「如是我聞一時仏住……」の「一時」の解釈について次のような問答を記している。すなわち、

どのようにして「一時」が後に接続し、前に属するのではないと知ることができるのか。『十地経』に依るのである。それ故、知ることができる。『華厳経』大本の十地品の初めに、「その時、仏は天の中におられた」とある。龍樹は別に、「『爾』を『一』と改める」と伝えている。「爾時」という言葉は、上と結びつくことができない。「爾」を「一」と改めているので、どうして下に属さないだろうか。

云何得知一時従後（底本の「復」を脚注によって改める）、復非是属前。準依地経。所以得知。華厳大本十地品初云言、爾時仏在天中。龍樹別伝、改爾為一。爾時之言、不可成上。改爾作一、寧不属下。(5)

これは、「一時」を上句の「如是我聞」につけるか、下句の「仏住……」につけるかという問題を取りあげたものである。前者の場合は「このように私が聞いたあるとき、仏は……」という意味になり、後者の場合は「このように私は聞いた。あるとき……」という意味になる。普通、漢訳仏典の理解としては、慧遠の説のように後者を採用して

いて、何ら問題はないと思われるが、梵文の evaṃ mayā śrutam ekasmin samaye… や、パーリ文の evaṃ me sutaṃ ekaṃ samayaṃ… の定型句の語学的な解釈にも二種類あり、それはちょうど慧遠の提起した問題と対応しているので[6]、興味を喚起させられたのである。慧遠は、「一時」を『涅槃経』にみられる「我於一時、在迦尸国」、「我於一時、在恒河岸」等の「於一時」と同じだと解釈し[7]、さらに、引用文に示したように、『六十華厳』の十地品の冒頭の「爾時世尊、在他化自在天摩尼宝殿上、与大菩薩衆倶」（大正九・五四二上）の「爾時」が龍樹の別伝（今、出典を明らかにできないが、鳩摩羅什訳『十住経』には「如是我聞。一時仏在他化自在天王宮摩尼宝殿上、与大菩薩衆倶」大正一〇・四九九下とある）では「一時」に書き改められていることを論拠としている。

(3)弟子品の「時我世尊、聞説是語、黙然而止、不能加報」（大正一四・五三九下）について、

この語は外国の語法に従っている。ここ（中国）に従えば、「世尊我時、聞是黙止、不能加報」というべきである。

此語順於外国語法。順此、応言世尊我時聞是黙止不能加報。（大正三八・四四六下）

と述べている。なお、慧遠は経文を短縮して引用する場合が多い。また、同じく弟子品の「時我世尊、実懐慚愧、……」（大正一四・五四二上）について、

文が転倒している。もし正しくするならば、「世尊我時、実懐慚恥、得無謬聴」というべきである。

文之顚倒。若正、応言世尊我時実懐慚恥得無謬聴。（大正三八・四五九中—下）

と、前と同様の指摘をしている。妥当であると思う。

(4)弟子品の「幾何阿那律、天眼所見」（大正一四・五四一上）について、

これはかえって外国人の語に従っている。ここ（中国）に従えば、「那律、天眼所見幾何」というべきである。

此乃順於外国人語。順此、応言那律天眼所見幾何。（大正三八・四五六上）

と述べている。妥当な指摘であると思う。

(5)弟子品の「但為仏出五濁悪世、現行斯法、度脱衆生」(大正一四・五四二上)について、

この語は転倒している。もし正しくするならば、「但仏出於五濁悪世、現行斯法、為度衆生」というべきである。

此語顛倒。若正、応言但仏出於五濁悪世、現行斯法、為度衆生。(大正三八・四五九下)

と述べている。鳩摩羅什訳におけるここの「為」の意味は理解しにくい(だからこそ、慧遠の修正があったのであろう)が、慧遠が「為」を下に移したのは、漢文としてはやや破格であるが、「……するのは、衆生を救済するためである」の意に解釈したからであろうか。あるいは、「為」を「以」と同義の軽い意味と解釈したのであろうか。

(二)訓詁を示す

前述したように、慧遠は経典の一文字を取りあげて、その訓詁を示している。その示し方は一定していないが、いくつかの形式に整理することができる。今、それらを適宜、分類して紹介することとする。上段に維摩経の本文を載せ、訓詁を示す文字に傍点を付し(下段も同様)、また、『大正蔵』第十四巻の頁、段を記す。下段の訓詁には、『大正蔵』第三十八巻の頁、段を記す。

(ア)「A謂B也」の形式

①逮無所得不起法忍(五三七上)	逮謂及也。〔亦曰至也〕(四二八下)
②諸有所作、亦不唐捐(同右)	唐謂虚。捐謂棄(四三〇中)
③目浄修広如青蓮(五三七下)	修謂長也(四三二上)

④既見大聖以神変（同右）　既謂已也（四三二中）

⑤以無心意無受行（同右。大正蔵本は「以」を「已」に作るが、慧遠は「以」として経文を標出し、それに訓詁を付している）　以謂由也（四三三上）

⑥我世尊、本為菩薩時、意豈不浄（五三八下）　豈謂可也（四三八上）

⑦久於仏道、心已純淑、決定大乗（五三九上）　純謂精也（四四〇下）

⑧世尊大悲、寧不垂愍（五三九下）　寧謂安也（四四五上）

⑨無以穢食、置於宝器（五四〇下）　無謂勿也（四五三中）

⑩世孰有真天眼者（五四一中）　孰謂誰也（四五六上）

⑪釈梵四天王等、咸作是念（五四四中）　咸謂皆也（四六九下）

⑫又問、以何為空（五四四下）　又謂更也（四七一下）

⑬無造尽証修道之求（五四六上）　造謂作也（四七七中）

⑭善不善孰為本（五四七下）　孰謂誰也（四八二下）

⑮豈雑欲食、而聞法乎（五五二上）　豈謂可也（四九九下）

⑯不在方不離方（五五五上）　方謂処也（五一一上）

⑰日光出時、与冥合乎（五五五中）　冥謂聞也（五一二中）

(イ)「A猶B也」の形式

①目浄修広如青蓮（五三七下）　広猶闊也（四三二上）

②既見大聖以神変（同右）
③浄心観仏靡不欣（同右）
④仏言、善哉（五三八上）
⑤我世尊、本為菩薩時、意豈不浄（五三八下）
⑥久於仏道、心已純淑、決定大乗（五三九上）
⑦宴坐樹下（五三九下）
⑧法同法性、入諸法故（五四〇上）
⑨無以穢食、置於宝器（五四〇下）
⑩雖然、当承仏聖旨詣彼問疾（五四四中）
⑪斯諸菩薩大弟子衆（五四六上）
⑫無造尽証修道之求（同右）
⑬如第六陰、如第七情（五四七中）
⑭仏化所生、非没生也（五四八下）
⑮無晦無明（五五五上）
⑯汝所得法、有没生乎（同右）
⑰如汝所説。吾助爾喜（五五六上）
⑱衆経之上、入大慈悲（五五六中）
⑲如是輩経（五五七上）

以猶用也（同右）
靡猶無也（四三四上）
善猶好也（四三五上）
意猶心也（四三八上）
淑猶善也（四四〇下）
宴猶黙也（四四五下）
入猶順也（四四八中）
以猶用也（四五三中）
然猶爾（四六九下）
斯猶此也（四七七上）
尽猶滅也（四七七中）
情猶識也（四八一上）
没猶滅矣（四八五中―下）
晦猶闇也（五一〇下）
没猶滅也（五一二上）
爾猶你也（五一三下。大正蔵本は「你」を「爾」に作るが、続蔵本にしたがう）
入猶順也（五一五中）
輩猶等也（五一七下）

⑳不畏深義、如実能入（同右）　——入猶解矣（五一八上）

(ア)の③と(イ)の①、(ア)の④と(イ)の②、(ア)の⑥と(イ)の⑤、(ア)の⑦と(イ)の⑥、(ア)の⑨と(イ)の⑨、(ア)の⑬と(イ)の⑫の訓詁は、それぞれ並列して記されている。つまり、一例を示すと、「修謂長也。広猶闊也」となっていて、「謂」と「猶」は、本書においては、意味の相違はなく、修辞上の理由で使い分けているだけであると推定される。

(ウ)「A是B義」の形式

①唯願世尊、説諸菩薩浄土之行（五三八上）　——〔唯是敬辞。〕亦是専義（四三四下）

②舎利弗言、唯然世尊（五三八下）　——〔唯是敬辞。〕亦是専義（四三九上）

②舎利弗言、唯然世尊（同右）　——然是許可依順之義（同右）

③宴坐樹下（五三九下）　——宴是黙義（四四六上）

④以摂慳貪、起檀波羅蜜（五四三下）　——以是為義。亦是由義。亦是用義（四六七下）

⑤又無方便慧縛（五四五中）　——又者更義（四七五中）

⑥唯然世尊、願賜少法（五五四中）　——唯是専義（五〇五下）

⑦唯然世尊、願賜少法（同右）　——然是可義（同右）

(エ)「……辞」という形式で主として助辞を説明するもの

①与大比丘衆八千人倶（五三七上）　——大者歎辞（四二六上）

②唯願世尊、説諸菩薩浄土之行（五三八上）　——唯是敬辞（四三四下）

③仏言、善哉（同右）　——哉是助辞（四三五上）

④善哉、宝積。乃能為諸菩薩、問於如来浄土之行（同右）	乃者是其希越之辞（同右）
⑤日月豈不浄耶（五三八下）	耶者是其不定之辞（四三八中）
⑥舎利弗言、唯然世尊（同右）	唯是敬辞（四三九上）
⑦唯舎利弗（五三九下）	唯是敬辞（四四六上）
⑧二比丘言、上智哉（五四一中）	哉是助辞（四五七中）
⑨答曰、直心是道場（五四二下）	曰者総挙酬答之辞（四六四中）
⑩如舎利弗非女而現女身（五四八下）	如者是其指斥之辞（四八五中）
⑪徳守菩薩曰（五五〇下）	曰猶辞也（四九三上）
⑫善哉、善哉（五五一下）	哉是助辞（四九八下）

(オ)説明するべき経典の文字を含む二字の熟語を作る形式

①諦聴諦聴（五三八上）	諦謂審諦（四三五上）
②善思念之（同右）	善謂委善（同右）
③世尊大慈、寧不垂愍（五三九下）	愍謂悲愍（四四五上）
④当直除滅、勿擾其心（五四一中）	擾謂擾乱（四五六下）
⑤是為魔来嬈固汝耳（五四三上）	嬈謂嬈乱（四六五下）
⑥是為魔来嬈固汝耳（同右）	固語固媚（同右）
⑦雖然、当承仏聖旨詣彼問疾（五四四中）	旨謂意旨（四六九下）

⑧世尊慇懃、致間無量（同右）	致謂通致（四七一上）
⑨斯諸菩薩、亦能労謙（五五三上）	労謂懃労（五〇二中）
⑩斯諸菩薩、亦能労謙（同右）	謙謂謙下（同右）
⑪非意所図、非度所測（五五三中）	図謂図量（五〇四上）
⑫深発一切智心、而不忽忘（五五四中）	忽謂軽忽（五〇六中）
⑬嘱累品（五五七上）	累是担累。……亦可累者是其重累[8]（五一七中）

以上のほかに、「又謂更也。亦是重也」（大正三八・四七一下。以下、維摩経の本文は引用しないが、経典の文字には傍点を付す）、「以是為也」（同前・五一〇下）、「欺是誑也」（同前・五一一中）、「輩猶等也。亦是類也」（同前・五一七下）のような「A是B也」の形式のものが見られる。また、「溢是盈溢増長之謂」（同前・四九五中）、「〔致〕是運致担輦之謂」（同前・四七一上）のような「A是B之謂」の形式のものがある。また、経典の一文字を二字の熟語で解釈する例として、「非一称衆」（同前・四二六中）、「始起名建、功徳曰立」（同前・四二七上）、「飲法称受。慍守名持」（同前）、「表徳名相。惬情称好」（同前・四二九上）、「慇（大正蔵本の「愍」を脚注によって「慇」に改める）厚曰深。難壊称堅」（同前・四二九中）、「愛憐名慈。惻愴曰悲。慶悦名喜。亡懐称捨」（同前・四三六中）、「言告称謂」（同前・四四六上、四九二下）、「形曲名諂。心虚悦偽」（同前・四八七上）等がある。また、経典の一文字を、少し詳しく説明する例として、「下稟上力、名之為承」（同前・四六九下）、「口陳文字、謂之為言。以言闡法、方名為説。亦可依法施語為言。以言闡法、号之為説」（同前・四九八下）等がある。なお、これまでの分類に入らなかったが、「夫是語端」（同前・四四六上）がある。

㈢経文中の助辞の使用の理由を文脈に即して明かす

①一時仏在毘耶離菴羅樹園（五三七上）——法身平等、実無栖託。示化有方。是故言在（四二五下）

②与大比丘衆八千人倶（同右）
③深入縁起、断諸邪見（同右）
④随諸衆生、応以何国、入仏智慧、而取仏土（五三八上）
⑤唯舎利弗（五三九下）
⑥雖然、当承仏聖旨詣彼問疾（五四四中）
⑦諸仏国土、亦復皆空（五四四中—下）
⑧但以衆法、合成此身（五四五上）
⑨起唯法起、滅唯法滅（同右）
⑩此法想者、亦是顛倒（同右）
⑪唯有空病。空病亦空（同右）
⑫又無方便慧縛（五四五中）
⑬設身有疾、而不永滅、是名方便（同右）
⑭雖過魔行、而現降衆魔、是菩薩行（五四五下）
⑮但於諸仏、生清浄心（五五四上）
⑯菩薩、雖信解深法、猶自毀傷、而不能得無生法忍（五五七上—中）

約仏辨衆。以身兼彼、目之為与（四二六上）
五見非一、説以為諸（四二九下）
随物所宜、故言応以（四三五中）
唯是敬辞。舎利出家、維摩在俗。俗須敬道。是以言唯（四四六上）
辨難兼易、竝以言雖（四六九下）
土空似室。是以言亦（四七一下）
除前我相、無人唯法。是以言但（四七三下）
遣衆生相、無生但（大正蔵本の「紀」を脚注によって「但」に改める）法。是以言唯（同右）
倒義同前、故得言亦（同右）
空義同前。是以言亦（四七四上）
又者更義。前約定論、更約慧説。是以言又（四七五中）
仮有非定。是以言設（四七五下）
辨寂兼有。是以言雖。下諸句中、雖義例然（四七六上）
無穢唯浄、故説為但（五〇五上）
辨得兼失。是以言雖（五一八上）

以上、㈠、㈡、㈢を通して、慧遠の注釈の特徴の語学的側面に焦点をあてて考察してきた。資料の羅列になったが、これまで注意されなかった慧遠の注釈態度の一面が明らかになったと思う。

三　維摩経の分科[9]

慧遠は、『維摩経』全体の構成について、処・会・義・文の四つの視点から論じている。第一の「処」（説法を行なう場所）と第二の「会」（説法を行なう集会）との論述を要約すると、維摩詰がその生涯において説法した処・会は無量であるが、この『維摩経』に記述されている今の一回の説法に関しては、二処三会であり、二処とは「菴羅樹園」と「維摩詰舎」のこと、三会とは「菴羅会」と「維摩室」と「重会菴羅」のことであるとされる。[10]ところで、この三会と品章との対応関係については、「如是我聞」の解釈の次下で、仏国品第一が第一会、菩薩行品第十一以下が第三会であることが明かされている。[11]

次に、第三の「義」については、

この経（『維摩経』）は、根本として不思議解脱の意味に帰着する。この不思議解脱の法は、法界の中の一門の意味である。他と区別される門は一であるけれども、妙なる趣旨は障碍なく融合して、すべての意味を総合している。すべてを総合しているので、一切諸法は、すべてその中に入る。収める法は多いけれども、まとめるとただ二種だけである。第一に理法、第二に行法である。

此経宗帰不思議解脱之義。此不思議解脱之法是法界中一門義也。門別雖一、而妙旨虚融、義無不統。無不統故、一切諸法悉入其中。所摂之法雖復衆多、要唯二種。一是理法、二是行法。（大正三八・四二二下）

と、やや詳しい記述がある。『維摩経』の根本趣旨が不可思議解脱に帰着するとおさえたうえで、その不可思議解脱は法界の中の一門の義であるけれども、その中にすべての法がおさまること、すべての法とは、理法と行法とに二分されることが明かされている。この理法と行法とについては、理法とは「真如」のことであり、行法とは一般的規定としては「因果」のことであり、『維摩経』の場合は、「法身・浄土の因」と「法身・浄土の果」を意味することが明かされている。(12)

三会とそこに説かれる行法との関係については、

人々は多くの場合あらあら判定する。初めの二会は如来の浄土の因果だけを明かし、第三会の中には如来の法身の因果だけを明かす。

人多麁判。初之二会偏明如来浄土因果、第三会中偏明如来法身因果。(同前)

と述べている。これは、文中に言うように「麁判」であり、詳細に追求すると、三会は通じて法身と浄土との両法を説いていると述べられているが、その具体的な経文の指摘の説明はここでは割愛する。(13)

次に第四の「文」については、経文は細分すると八部分に分けられ、まとめると三分されるとする。はじめに八分されることについては、三会それぞれに序と正とがあって六部分を構成し、さらに経初の「如是我聞」が経全体の「証信通序」となり、見阿閦仏品第十二の「仏告舎利弗、汝見此妙喜世界及無動仏不」(大正一四・五五五下)以下が流通となるので、この二部分を加えて、都合、八部分となるのである。(14)

次に、一経全体はまとめると三分されるということについて、三分とは、序、正宗、流通のこと、この三分科経は、経の根本思想である正宗をどのように規定するかによって、五つの解釈が可能であること、その中で、慧遠は第五の解釈を採択することが明かされている。(15)順に説明しよう。(16)流通分は五説いずれも同じである(前述した)から、正宗分のはじまる場所を指示すれば、自ずと序分の終わりもわかることとなる。第一説は、維摩詰の現在の説法(弟子品、菩薩品においては、維摩詰の過去の説法が回顧されている)を正宗分とする場合で、問疾品第五の「善来文殊師利、不来相而来、不見相而見」（大正一四・五四四中）以下が正宗分とされる。第二説は、「昔来相伝、多依此判」（大正三八・四二三上）と言われ、維摩詰の一生涯にわたる説法を正宗とする場合で、方便品第二の「以其疾故、国王大臣、長者居士……無数千人、皆往問疾」（大正一四・五三九中）以下が正宗分とされる。第三説は、前二説と異なり、維摩詰のみでなく仏の説法も含めて正宗分とする場合で、仏国品における宝積の七言偈が終わって後、宝積が仏に浄土の行を質問する[17]こと以下を正宗分とする。第四説は、第三説と異なり、仏と維摩詰の説法だけでなく、神通などを含む菩薩の不思議の徳を正宗分とする場合で、仏国品の「爾時毘耶離城、有長者子、名曰宝積」（大正一四・五三七中）以下が正宗分とされる。最後の第五説は、「三会に約対して経を別ち、以て三分を別つ」（大正三八・四二三中）場合で、既に述べた三会説と八分説を指し、「如是我聞」が序分で、「一時仏在毘耶離菴羅樹園」（大正一四・五三七上）以下の三会が正宗分で、流通分は前と同じである。慧遠は、この五説を紹介した後に、第五説を採択して、「今即ち此の最後の一判に依りて科分解釈す」（大正三八・四二三中）と述べている。以上の慧遠の説をまとめると次のように図示される。

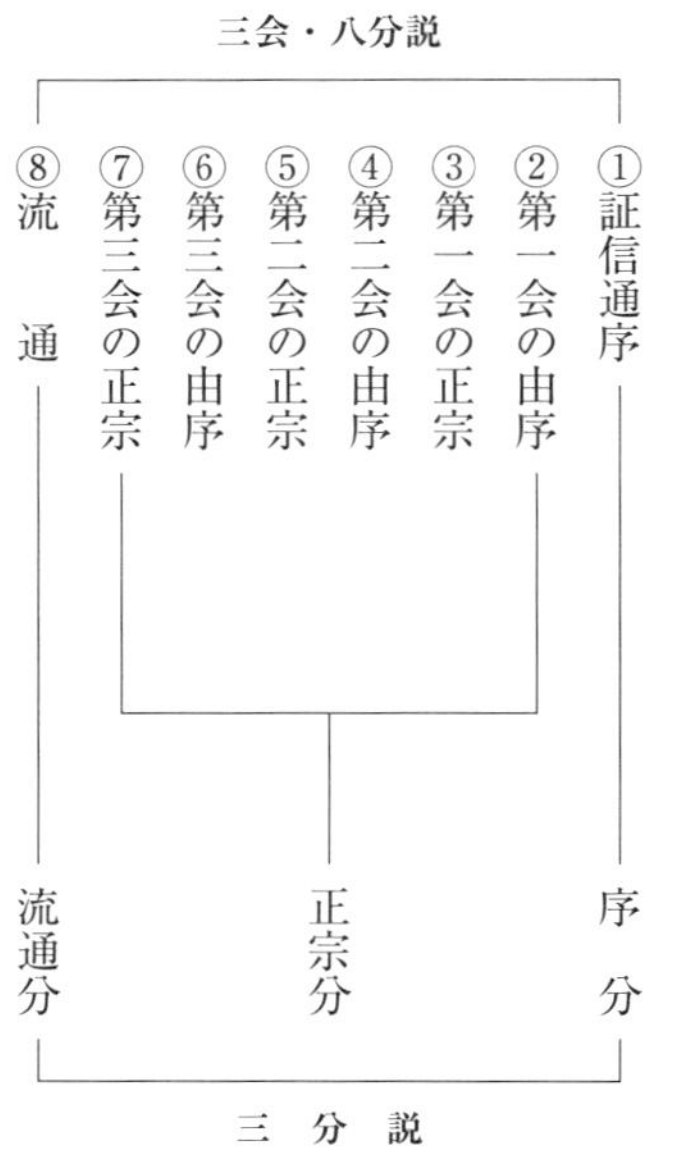

そこで次に、三会それぞれにおける由序と正宗の区分について考察する。まず、初会（仏国品）における由序と正宗については、「就初会中、先序後正。序正不定、進退両判」（同前・四二四下）とあって、二説を挙げている。[18]第一説は、ただ如来の所説を正宗とする場合で、初めから宝積の偈が終わるまでが「序」で、それ以下が「正」である。第二説は、如来の所説ばかりでなく、如来の示現する神変不思議の徳も含めて正宗とする場合で、初めから「蔽於一切諸来大衆」（大正一四・五三七中）までが「序」であり、それ以下、つまり宝積等が仏に蓋を奉献してから後はすべて「正」である。献上された多くの蓋を、一つの蓋に合成して、遍く三千大千世界を覆う如来の神通まで正宗に含む点に特色がある。実際、仏国品の随文解釈の中でも、両方の説が採用されている。[19]

次に、第二会（方便品から香積仏品）における由序と正宗についても、二説が挙げられている。第一説は、維摩詰の現在の説法を正宗とする場合で、方便品から、問疾品の「唯置一床、以疾而臥。文殊師利、既入其舎、見其室空、無諸所有、独寝一床」（大正一四・五四四中）までが由序で、「時維摩詰言、善来文殊師利、不来相而来、不見相而来」（同前）以下、香積仏品までが正宗である。[20]慧遠は、この第一説を「此一序正、旧来共伝」（大正三八・四四〇上）と論評した後に、第二説を紹介している。それによれば、この説は、維摩詰の一生涯にわたる説法を正宗とする場合で、方便品の「其以方便、現身有疾」（大正一四・五三九中）までが由序で、「以其疾故、国王大臣……」（同前）以下がすべて正宗である。[21]これは、維摩の一生涯にわたる説法を正宗とする立場であるから、弟子品、菩薩品において、如来から維摩詰の病気見舞いを勧められた声聞や菩薩が、往昔の維摩詰との出会いにおける維摩詰の説法を回顧して、見舞いに行くことを辞退するが、この中に示される維摩詰の説法も正宗に含まれるのである。実際に、第二会の随文解釈を検討すると、両方の説が採用されている。[22]

次に、第三会（菩薩行品から見阿閦仏品の途中まで）に関しては、「就此会中、初明由序。衆坐定下、是其正宗」（大正三八・五〇三中）とある。すなわち菩薩行品の「即皆受教、衆坐已定」（大正一四・五五三中）以下が正宗とされる。

その随文解釈の部分にも、「上来由序、自下正宗」（大正三八・五〇三下）とある。

最後に、流通分について一言、言及する。流通には勧学修行流通と付属伝教流通があり、前者は、見阿閦仏品における舎利弗の勧学と、法供養品における天帝の勧学と如来の勧学であり、後者は嘱累品に説かれる。[23]

以上、慧遠の維摩経分科を紹介してきた。経文をどこで区切るかという形式的側面のみの考察に終わってしまったが、三会および各品の思想内容上の分類については、いずれ稿を改めて検討したいと思う。

注

（1）『維摩経義記』については、橋本芳契「慧遠の維摩経義記」（『印仏研』五―一、一九五七年一月）がある。また、慧遠の『維摩経義記』の敦煌写本断片は四種ある。平井宥慶「敦煌本・南北朝期維摩経疏の系譜」（『印仏研』三一―二、一九八二年三月）を参照。また、『注維摩』から慧遠の『維摩経義記』の間に成立した維摩疏の敦煌写本断片については、平井氏に次のような論稿がある。「敦煌本・南北朝期維摩経疏と注維摩」（『大正大学綜合仏教研究所年報』四、一九八二年三月）、「敦煌本『維摩経義記』」（同五、一九八三年三月）、「敦煌本『維摩経義記』考」（『印仏研』三二―一、一九八三年一二月）等。仏教の経疏の形式的特徴を考察するには、南北朝時代の敦煌写本を研究する必要を痛感するが、今後の課題としたい。

（2）大正三八・四二四上。文中の「導」は「道」に通じ、「道」には「猶言也」「語也」等の訓詁がある。

（3）大正一六・八〇二下。ちなみに、慧遠は『温室経義記』（『大正蔵』第三十九巻所収）を撰述している。

（4）『涅槃経義記』でも「如是我聞」について同様の解釈を与えているが、そこでは、『温室経』の引用は原文どおりである（大正三七・六一六上を参照）。

（5）大正三八・四二五中。文中、「云言」という同義字を重ねた熟語があるが、慧遠の文章の一つの特徴として、字数をそろえたり、偶数句をつくるため、このような熟語を作る傾向性が強い。「云言」は、四二五下にも見られる。その他の例としては、「道言」は、四四二下、四五三上、四六一下、四九四上に出る。「導言」は、四二五下、四三〇下、四七六中、四九五中に出る。「また」の意味の「亦復」「又復」はさほど珍しくはないが、「又亦」が、四二二中、四二八中（二回）、四三八中、四五五下に出る。仏典の注釈書によく用いられる「約」「就」「寄」「対」は、比較的自由に組みあわされる。「寄対」は、四四〇上、四四一下、四七六上、四八三下（二回）に出、「寄就」は、四二三上、四二四下、四四〇上、四四二上、四六一上、四九八下、四九九上、五〇三中（五回）に出、「寄約」は、四八三中、五一五中に出る。「就約」は、四六六中に一回出るのみであるが、「約就」にいたっては、都合五十三回も出る。「約対」も比較的多く三十数回出る。また、「仮約」という熟語が五〇一下に一回だけ出る。また、「〜のようである」という意味で、「事等如……」を使う（四二五中、下、四二八中、四五八下、四七二中に出る）。また、「さきの〜」という意味で、「向前」を使うことが多い（三十八回）。また、「だれ」の意味で、「何誰」を使う（四六一下、四八九下）。以上のほかにも、いくつかあるが、比較的珍しいもの、もしくは、頻度の多いものを挙げた。

(6) 中村元訳『ブッダ最後の旅―大パリニッバーナ経―』（岩波文庫）一八三―一八五頁の訳注を参照。なお、最近の研究として、船山徹「『如是我聞』か『如是我聞一時』か―六朝隋唐の『如是我聞』解釈史への新視角」（『法鼓仏学学報』1、二〇〇七年）を参照。

(7) 大正三八・四二五中を参照。

(8) 「亦可」は『維摩経義記』におよそ五十回ほど出る頻出句で、一つの解釈を示したあとで、また別の解釈の可能性を示すときに用いられている。たとえば、ここの例では、「累是担累。法是伝者之重担、故名為担累。以此嘱付、令人伝通、故名嘱累。就斯標品、名嘱累品。亦可累者、是其重累。如来慇懃、重累付嘱、故云嘱累。約斯標品、名嘱累品」（大正三八・五一七中）とあるように、なぜ嘱累品と名づけるかという問題について、はじめに累を重い荷物＝法と解釈して、その法を付嘱するから嘱累品と名づけるという答えを与え、次にもう一つの答えが可能であることを示すのに、冒頭に「亦可」を冠し、累はくりかえすという意味と解して、仏がくりかえし付嘱するから嘱累品と名づけるのであると述べている。この「亦可」は、景明元年（西暦五〇〇年）の写記年号を有する『維摩義記』（スタイン本S二一〇六）にも、「空理、能通十地行、到寂滅菩提、故名不二法門。亦可以生滅等法、為入不二法門」（大正八五・三三六中）と見られるので、慧遠だけの特徴ではないが、このような注釈上の形式的特徴に注意して、南北朝期の敦煌写本を研究することも重要であろう。

(9) 智顗と吉蔵の維摩経分科に関しては、拙稿「維摩経分科に関する智顗と吉蔵の比較」（『印仏研』三三―一、一九八四年一二月。本書、第二部、第三章に収録）を参照。

(10) 「言就処者、拠今一説次第以論、処別唯二。一菴羅樹園。二維摩詰舎。若通維摩一世所説、処別衆多。言就会者、拠今一説次第以論、会別有三。一菴羅会。二維摩室。三重会菴羅。若通維摩一世所説、会別無量」（大正三八・四二二下）を参照。この三会については、すでに、維摩経の説者を明かすところで、「然此経中、三会差別。初会仏説。第二会是維摩説。第三一会、是仏及維摩共説」（同前・四二一下）と言及されていた。なお、五一八下にも類文がある。

(11) 「下次明其三会別経。尽此品来、是期初会。方便品下、是第二会。菩薩行品下、是第三会」（同前・四二四中）を参照。また、方便品の釈のはじめに、「従此已下、第二会説」（同前・四三九下）とあり、香積仏品の釈の終わりに、「第二会竟」（同前・五〇三上）とあり、菩薩行品の釈のはじめに、「従此已下、第三会説」（同前・五〇三上）とある。

(12)「理謂真如。如随詮異、門別種種。故下文中、或時宣説如法性実際、以為理法。或説三空、或説二諦、或二無我、不二門等。行謂因果。因謂法身浄土之因、果謂法身浄土之果」（大正三八・四二二下）を参照。

(13) 大正三八・五二二下—五二三上を参照。

(14)「次第四門、就文分別。文中細分、有其八分。相従唯三。言其八者、三会之中、各有序正、則六分。経初如是我聞之言、是其一部証信通序。別以為一。仏告舎利汝見妙喜無動不下、明其一部流通之義。別以為一。通余説八」（大正三八・四二三上）を参照。

(15) このように、解釈の可能性をいくつか列挙したうえで、その中のどれがふさわしいかを明示することは、慧遠の注釈上の一つの特徴といえる。そのような例を、『維摩経義記』から検索すると、「今言大者、義当第三」（大正三八・四二六中）、「今此所論、義当第二権巧方便」（四三九下）、「今拠初門」（四四一中）、「此四重中、今拠後三」（四四三下）、「今此所論、義当後門」（四六二下）、「今此所論、義当第三」（四六七中）、「雖有三義、第二正当」（四七一上）、「雖具三義、正当第二」（同前）、「今就第二」（四七七上）、「今拠後門」（四七九上）、「今此所論、義当後門」（四八二下）、「今時所辨、義当第三」（四八六上）、「今此所論、義当後二」（四八七下）、「今此所論、通則皆是。即文以来、偏就染浄対治門」（四九三上）、「今此所論、義当前三」（四九三中）、「今此所論、就初言耳」（四九三下）、「今拠後門」（四九五上）、「今拠後義」（四九五中）、「今拠後門」（四九六上）、「今此所論、義当（大正蔵本の「常」を脚注によって「当」に改める）第三」（四九六上）、「今此所論、約就真実縁起説」（四九七上）、「今就法論、等就法中、拠第三説」（四九八上）、「今此所論、約応顕真」（五一五中）、「今此所論、理法為義、義当初門」（五一六上）、「第四拠深尋浅次第、如此中説」（五一六中）、「今此所論、義当後門」（五一六下）がある。

(16) 大正三八・四二三上—中を参照。

(17) 大正一四・五三八上を参照。

(18) 大正三八・四二四下を参照。

(19) まず、「蔽於諸衆」の釈の次下で、「上来由序。自下約対不思議、悉為正宗」（大正三八・四三一中）と述べて第二説の立場を採り、また、宝積の献蓋から偈の終わるまでの段落については、「初之一段、望前為正宗。望後仍有起発之義、故亦名序。由其蓋中現十方国、起後所説浄土因果、故得名序」（同前）と述べて第一説を採用している。同じことは、偈の終わったところでも、「献蓋至此、望前為正。望後仍有起発之義、故亦名序」（同前・四三四下）とくり返される。

(20)「此会之中、有序有正。不定。進退有二。一唯取維摩現今一会所説之法、以為正宗。……」（大正三八・四三九下）を参照。

(21)「二通摂維摩一世所説、悉為正宗。是則従初乃至方便現身疾来、判為由序。以其疾故、国王大臣、皆往問下、悉為正宗。是則広集維摩一世所説、為正行法、令人学故」（大正三八・四四〇上）を参照。

（22）まず、方便品の「其以方便、現身有疾」の解釈の後に、「上来由序。下為正宗」（大正三八・四四一下）とあり、第二説が採用されている。また、問疾品の解釈のところでは、「自下第四、文殊往至、入舎見空。唯見維摩独寝而臥。上来序竟。自下正説」（同前・四六九下）とあり、第一説が採用されている。ただし、ここでも、次下に、「然序与正、進退不定。備如上辨……」（同前）と、同じく二説が並挙されている。

（23）「上来三会、別経已竟。仏告舎利汝見妙喜無動仏下、総明流通。流通有二。一是勧（大正蔵本の「観」を脚注によって「勧」に改める）学修行流通。二嘱累下、明其付属伝教流通。……前勧学中、随人分三。一舎利勧学。二法供品初、天帝勧学、三法供品後、如来勧学」（大正三八・五一二下―五一三上）を参照。また、法供養品の釈には、「法供品者、下明天帝如来勧学。……就此品中、初明天帝勧学流通。二此経広説過去未来現在仏下、明如来勧学」（同前・五一三上―中）とあり、嘱累品の釈の冒頭には、「上来広明勧学流通。自下明其付属流通」（同前・五一七中）とある。

三　維摩経分科に関する智顗と吉蔵の比較

智顗は『維摩経文疏』巻第一において、維摩経の段落構成について、まず諸師の説を紹介し、次に自己の説を明らかにし、最後に諸師の説を論評している。[1] 今、紙数の関係で、資料を一々示して論じることはできないので、要点をかいつまんで述べる。説明の便宜上、はじめに智顗自身の分科を紹介すると、[2]

(ア)如是我聞～宝積の七言偈……序説
(イ)宝積の発問～見阿閦仏品……正説
(ウ)法供養品・嘱累品…………流通説

となる。次に智顗の紹介する諸師の分科は七種に整理できるので、その内容を智顗の論評とあわせて、順次紹介する。

(1)羅什、道生、および古旧諸師の説で科段を開かない。これに対する批判は(7)のところで述べる。

(2)僧肇の説で、仏国品における宝積の発問までを序説とし、[3] それ以下、法供養品までを正説とし、嘱累品のみを流通説とする。[4] これに対して、智顗は、法供養品を正説とすることは誤りであると批判している。

(3)霊味寺宝亮の説で、方便品からすべて正説であるとする。これに対して、智顗は、仏国品において宝積の発問に対して、仏が仏国の因果を説き明かした内容は序説のはずがなく、まさしく正説であると批判している。

(4)開善寺智蔵の説で、彼の特徴は、三分科経にしたがわず、経典を四段落に分けることである。仏国品から菩薩品までが序説、問疾品から香積仏品までが正説、菩薩行品と見阿閦仏品とが証成説、法供養品と嘱累品とが流通説となる。これに対して、智顗は、経典は大乗、小乗を通じて三分され、『維摩経』だけ、四分するのは不都合であると批判している。要するに、三分科経の伝統的解釈に従うべきことを主張しているのである。

(5)荘厳寺僧旻、光宅寺法雲、および近年の三論法師（三論法師については後述）の説で、序説、正説は(4)と同じで、流通説は菩薩行品から嘱累品までとする。これに対する智顗の批判は、仏国品を序説とする誤りについては、(3)に対する批判と同じである。菩薩行品と見阿閦仏品とを流通説とする誤りについては、維摩詰が大衆を掌にささげもって菴羅樹園に行き、仏の印可を受けてはじめて、維摩詰の方丈の室内での説法が「経」となることができること、仏は維摩詰に対して仏国の因果を論じて、経の全体をまとめあげているが、それによって、大衆の受ける利益は、維摩詰の説法を超過していることから、この二品は流通説ではなく正説であると述べられる。

(6)北方地論師[5]の説で、仏国品を序説、方便品から見阿閦仏品までを正説、法供養品・嘱累品を流通説とする。これに対する智顗の批判は、仏国品を序説とする点を対象としているが、具体的な批判は、(3)に対する批判に譲っている。

(7)諸禅師の説で、彼らは、科段に関する議論が繁雑であることの反省の上にたって、まったく科段を開かず、禅観の実践によって経の意を体得しようとする。智顗は、科段を開かない(1)と(7)の説に対しては、おおよそ次のように批判している。禅観の実践を論じる場合は、科段を繁雑に開くことはしないが、今は、経典を学習するものが経文の起尽を知り、仏の衆生に対する教化が巧みであり、経文は前後ばらばらではなく緊密な関連があることを理解するようにさせようとするのであり、もし経文をよく解釈できれば、禅観の実践の面にもよい影響が与えられるのである、と。

次に、吉蔵における維摩経の分科を考察する。彼の維摩経関係の三種の著作について、その成立順序にしたがって論じる。[6]第一に、『浄名玄論』巻第七では、維摩詰の室の内外による序・正・流通の三分説を説く「江南旧釈」と、説法の会座（菴園→方丈→菴園）による三会説を説く「北土相承」との二つの説を紹介している。[7]どちらも、三分する箇所は共通で、智顗の紹介する(5)と同じである。この二説に対する吉蔵の批判は、方便品の取り扱いに関して向けられる。すなわち、方便品は、方丈室内の維摩詰の説法を説くものであるから、「江南旧釈」が、方便品を含む初めの四品を室外の説法で序分としているのは経文に背き、同様に、「北土相承」の説でも、初めの四品を菴羅会としているが、方便品は方丈会のはずであるから、これもまた経文に違背している、とされる。[8]

では、吉蔵自身の説はどうであろうか。彼は、『華厳経』の七処八会に対して、『維摩経』は二処四集（会）であると述べている。二処とは、菴羅処と方丈処であり、四会とは、「一菴園会、二方丈会、三重集菴園、四再会方丈」（大正三八・八九八上）である。[9] また、序・正・流通の三分説に関しては、[10] 如是我聞等の六事が序分、見阿閦仏品以下が流通であると述べている。[11] また別の箇所では、弟子品、菩薩品の二品が序説か正説かという問いに対して、そのどちらでもあると答えている。[12]

次に、『維摩経略疏』においては、旧来の分科として紹介されている説は、前述した「江南旧釈」と全同であるが、この説を唱えた人物として、荘厳寺僧旻と招提慧琰の名を挙げている。[13] さらに、興皇寺法朗もこれと同じ説であったことが明かされている。[14] もしそうであれば、智顗の紹介した(5)における「三論法師」とは法朗のことかもしれず、両者の伝承は一致することとなる。さて、この分科に対する吉蔵の批判としては、方便品が室内の説法であることを指摘している点は、『浄名玄論』の場合とまったく同じであるが、さらに、方便品は室内の説法であるから、序説ではなく正説でなければならないこと、法供養品までが菩薩の観行を明かしているのであるから、これは流通説ではなく正説でなければならないことを主張している。[15] 吉蔵自身の説としては、『浄名玄論』と同じく、二処四会説が説かれ、さらに、序・正・流通の三分法については、「三章というのは、初めから偈を説きおわるまでを序とし、宝積が浄土の因果について質問してから法供養品までを正とし、嘱累の一品を流通とする（言三章者、従初至説偈竟為序、従宝積問浄土因果、訖法供養品為正、嘱累一品、為流通也）」（続蔵一―二九―二・九七右下）と述べ、さらに、この吉蔵の説が、関中の旧説、とりわけ僧肇の説に基づくことを誇らしげに語っている。すなわち、これこそ古くからの相承で、関中の旧説である。どうしてかといえば、僧肇師が「この経（『維摩経』）は、浄土〔品〕から始まり法供養〔品〕に終わるまで、その文は異なるけれども、不思議という点で同一である。前の六事を置くからには、後の嘱累を略す。それ故、前の六事を序とし、後の嘱累を流通とし、中間の不思議を正とすることがわかるのである。

此乃古老相承、関中旧説。何者故肇師云、此経、始自浄土、終訖法供養、其文雖殊、不思議一。既置前六事、略後嘱累。故知、前六事為序、後嘱累為流通、中間不思議為正也。（同前・九七左上）

と。ところで、吉蔵の説は、如是我聞等の六事だけでなく、宝積の七言偈の終わりまでを序分としているのであるから、吉蔵のまとめるところの僧肇説は、吉蔵の説とは厳密には一致しないことになるが、ここでは、吉蔵が僧肇説を権威として、菩薩行品を正説としたことに注意を喚起しておきたい[17]。

最後に、『維摩経義疏』巻第一の「釈会処」においては、吉蔵以前の説として、『浄名玄論』における「江南旧釈」と「北土相承」の説と内容の等しい二つの説が紹介されている。ただし、本書では、前者が「成実師」、後者が「十地論師」の説と明確化されている[18]。また、『浄名玄論』と同様、「時事次第」と「集法前後」についても説かれている[19]。以上の点に関しては、特に目新しいことはないが、序・正・流通の三分説については、僧肇の説と同じことを誇らしげに語っていた『維摩経略疏』とうってかわって、何の釈明もなしに、智顗と全く同じ三分法を採用し、法供養品を流通説としている[20]。

このように、吉蔵は、三種の著作において、三分法に関して自説を変えているのであり、最終的には、智顗の説と同じ説に落ち着いたのである。この点に関して、智顗の著作から吉蔵への影響があったかどうか、興味深い問題であるが、両者の著述年代からいって、その影響の可能性はかなりあると推定される[21]。

注

（1）続蔵一―二七―五・四三〇左上―四三一左下を参照。以下、この箇所からの引用は一々頁・段を記さない。
（2）分科そのものについて、「若不開科段、則不識経文起尽仏教承躡。若不（「不」は衍字）開科段、執諍紛然、於解脱法、横生繋累。今正述一家、尋経意趣、傍経開科、而非固執」と但し書きを記している。
（3）「……唯願世尊、説諸菩薩浄土之行」（大正一四・五三八上）を参照。
（4）智顗は、僧肇の説を、「而肇師云、始乎浄土、終法供養、其間所明雖殊、不思議一也」として引用しているが、これは、『注維摩』巻第一の「此経、始自于浄土、終于法供養、其中所明雖殊、然其不思議解脱一也」（大正三八・三二七下）に基づくものである。ただし、この僧肇の発言は、序・正・流通の三分科経を意図したものではないであろうし、宝積の発問のところで、序説と正説を分ける智顗の解釈も決して自明なことではない。事実、吉蔵が他の解釈を与えていることは後述する。
（5）浄影寺慧遠も北方地論師の一人ではあるが、分科の内容は一致しない。拙稿「浄影寺慧遠『維摩経義記』の研究―注釈の一特徴と分科―」（『東洋学術研究』二三―二、一九八四年一一月。本書、第二部、第二章に収録）を参照。
（6）平井俊榮『中国般若思想史研究―吉蔵と三論学派―』（春秋社、一九七六年）三七四―三七五頁を参照。とくに、「開皇の末（十九年とすれば五九九、二十年とすれば六〇〇）に『浄名玄論』を著わし、仁寿の終（六〇四）に『維摩経略疏』を撰したことになる。（中略）『義疏』の成立は、三論の註書とならんで大業年中（六〇五―一六）ということになろうか」（三七五頁）を参照。
（7）大正三八・八九七下参照。また、吉蔵の紹介する「北土相承」の説は、慧遠の「言就会者、拠今一説次第以論、会別唯有三。一菴羅会、二維摩室、三重会菴羅」（同前・四二一下）と関連するであろう。
（8）大正三八・八九七下―八九八上を参照。
（9）四会については、時事先後と集法次第とが説かれているが、紙数の都合で紹介は割愛する（大正三八・八九八中―下を参照）。
（10）六事については、『法華義疏』巻第一（大正三四・四五三下―四五四上）を参照。
（11）大正三八・八九八上を参照。
（12）同前・八九八下を参照。
（13）続蔵一―二九―二・九七左上を参照。
（14）「問、若爾、大師何故用耶。解云、師乃一時作此説。豈可永為定耶」（同前）を参照。吉蔵が「師」とだけ呼ぶ場合は、法朗を指す（平井氏前掲書、二八八頁参照）。
（15）同前・九七右下―左上を参照。

(16)『浄名玄論』と『維摩経略疏』では、序説が如是我聞等の六事から宝積の偈の終わりまでに変化している。

(17) 巻第五の菩薩行品の注でも、「今即第四会、重集菴園。就此会、有四品。前三品、属正説。後一品、是流通。此非自判。肇師自作此説也」(同前・一七二左下)とある。

(18) 大正三八・九一七中を参照。

(19) 同前・九一七下を参照。前注(9)参照。

(20)「第一従初会宝積偈已来、明於序説。次従偈後長行、至阿閦仏品、辨於正宗。三従法供養品竟経、明於流通」(同前・九一七下―九一八上)を参照。なお、法供養品は讃歎流通、嘱累品は付嘱流通とされる。

(21) 智顗の入寂後、開皇十八年(五九八)正月に、『維摩経玄疏』六巻と『維摩経文疏』二十八巻の中の前二十五巻が晋王広(隋煬帝)に献上され、『国清百録』巻第三「皇太子弘浄名疏第八十一」(仁寿二年、西暦六〇二年の頃の書簡)には、「慧日道場僧慧荘、法論二師、於東宮講浄名経。全用智者疏、判釈経文」(大正四六・八一四下)とある。したがって、仁寿年間には、智顗の維摩疏がある程度、流通していたことが推定される。これに対して、吉蔵の『維摩経義疏』の述作は、平井氏によれば、大業年中とされている(前注(6)参照)のであるから、智顗から吉蔵への影響の可能性を考える必要があるであろう。

四　『維摩経玄疏』の組織と梗概

一　はじめに

天台大師智顗（五三八―五九七）の最晩年は、晋王広（五六九―六一八、煬帝）に献上するための維摩経疏述作に捧げられた。佐藤哲英氏の研究[1]によれば、智顗の維摩経疏献上は、都合三回にわたり、第一回めは、開皇十五年（五九五）の六月から七月の間に、玄義十巻が献上された。この玄義十巻の離出本が、現行の『四教義』十二巻（『大正蔵』第四十六巻所収）、『三観義』二巻（続蔵一―二―四―一所収）と、散逸した『四悉檀義』である。第二回めは、開皇十七年三月から四月の間に、玄疏六巻、文疏八巻（仏国品の釈）が献上されたが、これは智顗の希望によって、後に焼却された。第三回めは、智顗の入滅後、開皇十八年正月に、玄疏六巻、文疏二十五巻（仏道品までの釈）が献上された。これが、現行の『維摩経玄疏』六巻と、『維摩経文疏』二十八巻（続蔵一―二七―五～二八―二所収）の中の前の二十五巻（後の三巻は灌頂の補遺）に相当する。これらの維摩経疏の資料的価値、研究意義について、佐藤氏は、「要するに維摩経疏は三大部と共に後期時代における智顗教学の研究資料の二大双璧であるが、現行の三大部が智顗の講説のままでなく、灌頂による再三再四の修治を経たものであるのに比べ、この維摩経疏は何れも智顗の親撰か親撰に準ずる価値高い資料で、特に晩年時代における智顗の思想を研究するための、こよなき資料といわねばならぬ[2]」と指摘さ

れているが、筆者もまったく同感である。本稿で考察する『維摩経玄疏』は、智顗の親撰ではなく、口授本であるが、[3]
智顗の監修のもとで完成したものであるから、親撰に準じるものと考えてよいであろう。

さて、『維摩経玄疏』は、『維摩経』という特定の一経典の解釈を主題としていることは言うまでもないが、その解釈を成立させる理論的準拠枠としての智顗の仏教観全体も説き明かされていることを看過してはならない。このことは、智顗の把捉するところの仏教の全体像の中に、『維摩経』を位置づけようとする本書の性格から必然的に生じることである。この智顗の仏教観を構成する最も重要な契機は、本書においてかなり多くの紙数を費やして説かれている四悉檀、三観、四教の思想であると思われる。本稿では、智顗の維摩経疏の研究の端緒として、『維摩経玄疏』を取りあげ、その構成と思想を考察する。

『維摩経玄疏』の冒頭には、

この経（『維摩経』）は、道理が深遠で、言葉で表わされる趣旨は奥深い。もしただ文によって解釈するだけならば、ただ事数（具体的な教理用語）〔を解釈する〕だけになってしまうかもしれない。一教の究極は、最終的に測りがたい。やはりかいつまんで奥深くかそけきものを考え、不思議の趣旨を示す必要がある。今ただちに文の〔解釈〕の前で五重玄義について述べる。

此経理致深遠、言旨淵玄。若但依文帖釈、恐止事数而已。一教宗極自難量。猶須略忖幽微、顕不思議旨趣。今輒於文前、撰五重玄義。（大正三八・五一九上。以下、『維摩経玄疏』からの引用は、頁段のみを記す）

とある。『維摩経文疏』のような随文解釈だけでは、維摩経の根本が捉えきれないので、『維摩経玄疏』では、名体宗用教の五重玄義によって、維摩経の趣旨を明らかにしようとするのである。この点、『法華玄義』と同じ構成である。五重玄義の解釈には、通釈（五重玄義の総括的説明）と、別釈（五重玄義それぞれの個別的説明）とがあり、巻第一が通釈、巻第二から書末までが別釈にあてられている。別釈のなかでは、釈名が巻第五までを占め、巻第六に、出体、明宗、辨力用、判教相が説かれている。別釈の釈名が全六巻のうち、四巻を占めているのであるが、そこでは、まず、「維摩詰所説経」という経題を、「維摩詰所説」の別名と、「経」の通名とに二分して解釈している。別名の解釈は巻第四までであり、中心的位置を占める。そこではさらに、「維摩詰」と「所説」とに二分しているが、前者が大部分であり（翻釈名義・三観解釈・四教分別・浄名本迹から構成される）、後者は、わずか『大正蔵』の一段を占めるにすぎない。巻第五では、まず「経」の通名を解釈し、その後に、維摩経の異名である不可思議解脱経の「不可思議解脱」について解釈している。以上の構成を左に図示する。

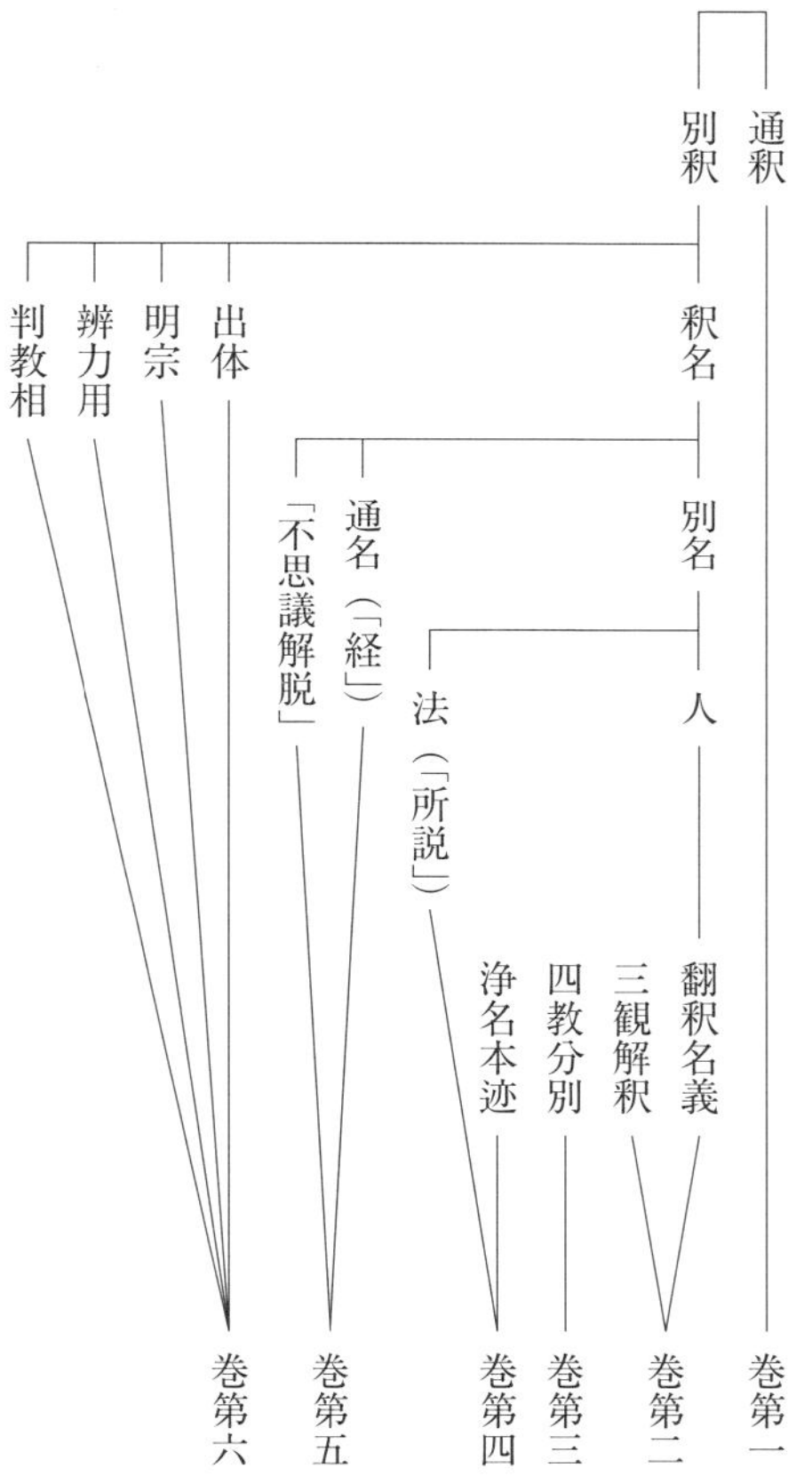

なお、本稿では、『維摩経玄疏』の構成を明示するため、しばしば、分科を示したが、検索の便宜のため、（ ）の中に『大正蔵』の頁・段を示した。これは、頁・段の変わるところにのみ記し、その分科名の存する場所を示すこと

とする（分科の最後のものだけ範囲を示す）。また、一々、大正蔵、続蔵の巻数を記さなかったが、『維摩経玄疏』は『大正蔵』第三十八巻、『三観義』は続蔵一―二―四―一、『四教義』は『大正蔵』第四十六巻である。また、論述の便宜上、適当に分節しなければならないが、本稿は、『維摩経玄疏』の本文に即して、その構成・思想を考察するので、巻第一から巻第六までの内容をそれぞれ第二節から第七節とする。

二　巻第一（五重玄義の通釈）について

五重玄義の通釈は、次のように分けられている。

(1)通じて五義の名を標す（五一九上）
(2)次第を辨ず
(3)引いて証す（五一九中）
(4)総別を明かす
(5)観心に約して五義を釈す（五一九下）
(6)四悉檀に対す（五二〇中―五二四上）

『法華玄義』における五重玄義の通釈と比較する[4]と、『法華玄義』では、標章・引証・生起・開合・料簡・観心・会異の七項（いわゆる七番共解）となっている。標章、引証、観心は、『維摩経玄疏』の(1)、(3)、(5)にそれぞれ名称、内容ともにほぼ一致するが、五重玄義それぞれの概念の説明や観心に関しては、『法華玄義』が詳しい。また、生起と(2)が、会異と(6)が、それぞれ内容的に対応する。他の開合、料簡は、『維摩経玄疏』にはなく、『維摩経玄疏』の(4)は、『法華玄義』にはない。全体としては、『法華玄義』の方が、『維摩経玄疏』よりも叙述が詳しい。そもそも、『法華玄義』と『維摩経玄疏』との関係については、『維摩経玄疏』の中に、「法華玄」、「法華玄義」、「法華疏」などの書名が都合五回出ていること[5]から、『維摩経玄疏』撰述のときには、『法華玄義』がある程度の著述形態を整えていたことが判明する。しかし、他方では、『法華玄義』が智顗入寂後も、灌頂によって修治されていったことも事実であるから、

『維摩経玄疏』撰述時に参照された『法華玄義』と現行本とは、当然、完全には一致するものでなく、『法華玄義』の七番共解に、『維摩経玄疏』が何らかの影響を与えているかもしれないのである。[6] ともあれ、『維摩経玄疏』の通釈を理解するためにも、『法華玄義』の七番共解は参照されなければならないと思う。

では、通釈の六項を順に考察していこう。

(1)では、維摩経の五重玄義が何であるかを明らかにしている。左に図示する。

名……不思議人法　　用……不思議権実折伏摂受

体……不思議真性解脱　　教……不思議帯偏顕円

宗……不思議仏国因果

このように、五重玄義すべてに「不思議」が冠されているのは、「この経は、如是我聞から始まり歓喜奉行に終わるまで、みな不思議を明かすのである（此経始従如是我聞終乎歓喜奉行、皆明不思議也」（五一九上）と述べられていることと関連する。この「不思議」については、維摩経の異名である「不思議解脱」を解釈する巻第五において明かされている。

(2)では、五重玄義が名体宗用教の順序になっている理由を説明している。すなわち、

理は概念を超絶するけれども、概念でなければ、教えを説くことはない。それ故、無名の道について、名相を借りて説く。そして名は法を呼び出し、法は名に対応する。そこで、経の帰着点は、名の内部に含まれる。それ故、先に名を掲げる。そもそも名を尋ねると、理が得られる。理はとりもなおさず真性解脱である。真性解脱は、経の体にほかならない。それ故、次に体を提示する。体はそれだけでは実現されず、これを求めるのに方法がある。修行にかかわって因を修し、そうして後、果を実現する。それ故、仏国の因果を、理に入る大綱根本とする。大綱を持ち上げれば、細目が動く。それ故、次に宗を明かすのである。因を修行し果に向かい果を獲得すれば、

すぐに巧みに権実の折伏・摂受によって、衆生に利益を与えることができる。それ故、次に用を明かすのである。聖人が教を説くのに、機縁（衆生の宗教的な構え、条件）に従う。機縁は同一ではない。そこで、教えにさまざまな相違がある。それ故、次に教相を明かすのである。

雖理絶名言、非名言無以設教。故於無名之道、仮名相説。而名以召法、法以応名。是以経之指帰蘊在名内。故先標名。夫尋名得理。理、即真性解脱。真性解脱、即経之体也。故次出体。体不孤致、求之有方。渉行修因、然後致果。故用仏国因果、為入理綱宗。提綱目動。故次明宗也。行因趣果得果、即能巧用権実折伏摂受、利益衆生。故次明用也。聖人設教、随逗機縁。機縁不一。是以教有異同。故次明教相也。（同前）

と。

(3)では、五重玄義を示す維摩経の文を引用している。

(4)では、名玄義が総で、体宗用の三玄義が別で、教相玄義が総別を兼ねることが説かれている。

(5)では、心そのものが五重玄義であることが説かれている。すなわち、

すべての法は本来名がない。名がないけれども名があるのは、みな心から生起する。それ故、心はとりもなおさず名である。心を体とするのは、衆生の心性は、とりもなおさず真の法性であるからである。それ故、体というのである。心を宗とするのは、この経に、「もし心が清浄であれば、ただちに仏土も清浄である」とある。心はとりもなおさず宗の意味である。心を用とするのは、正観は巧みに見愛〔の煩悩〕を打ち砕く。それ故、用と名づけるのである。心を教とするのは、この経に、「弟子たちの塵労（煩悩）は、心の働きに従う」とある。とりもなおさず教相である。

一切万法本自無名。無名而有名者、皆従心起。故心即名也。心為体者、衆生心性、即真法性、故云体也。心為宗者、此経云、如其心浄、即仏土浄。心即宗義也。心為用者、正観権巧折伏見愛、故名用也。心為教者、此経云、

弟子衆塵労随意之所転、即教相也。（五一九下）

とある。また、ここでは、理即・名字即・観行即・相似即・分証真実即・究竟即の六即について説かれている。

(6)の「四悉檀に対す」とは、文字どおりの意味は、五重玄義を四悉檀に比較相対させるということであるが、(6)では、このような内容ばかりでなく、四悉檀そのものについて詳しい解釈が示されている。(6)は、「以四悉檀対前五義」と、「略釈四悉檀起観教之相」とに二分される。前者では、名が世界悉檀、体が第一義悉檀、宗が為人悉檀、用が対治悉檀にそれぞれ対応することが明かされ、教相については、「四悉檀によって諸の経教を生ずる場合、この経の教えと同一なものもあるし、相違するものもある。とりもなおさず教相を判定して、同一・相違を知ることである（以四悉檀起諸経教、与此経教有同有異。即是判教相知同異也）」（五二〇中）と説かれる。このように、五重玄義と四悉檀との対応関係が明かされているのは、後者で明かされるような、一切の経教、観法の根本である四悉檀によって、智顗独自の経典解釈の方法である五重玄義を権威づけるためではないかと推定される。

さて、後者の「略釈四悉檀起観教之相」は、次の七項に分けられている。

(1)翻釈（五二〇中）
(2)悉檀の相を辨ず
(3)釈成（五二一上）
(4)三観を起こす（五二一中）
(5)四教を起こす（五二一下）
(6)経論を起こす（五二二上）
(7)此の経を起こす（五二四上）

『法華玄義』の七番共解の第七会異の十項の分科、釈名・辨相・釈成・対諦・起教観・説黙・用不用・権実・開顕・通経と比較すると、対諦、用不用、権実、開顕の四項は、『維摩経玄疏』にはない。説黙は、『維摩経玄疏』の(6)の中に説かれている。起教観は、『維摩経玄疏』では、(3)、(4)、(5)の三項に分科されていて、『法華玄義』よりもかなり詳しい。

四悉檀は、『大智度論』巻第一に説かれるものであり、[7] 智顗が、最初期の著作『次第禅門』のときから注目していた思想である。[8] 本稿では、四悉檀についての思想的考察は試みないが、『維摩経玄疏』の所説を概観すると、(1)では、四悉檀の翻訳と字義解釈とについて述べ、(2)では、四悉檀の概念規定を説き、(3)では、随楽欲・随便宜・随対治・随第一義の四随と四悉檀とを対応させている。(4)では、四悉檀によって、従仮入空観・従空入仮観・中道第一義観の三観を生ずることを明かし、(5)では、四悉檀によって、蔵通別円の四教を生ずることを明かしている。この三観と四教は、後述するように、五重玄義の別教の釈名において詳釈され、天台家の教相・観心の二大部門に相当するものである。[9] (6)の「経論を起こす」は、さらに、十二部経・八万四千法蔵・漸頓経教・大小乗論・聖説法聖黙然を起こすの五項に分けられている。第五項の「聖説法・聖黙然を起こす」では、舎利弗の沈黙と維摩詰の沈黙の相違の問題にちなんで、[10] 六種の不可説の相が説かれていて興味深い。[11] (7)では、維摩経の各品が四悉檀のうちのいずれによって生じたかが説かれている。

三　巻第二（翻釈名義・三観解釈）について

前述したように、巻第二から巻第四までが「維摩詰所説」の別名の解釈にあてられている。別名はさらに「維摩詰」と「所説」とに分かれる。維摩経の名玄義が「不思議人法」であることは既に述べたが、「維摩詰」が不思議の人にあたり、「所説」が不思議の法にあたる。巻第四に、「浄名は能説の人である。所説は不思議解脱の法である。それ故、所説という（浄名是能説之人。所説是不思議解脱之法。故言所説）」（五四七上）とあるとおりである。「維摩詰」の解釈は、翻釈名義・三観解釈・四教分別・浄名本迹の四項に分けられている。天台家の教相・観心の二大部門である四教や三観も、ここでは「維摩詰」を解釈する理論的準拠枠として考察されているのである。四項を順に考察していくが、三観や四教の解説や研究はこれまでかなり多いので、本稿では、『三観義』、『四教義』との比較対照を中心として考察する。

さて、「翻釈名義」では、まず、「維摩詰」の翻名を、「毘摩羅詰帝隷」(浄名無垢称、あるいは浄名無垢歎と翻訳)、「毘摩羅詰」(浄名と翻訳)、「毘摩羅詰栗致」(浄無垢称と翻訳)の三種、紹介している(三種の音写はいずれもVimalakīrtiの音写であるから、それから異なった漢訳が生じるのではないのだが)。そして、第一の翻訳は繁雑で解釈し難いとして、第二、第三の翻訳に対して、仏身論を用いて解釈している。第二の「浄名」については、真応二身説によって、「浄」とは、とりもなおさず真身である。真智に惑いがないので、浄という。名とは、とりもなおさず応身である。姿形を現わし衆生を救済し、名声がくまなく広まるのである(浄者、即是真身。真智無惑、故云為浄。名者即是応身。垂形済物、名称普聞也)」(五二四下)と述べている。第三の「浄無垢称」については、法報応の三身説によって解釈しているが、これには、事に就いての解釈と、観心に約しての解釈との二つがある。前者では、「第一に浄の意味とは、法身にほかならない。自性が清浄であって、くっきりとしていて汚れがないのは、性浄法身にほかならない。第二に無垢とは、報身にほかならない。報身の智慧は完全に明瞭であって汚染がないのは、円浄報身にほかならない。第三に称とは、応身にほかならない。大慈によって世を教化し、名声がくまなく広がるのは、応身にほかならない(一浄義者、即是法身。自性清浄、皎然無点、即是性浄法身也。二無垢者、即是報身。報智円明、無有垢染、即是円浄報身也。三称者、即是応身。大慈化世、名称普洽、即是応身也)」(同前)と述べられ、後者では、「すべて心があれば、心はとりもなおさず法性である。法性とは、とりもなおさず本来清浄である。本来清浄であるのは、法身にほかならない。観心相応して、明るい時には暗さは無い。暗さが無いのは、無垢の義にほかならない。無垢とは、智・断の果報の身である。衆生に利益を与えるのにしたがって、一切の事がらを生ずるのに、みな幻化・水月・鏡像のようであり、光を和らげても汚染がないのは、縁(衆生の宗教的条件)に合致する応身の意味にほかならない。このような三義（浄・無垢・称）が不縦不横であるのを、菩提の種子とする（凡厥有心、心即法性。法性者、即是本浄。本浄者、即是法身也。観心相応、明時無暗。無暗者、即是無垢義。無垢者、即是智断果報身也。随所利物起一切事、皆如幻化水月鏡像、和光無染、即是称縁応身義也。如是三義不縦不横、為菩提種子）」（同前）と説かれている。「浄無垢称」の「称」を「かなう」と解釈している点が注目される。これは、kīrti（名声）の字義解釈としては誤りであるが、中国仏教では、このような例が少なくない(12)。

次に、「三観解釈」は、第一回献上本の十巻玄義を別行した『三観義』を治改して撰述されたものであるので、両者の比較対照的研究が必須であろう。「三観解釈」の冒頭では、三観によって維摩詰の名を解釈する理由について、「三観は、二諦・三諦に迷う惑を断ち切って、二諦・三諦の妙理を示す。真理が明らかであることを、浄と名づける。惑の障害がみな尽きることを、無垢と呼ぶ。観が理と合致すれば、大きな力用は制限がない。それ故、称と名づける。三観が意味内容として浄無垢称を成立させるという意味はあるのである。この経は、室外の弾訶、室内の摂受を明らかにする。もし三観の法門を理解しなければ、具体的な経文の奥深い趣旨は、まことに見がたい（三観断迷二諦三諦之惑、顕二諦三諦之妙理。真理皎然、名之為浄。惑障斯尽、謂之無垢。観与理合大用無方、故名為称也。三観義成浄無垢称、其意存矣。此経明室外弾呵室内摂受。若不解三観法門、入文玄旨実為難見）」（五二四下―五二五上）と明かしている。ここでも、「称」は、観が理と「合する」ことと解釈されている。次に、『三観義』と「三観解釈」の構成を比較対照して、その相違を検討する。

『三観義』	「三観解釈」
一、分別境智（三七左下）	一、分別境智（五二五上）
二、正釈（三八左上）	

一、釈三観名
二、辨相（三八左下）
一、別相三観
一、総釈
二、別釈
一、従仮入空観（三九右上）
一、所観之仮
二、観門不同（三九右下）
三、入空観智
二、従空入仮観（四一右上）
一、入仮之意
二、修入仮観
三、観成化物（四一右下）
三、中道第一義観（四一左上）
一、所観境
二、修観心
三、証成（四二右上）
二、一心三観（四二右下）
一、所観之境

二、釈三観名（五二五中）
三、辨三観相（五二五下）
一、別相三観
一、従仮入空観
一、所観之仮
二、観門不同（五二六上）
三、入空観智（五二六中）
二、従空入仮観（五二七下）
一、入仮之意
二、修入仮観
三、観成化物（五二八上）
三、中道第一義観
一、所観境
二、修観心（五二八中）
三、証成（五二八下）
二、一心三観
一、所観不思議之境

二、能観之観（四二左下）
三、証成（四三右上）
三、対智眼（四三右下）
一、対三智（四三左上）
二、対五眼
三、約教料簡
四、会乗義（四四右上）
一、別相三智開三乗
一、約三観開三乗
二、十法成三乗（四四右下）
二、一心三智但是一仏乗（四五右下）
一、一心三智即大乗
二、十法成大乗（四五左下）
五、摂法（五〇左下）
一、摂理
二、摂結業
三、摂依正三報（五一右上）
四、摂智
五、摂行

二、能観三観（五二九上）
三、証成
四、対智眼
五、成諸乗義（五二九中）
一、別相三智開三乗
一、約三観開三乗
二、十法成三乗（五二九下）
二、一心三智但是一仏乗（五三〇中）
一、理即大乗（五三〇下）
二、名字即大乗
三、観行即大乗
四、相似即大乗（五三一下）
五、分証真実即大乗
六、究竟即大乗

六、摂位（五一右下）
七、摂教
六、約断結清浄釈維摩詰義（五一左上）
一、断三諦惑証三諦理
二、不思議三観見不思議三諦之理
三、用三観釈浄無垢称義
七、用三観釈此経一部義（五一左下）
一、釈玄五義
二、正用三観通釈此経文（—五二右上）

六、約断結釈浄名義
一、不思議断結
二、用三観釈浄無垢称義
三、三観摂一切法
七、三観通此経文（五三一上）

両著を比較すると、分量的には、『三観義』が「三観解釈」の約二倍ある。筆者の見るところでは、『三観義』と「三観解釈」にめだった思想的な相違はないようなので、『維摩経玄疏』全体の構成上、『三観義』を簡潔にして短いものにしなければならなかったのであろう。『三観義』の省略は、主として、経論の引用、問答の部分に対して行なわれたものであるが、右図の分科を参照しながら、もう少し詳しく検討しよう。

まず、全体の構成については、『三観義』が、分別境智と正釈に二分したうえで、正釈をさらに七項に分けているのに対し、「三観解釈」では、はじめから七項に分けている。両著の大項目を比較すると、『三観義』の正釈の第五「摂法」が、「三観解釈」には欠けているが、それは、「三観解釈」の第六「約断結釈浄名義」の中に「三観摂一切法」として収められている。したがって、全体の構成に関しては、両著はほとんど同じであるという結論となる。

次に、「三観解釈」の省略について考察する。「別相三観」までは、「三観解釈」に多少の省略が見られるものの、両著はほとんど一致する。それ以降に、「三観解釈」の省略が甚だしい。まず、「一心三観」の項では、三分の一強に縮少されている。次に、「対智眼」では、総論にあたる冒頭の部分はほとんど同じであるが、「三観解釈」では、いくつかの問答、および「対三智」、「対五眼」、「約教料簡」の各論に相当する部分が省略され、全体では、四分の一強に縮少されている。次に、『三観義』の「会乗義」と、「三観解釈」の「成諸乗義」においては、「一心三智但是一仏乗」の構成に異なりが見られる。『三観義』の「一心三智即大乗」に相当する部分は、「三観解釈」にも、改めて章立てはされていないが存する(もっとも、「三観解釈」には、一乗、仏性をめぐる議論が省略されている)が、『三観義』の「十法成大乗」は、「三観解釈」では、「これは六即に焦点を合わせて円教の一仏乗を明らかにする必要がある。とりもなおさず六種の大乗の意味である(此須約六即明円教一仏乗。即是六種大乗義也)」(五三〇下)とある中の「観行即大乗」のところで明かされている。そして、その分量は、五分の一以下に縮少されている。[13] 次に、『三観義』の「摂法」は前述したように、「三観解釈」の「約断結釈浄名義」の中に収められているが、ほとんど項目の名が記されているのみで、その分量は十分の一ほどである。次に、『三観義』の「用三観釈此経一部義」の「釈玄五義」は、「三観解釈」には説かれない。

以上、形式的な比較にとどまったが、『大正蔵』に収録されている『維摩経玄疏』は文字の誤りも少なくないので(後述するように錯簡もある)、それを訂正するためにも、『三観義』との対照は必要である。たとえば、『維摩経玄疏』には、「生滅無生滅の因縁は、とりもなおさず観察の対象である。無量の因縁は、第二の観察の対象にほかならない。無作の因縁は、第三の観察の対象にほかならない(生滅無生滅因縁、即是所観之境。無量因縁、即是第二観境。無作因縁、即是第三観境)」(五二五上)とあり、「所観之境」が「初観之境」の誤りであることは、容易に推測できるが、『三観義』では、「生滅無生滅は、とりもなおさず最初の観察の対象である(生滅無生滅、即為初観之境)」(続蔵一―二―四―一・三八右上)となっている。また、『維摩経玄疏』には、「質問する。空に二種がある。第一に性空、第二に相空である。これらはどのように区別するのか。答える。前の四句によって生について検討すると、本性として実体的に捉えることはできず、性空にほかならない。無生であるけれども生と説くのは、とりもなおさず仮生である。仮生は、不生にほかならない。不生はそのまま相空である。それ故、世諦によって性を破して仮を立て、真諦によって仮を破すことは、とりもなおさず相空である（問曰。空有二種。一者性空、二者相空。此云何分別。答曰。前四句検生、性不可得、即是性空。無生而説生、即是仮生。仮生、即是不生。不生、即相空也。故世諦破性立仮、真諦破仮、即是相空也）」（五二七上）とあるが、『三観義』の対応箇所、「故世諦破性立仮、即是性空也。真諦破仮、即是相空也」（続蔵一―二―四―一・四〇右下）と比較すると、「故世諦破性立仮」の後に、「即是性空也」という一句が脱落していることが判明する。

四　巻第三（四教分別）について

「四教分別」も、第一回献上本の十巻玄義を別行した『四教義』を治改して撰述されたものであるので、やはり両著の比較対照的研究が必須であろう。「四教分別」の冒頭では、四教によって維摩詰の名を解釈する理由について、第三に四教の区別を明かすとは、前に三観によって浄無垢称を解釈することを明かした。理智に惑がないことに焦点をあてると、智は理に合致し、〔衆生の機〕縁に合致するので、浄無垢称という呼び名を受ける。ただ衆生の機縁は同一でないので、頓と漸の相違、不定と秘密の相違があることになる。そこで、古今の師たちは、それぞれ理論的な解釈をなした。今、立てる理論は、内容的に前のあり方と相違する。それ故、言葉で表現できない理について、悉檀によって〔衆生の機〕縁に趣いて巧みに説く。かいつまんで四教について述べて、その宗・用を説明し、毘摩羅詰の名を解釈する。もしこの趣旨を理解すれば、ただこの経の文の意味が明らかになるだけでなく、漸・頓・不定・秘密の〔教えの〕具体的な形は、みなすらすらと理解されるのである。

第三明四教分別者、前明三観釈浄無垢称。約理智無惑、智能称理、称縁、故受浄無垢称之号。但以衆生機縁不同、致有頓漸之異不定秘密之殊。是以古今諸師各為理釈。今所立義意異前規。故無言之理悉檀赴縁而巧説。略撰四教、以暢其宗用、通毘摩羅詰之名。若能達斯旨者、非但此経文義皎然、漸頓不定秘密之蹤皆無滞也。（五三二中）

と述べている。次に、『四教義』と「四教分別」の構成を比較対照して、その相違を検討する。

『四教義』

一、釈四教名（七二一上）
　一、正釈四教名
　二、覈定四教（七二二下）
　三、引証（七二三上）
　四、料簡（七二三下）
　五、経論用四教多少不同（七二五上）
二、辨所詮（七二五中）
　一、約四諦理
　二、約三諦理（七二七下）
　三、約二諦理（七二八上）
　四、約一諦理（七二八中）

「四教分別」

一、釈四教名（五三二中）
二、辨所詮（五三四上）
　一、約四諦理（五三四中）
　二、約三諦理
　三、約二諦理（五三五上）
　四、約一諦理

三、明四門入理（七二九上）
一、略辨四門相
二、正明四門入理（七三〇上）
三、四悉檀起四門教（七三〇中）
四、約十法成四門義（七三〇下）
五、信法両行四門不同（七三一中）
四、約四教位分別浄無垢称義（七三一下）
一、約三蔵教位
二、約通教位（七四七上）
三、約別教位（七五一下）
四、約円教位（七六〇上）
五、約五味以結成（七六五下）
六、約経論辨位多少
五、明権実（七六六上）
一、略明権実
二、格位（七六六中）
三、明興廃（七六七上）
六、約観心明四教（七六七下）
七、通諸経論（七六八上）

三、約四教位分別浄無垢称位（五三五下）
一、約三蔵教位
二、約通教位（五三七上）
三、約別教位（五三八中）
四、約円教位（五四〇中）
五、約五味譬以結成（五四二上）
四、明権実（五四二中）
一、略明権実
二、格位（五四二下）
三、明興廃（五四三中）
五、約観心明四教（五四四上）
六、通諸経論（五四四中）

一、対諸経論
二、通釈此経文義（七六八中―七六九上）　――――　七、釈此経文（五四四下―五四五上）

両著を比較すると、分量的には、『四教義』が「四教分別」の約三・六倍ほどある。逆に言えば、「四教分別」は『四教義』の三割弱にまで縮少されているのである。両者の間に、特別な思想的相違があるとも思われず、「四教分別」では、『四教義』に詳しい説明を譲っているところもあるので、「三観解釈」の場合と同様、『維摩経玄疏』の全体の構成上、おもいきった省略がなされたのであろう。そのため、『四教義』に説かれている重要な文章と思われるものが、「四教分別」には省略されているという場合がある。たとえば、三観と四教の相互依存関係[14]、天台家における深位不説の理由[15]、等である。

さて、両著の構成は、全体としては、ほとんど同じであるが、『四教義』の第三「明四門入理」が「四教分別」には欠けている（実は、巻第六の体玄義を明かすところで説かれている[16]）ことと、『四教義』の巻第七「通諸経論」の中の二項が、「四教分別」では大項として別立されていることとが相違する。では、「四教分別」における大幅な省略は、『四教義』のどの点に関するものであろうか。いくつかの点に分けて、両著を比較対照しよう。

(ア)両著の第一「釈四教名」について言えば、「四教分別」には、『四教義』の第一項「正釈四教名」に対応する分科しかない。したがって、『四教義』の第二項以下は「四教分別」には欠けているが、第四項「料簡」に説かれる四教と地論宗の四宗判との比較については、「四教分別」でも、円教の説明の後に、新しい分科を設けずに説かれている。

(イ)両著の「辨所詮」の構成は共通であるが、内容的には、第一項「約四諦理」に関して省略が甚だしい。というのは、『四教義』では、四種の四諦について、『大正蔵』で一頁（七二五下―七二六下）ほど説明しているが、「四教分別」では、四種の四諦の名称を列挙するだけであるからである。

(ウ)『四教義』の第三「明四門入理」では、蔵通別円の四教それぞれに、有門・空門・亦有亦空門・非有非空門の四門入理を具えていることを説いている。これは、次の「約四教位、分別浄無垢称義」において、便宜上、蔵教は有門、通教は空門、別教は亦有亦空門、円教は非有非空門というように一門だけを中心に位を説くことの抑えとして説かれたものである。

(エ)『四教義』の第四「約四教位、分別浄無垢称義」に対応する「四教分別」の第三「約四教位、分別浄無垢称位」においては、甚だしい省略が見られる。まず、『四教義』の第六項「約経論、辨位多少」は、「四教分別」には欠けている。次に、第一項の「約三蔵教位」については、『四教義』は、声聞乗の位(七賢位・七聖位)、辟支仏乗の位を説いている。この部分は、実に『大正蔵』で十一頁(七三二下―七四三下)の長きにわたっている。ところが、「四教分別」では、これらについては全く説かれていない。思うに、浄無垢称の位を判ずるためには、声聞、辟支仏の位は直接の関係をもたないので、簡潔を旨とする「四教分別」では省略されたのであろう。一方、『四教義』では、あくまで、三蔵教の位の全体を明かす必要上、声聞・辟支仏の位について十分な注意が払われたのであろう。また、菩薩の位については、両著とも説いているが、「四教分別」は『四教義』の三分の一ほどに縮少されている。

次に「約通教位」については、若干、構成が異なっており、分量的には、『四教義』の五頁(七四七上―七五一下)を「四教分別」では一頁半(五三七上―五三八中)に縮少している。内容的には、三乗共十地の第一乾慧地の説明が、「四教分別」では十分の一ほどに縮少されている。

次に「約別教位」については、やはり構成が少しく相違する。分量的には、『四教義』の八頁(七五一下―七六〇上)を「四教分別」では二頁(五三八中―五四〇中)に縮少している。内容的には、『四教義』では、初歓喜地において二十五三昧について詳釈している(七五六上―七五八中)。「四教分別」では、二十五三昧の内容については説かれていない。

次に「約円教位」については、やはり、若干、構成が異なっており、分量的には、『四教義』の五頁半（七六〇上—七六五下）を「四教分別」では一頁半（五四〇中—五四二上）に縮少している。内容的には、『四教義』では、十信位について特に詳しく、また、「四教分別」の欠いている分科「引衆経論証」、「料簡」に一頁半（七六四上—七六五中）ほど割いている。

要するに、この分科において、「四教分別」の省略は最も甚だしい。すなわち、『四教義』の三十四頁（七三一下—七六六上）が、「四教分別」では六頁半（五三五下—五四二中）に縮少されているのである。

(オ)『四教義』の第五「明権実」と、「四教分別」の第四「明権実」は、ほとんど一致しており、省略は見られない。次の両著の「約観心明四教」もまた同様である。また、『四教義』の第七「通諸経論」の中の第一項「対諸経論」は、「四教分別」の第六「通諸経論」とほとんど一致する。しかし、『四教義』の第二項「通釈此経文義」は、さらに「釈玄五義」と「通経文」とに二分され、後者は「四教分別」の第七「釈此経文」と一致するが、前者は「四教分別」には説かれない。

五　巻第四（浄名本迹）について

「四教分別」の次は、「浄名本迹」である。その冒頭には、

四教によって浄無垢称の意味を区別した。〔四教によって、その〕意味は同じでないけれども、まさしく円教によって解釈する。そもそも聖人が〔この世に〕応現する場合、本迹の相違はあるのである。金粟法身を示す場合もあるし、補処の姿を示す場合もある。経典の説は〔衆生の機〕縁に従うので、〔経典のレベルの〕高低は測りにくい。そこで今、本迹を区別する必要があるのである。

既用四教分別浄無垢称義。義雖不同、而正用円教解釈。夫聖人垂応、不無本迹之殊。或示金粟法身、或現補処之像。経説随縁高下難測。是以今須辨本迹也。（五四五中）

と述べている。ここでは、次の七項に分けられている。

(1)名を釈す（五四五中）
(2)本迹を明かす
(3)本迹の高下を辨ず（五四五下）
(4)教に約して本迹を分別す（五四六中）
(5)正しく維摩の本迹を明かす（五四六下）
(6)観心に約して本迹を明かす
(7)本迹を用て此の経文を通ず（五四七上）

(1)では、本迹の概念について、「本はとりもなおさず所依の理であり、迹は能依の事がらである（本即所依之理、迹是能依之事）」（五四五中）と定義し、さらに、両者の関係について、「所依の理本によって、能依の事迹があり、能依の事迹を尋ねると、所依の理本が得られる。本迹は相違するけれども、不思議という点では同一である（由所依之理本、有能依之事迹、尋能依之事迹、得所依之理本。本迹雖殊、不思議一也）」（同前）と規定している。

(2)では、五種の対概念をそれぞれ(1)で見た本迹の関係として捉えている。五種の対概念とは、理と事、理と教、理と行、体と用、権と実である。『法華玄義』巻第七上においても、理と事、理と教、教と行、体と用、実と権、今と已の六種を本迹の関係として捉えている。[17]

(3)では、円教における本迹の高下を明かしている。理事について本迹を明かすことは理即、理教は名字即、理行は観行即、相似即（次下の体用・権実においては十信から述べているが、十信は相似即に相当するので、理行において相似即といわれているのは疑問である）であると述べた後、体用・権実について本迹を明かす場合、その本迹の高下については、本迹倶下・本下迹高・本高迹下・本迹倶高の四句分別があることを明かし、十信から妙覚までの位において本迹の高下がどのようになっているかを分析している。

⑷では、四教それぞれの位における本迹の高下について述べている（円教については⑶で既に述べたので、実際には、別教、通教、蔵教について説かれている）。

⑸では、まず、維摩詰の本迹についての旧説を紹介し、さらにその旧説を敷衍して、本迹高下の四句分別の場合を設定したうえで、批判を加えている。すなわち、

旧説では、「本は金粟如来であり、迹は無動の補処として妙喜〔世界〕に住んでいる」といっている。あるいは「本は八地であり、迹は毘耶に現われ、長者の位にいる」といっている。もしこの意を採用して、その本迹を確定的に判定するならば、金粟はどんな位の仏であるのか。妙喜〔世界〕の補処はまたどんな位の補処であるのか。もし真実に妙覚の金粟であって、迹は妙喜〔世界〕の補処であるならば、これは本が高く迹が低いということになろう。もし本は初住の金粟であって、十地の補処として現われるならば、これは本が低く迹が高いことになる。もし妙覚の金粟法身がさらに妙覚の金粟として応現するならば、本と迹とがともに高いことになる。もし初住の金粟が三蔵の補処として応現するならば、本と迹とがともに低いことになる。どうしてその優劣高下の位を確定的に判定できるであろうか。偉大な聖人が無制限の教化を用いれば、どうして凡夫は推量して浅深を判定できようか。凡夫は自分では自分自身の行為の果報すら知らないのであるから、どうしてその本迹の類を知ることがあろうか。目が無いのに月を指して、その方円を判定するようなものである。今、ただ仰いで信ずるだけである。本迹は相違するけれども、不思議という点で同一である。ところで、文殊は釈迦の左面の侍者であるからには、この土の位行としては最高である。〔文殊が維摩詰の〕功績を推し量って、〔維摩詰の〕教えの具体的な形を讃歎するので、〔維摩詰の本地が〕八地にあるというのはふさわしくないのである。

旧云、本是金粟如来、迹居妙喜為無動補処。或云、本是八地、迹現毘耶位居長者。若執此意、定判其本迹者、金粟為是何位之仏。妙喜補処復是何位補処。若実是妙覚之金粟、迹為妙喜之補処、此可是本高迹下。若本是初住

之金粟現為十地之補処、此是本下迹高。若是妙覚之金粟法身又応為妙覚之金粟、是為本迹倶高。若是初住之金粟応為三蔵之補処、是為本迹倶下。豈可定判其優劣高下之位也。大聖以無方之化、豈是凡夫測量判於深浅。凡夫尚不自識己之業行果報、何況知其本迹類。若無目指月判其方円。今但仰（底本の「抑」を文意により改める）信。本迹雖殊、不思議一也。而文殊既是釈迦左面侍者、此土位行最高。推功称歎教迹、不宜在八地也。（五四六下）

と。維摩詰の本地については、凡夫にとって不可知なるものとしているが、八地とする説に対しては批判を加えている。

(6)では、本迹高下の四句に対応する観心の実践のあり方を明かし、(7)では、本迹の視点から『維摩経』の全体を解釈している。

なお、「浄名本迹」の次に、「所説」の解釈がある（五四七上―中）が、これについては既に述べた。

六　巻第五（「経」と「不思議解脱」）について

「経」の通名の解釈は、次の五項に分かれている。

(1)無翻（五四七下）
(2)有翻（五四八上）
(3)通じて有翻と無翻とを和す（五四八中）
(4)法に歴て解釈す（五四九上）
(5)観心に約す（五四八中）

この分科は、『法華玄義』[18]巻第八上における分科と共通であるが、『法華玄義』の方が二倍の量がある。表の(4)と(5)の頁数に前後の混乱があるが、これは、この範囲に錯簡があるためである。[19]内容についての論及は省略する。

以上で、「維摩詰所説経」の解釈が終わって、次下には、維摩経の異名である「不思議解脱」の解釈が説かれている。ここは、次の七項に分かれている。

(1)不思議解脱の名を称す（五四九中）
(2)不思議解脱の相を辨ず（五五〇中）
(3)別して不思議解脱を解す（五五二中）
(4)三法に類通す（五五三上）
(5)教に約して簡別す（五五四上）
(6)観心に約して不思議解脱を明かす
(7)人法を用て経を通ず（―五五四中）

(1)では、まず、「一出古今解釈不同」において、鳩摩羅什、竺道生、僧肇、関内の某師、地論諸師、真諦三蔵、三論師の七種の説を紹介し、次の「二詳衆家」において、それらを批判し、次に「第三に正面から一家の不思議解脱という名の解釈を明かす（三正明一家釈不思議解脱名）」において、智顗自身の解釈として、「正面から個別的に不思議解脱の名を解釈するとは、とりもなおさず文字を離れない解脱である（正別釈不思議解脱名者、即是不離文字之解脱也）」（五五〇上）と述べている。

(2)では、思議解脱と不思議解脱について、「思議解脱のようなものは、とりもなおさず三蔵教・通教の三乗人が得る二種涅槃、灰身滅智の解脱である。不思議解脱のようなものは、とりもなおさず別教・円教の二教の菩薩、諸仏の得る常寂の大般涅槃である。不思議の解脱にほかならない（若思議解脱、即是三蔵教通教三乗人所得二種涅槃灰身滅智解脱也。若是不思議解脱、即是別円両教菩薩諸仏所得大般涅槃常寂。即是不思議之解脱也）」（五五〇中―下）と述べ、さらに、両者を、理、智、断不断、界内界外、有体無体、有用無用、共不共不思議の七種の観点から区別している。

(3)では、真性解脱・実慧解脱・方便解脱の三種解脱を明かし、通教・別教の思議解脱と、円教の不思議真性解脱における十二因縁の三道（煩悩・業・苦）のあり方の相違を明かしている（円教の不思議解脱においては、苦道がそのまま真性解脱、煩悩道が実慧解脱、業道が方便解脱である）。

(4)では、「この三種の解脱は、とりもなおさず仏法のさまざまな三法の異名である。仏法の三種の法門は、かえって多くの種類がある。今、かいつまんで十種類の三法に類比的に通じさせる（此三種解脱、即是仏法諸三法之異名。仏法三種法門乃有多種。今略類通十種三法）」（五五三上）として、三種の解脱と十種の三法とを対応させている。十種とは、三道（煩悩・業・苦）、三識（波陀那識・阿陀那識・阿黎耶識）、三種仏性（正因・了因・縁因）、三種般若（実相・観照・方便）、三種菩提（実相・実智・方便）、三種大乗（性乗・得乗・随乗）、三種法身（法身・報身・応身）、三種涅槃（性浄・円浄・方便浄）、一体三宝（仏宝・法宝・僧宝）、三徳涅槃（法身・般若・解脱）である。

(5)では、四教の位が思議解脱か不思議解脱かを分析している。(ア)蔵教は教道、証道ともに思議であること、(イ)通教では、当分の通教は教道、証道ともに思議であるが、別接通においては教道は思議、証道は不思議であり、円接通においては教道、証道ともに不思議であること、(ウ)別教は教道については思議であるが、証道については三十心（十住・十行・十廻向）の真証が思議、似証が相似の不思議であり、登地以上はすべて不思議であること、(エ)円教は教道、証道ともに不思議であり、証道には六即の不思議があること、(オ)『法華経』において開権顕実が明かされれば、前三教の教道、証道はすべて不思議となること、等が説かれている。

(6)では、観心がそのまま不思議解脱であることが説かれ、前述した三種解脱が一切の三法に類通することも、一念の観心にあることが明かされる。

(7)では、人（浄無垢称）と法（三種解脱）との関係について、

人がもし法を離れるならば、〔法を〕弘めることのできる人ではない。法がもし人を離れるならば、弘められる法ではない。今、人と法とが互いを成立させるならば、人は法を弘める人であり、法は弘められる法である。人に焦点を合わせて浄を明らかにすれば、とりもなおさず真性のことである。人に焦点を合わせて無垢を明らかにすれば、真実の智慧には惑がないという意味にほかならないのである。人に焦点を合わせて称を明らかにする

ならば、とりもなおさず方便によって〔衆生の〕能力条件に合致することである。人と法とが合致すれば、とりもなおさず不思議解脱にとどまってさまざまに姿を示現するので、仏を助けて三種の解脱の法を弘めることができる。

人若離法、則非能弘之人。法若離人、則非所弘之法。今人法相成、人是弘法之人、法是所弘之法。約人明浄、即真性也。約人明無垢、即実慧無惑義也。約人明称、即是方便称根縁也。人与法合、即是住不思議解脱、種種示現、故能輔仏弘三種解脱之法。（五五四中）

と述べ、さらに、『維摩経』の各品において不思議解脱が説かれていることを指摘している。

七　巻第六（体宗用教）について

巻第五までで、五重玄義の別釈である釈名の段が終わり、巻第六では、残りの体、宗、用、教相が明かされる。

㈠体玄義

体玄義は次のような構成である。[20]

(1)正しく体を辨ず（五五四下）
(2)偽を簡んで真を顕わす（五五五上）
(3)実相に入る門（五五七上）
(4)一法異名（五五八下）
(5)衆経の体と為す（五五九上）
(6)観心に約す
(7)此の経を通釈す

まず、(1)では、『維摩経』の体が不思議真性解脱であることを明かしている。この体は、「天空に二つの太陽がなく、国に二人の王がないように（如天無二日国無両主）」（五五四下）、唯一であることが条件であり、権実を体とすれば、それに矛盾することになってしまうと批判している。さらに、「真性、即是実相一実諦之異名」（同前）、「諸法実相、即是真性解脱之異名也」（五五五上）と述べられ、『維摩経』の体が大乗経における一法印とされる諸法実相と同じ意味であることが主張されている。さらに、「もし経を探究して趣旨を失うならば、事実として調達（提婆達多）と同じである。六万の法蔵を読んでも、生きながら大地獄に堕落するのを免れなかった。槃特はただ一偈だけを暗唱して、羅漢道を完成した（若尋経失旨、事同調達。雖読六万法蔵、不免現身堕大地獄。槃特但誦一偈、成羅漢道）」（五五四下―五五五上）と述べて、経の体玄義を認識することの重要性を指摘している。

(2)は、さらに三項に分けられ、第一項「正明簡偽顕真」（五五五上―中）では、世俗の経書、外人の経書、声聞経に明かされるものは、諸法実相ではなく、大乗経に明かされるものが真の諸法実相であることが説かれている。第二項「約共不共教、簡別同異」（五五五中―五五六上）では、まず、共般若の通別円の三教のそれぞれにおいて、法性実相を大乗経の体とするのに、同（共通性）と異（相違性）があることを説いている。すなわち、通教においては、三乗が同じく法性に入る点は同で、入る深浅の度合が異なる点が異である。別教では、三乗人がともに空を見ることは同で、声聞・辟支仏が不空を見ず、菩薩が不空を見ることが異である。円教では、三乗が同じく法性に入る点は同であるが、菩薩・仏だけが法性において円かに一切法界を照らす点が異である。次に、不共般若の別教、円教において法性実相を大乗経の体とするについては、二乗と菩薩とでは一向に異なると述べられている。第三項「約諦明去取」（五五六上―五五七上）では、三諦、二諦、一諦のそれぞれに約して、法性実相を『維摩経』の体とすることを明かしている。三諦においては、俗諦、真諦を捨てて、「中道第一義諦、即是法性実相、即此経之正体」（五五六上）と、中道第一義諦を取りあげている。二諦においては、仏性の立場から二諦を明かすのではない理外の二諦（これに随情・随情智・随智の三種の二諦がある）と、中道仏性の立場から二諦を明かす理内の二諦が説かれる。理内の二諦は、通教の二諦（三諦の中の真諦と中道第一義諦を合したものと、俗諦とで二諦を構成する）、別教の二諦（三諦の中の俗諦と真諦を合したものと、中道第一義諦とで二諦を構成する）、円教の二諦（不思議の二諦といわれ、二諦が不二にして二であるもの）に分けられ、それぞれにまた随情・随情智・随智の三諦があると言われている。以上の中で、理外の二諦、三種の理内の二諦における世諦は捨てられ、「理内三種真諦、即是法性実相、此経之正体也」（五五七上）と結論される。また、不思議の二諦における真諦（円教の真諦）ばかりでなく、他の二種（通教・別教）の真諦をも『維摩経』の体とすることについては、「この経はやはり通・別の二種の方便を帯びているので、理内の三種の真諦はみなこの経の体とすることができるのである。ただ傍と正がある。不思議の真諦を正とするのである（此経猶帯通別二種方便。理内三種真諦、皆得為此経体也。但有傍正。不思議真諦為正也）」（同前）と述べている。一諦については、「一実諦、即是不思議真性解脱実相之理、即是此経之正体」（同前）と述べられている。

(3)では、まず、蔵通別円の四教それぞれにおける四門（有門・空門・亦有亦空門・非有非空門）が明かされ、次に、蔵教・通教の四門は偏真の理に入り、別教・円教の四門は実相真性の体に入ることが明かされ、最後に、四悉檀から四教の四門が生じることが明かされている。この部分は、前述したように、『四教義』の第三「明四門入理」の中の第一項「略辨四門相」から第三項「四悉檀起四門教」にほぼ一致する。[21]

(4)では、諸経に説かれるさまざまな概念、すなわち、一実諦、自性清浄心、如来蔵、如如、実際、実相般若、一乗、首楞厳、法性、法身、中道、畢竟空、正因仏性、性浄、涅槃等はすべて実相の異名であることが説かれる。

(5)では、「諸摩訶衍経、皆用実相不思議真性解脱為体」（五五九上）と述べられている。また、実際には、実相や不思議真性解脱の名称が説かれなくとも、(4)の一法異名の原理を理解しなければならないことが主張されている。

(6)では、観心において、法性実相の印を得なければ不思議解脱に住することはできないと、実践上の用意を記している。

(7)では、『維摩経』のすべての品がさまざまな概念を用いて真性解脱を説いていることを述べている。

(二)宗玄義

宗玄義については、冒頭に、「宗はとりもなおさず一教の法度である。王のいる場所には必ず一緒に統治する宰相があるようなものである。経が体を立てる以上、宗を明らかにして教を成立させる必要があるのである(宗即是一教之綱維。如有王処必有輔臣共治。経既立体、必須明宗以成教也)」(五五九上)とあり、次の五項に分かれている。[22]

(1)宗体の不同を分別す(五五九中)
(2)正しく因果を明かして宗の義を辨ず
(3)因果もて仏国を成ずる義を明かす(五五九下)
(4)観心に約す(五六〇中)
(5)此の経の文を通ず

まず(1)では、宗と体との概念を同一視する説[23]を取りあげて批判を加え、「非因非果の真性を体とし、因果を宗とする。因果に焦点を合わせて、非因非果を示す。因を取りあげると万行を収め、果を取りあげると万徳を収める。それ故、因果を宗とする(非因非果真性為体、因果為宗。約因果以顕非因非果。挙因則摂於万行、挙果則摂於万徳。故以因果為宗)」(五五九中)と結論している。

(2)では、維摩経は仏国の因果を宗としていることを明かしている。宗については、単に因を宗とする場合(『大品般若経』)、単に果を宗とする場合(『涅槃経』)、因果を合して宗とする場合(『法華経』)の三種があり、[24]『維摩経』については、「この経は、人法に従って名づけられている。人が法を実践することができれば、とりもなおさず因の段階の修行者である。法を不思議解脱と名づける。解脱は断徳の果である。果を願って因を修行するので、仏国の因果を宗とするのである(此経従人法得名。人能行法、即是因地行人。法名不思議解脱。解脱是断徳之果。望果行因、故以仏国因果為宗也)」(五五九中―下)と述べられている。

⑶では、まず、因と果の特徴について、「因は修行の法である。行は本来、理に焦点を合わせる。理はとりもなおさず非因非果であり、行は因果にほかならない。もし非因非果を離れて因果を論ずるならば、邪な因果である。今、この理に焦点を合わせて因果を明かすことは、正しい因果である（因是修行之法。行本約理、理即非因非果、行即因果。若離非因非果而辨因果、是邪因果。今約此理而明因果、是正因果）」（五五九下）と述べられている。次に、仏性が「但因非果」で、涅槃が「但果非因」であるということは、別教の別の義に基づくもので、円教の通の義に基づけば、仏性が果でもあり、涅槃が因でもあることになると説かれ、さらに、四種（有作・無生滅・無量・無作）の四諦における因果（正報）によって、四種の依報としての国土（凡聖同居浄穢土・方便有余土・実報無障閡浄土・仏土）があることが説かれている。

⑷では、仏国品の「随其心浄、則仏土浄」（大正一四・五三八下）の文をめぐって、心における因果がそのまま仏国の因果となることを説いている。

⑸では、『維摩経』の各品が因果の法を説いていることを指摘している。

㈢用玄義

用玄義については、冒頭に、「不思議の体・宗がこの教を成立させる以上、必ず働きがある。働きとは、権実に衆生に利益を与える働きがあるのである（不思議体宗既成此教、必有功能。功能者、権実有利物之功能也）」（五六〇中―下）とあり、次の五項に分かれている。[25]

⑴権実の用を簡ぶ（五六〇下）

⑵諸教の権実不同を明かす

⑶権実の義を釈す

⑷折伏摂受（五六一上）

⑸観心に約す（五六一中）

まず⑴では、『維摩経』は化地の立場で権実を明かしているので、権と実とがともに用となることが説かれている。⑵では、蔵通別の三教を権とし、円教を実とする前提に基づいて、『華厳経』から『涅槃経』までの権実を明かしている。『維摩経』は方等部であるから、四教を説き、三権一実であることが明かされている。⑶では、権実には、化地の権実・自行化地の権実・自行の権実の三種があることを明かし、『維摩経』にはこの三種の権実二智が説かれるとしている。⑷では、「今、浄名は不思議の法を永遠にとどまることができるようにするために、方便の折伏、実智の摂受を用いる（今浄名為令不思議法得久住故、是以方便折伏実智摂受）」（五六一上）と説いている。また、『維摩経』の中における折伏と摂受の具体的なあり方を説いている。それによれば、折伏―実智・摂受―権智、折伏―権智・摂受―実智、折伏・摂受ともに実智、折伏・摂受ともに権智、の四句分別がある。⑸では、観心の四種のあり方を、⑷で述べた四句分別に対応させている。

㈣教相玄義

これまで四重の大段落によってこの経を解釈したので、一部の正意はほぼ示された。ただこの経は他の多くの経と共通点、相違点があるので、具体的に区別する必要がある。前に四教を明らかにし、所々で教相を弁別し、他の多くの経典との同異を論じたので、大意はほぼわかるはずである。ただ、ばらばらに教相の同異を明らかにしたので、探究する者がまだ明了でないかもしれない。今、改めてこの経〔と他の経典と〕の同異の特徴を解釈する必要がある。

教相玄義の冒頭には、

前大段四重釈此経一部、正意略顕。但此経与衆経有同有異、事須分別。而前明四教、処処簡別教相、辨衆経同

異、大意略応可見。但恐散明教相同異、尋者或未明了。今須更釈此経同異之相。（五六一中）

とあり、次のように分科している。[26]

(1)教相の大意を明かす（五六一中）

(2)略して諸師の判教不同を出す（五六一下）

(3)研詳去取

(4)正しく経の教相を判ずるを明かす（―五六二中）

(1)では、「今、この経は〔小乗・声聞を〕抑えけなし〔大乗・菩薩を〕持ち上げほめて〔衆生の〕機に趣いて不思議解脱を説くので、やはり方等の教である（今此経抑揚褒貶赴機説不思議解脱者、猶是方等之教）」（五六一下）と規定し、(2)では、簡単に諸師の教判を紹介しているが、詳しい考察は『法華玄義』に譲っている。[27] (3)は、(2)で紹介した諸師の教判を批判する段であるが、ここでも、詳しい考察は『法華玄義』に譲られている。[28] (4)では、頓教・漸教・不定教・秘密教について簡単な解釈をした後に、『維摩経』について、「今、この経を判定すると、頓教ではなく、ひいては五味漸教のなかの生蘇の味である。もし不定教に焦点を合わせれば、とりもなおさず毒を生蘇に置いて人を殺すことである。利根の菩薩はこの教において不二法門に入って仏性を見、不可思議の解脱・涅槃に住することは、満字の教にほかならない。秘密については、知ることができないのである（今判此経、非是頓教、乃至五味漸教生蘇之味。若約不定教、即是置毒生蘇而殺人也。利根菩薩於此教、入不二法門、見仏性、住不可思議解脱涅槃、即満字之教。若秘密、即不可知也）」（五六二中）と結論し、さらに次下に、「この経の意は、教相について中心的には明かさない。このため〔教相について〕詳しく説明する必要はない。ただ教相の意義については関係するものが多いので、最も理解が難しく明らかにすることが難しい。『法華玄〔義〕』に四教の意義を論じているので、はじめて大意をほぼ理解することができるだけである（此経意不主明教相。是故不須委曲也。但教相義多有所関、最為難解難明。法華玄辨四教義、方可得略見大意耳）」（同前）と述べて、やはり詳しい考察を『法華玄義』に譲っている。[29] 最後に、教相の難解さにちなんで、説法者の用心を偈に託して明かし、『維摩経玄疏』全体を結んでいる。すなわち、仏法は不思議であり、教相だけは理解することが難しい。二乗や菩薩すら推し量ることができないものである。まして凡夫はなおさらである。しかしながら、この事を判定しようとすることは、たとえば生まれつき目の不自由な人が、太陽の特徴を認識して虚空界のすべてのさまざまな色の法を判定して、理解したと言おうとするようなもので、結局このようなことはないのである。このため法を説く者は、おのおの慚愧の心を生じ、自分で無明の闇を責めて、戯れの議論をして争い競うことを捨てなさい。

仏法不思議　唯教相難解　二乗及菩薩　尚所不能測　何況諸凡夫　而欲判此事　譬如生盲人　分別日輪相　欲判虚空界　一切諸色法　而言了達者　畢竟無是事　是故説法者　各生慚愧心　自責無明闇　捨戯論諍競（五六二中）

と。

以上、『維摩経玄疏』全六巻にわたって、その構成と思想内容を考察した。その全体像を紹介しようとするあまり、個々の思想について深く探究することが少なく、また、『三観義』、『四教義』との比較対照も大ざっぱなものとなってしまったが、当然、もっと徹底した比較が必要であろう。これらの問題、また、『維摩経文疏』の思想研究等は、筆者の今後の研究課題とする。

（一九八三年八月三〇日稿）

注

（1）佐藤哲英『天台大師の研究—智顗の著作に関する基礎的研究—』（百華苑、一九六一年）四一六—四四八頁を参照。
（2）前掲同書、四四八頁。
（3）『国清百録』巻第三、「遺書与晋王第六十五」に、「此之義疏、口授出本。一遍自治、皆未搜簡」（大正四六・八一〇上）とある。『国清百録』における維摩経疏関連記事は、書簡番号、51・61・65・66・81・101等の書簡に含まれる。
（4）大正三三・六八二上—六九一上を参照。

(5) 佐藤哲英、前掲同書、三三一―三三二頁を参照。

(6) 佐藤氏は、「本書(法華玄義―筆者注)には維摩経玄疏の影響は見られず……」(前掲同書、三三九頁)と述べているが、『維摩経玄疏』撰述時に参照された『法華玄義』の七番共解が現行本と一致するかどうか決定できない今となっては、このような結論も出せないのではないだろうか。

(7) 大正二五・五九中を参照。

(8) 川勝守「天台四悉檀義の一側面―『次第禅門』における四悉檀義―」(奥田慈応先生喜寿記念『仏教思想論集』〔平楽寺書店、一九七六年〕所収)を参照。

(9) 四悉檀と三観、四教との関連については、関口真大「化法四教論」(『天台学報』一一、一九六九年)を参照。

(10) 「舎利弗、黙然不答」(大正一四・五四八上)、「時維摩詰、黙然無言」(同前・五五一下)を参照。

(11) 大正三八・五二三下―五二四上を参照。

(12) 南岳慧思の「悉檀」の解釈も、望文生義という点で同様である。「今言悉檀者、悉是隋音、檀是胡語。悉之言遍、檀翻言施」(『維摩経玄疏』巻第一、同前・五二〇中)を参照。

(13) この部分が、対応する『三観義』の単なる省略ではなく、『四教義』巻第十一「明円教位」の中に説かれる「十法」(大正四六・七六一下―七六二中)とほぼ同文であることは、大島啓禎「『維摩玄疏』をめぐる二、三の問題」(『印仏研』二八―一、一九七九年一二月)に指摘されている。

(14) 巻第一、「問曰。四教従何而起。答曰。今明四教、還従前所明三観而起。……問曰。三観復因何而起。答曰。三観還因四教而起」(同前・七二四上)を参照。

(15) 巻第五、「所以一家講読説法、必須委釈初心。若賢聖深位、但点章而已」(同前・七三九上)を参照。このことは、『次第禅門』や『摩訶止観』等で、高い位が、名前だけで内容が説かれない理由をも明かしているであろう。

(16) 大正三八・五五七上―五五八下を参照。大島氏、前掲論文を参照。

(17) 大正三三・七六四中―七六五上を参照。

(18) 同前・七七五上―七七九上を参照。

(19) 大島氏、前掲論文を参照。

(20) 『法華玄義』の体玄義の構成、「一正顕経体。二広簡偽。三一法異名。四入体之門。五遍為衆経体。六遍為諸行体。七遍一切法体」(大正三三・七七九上)を参照。

(21) 大正四六・七二九上—七三〇下を参照。前注(16)を参照。
(22) 『法華玄義』の宗玄義の構成、「一簡宗体。二正明宗。三衆経同異。四明麁妙。五結因果」(大正三三・七九四中)を参照。
(23) 吉蔵における宗と体の概念については、少しく考察したことがある。拙稿「吉蔵における法華経の宗旨観について」(『仏教学』一二、一九八一年一〇月。また、拙著『中国法華思想の研究』〔春秋社、一九九四年〕所収)。
(24) 『法華義記』巻第一、「宗旨要略有三。一者以因為宗。二者以果為宗。三者以因果為宗也」(大正三三・五七四中)を参照。
(25) 『法華玄義』の用玄義の構成、「一明力用。二明同異。三明歴別。四対四悉檀。五悉檀同異」(同前・七九六下)を参照。
(26) 『法華玄義』の教相玄義の構成、「一大意。二出異。三明難。四去取。五判教」(同前・八〇〇上)を参照。
(27) 『法華玄義』巻第十上(同前・八〇一上—中)参照。
(28) 『法華玄義』巻第十上(同前・八〇一下—八〇六上)参照。
(29) 『法華玄義』巻第十上(同前・八〇六上—八一一中)参照。

〔付記〕脱稿後、宇衛康弘氏の「『三観義』と『維摩経玄疏』巻二「三観解釈」の比較対照」(『駒澤大学大学院仏教研究会報』一七、一九八四年一月)が発表された。論題の箇所についての緻密な御研究で、啓発される点が多いが、今は旧稿のまま発表することとする。

(一九八六年九月一〇日記)

五　智顗『四教義』研究ノート（1）

一　はじめに

天台智顗の代表的著作といえば、『法華玄義』『法華文句』『摩訶止観』のいわゆる天台三大部を思い浮かべる人が多いと思われるが、これらが最終的には弟子の灌頂の手になることが判明した現在の研究状況においては、智顗の思想（灌頂を媒介としない）の直接的な研究をする場合にも、三大部を研究する場合にも、智顗の『維摩経』関連の著作の研究の重要性が高まっていると考える。このような問題意識から、筆者はかつて「『維摩経玄疏』の組織と梗概」[1]と題して、『維摩経玄疏』の構成と思想について考察したことがあり、さらに、『維摩経玄疏』の訳注にも取り組んでいる[2]。

『維摩経玄疏』は、『維摩経』という特定の一経の解釈を主題としているが、その解釈の前提ともいうべき智顗独自の理論的準拠枠を詳しく明らかにすることにむしろ力点がある。その理論的準拠枠に当たるものが、四悉檀、三観、四教の思想であり、これらは相互に内的関係を有して智顗独自の仏教観を構成しており、智顗の思想の中でも最も重要なものであると思う。

さて、本稿で取りあげる『四教義』は、佐藤哲英氏の研究[3]によれば、晋王広（後の隋の煬帝）に対する智顗の維摩経疏献上が都合三回にわたるうち、第一回目に献上された（開皇十五年〔五九五〕の六月から七月の間）玄義十巻の離出本とされる。つまり、玄義十巻が離出されて、現行の『四教義』十二巻（『大正蔵』第四十六巻所収）、『三観義』二巻（続蔵一―二―四―一所収）と、散佚した『四悉檀義』となったと推定される。[4] ちなみに、第二回目は開皇十七年三月から四月の間に、玄疏六巻、文疏八巻（『維摩経』巻上、仏国品第一の注釈）が献上されたが、これは智顗の希望によって、後に焼却されたとされる。第三回目は智顗の入寂後、開皇十八年正月に、玄疏六巻、文疏二十五巻（『維摩経』巻中、仏道品第八までの注釈）が献上されたとされる。これが現行の『維摩経玄疏』六巻と『維摩経文疏』二十八巻（続蔵一―二七―五～二八―二所収）の中の前の二十五巻（後の三巻は灌頂の補遺）に相当する。

『四教義』という書名にある四教とは、言うまでもなく蔵教・通教・別教・円教の化法の四教であり、釈尊の説法の高低浅深を四段階に分類したものである。この四教を規定する基準は、空仮中の三観にあるので、筆者は智顗の思想面での最も重要な貢献がこの四教、三観にあると考える。今は、『四教義』を取りあげ、資料に即しながら、その内容について考察を加えていこうと思う。

今回は、『四教義』の構成を明らかにするため、仏典解釈学の伝統的な方法である「分科」（経文を細かく段落に分けて、それぞれの段落の要旨を記す方法）を行なう。次回以降は、分科表にしたがって、内容の分析を進めたい。分科表に記した番号や、内容に対する説明表現は、原則的に『四教義』の指示にしたがっている。ただし、独自に分けた所も少しあり、説明表現も『四教義』自身が一定しない箇所もあるので、適当な表現を選択したり、独自に表現を改めた箇所もある。

なお、分科表に「4.23222 ＝ 4.24　料簡（七五一中）」という記載があるが、これは、本来、「4.23222　料簡」と「4.24　料簡」とに区別されるべきであるが、『四教義』本文では誤って混合してしまっている例である。また、「（七五一中）」などの記号は、『大正蔵』第四十六巻の頁・段を示す。

二　『四教義』十二巻の分科表

巻第一

0　小序

1　四教の名を釈す（七二一上）

1.1　正しく四教の名を釈す（七二一上）

1.11　三蔵教の名を釈す（七二一上）

1.12　通教の名を釈す（七二一下）

1.13　別教の名を釈す（七二二上）

1.14　円教の名を釈す（七二二中）

1.2　覈定（七二二下）

1.21　三蔵教を覈定す（七二二下）

1.22　通教を覈定す（七二二下）

1.23　別教を覈定す（七二三上）

1.24　円教を覈定す（七二三上）

1.3　引証（七二三上）

1.31　文無く名を立て義を作して、以て経教を通ず（七二三上）

1.32　別して経論を引いて四教を証す（七二三中）

1.33　総じて経論を引いて四教を証す（七二三下）

1.4　料簡（七二三下）

1.5　経論の四教を用うること、多少同じからず（七二五上）

巻第二

2　所詮を辨ず（七二五中）

2.1　四諦に約して所詮を明かす（七二五中）

2.11　所詮の四諦の理を明かす（七二五中）

2.111　生滅の四諦の理に約して所詮を明かす（七二五下）

2.112　無生の四諦の理に約して所詮を明かす（七二六上）

2.113　無量の四諦の理に約して所詮を明かす（七二六上）

2.114　無作の四諦の理に約して所詮を明かす（七二六中）
2.12　能詮の教を明かす（七二六下）
2.121　三蔵教は生滅の四諦の理を詮す（七二六下）
2.122　通教は無生の四真諦の理を詮す（七二六下）
2.123　別教は無量の四諦の理を詮す（七二六下）
2.124　円教は無作の四実諦の理を明かす（七二七上）
2.13　経論に対す（七二七上）
2.131　経に対す（七二七上）
2.132　論に対す（七二七上）
2.2　三諦に約して四教の所詮の理を明かす（七二七下）
2.21　三諦の所詮の理を明かす（七二七下）
2.22　能詮の四教を明かす（七二八上）
2.23　経論に対す（七二八上）
2.3　二諦に約して所詮の理を明かす（七二八上）
2.31　所詮の理を明かす（七二八上）
2.32　能詮の四教を明かす（七二八中）
2.33　経論に対す（七二八中）
2.4　一諦の理に約して所詮を辨ず（七二八中）
2.41　所詮の理を明かす（七二八中）
2.42　能詮の経を明かす（七二八下）
2.43　経論に対す（七二八下）

巻第三

3　四門入理を明かす（七二九上）
3.1　略して四門の相を辨ず（七二九上）
3.11　三蔵教の四門を明かす（七二九中）
3.12　通教の四門を明かす（七二九中）
3.13　別教の四門を明かす（七二九下）
3.14　円教の四門を明かす（七二九下）
3.2　正しく四門入理を明かす（七三〇上）
3.21　三蔵の四門、通教の四門は同じく偏真の理に入る（七三〇上）
3.22　別教の四門、円教の四門は同じく中道実相真性の理に入る（七三〇上）
3.3　四悉檀を用て四門の教を起こす（七三〇中）
3.31　四悉檀は三蔵教の四門を起こす（七三〇中）
3.311　四悉檀を用て有門を起こす（七三〇中）

3.312　四悉檀を用て空門を起こす（七三〇中）
3.313　四悉檀を用て有無門を起こす（七三〇下）
3.314　四悉檀を用て非有非無門を起こす（七三〇下）
3.32　四悉檀を用て通教の四門を起こす（七三〇下）
3.33　四悉檀を用て別教の四門を起こす（七三〇下）
3.34　四悉檀を用て円教の四門を起こす（七三〇下）
3.4　十法に約して四門の義を成ず（七三〇下）
3.41　十法もて三蔵教の四門を成ず（七三一上）
3.411　十法を用て毘曇の有門、見有得道を成ず（七三一上）
3.4111　但だ正因縁法を知りて、見有得道を成ず（七三一上）
3.4112　真正の発心もて見有得道を成ず（七三一上）
3.4113　止観進行して見有得道を成ず（七三一上）
3.4114　破法遍もて見有得道を成ず（七三一上）
3.4115　善く通塞を知りて見有得道を成ず（七三一上）
3.4116　善く三十七品を修して見有得道を成ず（七三一上）
3.4117　対治助開して見有得道を成ず（七三一上）
3.4118　善く次位を知りて見有得道を成ず（七三一上）
3.4119　強軟の両賊を安忍して見有得道を成ず（七三一中）
3.41110　順道法愛不生にして見有得道を成ず（七三一中）
3.412　十法もて空門を成ず（七三一中）
3.413　十法もて有空門を成ず（七三一中）
3.414　十法もて非空非有門を成ず（七三一中）
3.42　十法もて通教の四門を成ず（七三一中）
3.43　十法もて別教の四門を成ず（七三一中）
3.44　十法もて円教の四門を成ず（七三一中）
3.5　信法の両種の四門同じからざるを明かす（七三一上）

巻第四

4　四教の位に約して、浄無垢称の義を分別す（七三一下）
4.1　三蔵教の位に約して、浄無垢称の義を明釈す（七三一下）

4.11　略して三乗を開く（七三二上）
4.12　三蔵教の三乗の位同じからざるを明かす（七三二中）
4.121　三蔵教の声聞乗の位を明かす（七三二下）
4.1211　七賢位を明かす（七三二下）
4.12111　五停心観を明かす（七三三中）
4.12112　別相四念処の位を明かす（七三四中）
4.121121　念処は是れ仏法入道の要門なるを明かす（七三四中）
4.121122　略して四念処の名を釈す（七三四中）
4.1211221　身念処（七三四下）
4.1211222　受念処（七三四下）
4.1211223　心念処（七三四下）
4.1211224　法念処（七三四下）
4.121123　三種の念処の不同を分別するを明かす（七三四下）
4.121124　三種の六師を破せんが為めの故に、仏は四念処を説く（七三五上）

巻第五
4.121125　三種の念処は三種の羅漢を成ずるを明かす（七三五中）
4.121126　念処の観法を明かす（七三五下）
4.1211261　性念処（七三五下）
4.12112611　破愛性念処（七三五下）
4.121126111　身念処（七三五下）
4.121126112　受念処（七三六上）
4.121126113　心念処（七三六上）
4.121126114　法念処（七三六上）
4.12112612　破見性念処（七三六上）
4.1211262　共念処（七三七中）
4.1211263　縁念処（七三七中）
4.121127　別相四念処の位を明かす（七三七中）
4.12113　総相四念処の位を明かす（七三七下）
4.12114　煖法位を明かす（七三八上）
4.12115　頂法位を明かす（七三八中）
4.12116　忍法位を明かす（七三八中）
4.12117　世第一法位を明かす（七三八下）

4.12324　六波羅蜜満ず（七四四下）
4.12325　一生補処に住す（七四五中）
4.12326　兜率陀天に生ず（七四五中）
4.12327　下生して成道す（七四五下）
4.1233　料簡（七四六中）
4.1234　三蔵教の位に約して、浄無垢称の義を釈す（七四六下）

巻第八

4.2　通教に位を辨ずるに約して、以て浄無垢称の義を釈す（七四七上）
4.21　略して半満を明かし、位に同・不同有るを辨ず（七四七中）
4.22　通教に約して三乗を開く（七四七下）
4.23　通教の三乗の位を明かす（七四八中）
4.231　三乗共行の十地の位を明かす（七四八中）
4.2311　名を標す（七四八中）
4.2312　解釈（七四八中）
4.23121　乾慧地を釈す（七四八中）

4.231211　五停心（七四八中）
4.2312111　巧拙不同を分別す（七四八中）
4.2312112　正しく五停心の位を明かす（七四八中）
4.23121121　直の義を釈す（七四八中）
4.23121122　善の義を釈す（七四八下）
4.2312113　真偽を簡ぶ（七四九上）
4.231212　別想四念処乾慧地の位を明かす（七四九中）
4.231213　総想四念処乾慧地の位を明かす（七四九下）
4.23122　性地（七五〇上）
4.23123　八人地（七五〇上）
4.23124　見地（七五〇上）
4.23125　薄地（七五〇中）
4.23126　離欲地（七五〇中）
4.23127　已辦地（七五〇中）
4.23128　辟支仏地（七五〇中）
4.23129　菩薩地（七五〇中）
4.231210　仏地（七五〇中）
4.232　名別義通を簡ぶ（七五〇中）
4.2321　通教の位を用いて別の位を立つるを明かす（七

五〇中）
4.2322　別教の位の名を用う（七五一中）
4.23221　正しく名別義通に約して位を辨ず（七五一中）
4.23222 = 4.24　料簡（七五一中）
4.25　通教に位を明かすに約して、浄無垢称の義を釈す（七五一下）

巻第九

4.3　別教に位を明かすに約して、浄無垢称の義を釈す（七五一下）
4.31　経論に別教の菩薩の位を出だすこと同じからず（七五二上）
4.311　位数同じからず（七五二上）
4.312　断伏の高下同じからず（七五二上）
4.313　諸法門に対すること同じからず（七五二上）
4.32　総じて別教の菩薩の位を明かす（七五二中）
4.321　『瓔珞経』に約して、位数を明かす（七五二中）
4.322　『大品経』の三観に約して位を合し、断伏の高下を明かす（七五二下）
4.323　『涅槃経』に五行を明かすに約して位を合す（七五三上）
4.33　歴別解釈（七五三上）
4.331　十信心を明かす（七五三上）
4.3311　菩提心を発す（七五三上）
4.3312　菩薩道を行ず（七五三中）
4.33121　戒聖行（七五三中）
4.33122　定聖行（七五三下）
4.33123　慧聖行（七五四上）
4.332　十住位を明かす（七五四中）
4.333　十行位を明かす（七五四下）
4.334　十廻向位を明かす（七五五上）

巻第十

4.335　十地位を明かす（七五五下）
4.3351　初歓喜地
4.33511　二十五三昧を得る聖行成ずるを明かす（七五六上）
4.335111　二十五三昧の名を釈す（七五六上）

4.3351111　時に随いて名を立つ（七五六上）
4.3351112　便に随いて名を立つ（七五六上）
4.3351113　対治に随いて名を立つ（七五六上）
4.3351114　理に随いて名を立つ（七五六上）
4.335112　二十五三昧を修するを明かす（七五六上）
4.3351121　無垢三昧（七五六上）
4.33511211　業結を明かす（七五六上）
4.33511212　三昧を用て治破す（七五六上）
4.33511213　三昧を結成す（七五六中）
4.33511214　慈悲もて有を破す（七五六中）
4.3351122　不退三昧（七五六中）
4.3351123　心楽三昧（七五六中）
4.3351124　歓喜三昧（七五六下）
4.3351125　日光三昧（七五六下）
4.3351126　月光三昧（七五七上）
4.3351127　熱焔三昧（七五七上）
4.3351128　如幻三昧（七五七上）
4.3351129　不動三昧（七五七中）
4.33511210　難伏三昧（七五七中）

4.33511211　悦意三昧（七五七中）
4.33511212　青色三昧（七五七中）
4.33511213　黄色三昧（七五七下）
4.33511214　赤色三昧（七五七下）
4.33511215　白色三昧（七五七下）
4.33511216　種種三昧（七五七下）
4.33511217　双三昧（七五七下）
4.33511218　雷音三昧（七五七下）
4.33511219　霔雨三昧（七五七下）
4.33511220　如虚空三昧（七五七下）
4.33511221　照鏡三昧（七五七下）
4.33511222　無礙三昧（七五七下）
4.33511223　常三昧（七五七下）
4.33511224　楽三昧（七五八上）
4.33511225　我三昧（七五八上）
4.335113　外用もて物を利するを明かす（七五八上）
4.3351131　隠の利益（七五八上）
4.3351132　顕の利益（七五八中）
4.33512　梵行を明かす（七五八中）

4.33513　天行を明かす（七五八中）
4.33514　嬰児行を明かす（七五八下）
4.33515　病行を明かす（七五九上）
4.3352　離垢地（七五九中）
4.3353　明地（七五九中）
4.3354　焔地（七五九中）
4.3355　難勝地（七五九中）
4.3356　現前地（七五九中）
4.3357　遠行地（七五九中）
4.3358　不動地（七五九中）
4.3359　善慧地（七五九中）
4.33510　法雲地（七五九中）
4.336　等覚地を明かす（七五九中）
4.337　妙覚地を明かす（七五九下）
4.34　別教の位に約して、浄無垢称の位を釈す（七六〇上）

巻第十一

4.4　円教の位を明かすに約して、浄無垢称の義を釈す（七六〇上）
4.41　別円両教を簡んで、位の不同を明かす（七六〇中）
4.411　無明を断ずるに約して、高下の不同を判ず（七六〇中）
4.412　界内・界外の見思・無明を断ずること同じからざるに約す（七六〇中）
4.413　断・不断の不同に約す（七六〇下）
4.414　法門の別円の簡別に約す（七六一上）
4.415　位の通・不通の簡別に約す（七六一上）
4.42　正しく円教の位を明かす（七六一上）
4.421　十信位（七六一中）
4.4211　聞法生信を明かす（七六一中）
4.4212　信に因りて修行するを明かす（七六一下）
4.42121　四種三昧（七六一下）
4.42122　十法（七六一下）
4.421221　善く思議・不思議の因縁を識る（七六一下）
4.421222　真正の発心を明かす（七六一下）
4.421223　菩提の道を行じて、止観を勤修するを明かす（七六二上）

4.421224 諸法を破すること遍きを明かす（七六二上）
4.421225 善く通塞を知る（七六二上）
4.421226 善く道品を修す（七六二上）
4.421227 対治の助道もて、諸波羅蜜を修す（七六二上）
4.421228 善く次位を識る（七六二上）
4.421229 安忍成就す（七六二中）
4.4212210 順道法愛生ぜず（七六二中）
4.4213 十法を修するに因りて、十信心に入るを明かす（七六二中）
4.4214 経説の不同を明かす（七六二下）
4.422 十住位（七六二下）
4.4221 正しく初発心住を明かす（七六三上）
4.42211 三種心発（七六三上）
4.42212 三徳涅槃（七六三上）
4.4222 経説の不同を明かす（七六三上）
4.4223 初発心の功徳を明かす（七六三中）
4.4224 類して九住を釈す（七六三下）
4.423 十行位（七六三下）
4.424 十廻向位（七六三下）

4.425 十地（七六四上）

巻第十二

4.43 衆経を引いて証す（七六四上）
4.44 料簡（七六五上）
4.45 円教の位に約して、浄無垢称の義を釈す（七六五中）
4.5 五味の譬えに約して、四教の位を明かす（七六五下）
4.6 衆経に四教の位を明かすこと多少不同なるを辨ず（七六五下）
5 権実を明かす（七六六上）
5.1 略して権実を明かす（七六六上）
5.11 一切は非権非実なるを明かす（七六六上）
5.12 一切皆権を明かす（七六六上）
5.13 一切皆実を明かす（七六六上）
5.14 一切の仏法は非権非実なれども、而も権実なるを明かす（七六六上）
5.2 位を格るを明かす（七六六中）
5.21 三蔵教の位に約して、後の三教を格る（七六六中）

5.211　通教を格る（七六六中）
5.212　別教を格る（七六六中）
5.213　円教を格る（七六六中）
5.22　通教の位を用て、後の二教の位を格る（七六六下）
5.221　別教を格る（七六六下）
5.222　円教を格る（七六六下）
5.23　別教もて円教の位を格る（七六六下）
5.3　興廃を明かす（七六七上）
5.31　権教に興有り、廃有るを明かす（七六七上）
5.311　三蔵教の興廃を明かす（七六七上）
5.312　通教の興廃を明かす（七六七中）
5.313　別教の興廃を明かす（七六七中）
5.32　円教は但だ興りて廃せざるを明かす（七六七中）
6　観心に約して四教を明かす（七六七下）
6.1　観心に約して三蔵教を明かす（七六七下）
6.2　観心に約して通教を明かす（七六八上）
6.3　観心に約して別教を明かす（七六八上）
6.4　観心に約して円教を明かす（七六八上）

7　諸経論を通ず（七六八上）
7.1　諸経論に対す（七六八上）
7.11　経に対す（七六八上）
7.12　論に対す（七六八中）
7.121　通じて経論を申ぶ（七六八上）
7.1211　通じて小乗経を申ぶ（七六八上）
7.1212　通じて大乗経を申ぶ（七六八上）
7.122　別して経論を申ぶ（七六八上）
7.1221　別して小乗経を申ぶ（七六八上）
7.1222　別して大乗経を申ぶ（七六八上）
7.2　正しく四教を用て通じて此の経を釈するを明かす（七六八中）
7.21　此の経の五義を釈す（七六八中）
7.22　此の経の文を通ず（七六八下）
7.221　室外の四品を通ず（七六八下）
7.222　室内の六品を通ず（七六八下）
7.223　出室の四品を通ず（七六八下）

注

（1）拙稿「『維摩経玄疏』の組織と梗概」（『多田厚隆先生頌寿記念論文集・天台教学の研究』〔山喜房仏書林、一九九〇年三月〕一三一—一五八頁。本書、第二部、第四章に収録）を参照。

（2）拙訳「『維摩経玄疏』訳注（一）」（『大倉山論集』四〇、一九九六年一二月）二三六—二六一頁を参照。また、「『維摩経玄疏』訳注（二）」（『大倉山論集』四三、一九九九年三月）を参照。

（3）佐藤哲英『天台大師の研究—智顗の著作に関する基礎的研究—』（百華苑、一九六一年）四一六—四四八頁を参照。

（4）湛然『法華文句記』（大正三四・一五九中を参照）の紹介する調巻によれば、『四教義』が六巻、『三観義』が二巻、『四悉檀義』が二巻である。

第三部　涅槃経疏の研究

一　『大般涅槃経集解』の基礎的研究

一　はじめに

『大般涅槃経集解』（以下、『集解』と略記する）は、劉宋の竺道生から南斉・梁にかけての二十人前後の僧の大乗の『涅槃経』に対する注釈を集めたものである。そもそも「集解」という書名が、諸人の解釈を集めた書物という意味である。仏教関係の典籍の名としては珍しいが、たとえば、『浄名経集解関中疏巻上』（『大正蔵』第八十五巻所収）がある。中国の古典に関しても、たとえば、何晏の『論語集解』、李鼎祚の『周易集解』などがある。南北朝時代の仏教関係の著作の多くが散逸して伝わらない今、全七十一巻、『大正蔵』の頁数で二三五頁の大部の『集解』が現存するのは誠に幸運で、その資料的価値は大きい。ただに南朝の涅槃学の実態を知るのみではなく、南朝の仏教学の全貌を知る上でも貴重な資料である。ところが、『集解』に関しては、布施浩岳氏の労作『涅槃宗の研究』(1)においてかなりまとまった研究がなされてからは、あまり研究の進展がないようである。(2)そこで本稿では、『集解』の基礎的研究として、第二節では、テキストについて、第三節では、『集解』の撰者について、第四節では、『集解』の構成についてそれぞれ考察する。

二　テキストについて

『集解』は、続蔵一―九四―二～四に収められており、『大正蔵』第三十七巻では、これを底本としている（これを続蔵本と呼ぶ。『集解』の引用は、便宜上、『大正蔵』の頁・段を示すこととする）。そして、「徳川時代写宗教大学蔵本」（以下、甲本と呼ぶ）と、「唐時代写、天平十二年写聖語蔵本」（以下、聖本と呼ぶ）とを対校本として用いている。甲本については、宗教大学、即ち現在の大正大学の図書館に問いあわせたが、残念ながらその存在を確認できなかった。聖本は、正倉院御物であり、現在見ることは容易でない。以下、続蔵本、甲本、聖本の三本について、調査の結果判明したことを記し、あわせて未解決の問題の整理を試みる。

㈠続蔵本について

『仏書解説大辞典』第七巻の「大般涅槃経集解」の項（四二七頁）を参照すると、「写本（京大・蔵・一四ネ・二）」とある。京都大学に調査に行ったところ、これは、現在、京都大学附属図書館の蔵教書院文庫（請求番号は一四ネ・二）に『大涅槃経集解』として収められていることがわかった。[3]巻末に、中野達慧氏が一枚の罫紙に毛筆で認めた「涅槃経集解跋」が挟まれていた。これは、一度墨で書いたものを、後で朱で推敲・訂正したものであり、この朱筆を入れたものが、続蔵本の最末尾に付されている「涅槃経集解跋」と全く一致する。この跋文は、後に紹介するように、中野氏が『集解』を続蔵に収録する際に書かれたものである。ところで、京都大学所蔵の写本は、ごく新しいものので、おそらく続蔵に収録するために、原写本から新たに書写されたものであろう。では、原写本とはどのようなものかという問題が生じるが、これについては、中野氏の跋文が参考となる。左に掲げる。

涅槃経集解跋

昔梁高僧宝亮等、奉武帝優詔、撰集此書。帝嘉其成、而賜序。誠為曠世之盛儀、載詳史乗焉。然流伝久絶、無知之者矣。而南都西大寺所蔵、已経一千有余年。係唐人書写。筆力勇健、墨痕麗偉、可謂稀代国宝也。明治維新、百度皆革。佐伯弘澄長老、董寺務、深憂其散佚、秘而不出。輓近遭澄長老寂。摂津国御影富豪、嘉納治兵衛君、継其遺志、捐万余金、奉之自家、親膺厳護之任。将伝龍華三会、其用心亦勤矣。君南都中村家出。篤敬三宝、善行彰著。幼入嘉納家、長紹隆祖業、遂為我邦醸酒之巨擘。白鶴之名、高聞海外、実因君改善醸造之功。其貢献国家者、不尠矣。予痛此書之将墜、慨後学之不聞、聊記縁由、収之大日本続蔵経、而寿不朽。冀扶律談常之教、盛行当今、排邪扶正之説、偏被末代。因之獲続仏祖慧命、開四衆迷蒙、則其益不亦大乎。

旹大正元年八月十九日　中野達慧謹識（続蔵一―九四―四・三六八右下―左上）

テキストの問題を考察するために必要な事柄のみを摘記すると、南都西大寺に唐人の書写にかかる写本が一千有余年の間蔵されていたこと、西大寺の佐伯弘澄長老はその写本を秘蔵していたが、長老の死後、嘉納治兵衛氏がそれを購入し、厳護の任にあたったこと、中野氏がその写本を続蔵に収めること、等が記されている。したがって、京都大学に残る写本の原写本は、西大寺から嘉納氏の手に渡ったことが判明するが、これは、現在、神戸市の白鶴美術館に蔵されている。残念ながら、筆者は未見であるが、国語学における訓点資料の研究の成果のなかに『集解』が取りあげられている。すなわち、築島裕『平安時代語新論』に、八一〇年頃の訓点資料として巻第六十七、八五〇年頃のものとして巻第三十九（他に後分二巻）、巻第十一を取りあげて、白鶴美術館所蔵であることを明かしている(4)。さらに、『集解』巻第十一の訓点については、大坪併治氏の論文「白鶴美術館蔵大般涅槃経集解巻十一の訓点(5)」があり、そのなかで、「神戸市白鶴美術館所蔵の大般涅槃経集解は、奈良朝写経の逸品で、巻頭に『西大寺』の朱印がある。もと大和西大寺の所有だったらしい」と述べられているので、もと西大寺にあったものが嘉納氏の手に渡り、それが現在、白鶴美術館に蔵されているということになる。前掲の中野氏の跋文の中に、西大寺の古写本を取得した嘉納氏に対して、「幼くして嘉納家に入り、長く祖業を紹隆し、遂に我が邦、醸酒の巨擘と為る。白鶴の名、高く海外に聞こゆるは、実に君の醸造を改善するの功に因る」と評しておったように、嘉納氏は白鶴酒造の経営者であったようであるから、嘉納氏所蔵の写本が白鶴美術館にあるのも、なるほどと首肯されるのである。

次に、続蔵本の性格について考察する。続蔵本には、三箇所に奥書が記されているので、順に紹介する。まず、巻第五十の巻末に次のような奥書がある。

涅槃経集解七十一巻、去享保年中、獲西大寺経蔵古本、書写之焉。彼本黄巻赤軸、古代雅物。偶闕九軸。厥所闕者、自四十一、迄第五十。其中唯存第四十三。予歎其不全備、索之諸方。聞武府東叡山凌雲院前大僧正実観秘蔵之。其本又自第一、至第十之十軸逸矣。甞戒壇院慧光、赴東都之日、与実観相語、而欲令互寄補其闕。幸得実観本。跋記以延暦寺本校閲云爾。不日繕写、情願果遂。僧正亦補其闕焉。今年庚申、閑暇之間、欲補西大寺古本之闕、手自以麁紙調経巻。自三月二十日、迄五月二十三日、摩挲病眼、九軸写之。荘厳既畢、以納于彼寺矣。不年而三本全備。不亦説乎。功憙普及三界霊、種因遂感四徳果。

時元文第五歳次庚申六月下弦

東大寺真言新禅両院前兼住、戒壇院前長官、室生院閑人成慶、寓于北林精舎謹記。春秋五十六、夏臘通三十八、別二十八。（大正三七・五三〇下）

この奥書によれば、西大寺の経蔵の古本は、巻第四十一～二、四十四～五十の九巻が欠けていた。また、東叡山凌雲院の実観という人の秘蔵していた写本は巻第一～十の十巻が欠けていた。そこで、戒壇院の慧光という人が実観と相談して互いの欠を補おうとした。すなわち、ここにおいて、慧光が欠を補ったものと、実観がその欠を補ったものと、二本が成立したことになる。さらに、この奥書を記した成慶という人が、おそらく慧光のもたらした写本によって、西大寺の古本に欠けている九巻を書写して、西大寺に納めたので、都合三種の写本が成立したことになる。奥書に「不年而三本全備」とあるのは、その意味であろう。奥書にあるように、最初に西大寺の古本を得て書写したのは、「享保年中」とあるから、西暦一七一六〜三六年の間であり、この成慶の奥書の日付が「元文第五歳次庚申」で一七四〇年である。ところで、奥書に、「幸いに実観の本を得。跋には、延暦寺本を以て校閲すと記す云爾《のみ》」とあるのによれば、実観の持っていた写本について、その成立年代については何の記載もなかったが、延暦寺にも『集解』の写本が存在していて、校閲に利用されたことがわかる。

次に、巻第六十二末の奥書には、

弘安八年乙酉三月十日、於西大寺宝塔院、為補闕、書写之畢。　唐人誠心（同前・五七一中）

とある。弘安八年は西暦一二八五年である。「唐人」は中国の人という意味であるが、誠心という人については何もわからない。中野氏の跋文に、西大寺の古本は「唐人の書写に係る」とあったが、この中野氏の判断が何に基づくのか、「唐人誠心」と関係があるのかわからない。前に引用した大坪氏の論文には、西大寺の古本は奈良時代のものであると述べられていたが、この巻第六十二のように、後代に補われた部分も含んでいるように思われる。

最後に、巻第七十一末の奥書には、

観応二年辛卯卯月十日、於大和州大御輪寺、点写之了。
自観応元年九月二十四日、至同二年四月十日、一部七十一巻、為毎年講讃本。一筆点之了。偏為奉助興正菩薩願而已。
大御輪寺金剛資　円宗生年六十五度以四十五（同前・六一一上）

とある。観応二年は西暦一三五一年である。大御輪寺では毎年の講讃本としていたとあるから、『集解』が毎年講義されていたらしい。文中の「興正菩薩」は、律宗を中興した睿尊（一二〇一—一二九〇）のことで、彼は西大寺に住していた。続蔵本は、奈良時代のものとされる西大寺の古本を底本としているのであるから、これに観応二年の円宗の奥書があるのは奇妙であるが、巻第六十二末の奥書と同様、西大寺の古本といっても、部分的には後代のものも含んでいるのであろうか。いずれにしろ、この円宗の奥書は次に考察する甲本と密接な関係があるので、次項で改めて検討する。以上、続蔵本における三箇所の奥書を検討してきたが、大正蔵本の検討によれば、巻第六十二、七十一の奥書は聖本には欠けている。聖本は天平十二年（七四〇）の写本とされるのであるから、これは当然である。巻第五十の成慶の奥書については、大正蔵本の校訂は何も記していないので、それを信用すれば、聖本にも、成慶の奥書があることになるが、これはいかにも奇妙なことである。おそらく、大正蔵本の校訂者の記載漏れであろう。聖本がもし西大寺の古本と同じく九巻を欠いていて、後に補われたとしたらと考えたが、この九巻について、続蔵本と聖本にはかなり異同があるので、そのような可能性はないことになる。また、大正蔵本の校訂によれば、甲本は、三箇所の奥書をすべて具えていることになる。

(二)甲本について

甲本は前述したように未見であるので、大正蔵本の校訂を参考にして考察する。巻第七末の校訂に、「此下甲本奥書曰、古本云、観応元年庚寅十月十六日、於大和州大御輪寺、点写之畢。為西大寺毎年講経御本而已。願以点写力、上生都率天、願共諸衆生奉見弥勒仏。大御輪寺円宗、生年六十五、夏次四十五」（大正三七・四一〇頁脚注）とある。観応元年は西暦一三五〇年である。これは、前項で紹介した巻第七十一末の奥書と一連のものである。そして、甲本には、これと多少文字の出入はあるが、ほぼ同様の奥書が、巻第九〜二十一、二十四〜三十二、三十四〜四十、四十三、五十一〜五十九、そして巻第七十一末に見られるのである。さらに、巻第三十七末の奥書には、上の記事の後に、

享保二年丁酉六月下弦、於病床、書写此巻了。（同前・四九七頁脚注）

とある。享保二年は西暦一七一七年である。また、巻第五十七末にはさらに詳しい記事が見られる。すなわち、

享保二年丁酉霜月二十六日、於南都東大寺真言院、以西大寺常住物御本、書写畢。沙門亮然重慶。生年六十、夏次四十二。（同前・五六一頁脚注）

とある。これらの奥書によれば、甲本は一七一七年に、沙門亮然重慶が書写したものであるが、前に引用した巻第七末の奥書に「古本云」とあったように、甲本の原写本は、観応元年から二年にかけての奥書をもつ円宗書写のものであった。そして、これは「西大寺常住物御本」とあるように、西大寺に蔵されていたことがわかる。円宗書写本にも当然原本があったはずであるが、それは西大寺の古本であったであろう。円宗の奥書には「点写」とあるように、書写しただけでなく、訓点も施したことが推定されるが、前に引用した大坪氏の論文に「本文には、白点とは別に、観応元年の星点も施されてゐる」とあるのを見れば、これはおそらく円宗の手になるものと推定される。

これを要するに、西大寺には奈良朝の古写本と、観応元年～二年の円宗書写本とがあり、重慶は享保二年に、円宗書写本によって書写したことになる。それが甲本である。続蔵本の方は、西大寺の奈良朝の古写本を底本としているのに、なぜ巻第七十一末の円宗の奥書だけを収めているのか、今のところわからない。ところで、西大寺の古本には巻第四十一～四十二、四十四～五十が欠けていて、その部分は実観所蔵本によって補ったのであるが、大正蔵本の校訂によれば、その九巻に関しては、続蔵本と甲本の異同は全くないことになっている。甲本の書写年代（享保二年）は成慶が九巻の欠を補うよりも以前のでき事であるから、もし甲本が完本であるならば、その九巻の部分は、成慶の補いよりも後に、成慶の書写本によってさらに補ったと考えられ、その点で、続蔵本と甲本の間に、その九巻に関して異同がなくとも不思議はないのである。なお、その九巻の他に、巻第一～四、六十～七十一に関しても、両者の間に異同がないことになっている。これらの巻は、甲本に円宗の奥書を載せていない巻であることが注目される。

㈢聖本について

聖本については記すべきことがあまりないが、天平十二年、西暦七四〇年の書写とあり、数箇所に光明皇后の願文があるようである。大正蔵本の校訂によれば、巻第一〜十、十四〜十五、十七、二十〜三十二、三十五、三十九、六十九〜七十に関しては、続蔵本と聖本との間に異同がない。

以上、続蔵本、甲本、聖本について若干の考察を試みたが、未解決の問題も少なからず残った。

三 『集解』の撰者について

『集解』の撰者については、『大正蔵』第三十七巻の目次に「梁宝亮等集」とある説、明駿とする説、建元寺法朗とする説の三説がある。第一説の宝亮が中心となって編集したとする説は、『梁高僧伝』巻第八の宝亮伝に、「天監八年初勅亮、撰涅槃義疏十余万言。上為之序曰、……」（大正五〇・三八一下）とあり、また、梁武帝の序文のなかにも「以天監八年五月八日、乃勅亮、撰大涅槃義疏、以九月二十日訖」（同前・三八二上）とあるのに基づくものであろうが、宝亮が武帝の勅によって著わしたものは、義疏であって集解ではないこと、十余万言は『集解』の分量よりもかなり少ないこと、『集解』においては、宝亮の注も他の諸師の間に置かれていて、撰者という特別の地位を与えられていないこと、等の理由によって、諸学者が一致して宝亮撰を否定しているので、これ以上論ずる必要はないと考える。[6]

次に第二説の明駿説は、古くは佐々木憲徳氏の主張したものである。[7] 佐々木氏は、『歴代三宝紀』巻第十一の

大般涅槃子注経七十二巻。

右一部七十二巻。天監年勅（宮本は「初」に作る）建元寺沙門釈法郎（宋元明三本は「朗」に作る）注。見宝唱録。

（大正四九・九九中）

と、『大唐内典録』巻第四の

大般涅槃子注経七十二巻。

右一部。天監年初、建元寺沙門釈法（宋元明三本は「慧」に作る）朗注。見宝唱録。（大正五五・二六六下）

という記述を取りあげ（後者の資料については引用はしていない）、文中の「法朗」は、『唐高僧伝』巻第五の僧韶伝下に出る法朗であろうと推定している。(8) その上で、現行の『集解』七十一巻と巻数が一巻違うこと、書名が違うこと、法朗の名が『集解』に全く見られないことを挙げて、法朗撰に疑義を呈している。また、日本の『東域伝灯目録』の

集解大涅槃経略例一巻

集解大涅槃経記一巻釈明駿（この三字甲本には無し）

同経集解七十二巻梁楊都沙門釈僧朗奉勅註。皇帝共十法師、為霊味寺宝高（甲本は「亮」に作る）法師、製義疏序（同前・一一五四上）

を取りあげ、『集解』中の明駿と明駿が同一人物の可能性のあること、この記事によれば「同経集解七十二巻」は巻数に一巻の相違があるが、現行の『集解』と同じものらしいこと、しかし僧朗という人物は『集解』中に見えないから、簡単に信用できないこと、を述べている。では、一体誰が撰者であろうか。佐々木氏は、『集解』のなかで、諸師の注を列挙する前に必ず「案」の一字が置かれていることと、明駿の注はいつでも諸師の最後に出ること（実は例外もある）、しかも明駿の注は原則として「明駿案」として引かれることから、明駿こそ撰者ではないかと推定している。

このように、明駿説を提出したのは佐々木氏であったが、後の学者はこの論文を参照していない。(9) 布施浩岳氏(10)も例外ではなく、佐々木氏の研究には言及していない。しかし、その結論は、ほぼ佐々木氏と同様のものである。まず、『唐高僧伝』巻第一の宝唱伝に、「又勅建元僧朗、注大般涅槃経七十二巻」（大正五〇・四二六下）を引用して、この

「僧朗」について、前に紹介した『大唐内典録』や『唐高僧伝』僧詔伝の記事を参照して、「法朗」の誤記であると述べている。このことは、後に紹介する横超氏の論文でもすでに述べられていたことであるが、これによって、佐々木氏が引用していた『東域伝灯目録』の「僧朗」も法朗と同一視できるので、僧朗の名が『集解』に出ないことについては問題としなくてよいであろう。

さて、布施氏は、『歴代三宝紀』の記事によって（正確には『唐高僧伝』宝唱伝に拠っているはず）、法朗の集注は天監七年のことであると断定し、天監八年の宝亮の義疏を引用する現行の『集解』は、八年以降の制作でなければならないから、法朗撰者説は誤りであろうと述べている。また、佐々木氏同様、七十二巻と七十一巻の巻数の違いも、法朗説否定の理由として挙げている。次に、布施氏は、撰者を明駿と推定しているが、その論拠は、基本的に佐々木氏のものと同じなので改めて紹介しない。ただし、『集解』第十九巻以下には「明駿」の名は見られないとし、その理由として、明駿示寂を想像し、十九巻以下は師の遺業を継承した弟子たちの編集にかかると推定している。実は、これは後に紹介する藤本氏の論文で、第五十四巻、第六十五巻にも「明駿」の名が見られることが指摘され、布施氏のこの推定は否定された[11]。また、明駿なる人物の伝記は全く知られないので、布施氏は、『集解』における梁の三大法師（智蔵、僧旻、法雲）の注の引用がほとんどないことを取りあげて、むしろ彼らを知りすぎている同時代人の態度であろうと推定している。

次に、建元寺法朗撰者説について紹介する。まず、宇井伯寿氏[12]は、おそらく法朗が撰者であろうと推定しているが、見るべき論拠を挙げていない。

次に、湯用彤氏は、「南方涅槃仏性諸家」を列挙するなかで、『集解』の中の「慧朗」を出し、この人について「集解引其言、常述僧宗法瑤諸人之説。即続伝僧詔傳之法朗、作涅槃集解。下詳」と割注している[13]。つまり、湯氏は『集解』の撰者を法朗と考え、『集解』中の慧朗と同一人物であると推定している。また、明駿については、梁武帝の時代の人であり、僧朗・宝唱とともに集注を撰した人のなかの一人かもしれないと述べ、目録等に七十二巻とあるのに、現行の『集解』が七十一巻であるのは、総目一巻を失ったためであろうと推定している。[14]

次に、横超氏は、論文「釈経史考」[15]のなかで、『集解』の撰者の問題を考察している。横超氏は、『大唐内典録』の記事、「天監年初、建元寺沙門釈法朗注」の法朗は、宋元明の三本には「慧朗」に作ることに注目し、『集解』中の慧朗は、明駿を除いて諸説の最後に置かれ、特に「慧朗別述曰」の表現は、諸説のほかに別に慧朗の意見を述べることをことわっている点において、慧朗の地位が特殊であること、すなわち撰者としてふさわしいことを述べている。また、『歴代三宝紀』の記事、「天監年勅建元寺沙門釈法郎注」の「勅」が宮本（宮内庁本）には「初」に作ることに注目し、慧朗の集注は勅撰ではなかったであろうと推定している。さらに、明駿については、もと集解に傍書されたものが後に本文と混同されたのではないかと推定し、現行の『集解』には、その他の点においても明駿の加筆が少なくないであろうと評している。この「釈経史考」は一九三七年の論文であるが、布施氏は参照していないので、横超氏は布施氏の『涅槃宗の研究』の書評において再び『集解』撰者の問題を考察している。[16]そこでは、布施氏の法朗説否定の根拠となった年代の問題と巻数の相違の問題について検討している。まず第一に、法朗の集注が天監七年であるとする布施説は、『唐高僧伝』巻第一の宝唱伝の誤読に基づくものであると述べられている。つまり、宝唱伝に、

天監七年、帝以法海浩汗浅識難尋、勅荘厳僧旻、於定林上寺、纘衆経要抄八十八巻。又勅開善智蔵、纘衆経理義、号曰義林八十巻。又勅建元僧朗、注大般涅槃経七十二巻。（大正五〇・四二六下）

とあることから、布施氏は法朗の集注までをも天監七年としたのであるが、この宝唱伝の素材となった『歴代三宝紀』には、法朗の集注は天監年間とあるだけであり、智蔵の義林八十巻は普通（天監の次の年号）年間のこととされる。僧旻の衆経要抄でさえ、後に紹介する藤本氏の論文に指摘されていることであるが、勅を受けたのは天監七年であるものの、その完成は「到八年夏四月方了」（大正四九・九九下）と言われているのである。したがって、法朗の集注が

天監七年であるとする説は根拠薄弱であり、それ故、天監八年の宝亮の涅槃経の義疏を多数引用する現行『集解』が法朗の編纂であるはずはないとする布施説もその根拠を失うことになる。

第二に巻数の相違については、すでに紹介した『東域伝灯目録』の記事により、集解大涅槃経に略例一巻・記一巻があって、集解は七十二巻であったとされているのであるから、「略例と記とは七十二巻中に含まれてゐたものに相違なく、現在の集解が七十一巻なりと云ふもその第一巻は東域録の略例一巻に当ると思はれるものであるから、このやうに考へて来ると、七十二巻中の二巻が或は別行し或は合行してゐた点より見て、現存の七十一巻が法朗の七十二巻と両立し難い故障とならぬことが知られるであらう」と会通している。

最後に、藤本賢一氏の論文[17]は、湯氏・横超氏の研究を参照していないようであり、法朗撰者説を論証するうえで、特に横超氏の論点と重なる部分も少なくないが、撰者の問題についての専論だけによく議論が整理されている。今、その新しい論点についてのみ紹介すると、次のようなことが挙げられる。まず、布施氏の説が正しいとすれば、現行の『集解』の中に、宝亮の義疏が千回以上も引かれているのに、それ以前の成立とされる法朗の集注が一度も引用されないのは不自然であり、また、七十一巻の大部の撰者である明駿の名が伝記、目録、また、涅槃宗の教義を整理した吉蔵、灌頂の著作等に全く見られないのは不自然であると述べている。次に、『東域伝灯目録』の記事に出る「明駿」と明駿を同一人物ではないかと推定し、もし『集解大涅槃経記』の撰者が明駿であれば、『集解』の原本あるいは筆写本を持っていたはずで、それに加筆することも可能であったと述べている。また、巻数の問題については、『東域伝灯目録』には、「同経集解七十二巻」とあり、その細注に「皇帝共十法師、為霊味寺宝高（甲本は「亮」に作る）法師、製義疏序」とあるのは、現行の『集解』を参照して書かれたはずであり、しかも、その巻数が七十二巻であることに注目している。つまり、かつては、現行の『集解』も七十二巻であったのであり、その点で、諸目録中の七十二巻と矛盾しないことを述べようとしたのである。また、七十巻を超える大部の涅槃経注釈書で記録に残るものは当時としては建元寺法朗のものしかないと述べている。

以上、撰者の問題について、過去の研究の整理をした。各論文相互の参照が十分なされてこなかったので、各論文の問題点を整理する意義も少なくないと思い、雑駁ながら、過去の研究史を回顧した。全体としては、佐々木氏・布施氏の明駿撰者説は、横超氏、藤本氏によって厳しく否定された。筆者も、おそらく、建元寺法朗の編纂したものであろうと考える。ただ、明駿の案語が『集解』のなかに取り入れられた事情、法朗と『集解』中の慧朗とが同一人であるかどうか、巻数の相違の会通については、横超氏や藤本氏にそれなりの推定が見られはしたが、まだ決定的なことはわからない。今後の研究を期したい。

四 『集解』の構成

現行の『集解』は全七十一巻であり、その巻第一には、梁武帝が霊味寺釈宝亮のために書いたといわれる「大般涅槃経義疏序」と、道生、僧亮、法瑤、曇済、僧宗、宝亮、智秀、法智、法安、曇准の十法師の経序が載せられている。さらに、『集解』の撰者がこの十法師の経序を、釈名、辨体、叙本有、談絶名、釈大字、解経字、覈教意、判科段の八科に分解整理している。そこには十法師以外に、曇愛、慧朗、曇纖、僧肇、慧基、智蔵、法雲、道慧の名も挙げられ、その解釈が紹介されている。巻第二からは随文解釈であり、『南本涅槃経』の経文を適宜分節して、その下に、諸師の解釈を並べている。わずか一回だけ注が載録されているものをも含めると実に十九名の注が編集されているのであるから、『集解』はきわめて構成が複雑で、研究方法の難しい文献である。『集解』全体の編集方針の探究、各注釈者の思想的特徴の把握と相互の比較研究、語彙の研究、などを試みるためには、まず、『南本涅槃経』二十五品の品ごとに、諸師の注釈の有無、注釈を記載する場合の形式的特徴、テキストによる異同などを調査検討しなければならない。そこで、本節では、各品ごとに、分節されている経文に通し番号を付して、そこに誰の注釈が採用されているかを示す図表を掲げ、問題点を摘記することとする。図表に示すのは比較的注の数の多い九名とし、その他の諸師は一括して示す。図表は第一段に通し番号、第二段に、注の場所（実際には経文の標出の部分の所在。これは『大正蔵』第三十七巻の頁・段〔上段＝a、中段＝b、下段＝c〕を示す。煩瑣にならないように頁・段の変わるところにのみ記入する）、第三段に、注の対象となる『南本涅槃経』の経文の場所（これは『大正蔵』第十二巻の頁・段を示す。経文の頭の部分の所在を示すこととする）、第四段以降は九名の諸師の名を記し、注のある経文の番号の下にそれぞれ○印を記入する。『集解』の全体の形式としては、経文の標出の後に「案」とあり、以下、諸師の説を「……曰」の形で列挙するが、その順序はわずかの例を除いて一応定まっている（図表の九人の諸師の順序はこれによる）。明駿の引用がある場合は原則的には常に最後で、「明駿案」として引用される。それ以外の形式で引用される諸師については、その当該箇所で示す。

①序品

番号	注	経文	道生	僧亮	法瑤	僧宗	宝亮	道慧	智秀	慧朗	明駿
1	383b	605a		○		○	○		○	○	○
2	383c					○	○		○	○	
3	384a					○			○		
4						○					
5					○	○					
6					○						
7				○	○	○	○				
8				○	○	○	○				
9	384b					○	○	○	○		
10				○		○			○		
11	384c			○		○		○			
12						○		○			
13						○					
14				○		○	○	○		○	
15	385a			○		○	○				
16				○							
17				○	○	○	○		○		
18				○		○	○				
19				○	○	○			○	○	
20	385b					○	○			○	
21						○					
22										○	

23		605b		○				○		○	
24	385c			○		○	○	○	○		○
25	386a			○		○					
26				○							
27				○		○	○				
28				○		○		○			
29				○		○	○				
30						○	○	○			
31								○			
32				○							
33	386b			○				○			
34				○				○			
35						○	○				
36				○				○			
37						○	○				
38				○		○					
39				○		○					
40	386c					○					
41						○	○				
42						○					○
43						○	○			○	○
44		605c				○	○		○		○
45	387a			○		○	○				
46				○		○					
47						○					
48						○					
49						○					○

50	387b	606a		○							
51	387c			○				○			
52		606b		○	○		○			○	
53					○					○	
54		606c		○							
55				○							
56				○							
57				○							
58				○							
59	388a			○							
60										○	
61											
62		607a								○	
63				○							
64		607b		○							
65		608c		○		○					
66	388b			○							
67		609a				○					
68											○
69		609c				○				○	
70						○				○	
71	388c			○						○	
72		610a								○	
73										○	
74										○	
75		610b								○	
76		610c								○	

番号	注	経文	道生	僧亮	法瑤	僧宗	宝亮	道慧	智秀	慧朗	明駿
77										○	
78										○	
79										○	
80										○	
81		611a			○					○	
注の総数			0	40	9	43	22	13	9	25	7

〔その他の諸師〕法安が注番号1、法智が1、慧令が44に出る。

〔問題点〕注番号1には諸師の注を列挙する前に「案、旧経云尽命品」とある。5にも「案、亦曰拘戸那竭国。亦曰拘戸那城」とある。これらの例はきわめて少ない。9は道慧と智秀の順序が異なる。24には、「道慧記曰」「又撰曰」と道慧が二回出る。なお、特にことわらない限り道慧の注の引用は「道慧記曰」である。61は経文の標出のみで誰の注も取られていない。

②純陀品

番号	注	経文	道生	僧亮	法瑤	僧宗	宝亮	道慧	智秀	慧朗	明駿
1	389a	611b				○		○		○	
2	389b			○	○	○				○	○
3	389c			○						○	
4				○						○	
5				○						○	
6	390a			○	○				○		
7				○	○	○					
8							○	○			
9				○		○	○				
10			○	○	○	○					
11	390b			○		○					
12				○							
13			○	○		○			○		
14			○	○				○			
15				○		○					
16						○	○				
17				○							
18						○			○		
19	390c			○		○					○
20										○	
21									○		
22				○							
23			○	○			○			○	
24	391b		○	○	○		○		○	○	
25			○	○	○	○	○	○			
26	391c	611c		○			○		○	○	○
27	392b		○	○	○		○				
28	392c				○	○	○				
29						○					
30					○	○					

57	56	55	54	53	52	51	50	49	48	47	46	45	44	43	42	41	40	39	38	37	36	35	34	33	32	31
				395c			395b		395a			394c		394b			394a		393c			393b			393a	
							613b				613a			612c			612b			612a						
○								○	○	○	○		○										○			
○		○				○	○	○	○	○		○	○		○	○		○		○		○	○	○		
							○		○				○							○	○	○		○	○	○
		○		○	○		○		○			○	○				○	○	○	○	○	○		○	○	
								○	○							○	○		○							
						○	○							○					○					○		○
○	○	○	○	○	○	○	○	○							○				○							○
																		○								

84	83	82	81	80	79	78	77	76	75	74	73	72	71	70	69	68	67	66	65	64	63	62	61	60	59	58
					397c						397b						397a		396c					396b		396a
614a																										613c
			○		○	○	○	○	○							○	○		○	○	○	○	○		○	○
○				○	○	○	○	○	○		○	○		○	○	○	○	○	○	○	○	○		○	○	○
○				○		○			○					○			○		○	○	○	○	○		○	○
○	○	○							○			○	○	○		○	○			○			○		○	
				○	○			○				○							○	○					○	○
					○												○								○	
							○													○	○			○		
										○									○							

番号	注	経文	道生	僧亮	法瑤	僧宗	宝亮	道慧	智秀	慧朗	明駿
85				○	○	○	○				
86	398a			○							
87				○							
88					○	○					
89		614b					○				
90				○						○	
91										○	
92										○	○
93	398b			○						○	
94				○	○	○		○		○	
95		614c			○						
96				○							
97	398c			○			○				
98				○							
99				○							
100				○		○					
101		615a		○				○			
注の総数			29	70	35	46	25	9	16	28	5

〔その他の諸師〕曇済が、21、37、50、58、63、64、66、68、77、78、81、82、法智が1、13、曇繊が1、2、38、曇愛が1、2、27、38、72、法安が2、28、敬遺が23、24、26、27、31、38、42、49、58、62、93、法蓮が23、27、58、62に出る。

〔問題点〕72は僧宗と宝亮の順序が異なる。84、88、94は法瑤と僧宗の順序が異なる。敬遺と法蓮の引用の形式は常に「敬遺記僧宗曰」「法蓮記僧宗曰」である。19の明駿は「明駿曰」とある。ここでは、慧朗の引用の形式は三種あって、ただ「慧朗曰」とあるもの（3、4、5、20、23、65、91、92、93）、「慧朗述僧宗曰」とあるもの（1、2、23、24、26、31、38、42、49、74、93、94）、「慧朗別述曰」とあるもの（50、51、52、53、54、55、56、57）に分類できる。60には諸師の注を列挙する前に、「案、一本云窮困」とあり、66にも「案、一本云其産未久」とある。

③哀歎品

番号	注	経文	道生	僧亮	法瑤	僧宗	宝亮	道慧	智秀	慧朗	明駿
1	399a	615a					○	○	○	○	○
2	399c			○	○		○		○	○	
3	400a			○					○		
4		615b		○							
5		615c		○	○	○	○				
6					○						
7					○		○			○	
8	400b				○						
9					○						
10				○			○		○		
11	400c	616a	○	○		○	○		○		
12	401a		○	○			○				
13				○		○	○		○		
14				○		○					
15	401b			○		○	○				
16							○				

43	42	41	40	39	38	37	36	35	34	33	32	31	30	29	28	27	26	25	24	23	22	21	20	19	18	17
405b				405a		404c			404b			404a	403c			403b			403a	402c	402b	402a		401c		
					617b							617a						616c								616b
○			○	○	○	○	○			○	○	○	○	○	○	○				○		○	○			
			○		○	○	○	○	○	○	○		○	○	○	○	○	○		○	○	○	○	○	○	○
			○			○	○	○					○	○	○	○	○	○		○	○	○	○			
	○	○	○			○	○	○	○	○				○		○	○			○	○	○	○	○	○	○
	○		○		○	○				○			○		○	○		○		○	○	○	○		○	○
							○			○	○	○		○	○							○				
																						○				

70	69	68	67	66	65	64	63	62	61	60	59	58	57	56	55	54	53	52	51	50	49	48	47	46	45	44
407c			407b			407a				406c			406b				406a		405c							
																		617c								
○		○		○			○	○				○							○	○	○	○		○	○	○
	○	○	○	○	○	○	○	○	○	○	○	○	○	○	○	○	○	○	○	○			○			
	○	○		○		○		○	○		○	○	○				○	○					○			
	○	○			○	○	○	○	○		○	○	○		○	○	○		○	○						
		○				○	○	○	○	○	○	○	○		○	○			○	○						
				○			○		○																	
							○		○								○			○						
	○																									

番号	注	経文	道生	僧亮	法瑤	僧宗	宝亮	道慧	智秀	慧朗	明駿
71			○								
72			○								
73				○		○				○	
74				○	○						
75	408a			○							
76				○	○	○					
77		618a	○	○	○						
78				○	○	○				○	
79	408b		○								
80			○								
81				○	○	○					
82				○	○	○					
83				○		○				○	
84	408c			○		○					
85				○		○					
86				○							
87			○	○							
88			○	○	○						
89			○	○					○		
90	409a		○	○	○	○					
91					○		○				
92			○								
93				○							
94		618b	○	○		○					
95	409b		○	○							
96			○	○	○	○	○				
97				○							
98			○	○	○						
99	409c		○	○	○						
100				○		○					
101			○	○	○						
102						○					
103						○					
104					○						
105			○		○						
106					○						
107	410a					○					
108						○					
109						○					
110		618c				○					
注の総数			48	77	48	56	40	4	18	6	3

〔その他の諸師〕曇済が6、7、8、9、24、82、89、法安が1、敬遺が1、7、56、66（二回出る）、法蓮が56、智蔵が23（全体を通じてこの一回だけ）に出る。

〔問題点〕61、63、66は「道慧所撰曰」とある。73は「慧朗所述曰」とある。57には諸師の注を列挙する前に「案、一本云殊（甲本は「珠」）」とある。61、63は道慧と智秀の順序が異なる。慧朗については「慧朗曰」とあるものは、2、73、78、83、「慧朗述僧宗曰」とあるものは、1、7である。

④長寿品

番号	注	経文	道生	僧亮	法瑤	僧宗	宝亮	道慧	智秀	慧朗	明駿
1	410a	618c	○	○			○		○	○	○
2	410c			○		○	○	○	○		○
3				○		○					
4										○	
5				○							○
6	411a			○							
7		619a		○							
8							○				
9				○		○					○
10	411b	619b		○							○
11				○							
12				○							
13											○
14				○		○	○		○		○
15	412b					○	○		○		
16	412c					○	○		○		
17						○			○		
18						○			○		
19						○	○		○		
20	413a					○	○		○		
21						○					
22		619c				○			○		
23	413b					○	○		○		
24						○			○		
25						○	○		○		
26	413c					○	○		○		
27						○					
28						○	○				
29						○	○		○		
30	414a			○			○		○		
31						○			○		
32						○					
33				○							
34						○					
35						○	○				
36	414b					○					
37						○	○				
38						○	○				
39						○	○				
40						○			○		
41				○			○				
42	414c					○					
43						○					
44						○					
45						○	○				
46	415a	620a				○	○				
47						○					
48						○					
49						○					
50	415b			○			○		○		○

番号	注	経文	道生	僧亮	法瑤	僧宗	宝亮	道慧	智秀	慧朗	明駿
51	415c			○		○	○				
52						○					
53						○					
54						○					
55				○		○					
56	416a					○					
57		620b		○							
58				○		○	○				
59						○					○
60	416b			○		○					
61				○		○					○
62				○			○				
63	416c	620c		○							
64				○							
65											○
66						○					
67		621a				○	○				
68						○					
69						○	○		○		
70	417a								○		
71									○		
72									○		
73		621b				○			○		
74			○								
75			○								
76					○	○	○				

番号	注	経文	道生	僧亮	法瑤	僧宗	宝亮	道慧	智秀	慧朗	明駿
77	417b		○		○	○					
78	417c								○		
79									○		
80						○	○		○		
81							○				
82		621c							○		
83				○	○	○			○		
84	418a			○		○	○				
85				○							
86				○		○					
87				○							
88				○							
89	418b			○	○						
90				○							
91				○							
92				○	○		○				
93			○								
94			○	○	○		○				
95				○		○					
96				○	○	○					
97				○		○			○		
98	418c			○	○						
99				○		○	○				
100			○	○	○	○	○				
101				○	○	○	○				
102	419a		○	○	○	○					

103			○								
104			○	○							
105			○								
106				○			○				
107		622a		○		○	○				
108	419b		○								
109			○	○		○	○				
110			○	○		○					
111						○					
112			○								
113			○								
114	419c					○					
115			○						○		

116									○		
117			○	○			○				
118		622b	○	○	○	○					
119	420a		○	○							
120				○		○					
121						○					
122									○		
123				○		○	○		○		
124	420b			○	○	○			○		
125	420c			○	○		○				
126		622c							○		
注の総数			20	55	14	74	42	1	36	2	11

〔その他の諸師〕曇済が9、14、96、100、曇纖が41、42、43、44、45、46、敬遺が1、法蓮が1、慧誕が8、9に出る。

〔問題点〕2は道慧と智秀の順序が異なる。14の宝亮は、僧亮の引用の後に「宝亮所判、与此同、不復煩載」とある。また、明駿の注に「同僧亮法師所釈也」とある。69は僧宗と宝亮の順序が異なる。85と86の間に、甲本には、経文「色雖種種」に対して、「案、僧亮曰、八万四千法蔵也。僧宗曰、十二部経」という注がある。これは、当然、甲本にしたがわなければならないが、図表は続蔵本にしたがって作成しているので、注の総数には、ここの僧亮と僧宗は数えていない。

⑤金剛身品

番号	注	経文	道生	僧亮	法瑶	僧宗	宝亮	道慧	智秀	慧朗	明駿
1	421a	622c	○	○	○	○	○		○		
2				○							
3	421b					○					
4						○			○		
5						○					

番号	注	経文	道生	僧亮	法瑶	僧宗	宝亮	道慧	智秀	慧朗	明駿
6						○					
7				○		○					
8						○					
9						○					
10				○		○					

番号	注	経文	道生	僧亮	法瑤	僧宗	宝亮	道慧	智秀	慧朗	明駿
11	421c			○		○					
12				○		○					
13				○		○					
14				○		○					
15				○		○					
16				○		○					
17				○		○					
18				○		○					
19	422a			○		○					
20				○		○					
21						○					
22				○		○					
23				○		○					
24				○		○					
25				○		○					
26				○		○					
27		623a		○							
28	422b			○							
29				○							
30				○		○					
31				○		○					
32				○		○					
33				○		○					
34				○		○					
35				○							
36				○		○					

番号	注	経文	道生	僧亮	法瑤	僧宗	宝亮	道慧	智秀	慧朗	明駿
37				○		○					
38	422c			○		○					
39				○							
40						○					
41				○		○					
42				○							
43				○							
44				○							
45				○							
46				○							
47				○							
48				○							
49				○							
50				○		○					
51				○							
52				○							
53	423a			○							
54				○							
55				○		○					
56						○					
57				○							
58				○							
59				○							
60				○							
61				○							
62		623b				○					

番号	注	経文	道生	僧亮	法瑤	僧宗	宝亮	道慧	智秀	慧朗	明駿
63									○		
64				○		○	○		○		
65	423b								○		
66				○					○		
67							○		○		
68	423c			○		○			○		
69				○							
70				○			○				
71				○							
72		623c		○							
73									○		○
74											○
75	424a										○
76						○					○
77		624a									○
78											○
79											○
80				○	○	○	○		○		
81	424b					○			○		
82									○		
83						○			○		
84		624b			○	○			○		
85						○	○				
86	424c						○				
87						○	○				
88		624c							○		
注の総数			1	60	3	48	8	0	15	0	7

〔その他の諸師〕ない。

〔問題点〕10と11の間に、甲本には、経文「無有足跡」に対して、「案、僧亮曰、住無定方也。僧宗曰、有形故有跡。無形何跡耶」という注がある。

⑥名字功徳品

番号	注	経文	道生	僧亮	法瑤	僧宗	宝亮	道慧	智秀	慧朗	明駿
1	424c	624c		○	○	○			○		○
2	425a			○	○	○					
3						○					○
4	425b			○	○						○
5				○		○	○				
6	425c			○							
7		625a		○	○	○					○
8				○		○					○
9	426a			○	○						
10					○						
11					○						
12				○	○						
13				○	○						○
14					○						○

番号	注	経文	道生	僧亮	法瑤	僧宗	宝亮	道慧	智秀	慧朗	明駿
15					○						○
16									○		

	注の総数
道生	0
僧亮	10
法瑤	11
僧宗	6
宝亮	1
道慧	0
智秀	2
慧朗	0
明駿	8

〔その他の諸師〕〔問題点〕ともにない。

⑦四相品

番号	注	経文	道生	僧亮	法瑤	僧宗	宝亮	道慧	智秀	慧朗	明駿
1	426b	625b		○	○				○		
2	426c			○		○	○		○		
3				○		○			○		
4	427a			○		○	○		○		
5				○		○	○		○		
6		625c		○		○					
7	427b			○							
8									○		
9				○	○	○			○		
10	427c	626a	○	○		○	○		○		
11				○							
12									○		○
13	428a								○		
14									○		
15			○			○					
16				○		○					
17	428b			○							
18				○	○						
19					○						
20			○	○	○		○		○		
21	428c								○		
22									○		
23									○		
24		626b							○		
25									○		
26									○		
27									○		
28		626c							○		
29									○		
30				○		○	○		○	○	
31	429b					○	○				
32						○					
33				○							
34				○		○					
35	429c					○					
36				○		○			○		

63	62	61	60	59	58	57	56	55	54	53	52	51	50	49	48	47	46	45	44	43	42	41	40	39	38	37
	432a				431c		431b			431a					430c			430b						430a		
			628a											627c					627b						627a	
				○	○	○		○	○		○	○						○				○			○	○
○							○	○		○	○	○		○	○	○	○	○								
○			○	○		○	○	○	○	○	○	○					○	○	○							○
					○	○		○									○	○							○	
				○	○	○	○	○												○	○	○	○	○		
	○	○		○		○	○	○	○			○	○	○		○										

90	89	88	87	86	85	84	83	82	81	80	79	78	77	76	75	74	73	72	71	70	69	68	67	66	65	64
		433b			433a			432c										432b								
		630c					630b				630a	629b		628c									628b			
○	○	○	○	○	○	○	○	○	○			○		○												○
					○			○																		
					○													○								
			○		○																					
					○																					
					○																					
										○	○	○	○		○	○	○		○	○	○	○	○	○	○	

番号	注	経文	道生	僧亮	法瑤	僧宗	宝亮	道慧	智秀	慧朗	明駿
91		631a							○		
92									○		
93							○				
94				○		○					
95		631b				○					
96	433c			○		○					
97				○			○				
98		631c				○					
99				○		○			○		○
100	434a			○		○					
101				○							
102							○				
103	434b	632a		○					○		
104				○		○					
105	434c			○		○					
106				○							○
107		632b									○
108		632c									○
109											○
110		633b									○

番号	注	経文	道生	僧亮	法瑤	僧宗	宝亮	道慧	智秀	慧朗	明駿
111		633c									○
112	435a	634a									○
113											○
114		635c				○					
115						○					
116						○					
117				○							
118				○							
119	435b					○					
120						○					
121				○							
122		636a		○							
123				○		○					
124	435c	636b		○		○					
125										○	
126				○							
127	436a			○							
128		636c		○							
129		637a							○		
注の総数			3	61	18	46	18	1	39	2	35

〔その他の諸師〕曇纖が1、慧誕が15、86、敬遺が103に出る。

〔問題点〕10は智秀が二回出る。12は明駿が最初に出る。32、60は僧宗がそれぞれ二回出るが、それぞれ初めの僧宗は僧亮の誤りの可能性がある。

⑧四依品

番号	注	経文	道生	僧亮	法瑤	僧宗	宝亮	道慧	智秀	慧朗	明駿
1	436a	637a		○		○	○		○		
2	436b			○		○			○		
3						○	○		○		
4						○	○				
5	436c					○	○				
6						○	○		○		
7									○		
8						○					
9	437a	637b			○						
10				○	○	○	○				
11	437b					○					
12										○	
13		637c	○	○		○					
14	437c		○	○					○		
15						○			○		
16						○			○		
17				○					○		
18				○		○			○		
19	438a	638a		○			○		○		
20				○						○	
21				○							
22				○							
23									○		
24				○							
25				○							
26	438b			○							
27				○							
28		638b					○				
29										○	
30							○				
31				○							
32										○	
33										○	
34										○	
35									○		
36				○							
37									○		
38	438c			○		○	○				
39				○		○					
40				○		○					
41		638c								○	
42				○		○	○				
43	439a					○	○				
44							○				
45							○				
46		639a		○		○					
47			○	○		○					
48	439b						○				
49				○		○					
50									○		

番号	注	経文	道生	僧亮	法瑤	僧宗	宝亮	道慧	智秀	慧朗	明駿
51									○		
52	439c						○				
53						○	○				
54		639b							○		
55	440a								○		
56									○		
57									○		
58				○		○	○				
59		639c		○			○				
60							○				
61							○				
62	440b						○				
63				○			○				
64		640a		○			○				
65							○				
66	440c			○		○			○		
67				○					○		
68				○							
69						○					
70						○					
71						○					
72		640b		○		○					○
73	441a			○		○					
74				○		○	○				
75			○	○							
76				○		○					
77			○			○					
78				○							
79				○							
80	441b			○							
81				○		○					
82		640c		○							
83				○							
84				○							
85				○							
86				○							
87				○							
88				○							
89				○							
90	441c			○							
91				○							
92				○							
93				○							
94				○							
95				○							
96				○							
97				○							
98				○							
99				○							
100				○							
101				○							
102	442a			○							

128	127	126	125	124	123	122	121	120	119	118	117	116	115	114	113	112	111	110	109	108	107	106	105	104	103
			443a									442c					442b								
				642a								641c						641b				641a			
○	○		○			○	○	○	○	○	○	○	○	○				○				○		○	○
				○									○	○									○		
															○	○	○								
														○					○	○	○				
		○			○																				

注の総数	152	151	150	149	148	147	146	145	144	143	142	141	140	139	138	137	136	135	134	133	132	131	130	129
					444b								444a							443c	443b			
			643b						643a				642c					642b						
5																								
95					○	○	○	○	○	○	○		○	○	○	○	○	○	○	○	○	○		○
2																								
41																○				○	○	○		
30																						○		
0																								
32	○	○	○	○								○											○	
7																								
3																								

〔その他の諸師〕敬遺が65に出る。

〔問題点〕1は、僧宗の名が三回、宝亮の名が二回出る。ここは特に撰者の手が加わっていることがわかる。30の宝亮は甲本では僧亮に作る。僧亮と宝亮、僧亮と僧宗はそれぞれ一字が共通であるから、テキストによって異同がある場合がいくつかある。47は、僧亮と僧宗の順序が異なる。

⑨分別邪正品

番号	注	経文	道生	僧亮	法瑤	僧宗	宝亮	道慧	智秀	慧朗	明駿
1	444b	643b		○	○				○		
2	444c			○		○	○				
3									○		
4									○		
5	445a	643c							○		
6									○		
7									○		
8		644a							○		
9									○		
10		644b							○		
11									○		
12		645a				○			○		
13						○			○		
14		645b				○			○		
15	445b	646a				○					
16		646b				○					
17		646c				○					
18		647a				○			○		
19									○		
20									○		
21									○		
注の総数			0	2	1	8	1	0	17	0	0

〔その他の諸師〕慧誕が1に出る。

〔問題点〕ない。

⑩四諦品

番号	注	経文	道生	僧亮	法瑤	僧宗	宝亮	道慧	智秀	慧朗	明駿
1	445c	647a		○		○	○				
2				○							
3	446a	647b				○					
4						○					
5						○					
6						○					
7						○					
8	446b			○						○	
9						○					
10						○					

11						○					
12						○					
13				○						○	
14						○					
15		647c				○					
16	446c					○					
17										○	
18						○					
19						○					
20						○					
21						○					
22						○					
23						○					
24						○					
25						○					
注の総数			0	4	0	21	1	0	0	3	0

〔その他の諸師〕敬遺が2、8、13に出る。

〔問題点〕慧朗については、「慧朗曰」とあるものが17、「慧朗述僧宗曰」とあるものが8、13である。

⑪四倒品

番号	注	経文	道生	僧亮	法瑤	僧宗	宝亮	道慧	智秀	慧朗	明駿
1	446c	647c		○		○	○		○		
2				○		○	○		○		
3	447a			○							
4									○		
5				○			○		○		
6									○		
7	447b	648a		○			○		○		
8				○		○					
9				○			○				
10				○							
注の総数			0	8	0	3	5	0	6	0	0

〔その他の諸師〕〔問題点〕ともにない。

⑫如来性品

番号	注	経文	道生	僧亮	法瑤	僧宗	宝亮	道慧	智秀	慧朗	明駿
1	447b	648b		○	○	○	○		○		
2	448a		○	○	○	○			○		
3				○		○	○		○		○
4	448b		○								
5			○	○		○					
6			○		○	○	○				
7	448c			○							
8			○	○	○	○			○		
9	449a		○	○	○	○	○		○		
10				○		○					
11											
12											
13						○					
14						○					
15					○						
16				○	○		○	○			
17	449b			○	○	○	○	○			
18			○	○	○					○	
19			○	○	○	○					
20			○	○	○						
21	449c			○	○	○			○		
22			○	○	○	○					
23			○	○					○		
24						○					
25						○					

番号	注	経文	道生	僧亮	法瑤	僧宗	宝亮	道慧	智秀	慧朗	明駿
26										○	
27			○	○	○	○					
28	450a			○							
29			○	○							
30				○		○			○		
31				○							
32				○		○					
33				○		○					
34	450b	648c		○		○					
35			○	○		○					
36				○							
37				○	○	○					
38				○		○					
39			○	○	○		○				
40				○		○					
41	450c			○		○					
42					○						
43				○							
44				○							
45				○							
46				○		○					
47						○					
48				○							
49						○					
50						○					

77	76	75	74	73	72	71	70	69	68	67	66	65	64	63	62	61	60	59	58	57	56	55	54	53	52	51
		452b						452a				451c		451b										451a		
																		649a								
○	○	○	○								○		○													
○	○		○	○	○	○	○	○	○	○	○	○	○		○									○	○	
	○		○	○				○	○	○			○												○	
○			○	○	○	○	○		○	○	○	○	○	○		○	○	○	○	○	○	○	○	○		○
○			○	○			○		○	○			○													
										○																
	○											○	○													

104	103	102	101	100	99	98	97	96	95	94	93	92	91	90	89	88	87	86	85	84	83	82	81	80	79	78
	454b						454a					453c				453b					453a				452c	
	649c																		649b							
							○	○		○			○	○			○						○	○		
○		○	○	○	○	○		○				○	○	○	○	○	○	○	○	○			○	○	○	○
						○		○		○	○	○	○	○	○		○					○	○	○		
○		○	○	○	○	○		○	○	○	○	○	○	○	○	○	○	○	○	○	○	○	○	○		○
		○			○				○	○	○	○	○										○	○	○	
	○												○	○		○										
																							○			

番号	注	経文	道生	僧亮	法瑤	僧宗	宝亮	道慧	智秀	慧朗	明駿
105			○	○		○	○				
106	454c			○							
107			○	○							
108			○				○				
109			○			○	○				
110				○			○				
111						○	○				
112			○			○					
113	455a					○					
114			○								
115				○							
116				○							
117		650a		○		○	○		○		
118	455b			○	○	○			○		
119	455c			○		○	○				
120						○			○		
121						○	○		○		
122	456a			○		○	○				
123				○			○		○		
124				○		○	○				
125	456b					○	○				
126	456c			○			○				
127				○	○	○	○				
128				○			○				
129				○	○	○	○				
130	457a			○	○	○	○				

番号	注	経文	道生	僧亮	法瑤	僧宗	宝亮	道慧	智秀	慧朗	明駿
131		650b		○	○	○	○				
132	457b					○	○				
133				○		○	○				
134				○					○		
135	457c					○	○				
136				○		○				○	
137				○		○					
138	458a					○	○				
139						○	○		○		
140						○	○		○		
141				○		○					
142		650c		○		○					
143	458b			○							
144				○		○	○				
145				○			○				
146						○					
147				○			○				
148				○		○					
149				○	○						
150	458c	651a					○				
151				○							
152				○		○	○		○		
153	459a			○		○	○				
154	459b			○		○					
155		651b		○		○	○				
156				○			○			○	

183	182	181	180	179	178	177	176	175	174	173	172	171	170	169	168	167	166	165	164	163	162	161	160	159	158	157
		462a						461c					461b			461a	460c		460b				460a			459c
							652a											651c								
							○			○	○	○	○	○	○	○										
			○		○	○		○	○		○	○		○				○	○	○	○	○		○	○	○
○	○	○	○	○	○						○	○				○					○	○	○	○	○	
								○	○						○	○		○				○	○	○	○	○
													○	○				○								

210	209	208	207	206	205	204	203	202	201	200	199	198	197	196	195	194	193	192	191	190	189	188	187	186	185	184
							463c					463b				463a		462c				462b				
															653b					652c				652b		
								○	○	○	○		○	○	○											
	○	○	○	○	○	○	○	○	○	○	○	○	○	○					○		○	○				
	○		○											○				○			○					
														○	○				○			○		○		○
														○		○	○	○	○				○		○	
○														○	○					○	○					

番号	注	経文	道生	僧亮	法瑤	僧宗	宝亮	道慧	智秀	慧朗	明駿
211		653c							○		
212									○		

	道生	僧亮	法瑤	僧宗	宝亮	道慧	智秀	慧朗	明駿
注の総数	50	141	48	130	73	3	34	4	2

〔その他の諸師〕曇済が8、9、11、13、曇纖が3、187、曇愛が10、11、12、敬遺が105、129、156、163、164、165、166、168、169、法蓮が163、164、165、166、168、169、慧誕が118に出る。

〔問題点〕5の僧亮は「僧亮釈蔵義也」とある。6は僧宗が二回出るが、初めの僧宗は注の位置から判断すると僧亮の誤りの可能性がある。7の僧亮は甲本では道生とある。慧朗については、「慧朗曰」とあるものが26、136、「慧朗述僧宗曰」とあるものが156、「慧朗述曇纖曰」とあるものが18である。

⑬文字品

番号	注	経文	道生	僧亮	法瑤	僧宗	宝亮	道慧	智秀	慧朗	明駿
1	464a	653c		○	○	○			○		
2			○								
3	464b					○			○		
4			○	○		○			○		
5	464c			○			○				
6		654b				○					
7		654c							○		
8		655a		○					○		
9	465a								○		
10				○			○		○		
11				○					○		
12				○							
13				○					○		
14	465b			○							
15				○					○		
16				○							
17		655b		○							
注の総数			2	12	1	4	2	0	10	0	0

〔その他の諸師〕曇纖が6に出る。

〔問題点〕ない。

⑭鳥喩品

番号	注	経文	道生	僧亮	法瑤	僧宗	宝亮	道慧	智秀	慧朗	明駿
1	465b	655b		○	○	○	○		○		
2	465c								○		

番号	注	経文	道生	僧亮	法瑤	僧宗	宝亮	道慧	智秀	慧朗	明駿
3						○	○		○		
4		655c				○			○		
5		656b				○					
6						○					
7		656c				○					
注の総数			0	1	1	6	2	0	4	0	0

〔その他の諸師〕〔問題点〕ともにない。

⑮月喩品

番号	注	経文	道生	僧亮	法瑤	僧宗	宝亮	道慧	智秀	慧朗	明駿
1	466a	657a			○	○	○				
2				○	○	○					
3	466b			○							
4		657b		○		○					
5		657c		○	○	○	○				
6		658a		○	○	○					
7				○	○	○					
8	466c			○							
9		658b		○	○						
10				○	○						
11				○		○					
12				○	○	○	○		○		
13	467a				○						
14					○						
15					○						
16					○						
17					○						
注の総数			0	11	13	8	3	0	1	0	0

〔その他の諸師〕ない。
〔問題点〕7の法瑤と僧宗の順序が異なる。

⑯菩薩品

番号	注	経文	道生	僧亮	法瑤	僧宗	宝亮	道慧	智秀	慧朗	明駿
1	467a	658b	○	○	○	○					
2	467b	658c		○			○		○		
3	467c			○							
4				○		○					
5				○	○		○				
6	468a	659a		○							

番号	注	経文	道生	僧亮	法瑤	僧宗	宝亮	道慧	智秀	慧朗	明駿
7		659b							○		
8		659c		○		○	○				
9							○				
10				○		○	○				
11	468b			○			○				
12		660a		○		○	○				
13				○			○				
14	468c	660b		○	○						
15	469a			○	○		○				
16		660c			○						
17					○	○					
18	469b			○	○						
19				○							
20				○	○						
21				○							
22				○	○						
23	469c	661a		○		○					
24				○	○						
25				○	○						
26				○		○					
27	470a	661b		○	○	○	○				
28							○				
29				○	○		○				
30	470b	661c		○		○	○		○		
31				○			○				
32		662a		○			○		○		
33					○	○	○				
34					○	○	○				
35	470c	662c		○	○	○					
36				○	○	○					
37	471a			○		○					
38				○		○					
39				○							
40		663a		○		○					
41				○		○					
42	471b			○							
43				○							
44				○							
45				○							
46									○		
47		663b				○					
48						○					
49	471c	663c		○		○	○				
50					○	○					
51	472a			○							
52		664a		○							
53				○							
54				○							
55				○							
56					○						
57	472b			○							
58				○							

番号	注	経文	道生	僧亮	法瑤	僧宗	宝亮	道慧	智秀	慧朗	明駿
59		664b		○							
60				○	○	○					
61	472c			○							
62				○							
63				○							
64				○							
65				○							
66		664c		○							
67				○							
68				○							
69	473a			○							
70		665a		○							
注の総数			1	58	20	23	18	0	5	0	0

〔その他の諸師〕曇纖が45に出る。

〔問題点〕33、34の宝亮は法瑤、僧宗より前に位置して、通常の順序と異なる。

⑰大衆問品

番号	注	経文	道生	僧亮	法瑤	僧宗	宝亮	道慧	智秀	慧朗	明駿
1	473a	665a		○	○	○					
2						○	○		○		
3	473b			○					○		
4				○					○		
5		665b							○		
6									○		
7									○		
8				○		○			○		
9									○		
10									○		
11	473c								○		
12						○	○		○		
13		666a									
14									○		
15	474a			○							
16				○			○				
17		666b					○				
18							○				
19				○							
20	474b			○	○				○		
21				○							
22				○							
23				○							
24	474c	666c		○							
25				○							
26				○							
27				○							
28		667a		○							

番号	注	経文	道生	僧亮	法瑤	僧宗	宝亮	道慧	智秀	慧朗	明駿
29				○	○						
30	475a			○	○						
31		667b		○							
32					○						
33				○							
34	475b	667c		○							
35		668a		○							
36		668b		○							
37		668c		○							
38		669a		○							
39	475c	669b		○					○		
40				○					○		
41					○				○		
42				○					○		
43		669c		○							
44				○					○		
注の総数			0	30	6	4	5	0	18	0	0

〔その他の諸師〕曇纖が13に出る。
〔問題点〕ない。

⑱現病品

番号	注	経文	道生	僧亮	法瑤	僧宗	宝亮	道慧	智秀	慧朗	明駿
1	476a	669c		○	○	○			○		
2						○			○		
3	476b					○					
4						○					
5		670a				○					
6						○					
7						○					
8						○					
9						○					
10						○			○		
11		671a				○			○		
12		671c							○		
13	476c	672a							○		
14		672b		○							
15		672c			○						
16				○							
17		673a		○	○	○					
18	477a			○	○						
注の総数			0	5	4	12	0	0	6	0	0

〔その他の諸師〕曇纖が18に出る。
〔問題点〕ない。

⑲聖行品

番号	注	経文	道生	僧亮	法瑤	僧宗	宝亮	道慧	智秀	慧朗	明駿
1	477a	673b		○	○	○	○		○		
2	477c				○	○					
3						○	○		○		
4	478a			○		○	○				
5		673c		○							
6	478b			○							
7				○			○				
8				○		○					
9		674a		○		○	○				
10		674b				○					
11				○		○	○				
12	478c	674c		○		○	○				
13		675a		○			○				
14				○		○	○				
15	479a	675b				○					
16				○			○				
17				○		○					
18	479b					○					
19		675c				○					
20				○		○	○				
21				○							
22							○				
23				○		○	○				
24		676a		○		○	○				
25	479c			○		○	○				
26				○							
27				○			○				
28		676b		○		○	○				
29	480a			○		○					
30				○		○	○				
31				○		○	○				
32	480b			○		○	○				
33						○	○				
34				○		○					
35	480c	677a		○		○	○				
36				○							
37				○		○					
38									○		
39		677b				○					
40	481a						○		○		
41				○		○	○				
42				○		○	○				
43	481b	677c		○			○				
44				○		○	○				

番号	45	46	47	48	49	50	51	52	53	54	55	56	57	58	59	60	61	62	63	64	65	66	67	68	69	70
注				481c	482a					482b				482c					483a			483b			483c	
経文		678b	678c	679a	679b		680c					681a									681b					
道生																○	○	○	○	○	○					
僧亮	○	○	○	○	○				○	○	○	○	○	○		○	○	○	○	○			○	○	○	○
法瑤																										
僧宗			○						○							○					○					
宝亮								○	○	○	○	○	○	○	○	○	○	○	○	○		○	○	○	○	○
道慧																										
智秀							○								○											
慧朗						○																				
明駿																										

番号	71	72	73	74	75	76	77	78	79	80	81	82	83	84	85	86	87	88	89	90	91	92	93	94	95	96
注				484a	484b				484c			485a	485b				485c		486a			486b			486c	
経文			681c					682a			682c			683a	683b			683c			684a					684b
道生			○																							
僧亮	○	○	○	○	○	○			○		○	○	○	○	○	○	○	○	○	○	○	○	○	○	○	
法瑤												○														
僧宗				○			○			○		○	○	○	○	○	○	○				○		○		○
宝亮	○	○		○		○		○			○	○		○		○										
道慧																										
智秀								○																		
慧朗																										
明駿																										

123	122	121	120	119	118	117	116	115	114	113	112	111	110	109	108	107	106	105	104	103	102	101	100	99	98	97
489c			489b	489a	488c			488b					488a			487c		487b			487a					
					685b								685a											684c		
○	○				○	○	○	○	○	○		○		○	○	○	○	○	○			○				
○	○			○	○	○		○	○		○	○	○	○	○	○	○	○	○	○	○		○			
○	○		○	○	○	○		○											○		○	○				
○	○	○	○	○	○	○		○	○			○	○	○	○	○	○		○	○			○	○	○	○
○	○		○	○	○	○			○			○	○	○	○		○		○	○						
																							○			

150	149	148	147	146	145	144	143	142	141	140	139	138	137	136	135	134	133	132	131	130	129	128	127	126	125	124
				491b				491a					490c									490b				490a
	688b	688a				687c					687b	687a	686c		686b		686a							685c		
○		○		○	○		○	○	○	○	○				○				○				○			
																						○	○		○	
	○					○		○			○						○	○						○	○	○
			○					○				○	○	○		○	○	○		○	○	○	○	○	○	○

番号	注	経文	道生	僧亮	法瑤	僧宗	宝亮	道慧	智秀	慧朗	明駿
151		688c		○							
152	491c			○							
153				○	○	○	○				
154				○		○					
155		689a		○		○					
156						○					
157	492a	689b				○					
158		689c		○		○					
159						○					
160						○					
161						○					
162						○					
163						○					
164						○					
165						○					
166	492b					○					
167						○					
168		690a		○	○	○	○				
169				○	○						
170	492c	690b		○		○	○				
171	493a	690c		○			○				
172				○		○	○				
173	493b	691a			○	○					
174	493c								○		
175		692a							○		
176		693a				○					
注の総数			23	117	20	98	88	0	10	1	0

〔その他の諸師〕曇纖が71、曇愛が64、67に出る。

〔問題点〕21の僧亮は甲本では宝亮とある。内容から宝亮の可能性が強い。40、59、78は宝亮と智秀の順序が異なる。65の僧宗は甲本では僧亮とある。79は僧亮が二回出るが、二番めの僧亮は僧宗の誤りであろうか。93の僧亮は甲本では宝亮とある。131の僧亮は甲本では宝亮とある。内容から宝亮の可能性が強い。139の僧亮は甲本では僧宗とある。ただし僧宗は別に出ているので、僧亮のままでよいであろう。173は法瑤と僧宗の順序が異なる。なお、50は「慧朗曰」とある。

⑳梵行品

番号	注	経文	道生	僧亮	法瑤	僧宗	宝亮	道慧	智秀	慧朗	明駿
1	494a	693b		○			○		○		
2				○							
3				○		○	○				
4	494b			○							
5		693c					○				
6						○	○				

33	32	31	30	29	28	27	26	25	24	23	22	21	20	19	18	17	16	15	14	13	12	11	10	9	8	7
					496a						495c			495b					495a					494c		
			695b		695a							694c		694b									694a			
○	○	○	○	○	○	○						○											○		○	○
													○	○	○	○	○	○								
○	○	○					○	○	○	○	○	○									○	○	○		○	
○												○	○	○	○	○	○	○	○	○	○	○	○	○	○	

60	59	58	57	56	55	54	53	52	51	50	49	48	47	46	45	44	43	42	41	40	39	38	37	36	35	34
				498b					498a				497c					497b			497a		496c			496b
701c						701b			701a			699b	698c	697c	697a			696c			696b	696a		695c		
○	○		○	○	○	○	○	○	○	○	○	○	○	○		○	○	○	○	○		○	○	○	○	○
		○				○	○	○	○		○				○	○			○	○	○	○		○	○	○
		○																	○			○		○	○	○

番号	注	経文	道生	僧亮	法瑤	僧宗	宝亮	道慧	智秀	慧朗	明駿
61		702a		○		○					
62	498c	702b				○					
63				○							
64				○							
65				○							
66	499a			○		○	○				
67		702c		○							
68				○		○					
69				○		○	○				
70	499b	703a				○					
71				○			○				
72		703b				○					
73		703c		○		○	○		○		
74	499c			○					○		
75				○		○	○		○		
76	500c			○		○	○				
77	501a	704a		○		○					
78				○		○	○				
79				○		○	○				
80	501b			○		○	○				
81				○		○	○				
82	501c			○		○	○				
83	502a	704b		○		○	○		○		
84	502b			○			○				
85				○			○				
86		704c		○			○				

番号	注	経文	道生	僧亮	法瑤	僧宗	宝亮	道慧	智秀	慧朗	明駿
87	502c			○			○				
88				○			○				
89				○			○				
90		705a		○			○				
91				○			○				
92	503a			○							
93				○			○				
94				○			○				
95		705b		○			○				
96				○			○				
97	503b			○							
98				○			○				
99		705c		○							
100				○			○				
101		706a		○			○				
102				○			○				
103	503c			○							
104				○							
105		706b		○							
106				○							
107				○							
108				○		○	○		○		
109	504a	706c		○		○	○				
110						○	○				
111						○	○				
112						○	○				

113						○	○				
114						○	○				
115						○	○				
116		707a				○	○				
117						○	○				
118	504b					○	○				
119				○							
120						○	○				
121				○							
122				○							
123		707c		○		○	○				
124	504c					○	○				
125				○		○					
126						○					
127						○					
128						○					
129	505a					○					
130		708a		○							
131				○		○	○		○		
132				○		○	○				
133	505b			○			○				
134				○		○	○		○		
135				○		○					
136				○							
137				○			○				
138	505c			○		○	○				
139		708b				○					
140				○		○					
141				○		○	○				
142		708c		○		○	○				
143	506a			○							
144		709a		○					○		
145				○			○		○		
146				○							
147	506b	709b		○		○					
148				○							
149				○							
150	506c			○							
151				○							
152		709c		○							
153				○							
154				○							
155		710a		○							
156	507a	710b		○							
157				○							
158				○							
159		710c		○		○	○				
160				○			○				
161				○							
162	507b	711a		○							
163				○							
164				○							
165		711b		○							
166				○							

番号	注	経文	道生	僧亮	法瑤	僧宗	宝亮	道慧	智秀	慧朗	明駿
167		711c		○							
168				○							
169		712a		○							
170		712b		○							
171	507c			○							
172		712c		○							
173				○							
174		713a		○							
175	508a			○							
176		713b		○							
177				○							
178		713c		○		○	○		○		
179	508b			○		○					
180							○				
181				○							
182		714a		○			○				
183				○			○				
184	508c			○			○				
185		714b		○			○				
186				○			○				
187				○			○				
188				○							
189		714c		○			○				
190	509a			○			○		○		
191				○							
192				○			○		○		

番号	注	経文	道生	僧亮	法瑤	僧宗	宝亮	道慧	智秀	慧朗	明駿
193	509b			○		○	○		○		
194		715a		○		○	○		○		
195				○		○	○				
196	509c			○			○				
197		715b		○							
198	510a			○					○		
199				○			○		○		
200		715c		○		○			○		
201		716b		○					○		
202	510b	717a		○		○	○		○		
203	510c			○							
204				○		○					
205		717b		○		○					
206		717c		○		○					
207	511a	718b		○		○					
208		718c		○		○					
209		719b		○		○	○				
210		720a		○							
211				○					○		
212	511b	720b		○							
213				○		○	○		○		
214				○			○				
215		720c		○							
216				○							
217				○							
218				○							

〔その他の諸師〕曇済が202、敬遺が202に出る。

219	220	221	222	223	224	225	226	227	228	229	230	231	232	233	234	235	236	237	238	239	240	241	242	243
	511c						512a						512b						512c					513a
	721a			721c		722a	722c			723a			723c				724a			724b	724c			
○		○	○	○	○			○		○	○	○			○	○	○	○	○	○	○	○	○	○
	○	○						○	○	○	○	○					○			○			○	
○	○	○					○		○	○	○	○	○	○		○	○					○	○	
○	○	○				○			○	○		○				○	○		○			○		

244	245	246	247	248	249	250	251	252	253	254	255	256	257	258	259	260	261	262	263	264	265	266	267	注の総数
				513b						513c						514a						514b		
725b		725c	726a		726b			726c			727a		727b				727c				728a		728b	
																								0
○	○	○	○	○	○	○	○	○	○	○	○	○	○	○	○		○	○	○	○	○	○	○	219
																								6
	○			○				○	○	○	○	○	○		○	○		○	○		○			114
						○	○		○	○	○	○	○	○	○		○							122
																								0
	○		○																					35
																								0
																								0

〔問題点〕83、108は僧宗と宝亮の順序が異なる。143、146の僧亮は甲本では宝亮とある。245は僧宗と智秀の順序が異なる。

㉑嬰児行品

番号	注	経文	道生	僧亮	法瑤	僧宗	宝亮	道慧	智秀	慧朗	明駿
1	514b	728c				○	○				
2						○					
3				○		○					
4		729a		○							
5							○				
6	514c			○							
注の総数			0	3	0	3	2	0	0	0	0

〔その他の諸師〕〔問題点〕ともにない。

㉒徳王品

番号	注	経文	道生	僧亮	法瑤	僧宗	宝亮	道慧	智秀	慧朗	明駿
1	514c	730a		○		○	○		○		
2	515b			○		○	○				
3	515c					○	○		○		
4				○		○	○				
5	516a	730b		○		○	○				
6		730c				○					
7		731a		○		○					
8		731b		○		○					
9				○		○	○		○		
10	516b			○		○	○				
11			○	○							
12			○	○			○		○		
13	516c		○	○			○				
14		731c		○			○				
15			○	○		○	○				
16				○			○				
17			○	○		○	○				
18			○	○		○	○				
19	517a			○			○				
20			○	○			○				
21				○							
22				○			○				
23	517b	732a		○							
24				○							
25				○			○				
26				○							

53	52	51	50	49	48	47	46	45	44	43	42	41	40	39	38	37	36	35	34	33	32	31	30	29	28	27
				519b	519a			518c						518b		518a							517c			
						733c									733b					733a				732c		732b
○	○	○	○	○	○										○	○	○									
○	○		○	○	○	○	○	○	○	○	○	○	○	○	○		○	○	○	○	○	○	○	○	○	○
	○	○				○			○			○	○		○		○					○				
○	○		○	○	○	○		○	○	○	○		○		○	○				○	○	○				
						○									○											

80	79	78	77	76	75	74	73	72	71	70	69	68	67	66	65	64	63	62	61	60	59	58	57	56	55	54
	521b						521a					520c					520b				520a					519c
			734c			734a																				
											○							○	○		○	○	○	○	○	○
○		○	○	○		○	○	○	○	○	○	○	○	○	○	○	○	○	○		○	○	○	○	○	○
		○					○	○	○	○	○	○	○	○	○	○	○	○	○	○	○	○	○	○	○	○
	○	○		○	○		○				○	○	○	○	○	○	○	○	○	○	○	○	○	○	○	○

番号	注	経文	道生	僧亮	法瑤	僧宗	宝亮	道慧	智秀	慧朗	明駿
81		735a		○			○				
82				○		○	○				
83				○			○				
84				○			○				
85	521c			○			○				
86				○		○	○				
87				○		○	○				
88		735b		○		○	○				
89							○				
90				○			○				
91	522a			○			○				
92		735c		○			○				
93				○			○				
94				○			○				
95		736a		○			○				
96				○			○				
97	522b	736c		○							
98				○		○	○		○		
99	523a			○	○		○				
100		737a					○				
101				○		○			○		
102	523b			○		○	○				
103	523c	737b		○							
104				○							
105				○			○				
106	524a	737c		○							

番号	注	経文	道生	僧亮	法瑤	僧宗	宝亮	道慧	智秀	慧朗	明駿
107				○			○				
108				○							
109		738a		○							
110		739a				○	○		○		
111	524b			○		○	○				
112	524c	739b		○							
113		739c		○							
114		740a		○			○				
115	525a			○							
116		740b		○							
117									○		
118		740c							○		
119									○		
120		741a					○				
121	525b	741b					○				
122		741c		○							
123		742c		○			○				
124	525c			○			○				
125				○			○				
126		743a		○			○				
127	526a			○			○				
128				○			○				
129				○							
130				○			○				
131	526b			○							
132		743b		○							

159	158	157	156	155	154	153	152	151	150	149	148	147	146	145	144	143	142	141	140	139	138	137	136	135	134	133
528c		528b						528a						527c	527b					527a		526c				
	750a	749c			749b			749a			748c	748b		748a		747c	747a	746b		746a		745c	745a	744c	744b	744a
○	○	○	○	○	○	○	○	○	○	○	○	○	○	○	○	○	○	○	○	○	○	○	○	○	○	○
○																										
○	○	○	○												○	○					○	○				

186	185	184	183	182	181	180	179	178	177	176	175	174	173	172	171	170	169	168	167	166	165	164	163	162	161	160
						531b	531a							530b		530a			529c		529b		529a			
			755a		754c		754b		754a			753c	753b			753a			752c		752b	752a	751c	751a	750c	750b
○	○		○	○		○	○	○	○		○					○	○	○	○	○	○	○	○	○	○	○
○	○		○	○	○	○	○	○		○		○	○	○			○					○	○	○		
	○	○					○								○	○	○	○	○	○	○	○	○	○		○

番号	注	経文	道生	僧亮	法瑤	僧宗	宝亮	道慧	智秀	慧朗	明駿
187	531c	755b		○		○					
188				○							
189		756a		○		○	○				
190		756b		○							
191		756c	○								
192			○								
193	532a					○	○				
194	532b	757a				○	○				
195			○				○				
196			○			○	○				
197	532c		○			○	○				
198			○			○	○				
199	533a		○			○					
200		757b	○			○	○				
201	533b			○		○	○				
202	533c	757c				○	○				
203				○			○				
204	534a						○				
205				○							
206							○				
207							○				
208		758a		○			○				
209							○				
210		758b					○				
211				○		○	○				
212	534b	758c		○		○	○				
213						○					
214				○		○	○				
215	534c	759a		○			○				
216				○			○				
217	535a			○			○				
218				○		○	○				
219				○		○	○				
220	535b	759b		○			○				
221				○			○				
222				○			○				
223				○			○				
224						○	○				
225	535c			○		○					
226				○							
227	536a	759c		○							
228						○					
229				○		○					
230		760a		○		○					
231				○		○	○				
232	536b						○				
233		760b		○		○	○				
234							○				
235							○				
236				○			○				
237	536c			○		○	○				
238				○			○				

265	264	263	262	261	260	259	258	257	256	255	254	253	252	251	250	249	248	247	246	245	244	243	242	241	240	239
			539a				538c			538b		538a			537c				537b					537a		
763a		762c					762b				762a	761c		761b			761a								760c	
		○	○	○	○	○	○	○	○	○	○	○	○	○	○	○	○		○	○	○	○	○	○	○	○
○		○	○	○		○	○	○				○														
○	○	○	○	○		○	○	○	○		○	○				○	○	○								

292	291	290	289	288	287	286	285	284	283	282	281	280	279	278	277	276	275	274	273	272	271	270	269	268	267	266
			541c						541b				541a		540c			540b				540a		539c		539b
		766b				766a					765c		765b			765a		764c	764b		764a		763c	763b		
○	○	○	○	○	○	○	○	○	○	○	○	○	○	○	○	○	○	○	○	○	○		○	○	○	○
						○										○							○	○	○	○
								○	○	○	○				○		○		○	○	○	○	○	○	○	○

	道生	僧亮	法瑤	僧宗	宝亮	道慧	智秀	慧朗	明駿
注の総数	33	244	1	108	177	0	12	0	0

〔その他の諸師〕ない。

〔問題点〕51の僧宗は聖本では僧亮とある。60は僧宗が二回出るが、最初の僧宗は聖本では僧亮とある。おそらく僧亮が妥当であろう。99は法瑤と宝亮の順序が異なる。101は僧亮が二回出るが、二回めの僧亮は宝亮の誤りの可能性がある。155の僧亮は聖本では宝亮とある。内容から宝亮の可能性が強い。160、215は宝亮が二回出る。192の僧生は甲本では道生とあり、これを採用して図表に入れた。265、270は宝亮が二回出るが、最初の宝亮は甲本では僧亮とある。おそらく僧亮が妥当であろう。276は僧亮が二回出るが、二回めの僧亮は宝亮の誤りの可能性がある。278の僧亮は甲本では宝亮とある。

㉓師子吼品

番号	注	経文	道生	僧亮	法瑤	僧宗	宝亮	道慧	智秀	慧朗	明駿
1	541c	766c		○		○	○		○		○
2	542a			○		○	○				
3	542b			○			○				
4				○			○				
5	542c			○			○				
6		767a		○			○				
7				○							
8				○							
9				○							
10				○							
11				○							
12				○							
13				○							
14	543a			○							
15				○							
16				○							
17				○							
18				○							
19				○							
20				○							
21				○							
22				○							
23		767b		○							
24				○							
25				○							
26			○	○		○	○				
27	543b			○		○	○				
28			○	○		○	○				
29			○	○		○	○				
30			○	○		○	○				
31	543c		○	○			○				
32				○		○	○				

59	58	57	56	55	54	53	52	51	50	49	48	47	46	45	44	43	42	41	40	39	38	37	36	35	34	33
				545b		545a						544c			544b								544a			
					768a																767c					
○					○		○			○			○	○	○	○										
○	○	○	○	○	○	○	○	○	○	○	○	○	○	○	○	○	○	○	○	○	○	○	○	○	○	
○		○		○	○				○	○			○	○	○	○									○	○
○					○	○		○	○		○			○	○	○									○	○

86	85	84	83	82	81	80	79	78	77	76	75	74	73	72	71	70	69	68	67	66	65	64	63	62	61	60
548a					547c			547b			547a				546c					546b			546a			545c
												768b														
○	○	○		○		○	○		○		○	○				○			○		○		○	○	○	○
○	○	○	○	○	○	○	○		○		○	○	○	○	○	○	○	○	○	○		○	○	○	○	○
○	○							○			○	○				○		○	○		○		○	○	○	○
○	○						○	○	○	○	○	○				○	○	○	○		○	○	○	○	○	○

番号	注	経文	道生	僧亮	法瑤	僧宗	宝亮	道慧	智秀	慧朗	明駿
87			○	○		○					
88			○	○		○					
89			○	○		○					
90	548b		○								
91			○	○		○	○				
92			○	○		○					
93				○		○	○				
94	548c	768c	○								
95			○	○		○					
96	549a			○		○					
97				○							
98				○			○				
99			○	○							
100			○								
101			○	○			○				
102	549b			○		○	○				
103				○		○	○				
104	549c			○		○	○				
105				○		○					
106				○		○					
107	550a	769a		○		○					
108				○		○	○				
109				○		○	○				
110	550b	769b	○								
111				○			○				
112			○								

番号	注	経文	道生	僧亮	法瑤	僧宗	宝亮	道慧	智秀	慧朗	明駿
113		769c	○	○		○	○				
114	550c			○		○					
115				○			○				
116	551a	770a		○							
117						○					
118				○		○					
119				○		○					
120	551b	770b				○	○				
121						○					
122		770c		○		○	○				
123	551c	771a		○		○					
124						○	○				
125				○							
126		771c		○		○					
127		772a		○		○					
128				○		○					
129				○		○					
130	552a	772b				○	○				
131				○		○					
132		772c		○		○	○				
133	552b			○			○				
134				○							
135				○							
136	552c	773b		○			○				
137						○					
138				○		○	○				

165	164	163	162	161	160	159	158	157	156	155	154	153	152	151	150	149	148	147	146	145	144	143	142	141	140	139
		554b						554a			553c							553b								553a
			775a							774c								774b			774a				773c	
							○	○																		
○	○	○				○			○	○	○	○	○	○	○	○	○		○	○	○	○	○	○	○	○
○		○	○	○	○	○					○	○								○						
○	○	○	○	○	○		○	○	○		○	○						○		○					○	

192	191	190	189	188	187	186	185	184	183	182	181	180	179	178	177	176	175	174	173	172	171	170	169	168	167	166
			556b						556a							555c							555b		555a	554c
							776b				776a				775c										775b	
○	○	○	○	○	○	○	○	○	○	○	○	○	○	○	○	○	○	○	○	○	○	○	○	○	○	○
				○			○	○										○	○		○		○	○	○	○
	○	○	○		○	○	○	○				○	○	○	○		○	○	○	○	○	○				○

番号	注	経文	道生	僧亮	法瑤	僧宗	宝亮	道慧	智秀	慧朗	明駿
193				○							
194				○							
195	556c	776c		○		○	○				
196				○			○				
197				○			○				
198				○			○				
199		777a		○		○	○				
200	557a			○			○				
201		777b		○			○				
202				○							
203				○							
204		777c		○			○				
205	557b			○			○				
206				○			○				
207				○			○				
208				○			○				
209				○			○				
210		778a		○			○				
211	557c			○		○	○				
212				○			○				
213				○			○				
214				○			○				
215				○		○					
216				○			○				
217	558a	778b				○	○				
218				○		○	○				

番号	注	経文	道生	僧亮	法瑤	僧宗	宝亮	道慧	智秀	慧朗	明駿
219		779b		○		○	○				
220		779c		○							
221				○		○	○				
222		780b		○			○				
223	558b			○		○	○		○		
224	558c			○							
225	559a			○		○					
226				○		○					
227		780c		○		○	○				
228	559b					○	○				
229				○			○				
230				○			○				
231	559c	781a		○			○				
232				○			○				
233				○							
234				○			○				
235				○			○				
236				○			○				
237	560a			○			○				
238		781b		○			○				
239				○			○				
240				○			○				
241				○							
242		782a		○							
243		782b		○		○	○				
244	560b			○							

271	270	269	268	267	266	265	264	263	262	261	260	259	258	257	256	255	254	253	252	251	250	249	248	247	246	245
				561c						561b							561a						560c			
787a		786a	785c			785b		785a		784c	784b		784a		783c	783b		783a				782c				
○	○	○	○	○	○	○	○	○	○	○	○	○	○	○	○	○	○	○	○	○	○	○	○	○	○	○
				○		○	○	○		○		○	○	○	○							○	○	○	○	

298	297	296	295	294	293	292	291	290	289	288	287	286	285	284	283	282	281	280	279	278	277	276	275	274	273	272
		563a							562c								562b							562a		
792a		791b		791a	790c		790b										790a						789c		789b	787c
○		○	○	○	○	○	○	○	○	○	○	○	○	○	○	○	○	○	○	○	○	○	○	○	○	○
○	○		○			○					○													○	○	

番号	注	経文	道生	僧亮	法瑤	僧宗	宝亮	道慧	智秀	慧朗	明駿
299				○			○				
300				○							
301	563b	792b		○			○				
302				○			○				
303							○				
304							○				
305	563c			○			○				
306				○			○				
307		792c					○				
308				○			○				
309		793a		○			○				
310	564a			○			○				
311		793b		○			○				
312	564b			○			○				
313				○			○				
314				○			○				
315				○			○				
316	564c			○			○				
317				○							
318		793c		○			○				
319	565a			○			○				
320				○			○				
321		794a		○							
322				○							
323				○							
324				○							

番号	注	経文	道生	僧亮	法瑤	僧宗	宝亮	道慧	智秀	慧朗	明駿
325				○							
326	565b	794b		○							
327				○							
328				○			○				
329		794c		○							
330				○							
331		795a		○		○	○				
332	565c			○		○					
333		795b				○					
334						○					
335						○					
336						○					
337						○					
338	566a			○		○					
339				○		○					
340				○		○	○				
341		795c		○			○				
342				○							
343				○							
344				○		○	○				
345	566b			○		○	○				
346				○		○					
347				○			○				
348		796a		○							
349				○		○	○				
350	566c			○			○				

377	376	375	374	373	372	371	370	369	368	367	366	365	364	363	362	361	360	359	358	357	356	355	354	353	352	351
					568a							567c	567b										567a			
		798c					798b						798a					797b	797a	796c		796b				
○	○	○	○	○	○	○	○	○	○	○	○	○	○	○	○	○	○	○	○	○	○	○	○	○	○	○
													○													
					○	○							○	○										○	○	

404	403	402	401	400	399	398	397	396	395	394	393	392	391	390	389	388	387	386	385	384	383	382	381	380	379	378
569c							569b			569a				568c								568b				
801a				800c			800b				800a				799c							799b		799a		
○	○	○	○	○	○		○	○	○	○	○	○	○	○	○	○	○	○	○	○	○	○	○	○	○	○
○	○	○	○	○	○	○		○						○												
								○	○	○	○	○	○	○						○			○			

番号	注	経文	道生	僧亮	法瑶	僧宗	宝亮	道慧	智秀	慧朗	明駿
405						○					
406				○							
407		801b		○		○	○				
408				○		○					
409	570a			○		○	○				
410				○							
411				○							
412		801c		○		○					
413	570b			○							
414		802a		○		○	○				
415	570c	802b		○							
416		802c		○							
417				○		○	○				
418				○							

番号	注	経文	道生	僧亮	法瑶	僧宗	宝亮	道慧	智秀	慧朗	明駿
419		803a		○							
420	571a			○							
421				○		○	○				
422		803b		○							
423				○							
424				○							
425						○	○				
426		803c		○							
427	571b	804a		○		○	○				
428		805a		○		○	○				
429		805c		○			○				
430		806a				○					
431				○							
注の総数			45	395	0	137	206	0	2	0	1

〔その他の諸師〕ない。

〔問題点〕２は僧亮が二回出る。65は宝亮が二回出るが、最初の宝亮は甲本では僧亮とある。113は僧宗と宝亮の順序が異なる。116の僧亮は甲本、聖本では僧宗とある。内容から僧宗の可能性が強い。120は僧宗が二回出るが、最初の僧宗は僧亮の誤りの可能性がある。134は僧亮が二回出るが、二回めの僧亮は宝亮の可能性がある。159は僧亮と僧宗の順序が異なる。位置から考えると、僧亮は宝亮の誤りの可能性がある。294、296の僧亮は甲本では宝亮とある。内容から宝亮の可能性が高い。

㉔迦葉菩薩品

番号	注	経文	道生	僧亮	法瑶	僧宗	宝亮	道慧	智秀	慧朗	明駿
1	571c	806c		○	○	○	○	○	○		
2	572b			○		○			○		
3				○			○				
4				○							
5	572c			○							
6				○							

33	32	31	30	29	28	27	26	25	24	23	22	21	20	19	18	17	16	15	14	13	12	11	10	9	8	7
	574a							573c						573b					573a							
								808c				808b				808a	807c		807b		807a					
○	○	○	○	○	○	○	○	○	○	○	○	○	○	○	○	○	○	○	○	○	○	○	○	○	○	○
		○																								
							○							○		○			○							
											○	○					○	○	○	○				○	○	
			○		○		○																			

60	59	58	57	56	55	54	53	52	51	50	49	48	47	46	45	44	43	42	41	40	39	38	37	36	35	34
	575b							575a							574c								574b			
						809c					809b												809a			
	○	○	○	○	○	○	○	○	○	○	○	○	○	○	○	○	○	○	○	○	○	○	○	○	○	○
	○											○														
○	○									○																
○																										
	○																		○			○				○

番号	61	62	63	64	65	66	67	68	69	70	71	72	73	74	75	76	77	78	79	80	81	82	83	84	85	86
注	575c				576a				576b					576c							577a				577b	
経文	810a						810b			810c			811a			811b	811c			812b	812c				813a	
道生																										
僧亮	○	○	○	○	○	○	○	○	○	○	○	○	○	○				○	○	○	○	○	○	○	○	○
法瑤																										
僧宗		○			○	○	○		○	○	○	○	○							○	○					
宝亮		○												○						○		○				
道慧						○	○			○																
智秀						○									○	○	○			○						
慧朗																										
明駿																										

番号	87	88	89	90	91	92	93	94	95	96	97	98	99	100	101	102	103	104	105	106	107	108	109	110	111	112
注							577c		578a	578b			578c				579a	579b		579c				580a		580b
経文							813b			813c					814a				814b					814c		
道生																										
僧亮	○	○	○	○	○	○	○	○	○	○	○	○	○	○	○	○	○	○	○	○	○	○	○	○	○	○
法瑤																										
僧宗						○	○	○	○	○			○	○		○		○	○				○			
宝亮						○	○		○	○		○		○		○		○	○			○	○			
道慧																										
智秀																○										
慧朗																										
明駿																○										

139	138	137	136	135	134	133	132	131	130	129	128	127	126	125	124	123	122	121	120	119	118	117	116	115	114	113
583c						583b					583a		582c		582b	582a			581c	581b	581a			580c		
816b							816a				815c				815b				815a							
○	○	○	○	○	○	○	○	○	○	○	○	○	○	○	○	○	○	○	○	○	○	○	○	○	○	○
								○				○	○	○	○	○	○	○			○	○			○	○
					○		○	○					○	○	○	○		○				○			○	○
														○	○	○		○		○		○			○	
														○								○			○	
																									○	

166	165	164	163	162	161	160	159	158	157	156	155	154	153	152	151	150	149	148	147	146	145	144	143	142	141	140
				586a	585c	585b						585a			584c	584b						584a				
				818b							818a								817c		817a	816c				
○	○	○	○	○	○	○	○	○	○	○	○	○	○	○	○	○	○	○	○				○	○	○	○
					○																					
					○	○	○				○				○	○	○	○							○	
○	○	○	○		○	○	○				○				○	○	○	○								
					○		○								○		○			○	○	○	○			
					○	○	○				○	○	○	○	○											

番号	注	経文	道生	僧亮	法瑤	僧宗	宝亮	道慧	智秀	慧朗	明駿
167	586b			○	○		○				
168				○							
169				○							
170				○			○	○			
171	586c			○		○	○		○		
172				○			○		○		
173				○		○	○		○		
174	587a	818c		○		○					
175				○		○	○		○		
176				○		○	○		○		
177	587b			○				○			
178				○			○		○		
179				○	○	○	○		○		
180	587c			○		○	○	○		○	
181				○							
182	588a			○		○	○	○	○		
183									○		
184		819a		○							
185				○		○					
186	588b					○					
187						○					
188						○					
189						○					
190		819b				○					
191				○		○	○	○	○		
192	588c			○		○	○		○		

番号	注	経文	道生	僧亮	法瑤	僧宗	宝亮	道慧	智秀	慧朗	明駿
193		819c		○							
194	589a			○				○	○		
195	589b			○		○			○		
196						○					
197				○				○	○		
198				○					○		
199	589c			○		○			○		
200									○		
201				○		○			○		
202		820a		○		○			○		
203	590a					○			○		
204									○		
205						○			○		
206				○		○			○		
207				○					○		
208	590b			○		○			○		
209		820b		○		○	○	○	○		
210				○		○	○				
211		820c		○							
212	590c			○		○	○				
213		821a		○							
214				○		○	○				
215		821b		○		○	○				
216	591a			○		○	○				
217		821c		○		○	○				
218				○		○	○				

245	244	243	242	241	240	239	238	237	236	235	234	233	232	231	230	229	228	227	226	225	224	223	222	221	220	219
	593c		593a			592c			592b						592a							591c				591b
				824c						824b			824a			823c		823b		823a	822c			822b	822a	
○	○	○	○	○	○	○	○	○	○	○	○	○	○	○	○	○	○	○	○	○		○	○	○	○	○
	○	○	○	○						○		○	○		○	○					○			○		
	○	○	○	○	○	○	○	○	○	○			○				○						○	○		
				○									○											○		

272	271	270	269	268	267	266	265	264	263	262	261	260	259	258	257	256	255	254	253	252	251	250	249	248	247	246
			597a			596c		596b	596a		595c	595b	595a				594b						594a			
	826c		826b						826a				825c						825b				825a			
○		○			○	○	○	○	○	○	○	○	○	○	○	○	○	○		○	○		○	○		
							○		○	○		○	○	○		○	○		○	○				○		
	○		○	○		○	○	○	○	○	○	○	○	○	○	○	○	○	○	○	○	○	○	○	○	○
								○																		
									○																	

番号	注	経文	道生	僧亮	法瑤	僧宗	宝亮	道慧	智秀	慧朗	明駿
273				○		○	○				
274	597b	827a		○							
275				○			○				
276		827b		○							
277				○			○				
278				○			○				
279	597c	827c		○							
280				○							
281				○							
282				○							
283				○		○	○				
284				○							
285	598a	828a		○		○	○				
286				○		○	○				
287	598b	828b		○							
288				○		○	○				
289	598c	828c		○			○				
290	599a			○							
291		829a		○			○				
292				○		○	○				
293	599b			○			○				
294	599c	828b		○		○	○				
295				○			○				
296				○							
297		829c		○							
298	600a			○							

番号	注	経文	道生	僧亮	法瑤	僧宗	宝亮	道慧	智秀	慧朗	明駿
299				○			○				
300				○							
301		830a		○							
302		830b		○			○				
303	600b			○							
304				○							
305	600c	830c		○							
306				○							
307				○							
308				○							
309		831a		○			○				
310	601a	831b		○							
311	601b			○							
312		831c		○			○				
313	601c	832a		○							
314	602a			○			○				
315		832b		○			○				
316	602b	832c		○			○				
317				○			○				
318	602c	833a		○							
319				○							
320		833b		○			○				
321	603a			○							
322		833c		○							
323				○			○				
324	603b	834a		○							

番号	注	経文	道生	僧亮	法瑤	僧宗	宝亮	道慧	智秀	慧朗	明駿
325		834b		○			○				
326				○							
327				○							
328	603c	834c		○			○				
329	604a			○			○				
330	604b	835a		○			○				
331		835b		○			○				
332	604c			○							
333		836a		○							
334		836b		○							
335		836c		○							
336	605a			○							
337		837a		○							
338		837c		○							
339		838a					○				
注の総数			0	312	5	113	140	29	56	2	1

〔その他の諸師〕ない。

〔問題点〕1の道慧は「道慧私記曰」とある。70、124の道慧は「道慧曰」とある（その他はすべて「道慧記曰」）。117、194、209は道慧と智秀の順序が異なる。119は道慧が二回出るが、二回めは「道慧述曇纖曰……別曰……」とある。120の僧亮は聖本では僧宗とある。123は道慧が二回出る。124の宝亮は「宝亮記曰」とある。162は僧亮が二回出るが、二回めの僧亮は宝亮の誤りの可能性がある。263は宝亮と智秀の順序が異なる。270の僧亮は聖本では宝亮とある。283は僧宗と宝亮の順序が異なる。慧朗については、114は「慧朗別述一解曰」とあり、180は「慧朗述曇愛曰」とある。

㉕憍陳如品

番号	注	経文	道生	僧亮	法瑤	僧宗	宝亮	道慧	智秀	慧朗	明駿
1	605b	838b		○	○	○	○	○	○		
2	605c			○					○		
3		838c		○					○		
4				○							
5		839c		○					○		
6		840b		○		○	○				
7				○							
8	606a	840c		○							
9				○							
10				○							
11				○							
12				○		○	○				
13				○			○				
14	606b	841a		○							
15				○			○				
16				○			○				
17				○			○				
18	606c			○							
19		841b		○			○				
20				○							

番号	注	経文	道生	僧亮	法瑤	僧宗	宝亮	道慧	智秀	慧朗	明駿
21				○			○				
22				○							
23				○							
24	607a	841c		○							
25		842a		○			○				
26				○							
27				○							
28				○			○				
29				○							
30				○							
31				○			○				
32	607b			○							
33		842b		○			○				
34				○							
35				○							
36							○				
37		842c		○							
38				○							
39				○							
40	607c			○							
41		843a		○							
42				○							
43				○							
44				○							
45				○							
46		843b		○							

番号	注	経文	道生	僧亮	法瑤	僧宗	宝亮	道慧	智秀	慧朗	明駿
47				○							
48	608a			○							
49				○							
50		843c		○							
51		844a		○							
52				○							
53				○							
54		844b		○							
55							○				
56				○							
57	608b	844c		○							
58							○				
59							○				
60		845b					○				
61	608c			○			○				
62				○							
63				○							
64		845c		○			○				
65				○			○				
66	609a	846a		○			○				
67		846b		○			○				
68		846c		○			○				
69				○			○				
70				○			○				
71				○			○				
72		847a		○			○				

73	609b			○			○				
74				○			○				
75				○			○				
76				○			○				
77				○			○				
78		847b		○			○				
79				○			○				
80		847c		○			○				
81	609c			○			○				
82				○			○				
83				○			○				
84				○			○				
85	610a	838a		○							
86				○							
87				○							
88				○							
89		848b		○			○				
90		848c		○							
91				○			○				
92	610b			○			○				
93		849a		○							
94		849b		○							
95		849c		○							
96		850a		○							
97							○				
98		850b					○				
99		850c		○							
100				○			○				
101	610c			○							
102		851a		○							
103		851b		○			○				
104				○							
105				○							
106				○							
107		851c					○				
108				○			○				
109	611a	852a					○				
注の総数			0	100	1	3	50	1	4	0	0

〔その他の諸師〕ない。

〔問題点〕1は道慧と智秀の順序が異なる。96の僧亮は聖本では宝亮とある。

以上、各品ごとに注の分布状況を図表化してきた。この図表は、いわば注の索引として利用することができる。最後に、各注釈者の各品ごとの注の総数の一覧表を掲げる。その他の諸師については多い順に総数だけ記すと、敬遺（31）、曇済（28）、曇纖（17）、法蓮（12）、曇愛（10）、慧誕（6）、法安（4）、法智（3）、慧令（1）、智蔵（1）

である。

以上、三節にわたり、『集解』をめぐる基礎的な問題を考察してきたが、本稿では注釈の思想的内容には全く論究することができなかった。今後、この方面の研究を期したい。

品名	道生	僧亮	法瑤	僧宗	宝亮	道慧	智秀	慧朗	明駿	注の標出の数
①序品	0	40	9	43	22	13	9	25	7	81
②純陀品	29	70	35	46	25	9	16	28	5	101
③哀歎品	48	77	48	56	40	4	18	6	3	110
④長寿品	20	55	14	74	42	1	36	2	11	126
⑤金剛身品	1	60	3	48	8	0	15	0	7	88
⑥名字功徳品	0	10	11	6	1	0	2	0	8	16
⑦四相品	3	61	18	46	18	1	39	2	35	129
⑧四依品	5	95	2	41	30	0	32	7	3	152
⑨分別邪正品	0	2	1	8	1	0	17	0	0	21
⑩四諦品	0	4	0	21	1	0	0	3	0	25
⑪四倒品	0	8	0	3	5	0	6	0	0	10
⑫如来性品	50	141	48	130	73	3	34	4	2	212
⑬文字品	2	12	1	4	2	0	10	0	0	17

⑭鳥喩品	⑮月喩品	⑯菩薩品	⑰大衆問品	⑱現病品	⑲聖行品	⑳梵行品	㉑嬰児行品	㉒徳王品	㉓師子吼品	㉔迦葉菩薩品	㉕憍陳如品	注の総数
0	0	1	0	0	23	0	0	33	45	0	0	260
1	11	58	30	5	117	219	3	244	395	312	100	2130
1	13	20	6	4	20	6	0	1	0	5	1	267
6	8	23	4	12	98	114	3	108	137	113	3	1155
2	3	18	5	0	88	122	2	177	206	140	50	1081
0	0	0	0	0	0	0	0	0	0	29	1	61
4	1	5	18	6	10	35	0	12	2	56	4	387
0	0	0	0	0	1	0	0	0	0	2	0	80
0	0	0	0	0	0	0	0	0	1	1	0	83
7	17	70	44	18	176	267	6	292	431	339	109	2864

注

（1）布施浩岳『涅槃宗の研究』後篇（叢文閣、一九四二年、国書刊行会、一九七三年）。

（2）筆者は近年、『集解』における道生注について考察を試みた。「『大般涅槃経集解』における道生注」（『日本仏教文化研究論集』五、四天王寺国際仏教大学・総本山四天王寺刊、一九八五年三月。本書、第三部、第二章に収録）。

（3）全七十一巻の写本とは別に、巻第一～五の写本が一緒に収められていた。それには何の奥書も付されていなかったので、どのような性質のものかわからないが、書写年代は全七十一巻のものと同様、ごく新しいものと思われる。
（4）一九六九年、東京大学出版会。六一四―六一七頁参照。この書については、末木文美士氏の御教示を得た。なお、八五〇年頃の訓点資料として巻第二十九が西福寺に蔵されていることが示されている（六一七頁参照）。
（5）『訓点語と訓点資料』三三輯、一九六六年二月。
（6）武帝の序は『集解』の冒頭にも収録されている。
（7）「大涅槃経集解の研究（上）」（『六条学報』一九〇、一九一七年八月）。
（8）「時建元又有法朗。……集注涅槃、勒成部帙」（大正五〇・四六〇中）を参照。
（9）後注（15）に掲げる横超氏の論文では、佐々木氏の研究について言及はしているが、未見としている。筆者はこの横超氏の言及によって佐々木氏の論文の存在を知った。
（10）布施氏、前掲書、後篇、四八―七四頁を参照。
（11）また、第四節の図表を参照。
（12）『シナ仏教史』（一九三六年初版。『宇井伯寿著作選集』第二巻〔大東出版社、一九六六年〕所収）四八―五〇頁を参照。
（13）『漢魏両晋南北朝仏教史』（商務印書館、一九三八年初版。筆者の手許にあるものは、鼎文書局、中華民国六十五年再版）六七七頁。
（14）前掲書、七〇五頁を参照。
（15）「釈経史考」（『支那仏教史学』一―一、一九三七年四月。また『中国仏教の研究』第三〔法蔵館、一九七九年〕に所収）。
（16）「布施浩岳氏著『涅槃宗の研究』を読む」（『支那仏教史学』七―二、一九四三年八月）。
（17）「『大般涅槃経集解』の編者について」（『天台学報』一四、一九七一年三月）。

〔付記〕脱稿後、近藤喜博「大般涅槃経集解―白鶴美術館所蔵本について―」（MUSEUM 一九六四年一一月号、東京国立博物館発行）を知った。氏の研究によれば、白鶴本は奈良時代写の五十五巻を現存し（第十一巻は、やはり奈良時代末の書写になるが別系のものの補入）、この五十五巻に中世期の（誠心による）書写の七巻（六十二～六十六、六十八、六十九巻）と、近世書写の九巻（四十三巻を除く四十一～五十巻）を合わせて、七十一巻を全備している。集解の古写本には、さらに国宝の日光輪王寺本があり、現在五十九巻（一～十巻、六十九～七十一巻を欠失）を現存するそうである。これは、一～十巻を欠いていたといわれる実観所蔵の写本、また、校閲に利用されたといわれる延暦寺本の原写本になったのではないかと推定されている。

二 『大般涅槃経集解』における道生注

一 道生と涅槃経注

竺道生（三五五頃―四三四）が「涅槃聖」と呼ばれたことは、灌頂の伝えるところであるが、[1]『出三蔵記集』巻第十五の道生法師伝においては、道生と『涅槃経』との関係について、

さらに、六巻泥洹経が、先に京都（建康）にもたらされた。道生は仏性を分析して、奥深い真理に深く入り、阿闡提（一闡提と同義に用いられる）の人もみな成仏することができると説いた。そのとき、『大涅槃経』は、まだこの地にもたらされていなかった。〔しかるに〕道生一人だけの智慧の輝きが人々に先んじて生じ、独自の見解は人々の考えにそむく結果となった。そこで、伝統的学問を固守する僧たちは、〔道生の説を〕経典に背く邪説と考え、いっそう激しく怒り、かくて、〔道生の罪を〕大衆の前で顕わにして（処罰の意）、追放した。

又六巻泥洹先至京都。生剖析仏性、洞入幽微、乃説阿闡提人皆得成仏。于時大涅槃経未至此土。孤明先発、独見忤衆。於是旧学僧党、以為背経邪説、譏忿滋甚、遂顕於大衆、擯而遣之。（大正五五・一一一上）

とある。『六巻泥洹経』（法顕招来の梵本を、覚賢、宝雲が四一七年から四一八年にかけて翻訳した『大般泥洹経』のこと）には、一闡提には仏性がなく、したがって、成仏できないと説かれているにもかかわらず、[2]道生は闡提成仏説を唱え

て、迫害されたことが記されている。[3]しかるに、その後、曇無讖の翻訳した（四二一年）『大般涅槃経』（北本涅槃経）四十巻が建康にもたらされるや、はたして、道生の闡提成仏説が立証される結果となったのである。すなわち、道生伝には、前引の文の少し後に、

まもなく、『大涅槃経』が京都（建康）にもたらされたところ、はたして、一闡提はすべて仏性を有すると説かれており、道生の前の説と割符を合するように一致したのである。道生は、この経を手に入れてから、すぐさま講義をはじめた。

俄而大涅槃経、至于京都、果称闡提皆有仏性、与前所説、若合符契。生既獲斯経、尋即建講。（同前）

とある。このように、道生と『涅槃経』との関係は、闡提成仏説に、もっとも先鋭的な形としてあらわれていると言えよう。[4]

さて、道生の『涅槃経』に対する注疏については、道生伝に、「維摩、法華、泥洹、小品、諸経義疏、世皆宝焉」（同前・一一一中）とあるように、『泥洹経』の義疏があったとされる。湯用彤氏は、この文に拠って、「これは六巻本の疏であるはずである。『涅槃経集解』の中に、道生の言が収録されていることを考えると、生公には別に大本の注疏があった」[5]と述べている。湯用彤氏は、「泥洹」の名称に基づいて、六巻泥洹経の義疏であると推定したのであろう。一方、道生が『大本涅槃経』の注疏を書いたことは、『大般涅槃経集解』（以下、『集解』と略記する）の道生注から確実である。道生伝の「泥洹経の義疏」が六巻泥洹経の注疏であると考えると、僧祐は、道生が『大本涅槃経』を講義したことについては述べているが、その注疏の存在には、まったく言及していないことになる。しかし、『大本涅槃経』の道生注については、後代の文献であるが、唐の道暹の『大般涅槃経玄義文句』巻下に、「宋の皇帝は驚嘆して使者を派遣し道生を迎えに行かせた。〔道生は〕都に戻って、〔『涅槃経』〕の経本を披見し、かいつまんで注釈を五十余紙述べた。その内容は深遠で、その文章は精致で深かった。ただ入り組んで理解の困難な文のみを解釈し、こ

の経の根本思想については、奥蔵を開示した。その後の講義者は関中疏と呼んだ（宋主驚歎、発使迎生。旋至都城、披経本、略叙疏義、五十余紙。其義宏深、其文精邃。唯釈盤根錯節難解之文、於此経大宗、開奥蔵。自後講者、称為関中疏）」（続蔵一―五六―二・一七九右下）とある。

ともあれ、『六巻泥洹経』の義疏が現存しない今、道生がはたして、『大本涅槃経』ばかりでなく、『六巻泥洹経』にも注疏を書いたかどうか、決定的な答えは出せない。また、道生には、『涅槃経』の思想と密接な関係が推定されるいくつかの著作があるが、いずれも散逸して現存しない[6]。

以上、道生と『涅槃経』との関係について簡潔に述べた。そもそも道生の現存する主要な著作は、『妙法蓮花経疏』、『注維摩詰経』（以下、『注維摩』と略記する）における道生注、および、『集解』における道生注である。本稿は、『集解』における道生注を研究することを目標としている[7]。

『集解』は、道生、僧亮、法瑤、曇済、僧宗、宝亮、智秀、法智、法安、曇准の十人の経題序を掲げた後に、『南本涅槃経』の経文を適宜分節して、その下に、上記の人を含む十数名の注を配したものである[8]。道生が注を書いた『涅槃経』は北本であったとされるが[9]、道生が大部な『涅槃経』のどの部分を取りあげて注を書いたか、品別に左に示す。（　）の中の数字は注の数を示すが、これは必ずしも注文の長さと比例しない。また、『集解』の編纂者の経文の分節によって、注の数も当然影響を受ける。

1　寿命品（97）	6　現病品（0）
2　金剛身品（1）	7　聖行品（23）
3　名字功徳品（0）	8　梵行品（0）
4　如来性品（61）	9　嬰児行品（0）
5　一切大衆所問品（0）	10　光明遍照高貴徳王菩薩品（33）

11 師子吼菩薩品（45）　13 憍陳如品（0）
12 迦葉菩薩品（0）

さらに、便宜的に南本の章立てを利用すると、寿命品（97）は、純陀品（29）、哀歎品（48）、長寿品（20）に分けられ、如来性品（61）は、四相品（3）、四依品（5）、如来性品（50）、文字品（2）、菩薩品（1）に分けられる。合計、二百六十箇所の注である。具体的に経文のどの部分を取りあげたかは、あまりに煩瑣となるので省略するが、注を書いた経文の分量はあまりに少ない。たとえば、高貴徳王菩薩品では、『大正蔵』の三十五頁のうち、二頁にも満たず、師子吼菩薩品でも、八十二頁のうち、やはり二頁程度である。

道生の注が、『集解』の編纂者によって、全部が収録されたのかどうかは、定かではない。しかし、注の皆無な品が、十三品のうち、七品もあり、かなり偏りがある。これは、維摩経注（注の数は、品によってかなり偏りがあるが、注の全くない品は嘱累品の一品だけである）や、法華経注（注の長短は別として、すべての品に注を書いている）と比べても、少しく奇妙な印象を受け、『集解』に収録されなかった道生注もあるのではないかと想像される。しかし、前引の道暹の「五十余紙」という言葉を信用するならば、道生の涅槃経注は、もともと、それほど分量の多いものではなかったと考えられ、また、編纂当時における道生注の資料的価値がそれほど低いとは考えられないので、道生注のかなりの部分が収録されたとは言えるであろう。

ともあれ、現存する道生の涅槃経注は、彼の維摩経注、法華経注と比べて、分量が最も少ない。また、その内容も、全体的な印象としては、涅槃経の経文の単なるまとめ、言い換えがほとんどで、独創的な解釈も乏しいようである。また、残念であるが、道生伝に記されていた闡提成仏説についても知ることができない。要するに、維摩経注、法華経注に比べて、質量ともにかなり低調であると評せざるをえない。これは、注文が短かすぎるせいもあるであろう。ただし、そうはいっても、道生らしい特徴がないわけではなく、「理」の概念の多用は、その代表的な例である。そこで、次節においては、道生の比較的まとまった思想が示されている『涅槃経』の経題序を取りあげ、その解説の中で、とくに、「理」の概念について、少しく考察する。(10)

二　経題序の研究

本節では、道生の経題序を、便宜的に五つに分け、訳文、原文を挙げた後、その思想を考察する。

(一)　そもそも、真なる理は、自然であり〔作為されたものでなく〕、悟りもまた奥深い示現で〔理と〕合致するものである。〔理は〕真であるのでくいちがうことがなく、悟りも変化することはありえない。変化しない本体（理のこと）は、静かに常に照らしている。ただし、迷いによって、これ（不易之体＝理）にそむけば、事実として、〔不易之体＝理が〕まだ自己にそなわらないだけである。もし〔理を〕追求することができれば、そのまま迷いに反して究極（理）に帰するのである。

夫真理自然、悟亦冥符。真則無差、悟豈容易。不易之体、為湛然常照。但従迷乖之、事未在我耳。苟能渉求、便反迷帰極。

(二)　究極に帰して根本を得れば、〔理が〕始めて起こったかのように思われる。〔しかるに〕始めがあれば、必然的に終わりがあり、〔理が〕常住であることは、このことによってくらまされるのである。もし、その（帰極得本ということの）趣旨を考えてみれば、かえって、自分が始めて〔理と〕合致するのであって、〔理の〕照らすはたらきが、今はじめて存在するということではない。

帰極得本、而似始起。始則必終、常以之昧。若尋其趣、乃是我始会之、非照今有。

㈢〔照らすはたらきが〕存在することが、今に始まったことではないから、先だつものがなく（無始のこと）、それが「大」である。「大」というからには、それゆえ、常住である。常住であれば、必然的に累（煩悩）を滅するので、さらに、「般泥洹」というのである。

有不在今、則是莫先為大。既云大矣。所以為常。常必滅累、復曰般泥洹也。

㈣「般泥洹」とは、まさしく滅と名づける。その意味を取りあげれば、自ら多様である。ところで今、この経典は常住を明らかにして、迷いを屈伏させようとする。迷いが永久に屈伏して、そうして後、悟ることができる。悟ると、多くの迷いが滅する。このこと（迷いの滅）を〔経典の〕名称としたのであり、ただ常住を説くだけである。

般泥洹者、正名云滅。取其義訓、自復多方。今此経明常、使伏其迷。其迷永伏、然後得悟。悟則衆迷斯滅。以之帰名、其唯常説乎。

㈤さらに、菩薩がこの経典に止住すると、多くの累を伏滅して、まだ究極には到達していないけれども、そのまま「般泥洹」を示すことができる。いくらでも、この上なくすぐれた「泥洹」を示すのであり、さらに、示さないことはないことを「大」とするのである。あらためて、これ（「大」）によって経典を呼ぶのは、美を重ね善を尽くすためであろう。

又菩薩住斯経者、則已伏滅諸累、雖未造極、便能示般泥洹。衆示無妙泥洹、復以無不示為大也。更用茲称経、

蓋是重美尽善矣。（大正三七・三七七中）

まず、㈠では、理と悟りを主題としている。理は真であり、自然であり、差《たが》うことがなく、変化しない本体であり、静かに常に照らしていると説明され、また、究極的なるものと言い換えられている。この理の概念は、道生の思想にとって最も重要な概念の一つであり、『注維摩』や『妙法蓮花経疏』においても、多くの用例がある。道生における「理」の用法は、「理として」と訓じる場合の副詞的用法を除くと、すべて、体言として用いられる。体言としての用法は、ものごとの道理といった軽い意味から、理法といった重い意味まであり、いくつかに分類できると思われる。一つめは、『妙法蓮花経疏』にある「文義富博、事理兼邃」（続蔵一―二乙―二三―四・三九六左下）や「借事況理、謂之譬喩」（同前・四〇一右上）、『集解』の「挙近事、以譬遠理也」（大正三七・四六一上）のように、事と対照的に用いられる場合である。「事」が具体的な事実を意味するのに対し、「理」は、「事」によって表現される道理という意味であろう。この場合の事理は、まだ、現象と本質というような重い意味にはなっていないと考えられる。二つめは、『妙法蓮花経疏』の「如者、当理之言。言理相順、謂之如也」（続蔵一―二乙―二三―四・三九七右下）、「言雖当理……」（同前）、「理唯一極、言符乎理」（同前・三九九左下）のように、言と対照的に用いられる場合である。この場合は、仏の教え（言葉）が真理とぴったり一致することを意味しており、「理唯一極、言符乎理」の例は、基本的には、万物の根底を貫く普遍的理法を指していると考えられる。しかし、「如者、当理之言。言理相順、謂之如也」の例のように、単に言葉と相対化されている場合は、必ずしも、存在論的概念としての理法ではなく、言葉によって表現される道理といったやや軽い意味で使われているとも考えられる。三つめは、『注維摩』の「出悪之理」（大正三八・三三八上）、「出家之理」（同前・三五七下、または三五九上）、「無住、即是無本之理也」（同前・三八六下）のような軽い意味の用法であり、それぞれ、「～ということ」くらいに訳してよい場合である。四つめは、存在論的概念としての用法（万物の根底に存する道理、存在の真理）であり、『妙法蓮花経疏』では、仏と理の関係について、「菩薩未尽理、……仏尽理全為護」（続蔵一―二乙―二三―四・三九八右下）、「仏縁理生」（同前・四〇〇左下）、「理為法身」（同前・四〇四右下）、「聖既会理、則繊爾累亡」（同前・四〇六右下）等とある。『注維摩』には、同じ問題について、「仏以窮理為主」（大正三八・三五三下）、「如来身、従実理中来」（同前・三六〇上）、「仏為悟理之体」（同前）等とある。この場合の「理」について、道生は特別の説明を何ら与えていないが、『妙法蓮花経疏』では、法華経の一乗思想との関連で、「理」の唯一性を強調していることが目立つ。すなわち、「但理中無三、唯妙一而已」（続蔵一―二乙―二三―四・四〇〇右下）、「理無二極矣」（同前・四〇〇左下）、「理必無二……理則常一」（同前・四〇五左下）、「理無異味」（同前・四〇六右上）等とある。以上、「理」の用法を四つに分類したが、これは、あまり厳密でもなく、完全に網羅的でもない。

さて、経題序における「理」は、第四番めの存在論的概念としての用法である。そして、道生は、涅槃経の仏性の概念を、この「理」と同じ意味に理解している（後に詳述する）。このことは、思想的にもっとも興味あるところである。道生が、『法華経』等の思想を通して、普遍的な理法の実在を確信していれば、『六巻泥洹経』の、闡提は仏性をもたないという思想を承認することができなかったとしても当然である。道生が、おそらく、『涅槃経』と接する以前にすでに獲得していたであろう「理」の思想によって、「仏性」を解釈したことが、そのことを傍証しているであろう。

次に、経題序㈠に話をもどそう。解説をいくつかに分けて示す。

(ア)「自然」という語は、『集解』には、ここ以外に四回出る。(11) たとえば、師子吼菩薩品では、仏性を説明して、

[1]是因是果、如十二因縁所生之法。[2]非因非果、名為仏性。[3]非因果故、常恒無変。（大正一二・五二四上。経文に付した番号は、次の道生注の番号と対応する）

と述べている。この経文に対する道生の注は次のようである。

〔1〕 理にそむいて有（存在）を作ると、すべて因縁によって生じたものである。〔そうすれば〕すべてが因となったり、果となったりする。

乖理為作有、皆因縁生也。無不因無不果也。（大正三七・五四八上）

〔2〕 〔仏性は〕因によって存在するのではなく、さらに、あらためて造るのでもない。

不従因有、又非更造也。（同前・五四八中）

〔3〕 有（存在）を作るから生滅する。〔仏性は〕本来の自然を得ていて、生滅はないのである。

作有故起滅。得本自然、無起滅矣。（同前）

ここでは、仏性は作為された存在（有為法）ではなく、作為を超えた本来の自然を得ているので、生滅変化しないと説明されている。

また、同じく師子吼菩薩品に、

[1]善男子、是故我於諸経中説、若有人見十二縁者、即是見法。[2]見法者、即是見仏。[3]仏者、即是仏性。何以故。一切諸仏、以此為性。（大正一二・五二四上―中）

とある。道生の注は次のようである。

〔1〕 「法」とは、理の真実なるものの名称である。十二因縁を見て、始めて常と無常とを見ることが、「見法」である。

法者、理実之名也。見十二縁、始見常無常、為見法也。（大正三七・五四九上）

〔2〕 法を体得して仏となるので、法はとりもなおさず仏である。

体法為仏、法即仏矣。（同前）

〔3〕 そもそも、法を体得すれば、奥深い次元で自然と合致する。あらゆる仏は、すべてそうである。それ故、法を

仏性とするのである。

夫体法者、冥合自然。一切諸仏、莫不皆然。所以法為仏性也。（同前・五四九上―中）

ここでは、「法」は、経文から、十二因縁の理法を意味していることがわかるが、「理の真実なるもの」と呼ばれている。あらゆる仏は、この法（理実）を体得して、自然と冥合していると言われるが、文脈から、この「自然」は、作為を超えた自然の理を表現したものと考えられる。

これらの用例では、「自然」は、作為を超えた〔もの〕、という意味であり、仏性や理の形容や、あるいは、直接、理を指すものとして用いられている。(12)

(イ)「理が静かに常に照らす」ことについては、次の注が参考となる。

法性は円かに照らし、理の真実なるものは常に存在する。〔衆生の〕求めに〔仏が〕応じることにいたっては、しばしも止息しないのである。

法性照円、理実常存。至於応感、豈暫癈耶。（大正三七・四二〇上）

ここでは、法性と理実が並べられており、法性と理は同義であると考えられる。なぜならば、法性は、「法とは、もはや非法がないという意味であり、性とは、真なる究極で変化しないものという意味である（法者、無復非法之義也。性者、真極無変之義也）」（同前・四一九下）と定義されているように、(13)生滅変化を超えた究極的なるものである点、理と同じ性格のものであるからである。道生は、仏教用語としての「法性」を、中国伝統の「理」という概念でおきかえたともいえるだろう。さて、この法性（理実）が常に存在して円かに照らしているという考えは、経題序の「不易之体、為湛然常照」と共通の思想であるといえよう。このことは、理が衆生と無関係にただ存在するだけの静止的なものではなく、活動的であるということであり、宗教的に重要な思想である。というのは、理の活動が、凡夫と仏の感応(14)が瞬時も止息しないで永遠に存在することの理由として挙げられているからである。この感応思想につい

ては、他の注にも、

〔衆生の〕求めに〔仏が〕応じるという事実は仏の境界である。〔仏が〕外に姿をあらわすことは、道理として〔衆生の側から〕求めることのできないものである。〔感に応ずることの〕内実は、常に存在しているのであるから、そのうえ、どうして求められようか。

応感之事、是仏境界。示同於外、理不可請。内実常存、又何所請耶。（同前・三九四中）

とある。

(ウ)理が仏性と同義として用いられる用例を検討する。ちなみに、『妙法蓮花経疏』には、「仏性」という語はなく、その代わりに、「衆生悟分」（続蔵一―二乙―二三―四・四〇九左上）、「大悟之分」（同前・四〇八左下、四〇九左上）、「大悟分」（同前・三九八右下、四〇七右上）、「仏知見分」（同前・四〇〇右下）、「大明之分」（同前・四〇八右下―左上）等とある。『注維摩』には、ただ一箇所、巻第三に、「仏性我」（大正三八・三五四中）とあるだけである。したがって、彼の仏性思想を知る資料としては、涅槃経注を参照する以外ない。そして、その最大の特徴が、仏性を理の概念によって解釈したことである（その他は、おおむね、『涅槃経』の説を超えるものではない）。

［1］「蔵」とは、常住で安楽なる理が隠れてまだあらわれないことである。

蔵者、常楽之理、隠伏未発也。（大正三七・四四八下）

この注は、貧女の舎の内に真金の蔵があるという譬喩[15]を解釈したもので、真金の蔵、すなわち、仏性が「常楽之理」とおきかえられていることに注意を要する。この場合は、理が仏性を意味しているのである。これと同様の例は、力士の金剛珠の譬喩[16]に対する注「理顕身中」（同前・四五二中）にも見え、金剛珠（仏性）が理と表現されている。

［2］「如菟馬」とは、二乗の観察のことである。菟や馬が河を渡るときには河の底には達しない。それで衆生が無明に覆われて、理を見ないことをたとえているのである。

如菟馬者、二乗観也。菟馬度河、不得河底。以況衆生無明所覆、不見理也。（同前・五四七中）

この注は、「又未能渡十二因縁河、猶如兎馬。何以故。不見仏性故」（大正一二・五二三下―五二四上）に対するもので、理が仏性を意味していることは、明らかである。

［3］智慧によって十二因縁を理解することが因仏性である。今、二つに分ける。理は理解によって獲得され、理に従うから、仏果を完成するので、理を仏因とするのである。理解が理を獲得したからには、理解を理の因とする。因の因を意味するのである。

智解十二因縁、是因仏性也。今分為二。以理由解得、従理故成仏果、理為仏因也。解既得理、解為理因。是謂因之因也。（大正三七・五四七下）

［4］成仏して、大涅槃を得ることが、仏性である。ところで今、やはり二つに分ける。成仏するとは、理に従って、この果（仏果）に至ることである。成仏したからには、大涅槃を得る。大涅槃ということは後にあるので、果の果を意味するのである。

成仏得大涅槃、是仏性也。今亦分為二。成仏、従理而至是果也。既成、得大涅槃。義在於後、是謂果之果也。（同前）

これらの注は、仏性を、因、因因、果、果果の四種に分類する経文、すなわち、「仏性者、有因、有因因、有果、有果果。有因者、即十二因縁。因因者、即是智慧。有果者、即是阿耨多羅三藐三菩提。果果者、即是無上大般涅槃」（大正一二・五二四上）に対する注釈である。［3］では、因仏性をさらに因と因因に分け、因を理と規定している。この場合の理は、経文から、十二因縁の理法を意味している。衆生は、この理に従うことによって成仏できるので、理が「仏因」であるとされるのである。

これを要するに、理は、法性を意味する場合のように、変化生滅を超えた究極的なるものであるが、この理を体得すれば、成仏するのであるから、理は「仏因」であることになる。ここに、理＝仏性の義が生じるのである。したがって、仏性は、衆生各個人に個別的に内在する何か実体的なものではなく、衆生、万物を支える根底的、普遍的な理法なのである。

（エ）「悟り」とは、理と合致することであり、合致する以上、悟りも理と同じ性格をもつ。したがって、一旦悟れば、その悟りも不変であり、常に存在していくものなのである。このことは、寿命品の注の「仏の説くことによって、真実の理が本来変化しないことを証得するのである。ただ〔仏の〕説に従いさえすれば、悟りを得ることができ、はじめてこのことを知るのである。説かれる理が変化しない以上、その悟りもまた静かに永遠に存在することが明らかにわかるのである（以仏所説、為証真実之理本不変也。唯従説者得悟、乃知之耳。所説之理、既不可変、明知其悟亦湛然常存也）」（大正三七・三九五下）によくあらわれている。すなわち、真実の理が変化しないものであるからには、それと合致する悟りも、静かに永遠に存在していくのである。また、理に合致することが悟りであるのに対して、理にそむくことが凡夫の現実態であり、迷いと呼ばれるのである。

また、理との関係によって、善と不善が区別されることは、「理を得ることが善であり、理にそむくことが不善である（得理為善、乖理為不善）」（同前・五三二中）、「理にそむくから不善である。これと逆であれば、善を完成するのである（乖理故不善。反之則成善也）」（同前・五三二下）等とあるごとくである。理を得ることが善といわれるが、その究極態が悟りであり、成仏であろう。そのことは、すでに引用した[17]仏と理との関係を示す注から、容易にわかることである。要するに、理との関係によって、悟りと迷いが分岐するのである。このことに関しては、『注維摩』の注、「理を観じて本性を得たからには、そのまま当然煩悩の縛が尽きて涅槃するはずである（既観理得性、便応縛尽泥洹）」（大正三八・三四五中）、「情が理に従わないことは、垢れを意味する。もし理を見ることができれば、垢れた情は必然的に尽きる（情不従理、謂之垢也。若得見理、垢情必尽）」（同前・三四六上）、「有に執着すると、はるかに理にそむいてしまう。だから、空にはしたがったほうがよいのである（著有則乖理遠矣。故空宜順也）」（同前・三四七上）、「魔と外道は、理にそむくことの極端である（魔与外道、是背理之極）」（同前・三七四上）、「そもそも煩悩は、惑える情から出ている。そこで、当然法理を観察して、惑える情を捨て去るべきである。しかしながら、観察したばかりの時は、まだはっきりと理を見ないので、心はしっかりと理に落ちつかない（夫有煩悩、出於惑情耳。便応観察法理、以遣之也。然始観之時、見理未明、心不住理）」（同前・三八六上）等が参考となるであろう。

このように、理と合致することの重要性が指摘されているが、『注維摩』では、同じことを、種々に表現している。たとえば、「悟理」（同前・三六一下）、「入理」（同前・三六六中）、「体理」（同前・三七一中）、「造理」（同前・三八六中）、「見法理」（同前・四一五下）、「達理」（同前・四一七上）等とある。

以上、㈠の解説が長くなったが、次に、㈡に移ると、ここでは、「帰極得本」、すなわち、悟りの実現において、理（仏性）が始めて生起するという誤解を排して、理（仏性）が無始無終であることと、悟りに始めがあることとを混同してはならないことを述べているのである。

㈢では、経題の「大」は、理（仏性）の「莫先」、すなわち、無始を意味することを明かし、理（仏性）が常住であれば、必ず煩悩を止滅することができ、その煩悩の止滅が「般泥洹」の意味であるとしている。

㈣では、涅槃経における理（仏性）の常住の教えが、凡夫の迷いを屈伏させて、悟りを得させることを説いている。要するに、道生によれば、「大般泥洹」の「大」は、理（仏性）の常住を意味し、「般泥洹」は、理（仏性）の常住による煩悩の止滅を意味する。ところで、ここの経題序では「大般涅槃」ではなく、「大般泥洹」を取りあげている点、興味深い。湯用彤氏の推定するように、道生に、『六巻泥洹経』の注疏があって、その経題釈をそのまま、『北本涅槃経』の注疏に利用したのであろうか。確実なことは、わからない。

最後に、㈤では、『涅槃経』を修行する菩薩の功徳を明らかにし、自在に「般泥洹」を示すことを「大」の意味としている。

以上、本稿は、甚だまとまりを欠き、道生注の理解にも少なからぬ誤りがあることを恐れるが、大方の御叱正を頂ければ、幸甚である。

注

(1)『大般涅槃経玄義』巻上、「竺道生、時人呼為涅槃聖」(大正三八・二上)。

(2) たとえば、巻第四、分別邪正品には、「一切衆生、皆有仏性。在於身中、無量煩悩、悉除滅已、仏便明顕。除一闡提」(大正一二・八八一中)とある。

(3) 道生の闡提成仏説については、古田和弘「中国仏教における一闡提思想の受容」(『大谷学報』五二―一、一九七二年六月)、小林正美「竺道生の大乗小乗観と一闡提成仏義」(『フィロソフィア』六七、一九七九年)を参照。

(4) これらの記事は、『高僧伝』巻第七の竺道生伝でも、ほとんど同じである(大正五〇・三六六下―三六七上参照)。

(5) 湯用彤『漢魏両晋南北朝仏教史』(鼎文書局、中華民国六十五年一二月再版)六二二頁。

(6) 二諦論、仏性当有論(以上の二著は、『高僧伝』巻第七、道生伝、大正五〇・三六六下を参照)、涅槃三十六問、釈八住初心欲取泥洹義、辨仏性義(以上の三著は、『出三蔵記集』巻第十二所載の陸澄撰法論目録、第一帙法性集に出る。大正五五・八三上を参照)等がある。

(7) 涅槃経の道生注については、布施浩岳『涅槃宗の研究』後篇(叢文閣、一九四二年、国書刊行会、一九七三年)に比較的詳しい研究がある(主として、八七―一一六頁参照)。また、張曼濤「竺道生の涅槃思想―その序説―」(『印仏研』一五―二、一九六七年三月)を参照。その他、道生の研究論文の中で、涅槃経の道生注を引用して論ずることは、少なくない。

(8)『集解』の編纂者については異説がある。布施浩岳、前掲書、後篇では、明駿および、その弟子とする(四八―七〇頁参照)。宇井伯寿『シナ仏教史』(一九三六年初版。『宇井伯寿著作選集』第二巻〔大東出版社、一九六六年〕所収)では、建元寺法朗とする(五〇頁参照)。宇井氏と同じ説を唱えるものとしては、横超慧日「釈経史考」(『支那仏教史学』一―一、一九三七年四月、また『中国仏教の研究』第三〔法蔵館、一九七九年〕に所収)、同「布施浩岳氏著『涅槃宗の研究』を読む」(『支那仏教史学』七―二、一九四三年八月)、および、藤本賢一「『大般涅槃経集解』の編者について」(『天台学報』一四、一九六五年三月)がある。

（9）布施浩岳、前掲書、前篇に、北本の修治、すなわち、南本の成立は、道生の没後であるという指摘がある（一七五―一七六頁参照）。

（10）道生における「理」の概念については、三桐慈海「竺道生の思想」（『大谷学報』四六―一、一九六六年六月）を参照。

（11）本論で考察する以外に、「夫照極自然、居宗在上」（大正三七・四〇一下）、「種相者、自然之性也。仏性必生於諸仏」（同前・四四八中）とある。

（12）「自然」の概念については、多くの研究があるが、その一つとして、末木文美士「漢訳般若経典における〈自然〉」（『東洋文化研究所紀要』九一、一九八二年一二月）を参照。

（13）他に、『注維摩』に、「法性者、法之本分也」（大正三八・三四六下）とある。

（14）竺道生の感応思想については、拙稿「竺道生における機と感応について」（『印仏研』三二―一、一九八三年一二月）を参照。

（15）大正一二・四〇七中参照。

（16）大正一二・四〇八上参照。

（17）四三五―四三六頁参照。

三　『大般涅槃経集解』における僧亮の教判思想

『大般涅槃経集解』（以下『集解』と略記する）は、巻第二以下の随文解釈において、実に十九名の多数にのぼる注釈者の注を編纂している。諸注釈者のなかで最も時代の古い人は竺道生[1]（三五五頃―四三四）であり、その次に古いと推定されるのが僧亮[2]である。『集解』は『南本涅槃経』を二千八百六十四の経文に分節しているが、僧亮の注は、二千百三十箇所に採用されており、他の諸師に比べて最も多い[3]。本稿は、この僧亮の注を資料として、彼が『涅槃経』を釈尊一代の経教のなかでどのように位置づけているのかを考察することを目的とする。

はじめに、比較的詳しく釈尊一代の経教を分類した資料を検討すると、次の三つが注目される。

(1)　如来は道場から始めて〔沙羅〕双樹に終わるまで、全部で三たび涅槃について説いた。一つは方便であり、一つは真実である。初めに三種の究竟（声聞・縁覚・菩薩それぞれの三種の涅槃）を開示したのが第一の方便である。ただ解脱は涅槃であると説くけれども、身智は有為である。第二の方便の中で、『法華経』を説いて三種の究竟を破したけれども、身智はもとより有為である。今、双樹の説では、身智は涅槃にほかならず、究竟無余の説を意味するのである。

如来始自道場、終於双樹、凡三説涅槃。二是方便、一真実也。初開三究竟、是一方便。但説解脱是涅槃、而身智是有為也。二方便中、説法華破三究竟、而身智故是有為耳。今双樹之説、身智即涅槃、謂究竟無余之説也。（大正三七・三七七下）

(2) 金錍は諸の経教をたとえる。一指は三乗の諸経に三種の涅槃を説くのをたとえる。真実には一つの常住涅槃を示そうとするが、文章がはっきりせず意味がぼんやりしているのは、一指にたとえるのである。第二に『法華経』が二種の涅槃を破すのをたとえる。一乗は示されるけれども、常住の我はまだ明かされないのを、二指にたとえるのである。三指とは、今日の仏性常楽の説をたとえる。

金錍、譬諸経教。一指、譬三乗諸経説三涅槃。実欲顕一常住涅槃、文隠義微、譬一指也。二譬法花破二涅槃。一乗雖顕、常我未明、譬二指也。三指者、譬今日仏性常楽之説。（同前・四六二中—下）

(3) 仏教は小より起こる。牛は仏をたとえるのである。乳は三蔵をたとえ、酪は三乗がまじえて説かれるのをたとえるのである。生蘇は方等をたとえ、熟蘇は空般若を説くのをたとえ、醍醐は『涅槃経』の法をたとえるのである。

仏教従小起。牛譬仏也。乳譬三蔵、酪譬三乗雑説也。生蘇譬方等、熟蘇譬説空般若、醍醐譬涅槃経法也。（同前・四九三上）

(1)は経序[4]において説かれ、『集解』編纂者が諸師の経序を八科に整理する中の「覈教意」に採録された部分である。釈尊の説法の始終を視野に入れたうえで、全部で三回、「涅槃」が説かれたとする。そのうち、はじめの二回は方便とされる。第一回の説は三種の究竟を説いたことで、これは(2)の注を参照すると、三乗の諸経において三種の涅槃を説いたことを意味する。三種の涅槃とは、声聞、縁覚、菩薩の三乗がそれぞれ達成する互いに異なる三種の果報（阿羅漢、縁覚、仏）のことである。この段階の教えでは、解脱が涅槃であると説くだけで、身と智は有為（無常変化する存在）であって、涅槃の内容として位置づけられていないから方便なのである。第二回の説は、『法華経』において、前述した三究竟を破ること（究竟＝涅槃が三種あるとする考えを破ること）である。しかし、身・智は第一回の説と同様、もとより有為であるから、方便とされる。[5]第三回の説は、『涅槃経』の説で真実とされ、解脱のみでなく法身、般若も涅槃の内容として説かれており、究竟無余の説とされる。これを要するに、僧亮は釈尊一代の経教を、法華以前の三乗教、三乗を破して一乗を顕わす『法華経』、『涅槃経』の三段階に分けていることがわかる。このことは(2)においても同様である。

(2)の説明は割愛して[6]、(3)について述べる。(3)は有名な聖行品の五味の譬喩[7]に対する注である。僧亮より後輩の僧宗、宝亮が、この譬喩に対して明らかに五時教判を展開しているのに[8]比べると、僧亮の注は、三蔵、三乗雑説、方等、空般若、涅槃経法と、仏教は小乗から[9]はじまるとしたうえで、釈尊の説法を五段階に分類している[10]ものの、具体的な経典の配当について明瞭を欠き、また『法華経』の位置づけには全く論及していない。したがって、僧亮の場合は、経文の五味を解釈する必要上、五段階の教えを設定したが、後に発達する頓漸五時教判とは大分隔たりがあると結論できよう。

では次に、三段階、あるいは五段階に分類された経教の相互関係についてはどのように考えられていたのか。これまでの引用からも十分推定できることであるが、浅い教えから深い教えへと、漸次に経教が深化すると考えていた。これを明示する資料として次の二つを掲げておく。

(4) 如来の教法は、はじめは浅く後に深くなり、ただ涅槃だけが究極的なもので、すべての惑を除くのである。

如来教法、先浅後深、唯涅槃究竟、無惑不除也。(同前・四七〇中)

(5) 一切諸仏は、みな浄穢の二土を備えている。仏は悪土において三乗教を開く。はじめは浅く後に深くなり、しだいに諸悪を除くので、蔵と名づけるのである。

一切諸仏、皆具浄穢二土。仏在悪土、開三乗教。先浅後深、漸除諸悪、故名蔵也。(同前・五〇九中)

釈尊の説法を浅い教えから深い教えへと展開すると見る考えは、後の頓漸五時教判とまったく同じ視点であり、注目すべきである。では、浅から深へという視点が、具体的な経典の優劣比較に適用されているかといえば、その資料はほとんどないが、すでに引用した(2)において、「一乗雖顕、常我未明」と述べているのは、言うまでもなく、『法華経』と『涅槃経』の比較を意味する。また、「昔、経典を説くのに二種を備える。『法華経』の中で一解脱を説く場合は無余である。『復倍上数』は有余である（昔説契経、具二種。如法華中説一解脱、是無余也。復倍上数、是有余也）」（同前・四七四中）も、『法華経』寿量品の「復倍上数」が有余（不完全）であることを指摘したもので、『涅槃経』の仏身常住説を意識した表現であることは明らかであり、この点も後の五時教判と共通する着眼である。

これまでの論述から明らかなように、僧亮は『涅槃経』を最高の教えと捉えているが、その思想内容に対する捉え方は、

(6) 諸経において論じない内容について、その趣旨に三つある。何であるかといえば、第一に常住、第二に一体三宝をいい、第三に衆生にはすべて仏性があるということである。ところで、常住は経の根本思想であり、その他の二つは常住のために説かれるだけである。

諸経所不論者、其旨有三。何者、一曰常住、二曰一体三宝、三曰衆生悉有仏性。然常住是経之正宗、余二為常故説耳。（同前・三八三中）

という序品冒頭の注に最もよく表現されている。この『涅槃経』を最高と捉える視点から、僧亮は、前述したような釈尊の一代説法を三段階、あるいは五段階に分ける考え方よりも、『涅槃経』とそれ以前の経とを、「今」と「昔」として二大分する考え方を多く示している。もちろん、『涅槃経』自身がしばしば過去の教えと『涅槃経』の思想とを対比させて述べていることによることは言うまでもない。そして、(6)の引用で見たように、僧亮は『涅槃経』の中心思想を仏身の常住と捉えることから、今昔の両説を対照させる一つの大きな観点として、常と無常とを取りあげている。たとえば、「昔、無常を説いて、今の常住の趣旨を覆い隠すことを、密教というのである（昔説無常、覆今常旨、謂之密教也）」（同前・三八六中—下）、「上に疑問を勧め、今、疑いの根本を示す。どうしてかといえば、昔は凡夫か

ら仏までみな無常であると説き、今は『常を施す』という。言葉が昔と背反しているので、道理として当然疑問に思うべきである（上勧疑問、今開疑宗。何者、昔説従凡至仏皆是無常、今云施常。言与昔乖、理応疑問也）」（同前・三九一中）、「入とは、常住の理であり、昔は無常に覆われていた（入者、常住之理、昔為無常所覆）」（同前・四〇一下）、「自ら生死はまだ尽くされていないと知り、仏果が常住であることを知らないので、昔の言葉に覆われているのである（自知生死未尽、不知仏果常、故為昔言所覆也）」（同前・四〇六下）等とある。『涅槃経』では昔の無常説が批判されるとともに、その一定の役割が認められるのであるが、僧亮も昔説の一定の役割を認める注を残している[11]。また、常と無常との対照以外には、『涅槃経』の所説に応じて、空と不空、無我と自在、五陰がすべて苦であるかどうか、八聖道が道諦であるかどうか、をめぐって今昔の両説が対照的に扱われ、中には両説の矛盾性を強く提示する表現も見られる[12]。

また、今昔の両説について、常、無常などの具体的な教理を示す概念で対照させるだけではなく、偏教、円教という思想の全体的評価にかかわる概念を用いて表現することもあり、注目される。すなわち、

(7)　昔日の偏教では、仏は無常であると説く。密かに常住の手段となる。惑う者は趣旨を見失い、慧命は生じないことは、魔道である。今、円教は開かれる以上、円解を生ずることができ、最終的に偉大な覚悟を完成することは、天道である。

昔日偏教、説仏無常。密筌於常。惑者失旨、慧命不生、是為魔道。今円教既開、能生円解、終成大覚、是為天道也。（同前・四一四中―下）

(8)　菩薩が去るからには、円教もまた隠れる。小乗は無我によって教化する。偏教が中道を失うのは、謗にたとえられるのである。

菩薩既去、円教亦隠。小乗以無我為化。偏教失中、譬謗也。（同前・四六三中）

と。この偏・円によって、今昔の両説を規定する考え方は、仏が沙羅双樹の間で二月十五日に涅槃に入るといわれる場所と日時についての解釈のなかにも適用されている。「沙羅双樹」については、

(9) はじめて二樹がある。……今、二樹が生き生きと栄え、もう二樹が枯れしぼみ、法の不偏を示すのである。昔の道場の偏った説は、それ故一樹である。今日の教えが円かであるのは、双にこと寄せるのである。

方有二樹。……今以二樹鮮栄二樹枯悴、明法不偏也。昔道場偏説、所以一樹。今日教円、寄之双也。(同前・三八四上—中)

とあり、「二月十五日」については、

(10) かの土(インド)には、ただ三時のみを立てる。つまり春・夏・冬である。二月は暖かな春の中気・節気である。特殊なことであろうか。冬の寒さや夏の暑さは、偏であり、明らかである。昔、苦空について語るのは、かの〔土〕の偏のようなものである。今、二理(常住と無常)がどちらも示されたので、表現として中和を取るのである。

彼土、唯立三時。謂春夏冬也。二月是春和之中節。異耶。冬夏寒暑、偏也明也。昔談苦空、如彼之偏。今既二理双顕、故取表於中和也。(同前・三八四中)

とある。[13] また、僧亮は「仏所説義、有権有実」(同前・五七五下)とあるように、権・実の概念によって釈尊の教説を二分する考えを示している。『涅槃経』の所説が実(真実)とされ、それ以外の経教が権(方便)とされることは容易に推定される。[14]

以上、僧亮の教判思想を考察してきた。[15] 釈尊一代の説法を浅い教えから深い教えへの展開と捉え、『涅槃経』を最高の教えと位置づけたこと、その上で、『法華経』の開三顕一の思想に特別な注意を払って釈尊一代の経教を三段階に分ける考えを示しているものの、全体の傾向としては『涅槃経』とそれ以前の経教に二大別し、今昔の両説を、

常・無常などの教理の対立から整理したり、偏・円、権・実などの思想評価の概念を用いて整理していることが判明した。

注

（1）道生の注については、拙稿「『大般涅槃経集解』における道生注」（『日本仏教文化研究論集』五、四天王寺国際仏教大学・総本山四天王寺刊、一九八五年三月。本書、第三部、第二章に収録）を参照。

（2）僧亮の伝記は布施浩岳氏によって考証され、『高僧伝』巻七所載（大正五〇・三七二中）の京師北多宝寺に住した「釈道亮」に比定されている。『涅槃宗の研究』後篇（叢文閣、一九四二年。国書刊行会、一九七三年）二三二―二四〇頁参照。

（3）『集解』のテキスト、撰者、構成については、拙稿「『大般涅槃経集解』の基礎的研究」（『東洋文化』六六、一九八六年二月。本書、第三部、第一章に収録）参照。

（4）経序とは経典の題目を解釈したもので、巻第一に収められている。「僧亮曰、修多羅者、含五義。如経叙也」（大正三七・四九四上）を参照。

（5）布施氏の前掲書はこの部分を解釈して「法華の涅槃は即ち法身般若なるのみなれば有為であり……」（三一六頁）と述べているが、問題がある。「故」は「ゆえに」ではなく、「もとより」の意である。

（6）(2)の注は、如来性品の「仏言、善男子。如百盲人為治目故造詣良医。是時良医、即以金錍、決其眼膜。以一指示問言、見不。盲人答言、我猶未見。彼以二指三指示之。乃言、少見」（大正一二・六五二下）に対するものである。

（7）大正一二・六九〇下―六九一上を参照。

（8）大正三七・四九三上―中。五時教判といっても、後世の吉蔵が『三論玄義』（大正四五・五中）で慧観のものとして紹介する五時教判ほどには完成していない。

（9）釈尊の教えが小乗から大乗へと展開することについては、「初説小後説大、似如有隠」（大正三七・四三三中）、「第四明昔小今大」（同前・四九二上）を参照。

（10）「三蔵」については、「謂三蔵経、是小乗法蔵、真是仏説、無此我相」（大正三七・四六三下）を参照。「三乗雑説」については、「如来一道、随大小乗根、広略為別耳。従一至九、是三乗雑説」（同前・四八五下）を参照。

（11）「聞今伊字之譬、解仏昔説一切無常是方便也。而此方便、能断三界実結。何快如之」（大正三七・四〇二上）、「挙三界実結、顕無常教之力能也」（四〇二中）、「無常之教、乃学之始也」（四〇六上）、「偏説無常、常我自顕也」（四四九下）等を参照。

(12) 「若以昔説為実、終不悟今教也。是故称名、発其疑端。昔説一切空、今言不空、是可疑也」（大正三七・四〇〇下）、「是即昔説無我、是実。今説自在、応虚也。如仏所説者、今昔皆是仏説。今説何必全是」（四〇三下）、「謂五陰皆苦、与昔教相違。以昔証今也」（四八二上）、「不相応者、今説八是道。昔不説八、応非道也」（四八五中）を参照。

(13) 偏・円に関する資料をいくつか列挙しておく。「三乗偏教、喩以半字也」（大正三七・四三三中）、「執先偏教、不信後説也」（四五〇中）、「末法耶惑、執偏教者、不受常説、譬水暴急不得度也」（四七四下）、「経旨不偏、理円可貴、喩之宝」（四〇六中）、「仏説勝修、円教可仰。以譬空中之月也」（四〇七上）、「鏡以表像、譬円教也」（四五二下）、「筩譬円教也」（四五三中）などを参照。

(14) 本文引用(1)や、「双樹之説、真実相也」（大正三七・四六三下）を参照。また、権実について、「智者見法、法理無二。謂仏説実不説権也。無智不見法故、仏説権道、謂道有権実説不定也」（五七五下）、「始学者、未有知見。是仮名菩薩、不達権道……」（五七六下）、「為権教所覆、譬深水中也」（四〇六中）を参照。

(15) 僧亮の注として「所以四時経教、未出神明之妙体。唯就生死辺為論」（大正三七・五三七上）があるが、「四時経教」「神明妙体」は宝亮の思想、用語であり、諸本の異同はないが、宝亮の注として本論の考察から除外した。

四　『大般涅槃経集解』における僧亮の感応思想

一　はじめに

梁代に編纂された涅槃経注の集大成が『大般涅槃経集解』（以下『集解』と略記する）七十一巻である。筆者はこれまで、『集解』のテキスト、撰者、構成について一往の考察を試みたことがある。[1]『集解』は巻第二以下の随文解釈の部分において（巻第一は梁武帝と十師の経序を載せている）、実に十九名の多数にのぼる注釈者の注を編纂しているが、そのなかで最も古い時代の人が道生（三五五頃―四三四）であり、次に古いと推定される人が本稿で取りあげる僧亮である。道生の注については、その経序の思想を分析したことがあり、[2]僧亮についても、その教判思想、特にその涅槃経観を考察したことがある。[3]そこで、本稿では筆者による僧亮研究の第二弾として、僧亮の感応思想について考察する。

感応思想は、聖人と凡夫の関係についての考察を中心とする仏教の救済論であり、六朝から隋唐にわたって大きく取りあげられた中国仏教思想の重要なテーマである。[4]

筆者はかつて「竺道生における機と感応について」という論稿[5]において、道生撰『妙法蓮花経疏』を主たる資料として、「機」の仏教的用法（仏の応化を発動させる衆生のあり方を意味する）の確立を考察し、また、その思想的意義を検討するなかで、仏と衆生の感応の問題を考察した。つまり、衆生の機が仏を感じ（「感、動也」の訓詁があるように、感は動かすの意）、それに対して仏が応じるという、仏と衆生との関係における「機」の役割を検討した。本稿では、これまでの筆者の僧亮研究、感応思想の研究の流れに沿って、この感応の問題を『集解』の僧亮注を資料として考察することとする。

二　僧亮における感応思想の資料

『集解』の僧亮注から、感応思想に関連する注文のほとんどすべてを順番に挙げて現代語訳を付し、さらに『涅槃経』のどの経文に対する注かを明示するとともに、注の思想内容について簡単な論評を加える。しかる後に節を改めて僧亮の感応思想の特徴をまとめる。なお、『集解』および『涅槃経』からの引用は、『大正蔵』の頁・段のみを記す。『大正蔵』の巻数については、それぞれ巻第三十七、巻第十二に収められている。

(1)〔仏が衆生の〕感に応じることは、もとより仏の境界である。声をあげて〔涅槃に入ると〕告げなければ、衆生は何もわからないのである。

応感之事、本自仏境。不以声告、物莫知也。（三八四下）

この注は、序品のはじめの「二月十五日、臨涅槃時、以仏神力、出大音声。其声遍満、乃至有頂。……大覚世尊、将欲涅槃」（六〇五上。なお、経文の引用は、文意を取りやすいように注の対象の経文の前後をあわせて引用する場合があるので、その場合は注の直接の対象の経文の部分に傍線を付す。傍線を付していない場合は、引用文全体が注の対象の経文であることを意味する）に対するものである。衆生が仏を感じ（感《うご》かし）、それに対して仏が衆生に応じる（応《こた》える）ことが、感応の内容であるが、衆生自身は自己の「感」の内容について無自覚であるから、感応は仏の境界といわれる。このことは次に挙げる注文(2)においても指摘される。また、ここでは、仏の「応」の具体的内容は、仏が涅槃に入ることである。

(2)〔仏の〕応じた迹《あと》は、諸仏の境界である。衆生に応じて滅するのであって、滅することは私(=仏)に属することではない。あたかも身体が移動すれば影も去るようなものである。どうして〔仏が永遠にこの世に住することを〕お願いできようか。

応迹是諸仏境界也。応物而滅、滅不在我。猶形遷而影謝。豈可請耶。(三九四中)

この注は、純陀品の「汝今純陀。莫大愁苦。応当歓喜深自慶幸、得値最後供養如来、成就具足檀波羅蜜。不応請仏久住於世。汝今当観諸仏境界、悉皆無常。諸行性相、亦復如是」(六一二下)に対するものである。これは、仏が純陀の最後の供養を受けたのを聞いて、大衆が純陀を讃歎し、純陀自身も歓喜踊躍して自ら偈を説き、その中で、「以是故世尊。応長衆生信、為断生死苦、久住於世間」(六一二下)と仏にお願いしたのを受けて、仏が純陀に答えたものである。純陀は仏が久しく世間に住してくれるように頼んだが、これに対して、仏の「応迹」は凡夫のあずかり知らない諸仏の境界であること、仏が入滅するのはあくまで衆生に応じたものであり、仏が勝手気ままにする行為ではないことが明かされている。(6)

ちなみに、この経文に対しては、道生も

〔衆生の〕感に〔仏が〕応ずるという事象は、仏の境界である。外に対して同じ姿を示し、道理として請うことができない。内実は常に存在する。さらにまたどうして請うのか。

応感之事、是仏境界。示同於外、理不可請。内実常存。又何所請耶。(三九四中)

と述べ、法瑤も

応は衆生の感による。感が停止すれば〔応〕が止む。どうして請うことができようか。

応由物感。感息則謝。豈可請耶。（三九四下）

と述べ、いずれも感応思想に言及している。

(3)「涅槃するであろう」と言っているのは、衆生に応じたことである。〔仏に久しくこの世に住するように〕請うことはできないのである。

言当涅槃、是応物。不可請也。（三九四下）

この注は、純陀品において仏が純陀のために説いた偈の一部、「諸欲皆無常、故我不貪著。離欲善思惟、而証真実法。究竟断有者、今日当涅槃」（六一三上）に対するものである。[7] ここでも、涅槃に入ることが衆生に応じたものであることが述べられている。

(4) 上で仏が無為であることを説いたが、この趣旨はすぐれている。衆生に応じることは方便であって、その意義は劣っている。

上説仏是無為、此旨為長。応物方便、是義為短。（三九六上）

この注は、純陀品の「復次文殊。譬如貧女……」（六一三下）に対するものである。「上説仏是無為」と言っているが、この通りの経文は上にはなく、実際には「是故文殊。不応説言如来同於一切諸行」（同前）とあるだけであり、かえって、下に「若正見者、応説如来定是無為」（同前）とある。ただ、「不応説言如来同於一切諸行」は、如来が無常なる存在と同じだと説いてはならないという意味なので、意味としては「仏是無為」と共通する。同じ経文に対する道生注で、「上云、不応説仏同於諸行。斯則解仏是無為矣」（三九六上）と言っているのがよい参考となるであろう。

さて、僧亮の注の意味は、衆生に応じること、具体的には衆生に応じて涅槃に入ることは方便であって、仏が無為であるとするのが長であるのに対して、その意義は短であるということである。このことは、『涅槃経』の少し後に「仏讃純陀、善哉。善哉。能知如来示同衆生方便涅槃」（六一四下）とあるように、仏の涅槃は衆生のための方便であるとする経説[8]を踏まえたものである。

(5) 一人だけの誠は〔仏を〕感《うご》かすことができないかもしれないので、そこで大衆にたよって一緒に〔仏が久しく世に住するように〕お願いしようとするのである。

恐一人之誠、不能仰感、故憑大衆令共請。（三九八中）

この注は、純陀品の「爾時純陀、聞仏語已、挙声啼哭、悲咽而言、苦哉。苦哉。世間虚空。復白大衆、我等今者、一切当共五体投地、同声勧仏、莫般涅槃」（六一四下）に対するもので、純陀が大衆に一緒に五体投地して声をそろえて仏に涅槃に入らないようにお願いするよう呼びかけたことに対しての注である。ここには、「一人」（純陀）の誠が仏を感かすという感応思想の構造が明示されている（注の内容は感かせないかもしれないということであるが）。「仰感」の「仰」は仏に対する尊敬表現であろう。仏と衆生の上下関係を踏まえた表現である。「仰感」の対語としては「俯応」が想定されるが、この用語は、道生『妙法蓮花経疏』に「昔化之機扣聖、聖則府応」（続蔵一―二乙―二三―四・四〇三右上）と出る（「府」は「俯」に通じる）。

(6) 仏と純陀とが永遠に続く感応の意味内容について説くことは、上の経文に完備している。

仏与純陀説常住感応之義、備於上文。（三九九下）

この注は、哀歎品の冒頭の部分に対するものの一部である。「上文」とは純陀品の内容を指しているので、純陀品の趣旨の一つが感応を明らかにすることであると僧亮が考えていたことがわかる。思想内容としては、仏と衆生の感応関係が「常住」、すなわち永遠に持続しているとする点が注目される。[9] この「常住」について理解するために、哀歎品に対する僧亮注のいくつかを参照すると、まず、涅槃に入ることが仏の慈悲によることについては「以慈愍故、是以現滅」（四〇〇中）と述べている。また、『涅槃経』の「如来法性真実不倒」（六一六中）について、

「真実」の事とは、常理を意味する。常理は理解しがたい。散心や臆病な心で知るものではない以上、摂心が

必要である。

真実事者、謂常理也。常理難解。既非散心怯弱所知、故須摂心也。（四〇一中）

とあり、「常理」という用語が見られる。この「常理」はまた「常住之理」とも言い換えられている。すなわち、入とは、常住の理が、昔、無常に覆われて、衆生には見えなかった。今、見ることができるので、入と名づけるのである。

入者、常住之理、昔為無常所覆、衆生不見。今得見故、名之為入也。（四〇一下）

とある。「常理」「常住之理」は仏が常住であるという道理という意味と考えてよいであろう。また、仏が本当は常住であるが、衆生のために涅槃に入ることについては、

仏は常住であることができるので、住と名づけるのである。衆生のために涅槃に入るが、仏は滅しないのである。

仏得常故、名為住也。為物涅槃、仏不滅也。（同前）

涅槃に入ると名づけるのは、常法には滅がなく、衆生のために滅することを意味するのである。

名入涅槃者、謂常法無滅、為物故滅也（同前）

とある。これを要約すると、仏は常住であるが衆生に対する慈悲によって仮りに涅槃に入ることを示す、ということになる。仏が涅槃に入っても仏の常住性は傷つけられず、仏が涅槃に入ることさえ衆生に対する慈悲によるのであれば、涅槃に入ることにおいても仏と衆生の感応関係は厳然と存在しているのであるから、その感応関係もまさしく常住と言われることになるのである。

(7) 「愛念がある」とは、〔衆生の〕感は道理として〔仏と〕奥深い次元で合致しており、くいちがうことのないよ

うにさせるのである。

有愛念者、感理冥会、令無差也。（四〇八中）

この注は、哀歎品の新旧医の譬えのなかの「大王。於我実愛念者、当求一願。王即答言。従此右臂、及余身分、随意所求、一切相与」（六一八上）に対するものである。ようやく国王（衆生を譬えたもの）が客医（仏を譬えたもの）を愛念するようになったこと、つまり、仏の化導に従って衆生が成熟していくことを、衆生の「感」と表現しているのである。

(8)〔衆生の〕機が仏に対して働きかけるので、〔経文では〕このような表現を取っているのである。

機来扣仏、致辞如此也。（四〇九上）

この注は同じく新旧医の譬えにおいて、王が再び病にかかって客医に治療を請う箇所、すなわち、「其後不久、王復得病。即命是医、我今病困、当云何治」（六一八上）に対するものである。衆生の機（国王）が仏（客医）を求めることを表現したものである。「扣」はたたくの意で、感（動かすの意）をより能動的、積極的に表現したものであろう。すでに道生の『妙法蓮花経疏』において多く使われている用語である。[10] また、「機」については、やはり道生の『妙法蓮花経疏』において多く使われていた。僧亮も「機」「機縁」「根機」などの用語を使っている。[11]

(9)生死の苦しみが切迫して、悟るきっかけ（解縁はよくわからないが、ひとまずこのように訳す）がまた動きだす。悟るときが来たので、〔衆生の〕機が聖人（仏）に対して働きかける。〔すなわち〕医者を呼ぶ意味である。

生死苦切、解縁還感。悟時已至、機来扣聖。命医之義也。（四五二上）

この注は、如来性品の力士の譬えのなかの「即命良医、欲自療治」（六四九上）に対するものである。眉間に金剛珠を飾っていた力士が他の力士と闘ったときに、金剛珠がなくなり、その眉間に傷ができたので、良医を呼んで治療しようとしたのである。機と扣聖については注文(8)ですでに述べた。ここでも、金剛力士に譬えられた衆生が、良医に譬えられた仏を求めることを「機来扣聖」という感応思想的表現によって示しているのである。

⑽　六道にくまなく応じ、〔衆生の〕感にしたがって身を現わす。

普応六道、随感而現。（四六六中）

この注は月喩品の「復次善男子。譬如満月一切悉現、在在処処……如来常住無有変異」（六五七中―下）に対するものである。ここでは、仏が六道の衆生を救うために、衆生の感に応じるという、感応思想の基本が説かれている。

⑾　法身は〔衆生との特定の〕関係性を越えており、衆生の感があれば応現することを明らかにして、大慈の働きには出入（仏の出現や入滅の意味か）の相違がないことを示すのである。

明法身無縁有感斯応、以顕大慈之功無出入異者也。（四九七下）

この注は、梵行品において、菩薩の慈が無利益ではないかとする迦葉菩薩の意見に対して、仏がさまざまな実例（仏の過去の救済の事実）を示す部分（六九九中―七〇一上を参照）に対するものである。ここでも衆生の感に対する仏の応という感応思想の基本的構造がよく示されている。しかも、法身が無縁であると明示されているので、仏の応が衆生の感に規定されている（衆生自身は自己の感について無自覚であっても）ことがよくわかる。

三　小　結

以上、僧亮注のなかから感応思想に関連する資料を列挙した[12]。最後に、僧亮の感応思想の特徴をいくつかの箇条に整理する。

①仏と衆生の感応の事がらは、衆生のあずかり知ることのできない仏の境界である（注文⑴、⑵）。

②また、その感応の関係は永遠に続くものとされる（注文⑹）。

③感応の基本的構造は、衆生の感があれば、それに対して仏が応じるということである（注文⑾）。
④したがって、衆生が仏に救済を求めて働きかけることを「感」と言って重視する（注文⑸、⑺）。もちろん、この働きかけは衆生自身にとっては自覚されていない。だからこそ、①で述べたように仏の境界とされるのである。
⑤この衆生の仏に対する働きかけを、「感」よりもより積極的に表現した言葉が「扣」で、「扣仏」「扣聖」という表現が見られる（注文⑻、⑼）。
⑥衆生の「感」は、『涅槃経』における譬喩（哀歎品の新旧医の譬え、如来性品の力士の譬え）の解釈において、具体的には、衆生（国王や力士）が仏（客医＝新医、良医）に治療を求めることを解釈する場合に論及されている（注文⑺、⑻、⑼）。言い換えれば、それらの譬喩を感応思想によって解釈しているのである。
⑦仏の「応」の内実については、六道の衆生の救済（注文⑽）や、法身の活動（注文⑾）のような広い一般的内容を示す場合もあるが、やはり、仏の涅槃を主題とする『涅槃経』の注釈であるだけに、仏が涅槃に入ることを、仏の「応」の具体的内容としている（注文⑵、⑶、⑷）ことが特に注目される。すなわち、仏が涅槃に入ることは、仏の勝手気ままな行為ではなく、衆生の「感」に深く規定されたものであることを明かしているのである。そのため、仏自身の自発的な行為ではなく、衆生に応じたものとして「方便」であるともいわれている（注文⑷）。
要するに仏の涅槃を感応思想によって解釈しているのである。

以上、やや雑駁であるが、僧亮の感応思想の特徴について整理した。以前に検討した道生の感応思想と比較して、特徴の⑦のような『涅槃経』という経典の思想に大きく規定されている特徴を除けば、ほとんど相違は見られない。仏教の救済論とも言うべき感応思想は六朝から隋唐にかけて次第に発展していくが、筆者はその思想形成の過程を考察する必要性を感じ、感応思想の初期の段階をまず検討しようと考えた。道生に続いて、やはり五世紀に活躍した僧亮を取りあげたのは、そのような理由による。今後もこの感応思想の研究を続行していくつもりである。

注

（1）「『大般涅槃経集解』の基礎的研究」（『東洋文化』六六、一九八六年二月。本書、第三部、第一章に収録）を参照。

（2）「『大般涅槃経集解』における道生注」（『日本仏教文化研究論集』五、四天王寺国際仏教大学・総本山四天王寺刊、一九八五年三月。本書、第三部、第二章に収録）を参照。

（3）「『大般涅槃経集解』における僧亮の教判思想」（『印仏研』三五―一、一九八六年一二月。本書、第三部、第一章に収録）を参照。

（4）感応思想についての参考論文として、特に福島光哉「智顗の感応論とその思想的背景」（『大谷学報』四九―四、一九七〇年三月）を挙げる。観音信仰と感応思想との関係や、成論師、三論師、智顗の感応思想がよくまとめられている。筆者の本稿は、梁代以前の感応思想、すなわち仏教の感応思想が生じた初期の段階のそれの研究を目指すものである。その他の論文として、福島光哉「天台における感応の論理」（『印仏研』一八―二、一九七〇年三月）、池田魯参「天台感応思想の成立意義」（『駒澤大学仏教学部研究紀要』二九、一九七一年三月）、森江俊孝「竺道生の感応思想」（『印仏研』二一―一、一九七二年一二月）、同「梁三大法師の感応思想」（『印仏研』二二―一、一九七三年一二月）などを参照。

（5）『印仏研』三三―一、一九八三年一二月。

（6）僧亮の注には「応物之迹」という表現もある。「王宮之生、双樹之滅。謂以出動為生、入寂為滅。応物之迹也」（五六三上）参照。仏の行為が衆生の状況に対応したものであること、言い換えれば、衆生の状況に規定されたものであることの強調は、感応思想の構造から必然的に出てくることである。たとえば、道生の『妙法蓮花経疏』では、仏の行為（三乗を説くこと、涅槃に入ることなど）が衆生の状況によって規定されたものであり、仏の本来性ではないことがしばしば述べられている。「夫動静唯物。聖豈然乎」（続蔵一―二乙―二三―四・三九八右下）、「存亡為物」（三九八左下）、「所以三請者、非聖欲然。機須爾耳」（四〇〇右上）、「四明所以説三乗者、非聖欲爾。出不獲已」（同前）、「第四段明聖人非自欲段三教。但衆生穢濁、難以一悟。故為説三乗、出不獲已。豈欲爾乎」（四〇〇左上）、「如来道一、物乖謂三。三出物情、理則常一。……万殊在于薬木。豈雲雨然乎」（四〇五左下）、「所以国有優劣寿有修短者、聖豈然耶。機須見之、故示其参差」（四〇六右下）、「存亡之異、出自群品。豈聖然乎」（四〇八左下）、「然無不形而不寿者、出自群惑。聖豈然乎」（四〇九左上）、「若悟伽耶之不真、亦解長寿之非実。故知修短在物、聖常無為矣」（四〇九左下）、「若有時不有処不在者、於物然耳。聖不爾也」（同前）、「苟内無道機、聖則不応矣」（四一二右下）などを参照。

（7）実は『集解』では、この注文が配されているのは、本文で引用した経文の次下の経文に対してである。したがって、厳密には『集解』の編纂上の誤りである。

（8）この思想は、『法華経』寿量品の「為度衆生故、方便現涅槃、而実不滅度、常住此説法」（大正九・四三中）と共通のものである。

（9）　道生の注にも類似の思想が見られる。「至於応感、豈暫癈耶」（四二〇上）を参照。

（10）　前注（5）の拙稿において指摘した。「昔化之機扣聖、聖則府応」（続蔵一―二乙―二三―四・四〇三右上）、「宅主既来、昔縁亦発、機以扣聖、仮言人言。聖応遂通、必聞之矣」（同前）、「含大之機扣聖、為見父」（四〇四右下）、「物有悟機扣聖、聖有遂通之道」（四一二右下）を参照。『集解』の他の注釈者にも、智秀に「善扣法身、法身垂応」（四五〇上）とあり、法瑤に「文殊申述、扣発大聖也」（四七一下）とある。また、劉虬『無量義経序』に「叩聖之感」（大正五五・六八上。「叩」は「扣」に通じる）とある。

（11）　道生における「機」の用法については前注（5）の拙稿を参照。僧亮における用例は以下の通り。「可治之機発、在於此時也」（四五〇上）、「是可説之機、即為喚子之義也」（四五〇中）、「発悟不同、機縁不一。今宜須緩。告為衆人之道故、歴挙法門（聖語蔵本によって「問」を「門」に改める）以為」（五四二上）、「根機不同。倶是執著。而憍陳如、聞無常以受道。六師因我楽以反真也」（五六二上）、「如似如来説不応機、故発問也」（五七五中）を参照。

（12）　僧亮の注として「感応之道」（五五二中）とあるが、その箇所では、同じ経文に対して僧亮の注が二つ列挙されているので、おそらく後者（「感応之道」とある方の注）は宝亮の注である可能性が大きいと思われる。

五　『大般涅槃経集解』における僧宗の教判思想

本稿は、僧宗（四三八―四九六）の教判思想を考察することを目標とする。『大般涅槃経集解』（以下『集解』と略記する）は『南本涅槃経』を二千八百六十四の経文に分節しているが、僧宗の注は千百五十五箇所に採録されており、僧亮に次いで第二位を占めている。さて、僧宗における最も詳しい教判思想が見られるのは、僧亮の場合と同様、聖行品の五味の譬喩に対する次の注である。[1][2][3]

牛から乳を出すというのは、仏が小乗の四諦法輪を説くことである。これは成仏してから十二年の間に説かれるのである。乳から酪を出すとは、十二年の後に、三乗通教を説くことである。『大品経』のことである。酪から生蘇を出すとは、『思益（梵天所問経）』、『維摩経』において二乗を抑えつけ、菩薩を持ち上げることである。生蘇から熟蘇を出すとは、『法華経』を説いて三種の因果を破して無くすことである。今、この経（『涅槃経』）は仏性の常住、理、性を窮め尽くすことを明かし、醍醐のようなものである。

如従牛出乳者、仏説小乗四諦法輪。此是成仏十二年中説也。従乳出酪者、謂十二年後説三乗通教。大品経是也。酪出生蘇者、如思益維摩抑挫二乗、称揚菩薩也。従生蘇出熟蘇者、説法花破無三因果也。今此経明仏性常住窮理尽性、如醍醐也。[4]（大正三七・四九三上―中。以下『集解』からの引用は頁・段のみを記す）

これによれば、十二年間にわたる小乗の四諦法輪、『大品般若経』の三乗通教、『維摩経』などの「二乗を抑挫して菩薩を称揚する」教え、『法華経』の「三因果を破無する」教え、『涅槃経』の「仏性常住にして理を窮め性を尽くす」教え、の五段階に分類している。[5] これは、吉蔵が『三論玄義』において紹介[6]する慧観の五時教判（三乗別教、三乗通教、抑揚教、同帰教、常住教）とかなり類似した考えである。実は、慧観の五時教判はもっと後代の成立であろうと推定されており、その成立の歴史を考える上で、『集解』は第一次資料として重要な価値を持つ。そこで、僧宗と慧観の五時教判を比較してみよう。慧観の三乗別教は四諦、十二因縁、六度を包含しているが、僧宗においては四諦のみが取り出されている点が両者相違する。三乗通教については、僧宗においてすでに確立している点が注目される（僧亮には見られなかった）。抑揚教については、僧宗においてその用語の成立を確認できないが、「抑挫二乗、称揚菩薩」という表現は抑揚教と内容的には十分な対応を示していると言えよう。同帰教については、梵行品の「三乗之法説言一乗。一乗之法随宜説三」（大正一二・七〇七下）に対する注に「三について一を説くとは、異なる三の惑を破し、同帰の教を説くことである。一について三を説くとは、昔日の方便の随宜の教えである（三説一者、破異三之惑、説同帰之教也。一説三者、昔日方便随宜之教也）」（五〇四下）とあるのが注目される。常住教については、僧宗においてその用語の成立を確認できないが、かわって「常教が生起する以上、昔の修行がまだ理の究極のものではないことがわかる（常教既興、知昔所行未為理極）」（四〇六下）などと「常教」という概念が見られる。[7]

以上の五段階の教えが最も詳細な分類であるが、それ以外の教えが提示されることがある。それは、「昔の教えにも深浅がある。十善・五戒は浅く、四諦・十二縁は深いようなものである（昔教亦有深浅。如十善五戒是浅、四諦十二縁是深也）」（四二九上）とあるように、十善、五戒、四諦、十二縁である。そのなかで、四諦は第一段階の「小乗四諦法輪」であるから除くと、十善、五戒、十二縁が新しく挙げられていることになる。一般に、十善は天乗、五戒は人乗、十二縁は縁覚乗とされるが、これらを釈尊の教化のなかにどのように位置づけるかについては、僧宗は明言していない。慧観の五時教判は、人乗、天乗について言及せず、浄影寺慧遠の『大乗義章』教迹義[8]に紹介される劉虬の五時教判が第一に人天教を挙げていることを思うと、僧宗が人乗、天乗に対応する五戒、十善を視野に入れている点だけでも注意を要する。「化主は人天の因果を説く（化主説人天因果）」（四八一上）、「昔、五乗の教えを説く必要がある理由を明かすのである（明昔所以須説五乗之教也）」（五一四中）という注も人乗、天乗を意識しているといえよう(9)。

また、『華厳経』の位置づけについてはどうであろうか。「初めの鹿苑から今日まで、能力にしたがって理解を生じさせ、みな人のために説く（従初鹿苑、迄至今日、随能生解、皆為人説）」（三八六下）とあるように、『華厳経』はまったく視野に入っておらず、また、「そのときまさしく三週間の間に思惟し、衆生に教化に従う道理のあることを知り、遂行することができることを示すのである（于時正在三七日思惟、知衆生有従化之理、顕得遂也）」（四〇八中）とあるのも、必ずしも、『華厳経』との関係は明らかではない。しかし、一方「昔七処八会、説華厳方広」（四一五下）と述べられており、『華厳経』の説法に言及している。ただし、『華厳経』を「頓教」とするような位置づけはまったく見られない。

三乗の教えに対する評価は、菩薩品の「世若無仏、非無二乗得二涅槃。迦葉復言、是義云何。仏言、無量無辺阿僧祇劫乃有一仏出現於世、開示三乗」（大正一二・六六四中）に対する注に見られる。すなわち、

もし世間にすべて成仏するという道理がないならば、二乗が二涅槃を得ることがないわけではない。道理がそうでない以上、二乗は仮りに小果を設けることがわかる。どうして仏と同じであろうか。「無量劫を経てやっと仏の出現することがある」とは、上の句を解釈するのである。円かな理解は堅固であることが難しく、常住に関する顛倒は生じやすい。仏を感ずる善がなければ、〔仏は〕いつも出現することはできない。善の機は稀であり、それ故〔仏は〕あるとき一度世に出現する。〔衆生は仏の〕教化にそむき機を失い、ともすれば長い劫を経過する。どうして大を説くだろうか。教えるのに、ただ三乗によって救済するだけである。それゆえ、小果を仮りに施すのであり、真実ではないことがわかるのである。

若世間都無作仏理者、非無二乗得二涅槃。理既不爾、故知二乗権設小果。何得同仏耶。無量劫乃有仏出者、釈上句也。謂円解難固、常倒易生。無善感仏、不得恒現。善機希有、所以時一出世。背化失機、動経劫数。云何説大耶。致教唯以三乗級引。故知小果権施、而非実也。（四七二中）

とある。ここでは、二乗の得る涅槃＝小果は仏の涅槃とは同じものではなく、大乗を説くことのできない段階において仮りに設けられたもので、真実ではないことが指摘されている。

『法華経』は第四段階に位置づけられているが、僧宗が着目した思想は、一仏乗による二乗の授記作仏である。『法華経』では、二乗はもはや二乗ではなく菩薩へと転換するのである。たとえば「『法華経』以来、〔二乗を〕みな菩薩と呼ぶことができる。『法華経』に至る前には、〔菩薩と〕呼ぶことができないのである（自法華已来、皆得称為菩薩。若未爾之前、不得称也）」（三八六中）は、序品の「一切皆是仏之真子」（大正一二・六〇五中）に対する注であるが、『法華経』の二乗授記によって、二乗が菩薩となってはじめてすべてのものが「仏之真子」と呼ぶことができることを意味しているのである。[10] また「もし二乗が有であるか無であるかを疑うならば、『法華経』などの諸経はこれを除くことができた（若疑二乗為有為無、法華諸経已能除之）」（五一六上）も同様である。[11]

次に、多くの経教の相互関係についてはどのように考えられていたのか。「十二部の中の理味には相違があるけれども、同一の仏説である（雖復十二部中理味有異、然同一仏説也）」（四一八上）とあるように、すべて仏説であることが指摘されているが、やはり「〔衆生の〕根に利鈍があり、教えに浅深がある（根有利鈍、教有浅深）」（四一四中）とあるように、教えの浅深の差を説いている。そして、『涅槃経』以前の教えは浅く、『涅槃経』は深い教えとされる。すなわち「これは第一に教えの相違を明かす。昔は浅くて今は深いことを意味するのである（此即第一明教異。謂昔浅而今深也）」（四九二上）と。これらの資料は、釈尊の説法を浅い教えから深い教えへと展開すると見ることを示しているわけではないが、僧宗も僧亮と同様に、そのように考えていたと推定してもよいであろう。僧宗が『涅槃経』

を最高の経典と考えていたことは、「この経は深遠であり、始めて理を窮めるのである（此経深隠、始是窮理也）」（四五九上）、「経の体に明かされるものは、文理ともに円かに備わっている。惑を除き罪を滅し、その働きは他の経よりも優れている（経体所明、文理円備。除惑滅罪、功勝余経）」（四七七中）、「〔『涅槃経』が〕多くの経の中で優れていることを知るべきである（当知衆経之勝也）」（五〇八上）、「教理がともに円満である以上、悪を滅し善を生ずることができる。力用はますます広大となり、他の経典よりも優れている（既教円理満、能滅悪生善。力用弥曠、勝於余典）」（五四二上）などの注に明らかである。

では、『涅槃経』が最も深い教えとされる理由についてはどのように考えられていたのか。経題の「大般涅槃経」の「大」を解釈する経序のなかで、次のように述べられている。

これは煩悩が尽きることの総名であり、万善の究極的な名称である。大とは、第一に教大を意味し、第二に理大を意味する。どうしてかといえば、鹿園から始めて『法華経』に終わるまでは、因果がまだ円満でないことを論じ、境行が完備してないことを明かすので、小である。この教えは円備するので、大と呼ぶのである。昔、三乗の涅槃は、真実の究極ではなく、道理の中の小である。今、法身・般若は一切の煩悩の外にあることを明かす。道理の中の大であるのであり、大というのである。

此累尽之都名、万善之極称也。大者、一謂教大、二謂理大。何者、始於鹿園[12]、訖至法華、辨因果未満、明境行不周、所以為小。此教円備、所以称大也。昔三乗涅槃、非実究竟、是道理中小。今明法身般若在乎衆累之外。是道理中大、所以言大也。（三七八中）

これによれば、因、果、境、行を明かすことが十分かどうかで『涅槃経』とそれ以前の経を区別していることがわかる。因、果、境、行の内容については、『集解』全体を参照しなければならず、ここで詳しく論じることはできないので、簡単に記す。長寿品の迦葉菩薩の発した三十四の問い（大正一二・六一九中―六二〇上参照）について、「しかし、問答の大旨は、因・果を論じ、境・行を明らかにすることである。……第一に十三問があり、常住の因果を明らかにする。次に十九問があり、経の働きを讃える。次に一問があり、経によって修行を生ずることを明らかにする。次に一問があり、照らされる境を明らかにする（然問答大旨、論因説果、明境辨行。……第一有十三問、明常住因果。次有十九問、歎経功能。次有一問、明依〔経〕生行。次有一問、明所照之境）」（四一二上）とあるように、因、果、境、行の視点を分類に利用している。「どのようにして長寿で金剛のように破壊されない身を得るのか。また、どんな因縁によって偉大な堅固な力を得るのか（云何得長寿金剛不壊身。復以何因縁得大堅固力）」（大正一二・六一九中）に対する僧宗の注、「先に般若について質問し、ここで法身について質問する（向問般若、此問法身）」（四一二下）、「上句は果について質問し、ここの下の句は因について質問するのである。下の文には、護法を因とすると答えるのである（上句已問果、此下句問因也。下文答以護法為因也）」（同前）から、「果」は法身、般若を指すことがわかり、「因」は護法を指す（「以能護持正法因縁故、得成就是金剛身」大正一二・六二三中）ことがわかる。「境」については、「修行によって生ずるものは、必ず境による。境の中では、仏性を越える妙なるものはない（行之所生、必由乎境。境中之妙、不過仏性）」（四一五上）、「境の中では、仏性を越える妙なるものはない。この真実の境（仏性）を説き、その下品の聞慧を生ずる（境中之妙、不過仏性。説此真境、生其下品聞慧）」（四四七下）、「境の中の妙なるものは、ただ仏性だけである（境中之妙、唯仏性）」（五四二上）、「因果仏性の境（因果仏性之境）」（同前）などの注から仏性を指すことがわかる。「行」については、聖行品冒頭の注、「ここから下は、経によって修行をして、最終的に究極的な果を期することを明かす。とりもなおさず前の第三十三問に答えるのである（従此已下、明依経造行終期極果。即答前第三十三問也）」（四七七中）から、聖行品以下に説かれる修行を指すことがわかる。ここでは、因、果、境、行のおおよその意味を記すことしかできないが、この四つのなかでは「経の根本は、ただ因果だけである（経之宗要、其唯因果）」（四二四下）とあるように「因果」が重要である。なかでも「この経の大要は、常果を根本とすることである（此経大要、以常果為宗）」（四一二上）、「経の趣旨は因にあるのではなく、ただ果を根本とする（経旨意不在因、但以果為宗）」（四一三上）とあるように、「果」が最も重視される。では、『涅槃経』の重要な思想である「仏性」は「境」として位置づけられるだけで、最も重視される「果」と、どのような関係を持つのか。これについては、ここでは、「仏性は因果に通じるのである。如来は果の境地の人を意味するのである（仏性通因果也。如来謂果地人也）」（五三二上）、「因果仏性の中道（因果仏性中道）」（六〇五中）とあるように、仏性が因果に通じる概念であることを注意しておくにとどめたい。

これまで述べてきたように、僧宗は『涅槃経』を最高視しているが、彼は『涅槃経』以前の教えと『涅槃経』の教えとを指し示す概念として、「偏教」と「円教」を対にして用いる。このことは、僧亮においても見られたことであるが、僧宗においてはいっそう頻繁に「偏教」「円教」が用いられる。[13]今、「偏教」と「円教」を対にして用いる例を検索すると、「金剛宝蔵無缺とは、この円教に明かされる円果の涅槃は、一切の徳を備え、独善的な解脱と同じではない。あたかも宝器の蔵のようなものである。まさに昔の偏教と相違することを論じようとする（金剛宝蔵無缺者、此円教所明円果涅槃、備一切徳、不同孤滅解脱。猶如宝器蔵也。将辨異昔偏教）」（四二五中）、「第三に本来の理解を失うけれども、善の力によって動かされ、聖人は世に出現して、偏教を説くことを明かすのである。第四に常機が始めて生じて、円教を説くことを明かす（第三明雖失本解、善力所感、聖則出世、説偏教也。第四明常機始発為説円教）」（四五一中）、「先に譬えを挙げて円教を明かし、今、毒の譬えを挙げて偏教を示す（向挙譬以明円教、今挙毒譬以顕偏教）」（四五五下）、「常住の病のためには、偏教を説く。断滅の病のためには、円教を説く（若常病者、為説偏教。若断病者、為説円教）」（四五九下）、「偏教は三心（苦受・楽受・不苦不楽受）の滅する処を滅とし、円教は常住の体が諸相を絶することを滅とするのである（偏教以三心滅処為滅。円教以常住之体絶衆相為滅也）」（四八〇上）が挙げられる。[14]また、「円教」と関連して、しばしば「円」のつく熟語を用いる点が特徴的である。たとえば、「円解」

（四〇六中、四一五上、四五一中、四五一下、四五二上、四七二中、四九三上）、「円極」（四〇〇下、四七三下）、「円果」（四〇一下、四二〇上、四八〇上）、「円徳」（四〇二中）、「円体」（四〇二上、四一二中）、「円理」（四六六上）である。

次に、さまざまな教えの存在する理由について、僧宗は衆生の機根との関連で「一道とは、ここでは如来が〔衆生の〕機根にしたがうので、異なる教えをもたらすことを明かす（一道者、此明如来随根機、故致教不同）」（四八五下）と述べている。[15] このことは、道生においてすでにはっきり示されていた考えであるが、[16] 僧宗はこの「機」と「教」との対応関係をしっかり踏まえて、「常教」すなわち『涅槃経』の説かれるべき機根を「常機」と表現している。たとえば、「どうしてかといえば、昔の常機はまだ実現しないので、常を説くことができないからである（何者、以昔常機未至、不得説常）」（四三三上）、「常機が生じそうになるのは、菩薩のためのはずである（常機欲発、応為菩薩）」（四四九中）、「第四に常機が始めて生じ、円教を説くことを明かす（第四明常機始発為説円教）」（四五一中）、「今、常機がまさに生じようとし、仏果が常住である理由を解釈する（今常機且発、解釈仏果所以為常）」（四五二中）である。

以上、僧宗の教判思想を考察してきた。聖行品の五味の譬喩に基づいて、釈尊一代の説法を五段階に分類する教判が見られたので、いわゆる慧観の五時教判との用語の類似性を指摘し、あわせて若干の相違点を明らかにした。また、人天乗の存在、『華厳経』の位置づけ、昔教における二乗の涅槃の評価、『法華経』の思想への関心についても論及した。次に、僧宗においては、『涅槃経』が最高の教えと位置づけられるのであるが、その理由を常住の「果」を明かす点に求めた。さらに昔教と『涅槃経』の区別を偏教、円教の対概念によって示す用例を示し、それに関連して、僧宗の好んで用いる「円」のつく多くの概念を紹介した。最後に、教の多様性の根拠を衆生の機根に求める思惟に基づいて、僧宗が『涅槃経』を説くべき対象として「常機」を取りあげていることを指摘した。

注

(1) 拙稿「『大般涅槃経集解』における僧亮の教判思想」（『印仏研』三五―一、一九八六年一二月。本書、第三部、第四章に収録）を参照。

(2) 大正一二・六九〇下―六九一上を参照。

(3) 次に詳しい注に「如来初開四諦、但言是苦是集。未明苦集不生。及般若之教、始顕不生。爰至法華、苦集之相猶止三界。今日所明……」（大正三七・四一三中）がある。

(4) 次下に「出般若者、一乗実慧般若也。従般若出大涅槃者、即今教也。又一解云、此経文小誤。般若応為第三。方等応在第四也」（四九三中）という注目すべき注があるが、本論では考察しない。

(5) 『集解』には法蓮、敬遺、慧朗などの僧宗注に対する注釈をしばしば載せているが、「敬遺記僧宗曰」として「自鹿苑至霊鷲、四時次第、極云復倍上数。自有偏方別教。如大雲勝鬘之流。此為上根者耳。今日開宗顕常、正為下根。故有次第也」（三九一中）と述べている。『勝鬘経』などを「偏方別教」と規定している点、重要である。吉蔵が『法華玄論』巻第三において、「後人更加其一、復有無方教也」（大正三四・三八二中）と述べているのと大いに関係があるであろう。但し、僧宗自身は『勝鬘経』を三回（四一七中、四八六中、五四九上）引用しているが、偏方別教については全く言及していない。

(6) 大正四五・五中を参照。

(7) その他の用例。「終聞常教、皆有受義」（四〇八下）、「今常教既興、一切悉断」（四二八中）、「修行万行、必須円解常教」（四七〇中）などを参照。

(8) 大正四四・四六五上を参照。

(9) 僧亮も「楊葉譬人天乗四果」（五一四下）とあるように、人天乗について言及している。

(10) 同じ箇所の明駿の注「法華之日、已無声聞。況在此席。豈更別有菩薩耶」（三八七上）は理解しやすい。

(11) 僧宗は『法華経』の二乗授記についての『涅槃経』の記述、すなわち、菩薩品の「如法花中八千声聞得受記莂成大果実」（大正一二・六六一中）に対しても、「如法華中八十声聞者、誤也。彼経云、八千声聞也」（四六九下）と注している。僧宗の見た『涅槃経』のテキストには誤字があったようである。

(12) ここと同じように、『法華経』までの経と『涅槃経』とを比較する視点で書かれた注に「自鹿苑至乎法華、所説階級大有不同。唯此教円備。将明常住妙因、必資中道観照」（四四五下）がある。

(13) 「境有深浅、故教有偏円」（四一三上―中）、「夫教有偏円、由機有次緒」（四一三下）などを参照。

(14) その他、「偏教」の語は、四〇六下、四〇七下、四〇八下、四三三上、四四四下、四五〇上、四五〇中、四五二上、四五二中、四五九上、四六五下、四七一上、五〇四下、五六五下に出る。また、「円教」の語は、四一四中、四五〇中、四五五中、四五六上、四五八下に出る。これによって、僧宗が「偏教」「円教」の語をいかに多用したかがわかる。

(15) これに関連する思想、用語についての注として、「必是大士、審見機縁」(四二四中)、「如来致教、消息根機」(四二七上)、「亦云、消息物情」(四二九上)、「善照機宜、動必有益也」(四九九上)、「正以善巧方便、応衆生根、令物悟道」(五五〇下)などを参照。

(16) 拙稿「竺道生における機と感応について」(『印仏研』三二―一、一九八三年一二月)を参照。

第四部　『大乗四論玄義記』の研究

一　慧均『大乗四論玄義記』の三種釈義と吉蔵の四種釈義

一　はじめに

『大日本続蔵経』一―七四―一に『無依無得大乗四論玄義記』（さまざまな略称が通用しているが、以下、『四論玄義』と略記する）というテキストが収められている。本書の研究は、必ずしも多くはないが、主に横超慧日氏、三桐慈海氏、伊藤隆寿氏の三人によってなされてきた。本書は、三論宗の興皇寺法朗の直弟子、慧均僧正の著作で、慧均は吉蔵と同門であり、かつやや先輩であると推定されている。

本書の研究の意義については誰もが意見の一致を見ると思うが、第一の意義として、南北朝時代の著作の多くが散逸している情況において、本書は実に多くの資料を引用している点が注目される。すなわち、南北朝時代の仏教思想の研究のうえで重要な書物と言うことができよう。第二の意義として、三論宗の思想が主に吉蔵の著作によってこれまで研究されてきたことは当然であり、妥当でもあったが、同門の慧均が提示する、吉蔵とはやや異なる三論宗の思想は、三論宗のなかで吉蔵の思想を相対化し、新たに位置づけるうえで重要であろう。

本論は、筆者の今後の研究の礎石として、これまでの研究成果を整理するとともに、筆者のささやかな研究成果として、吉蔵の有名な四種釈義ときわめて類似した慧均の三種釈義の存在を紹介することを目的とする。

なお、慧均の他の著作について、伊藤隆寿氏は、従来吉蔵著とされてきた『弥勒経遊意』を挙げている。(1)

二 『四論玄義』の研究の現状と課題

(一)著者均正について

『四論玄義』に関する最初期の論文は、横超［一九五八］、横超［一九六三］であろう。まず、本書の研究にはじめて取り組んだ横超論文の成果を紹介し、次にその後の研究の新しい成果を紹介していきたいと思う。

均正について、横超［一九六三］は、「慧均なる者が僧正になったから均正と呼んだもので、慧光僧統を光統と呼んだ如き略称と考えられる」と述べ、この点については多くの学者が同意見である。また、横超［一九五八］は、新出資料の「初章中仮義」の記述、「自分は成論の玄義を聴くこと五十遍、論文は四十余遍、毗曇の文義は各四遍、摂論は三遍聴いた」を紹介し、これを踏まえて、横超［一九六三］は、慧均が『成実論』の研究から三論宗へ転向したと述べている。

また、同じく「初章中仮義」の「興皇師（法朗）は、大建六年五月、室内でまた六章を開いた（興皇師大建六年五月房内亦開六章）」、「この疎密の意義は、栖霞大朗法師（僧朗）、止観詮法師（僧詮）、興皇朗師（法朗）の三代の三論師の中の疎密の語である（此疎密之義者、栖霞大朗法師、止観詮法師、興皇朗師、三代三論師中疎密語）」に基づき、慧均が興皇寺法朗（五〇七―五八一）の直弟子で、陳大建六年（五七四）に法朗の会下にあったことを指摘している。

さらに、「断伏義」の「法師（法朗）は東山にいる時、『並びに虚仮の理を対象として認識する』と解釈した。中ごろ陽洲に出た時、『真を対象として認識するのは、対照的認識（縁）と喚ばない』といった。最近、臨終の時に確定的に『虚仮の理を対象として認識することである』といった(法師在東山時釈云、並縁虚仮理也。中出陽洲時云、縁真不称縁。近臨死時定云、是縁虚仮理)」(続蔵一―七四―一・四左下)に基づいて、少なくとも「断伏義」は、法朗の死後の執筆であると推定している。また、「初章中仮義」の「大蔵公」、「仏性義」の「蔵云」は吉蔵(五四九―六二三)を指しているとし、慧均の仏教学の経歴からいっておそらく吉蔵より先輩であろうと推定している。[2] また、吉蔵の『三論玄義』『中観論疏』に出る中仮師に対する批判は、慧均をも中仮師と見なしての批判であろうと推定している。

伊藤隆寿氏の研究は全体的に詳細で、横超氏が典拠を示さないで指摘したことも、一々資料を示している点で便利である。伊藤[一九七一b]も、慧均の著書中に見られる「蔵公」などの表現が吉蔵を指していることは間違いがないと指摘している。なお、伊藤[一九六九]は、吉蔵の著作中に慧均の名は直接出ないが、『大乗玄論』巻第三(大正四五・三七中)に出る「今時一師」説が、本書巻第五(続蔵一―七四―一・四九左下)とほぼ一致し、また『大乗玄論』巻第三の仏性義の第八明見性の段(大正四五・四一中―下)の「一師」の説は、本書巻第五(続蔵一―七四―一・五九右上―六〇左下)の趣意要略であることを指摘し、吉蔵も慧均の説を知っていたと推定している。なお、吉蔵の著作が大業四年(六〇八)までにほとんど成立している点と、『大乗玄論』の成立が吉蔵最晩年であるとみられる点から、本書成立を一応大業四年以降、『大乗玄論』の前と推定している。

伊藤[一九七二a]は、本書の成立時期についてさらに検討を進めた論文で、結論として、吉蔵の卒時である武徳六年(六二三)前後であり、遅くとも本書の巻第五から巻第十の各巻末に見られる識語「顕慶三年歳次戊午年十二月六日興輪寺学問僧法安為大皇帝及内殿故敬奉義章也」に見られる顕慶三年(六五八)以前であるとしている。

また、伊藤[一九六九]は、慧均について、『華厳経』についての関説が多いので、北地の人であるとの印象を受けると述べている。

㈡テキスト全体について

横超［一九五八］によれば、『東域伝灯録』などは十二巻とするほか、十四巻説、十巻説があること、[3]巻二、五、六、七、八、九、十が現存、巻一、三、四、巻五の後半、巻八の前半、十一、十二が逸亡していることが指摘されている。横超［一九六三］には、テキスト全体に関する問題が扱われているので、まずそれを紹介する。

横超［一九六三］によれば、続蔵本には、本文の前に目次が付いているが、これは続蔵の編纂者が新作したものである。後の議論のため、この目次を紹介する。ただし、本文の項目名によって訂正したところもある。目次に出る項目名の場所を示すために、続蔵の丁・葉・段を私に付す。割注は〔　〕のなかに記す。

巻第一　十地義〔闕文〕
巻第二　第二明断伏義（一左上）
一明断伏〔一明断伏　二論修行（五左下）　三辨得失（六右下）〕
二論雑問答（一二右上）
料簡第三明時節劫数（一五右上）
金剛心義（一五左上）
一大意　二釈名　三明出体（一五左下）　四料簡
巻第三〔闕文〕
巻第四〔闕文〕
巻第五　二諦義（一八左上）

一明大意　二明釈名（二〇左下）　三論立名（二二左上）　四明有無（二三左下）　五辨観行（二五右上）　六論相即（二六左下）　七明体相（二八右上）　八辨絶名〔闕文〕　九明摂法〔闕文〕　十明同異〔闕文〕

巻第六　感応義（三〇左下）

一大意　二釈名（三二左下）　三明体相（三三右下）　四広料簡（三六右上）

巻第七　仏性義（四三左下）

一明大意　二論釈名（四五右上）　三辨体相（四六右下）　四広料簡（四九左下）〔一辨宗途　二明証中道為仏性体（五三左上）　三論尋経仏性名（五六右上）　四明本始有（五六右下）　五辨内外有無（五七左上）　六論見不見仏性（五九右下）　七料簡（六〇左下）　八会教（六七右上）〕

巻第八　二智義（六八左上）

一大意　二論釈名（六九右下）　三出体（六九左下）　四辨料簡（七〇右上）〔一辨料簡　二論須弥入芥子（七六右下）　三明断伏（八四右下）〕

巻第九　三乗義（八六左下）

一釈名　二体相（八七右下）　三広料簡（八七左上）　四明五乗（一〇〇左上）

荘厳義（一〇一右上）

一明釈名　二出体相（一〇一右下）　三広料簡（一〇一左上）

巻第十　三位義（一〇二左上）

一釈名　二体相　三料簡（一〇三右上―左下）

横超［一九六三］によれば、続蔵本において原題を存しているものは、

（首題）大乗三論玄義記巻第五　二諦義

（尾題）大乗三論感応義第四

（尾題）二智義記巻一

（首題）無依無得大乗四論玄義記　均正撰　第一三乗義　第二荘厳義　第三三位義

の四箇所である。

また、新出資料の「初章中仮義」と「八不義」の二篇には、次のような首題・尾題がある。

（首題）大乗四論玄義記巻第一　均正撰記　初章中仮義

（尾題）初章義巻一

（首題）大乗三論玄義記巻第二　八不義

（尾題）大乗玄義八不巻第二

横超氏は、これらの記載に基づいて、本書の書名としては「大乗四論玄義記」とも「大乗三論玄義記」とも呼ばれ、また略して「大乗玄義」とも呼ばれたこと、さらに「無依無得」は本書の立場が無依無得の大乗を標榜することを示すために付した冠称であること、第一巻には初章中仮義、二智義を収め、第二巻には八不義、第四巻には感応義、第五巻には二諦義が収められていたであろうことを指摘し、[4]したがって、続蔵本の編纂者が巻数の順序を新たに変えたと結論づけた。

また、現存する九篇（断伏義・金剛心義・二諦義・感応義・仏性義・二智義・三乗義・荘厳義・三位義・初章中仮義・八不義）における他篇に関する引用・言及から、散逸した八篇（十地義・涅槃義・夢覚義・般若義・五種菩提心義・浄土義・法身義）の存在を指摘している。

伊藤［一九六九］は、横超氏の示した八篇の「五種菩提心義」を「五種菩提義」とし、新たに成壊義・開路義・十四音義・四悉檀義・三宝義の五篇を出し、横超氏の出した「般若義」については触れていない。(5)伊藤氏は伊藤［一九七四a］において、日本における三論宗章疏類に引用される本書の逸文を整理、提示しており、労作である。この論文は、逸文の収集という点ばかりでなく、次に見るように、本書の原型を探るうえでも有意義な研究であった。

横超［一九六三］が、続蔵本の巻数は編纂者の発明になるものとしたが、伊藤［一九七一b］は、三論宗章疏類に引用される本書の逸文の整理を通して、その原型を次のように推定した（なお、涅槃義・法身義・浄土義・般若義については、所収巻数が不明であるとしている）。

巻第一　初章中仮義
巻第二　八不義
巻第三　二諦義
巻第四　夢覚義・感応義
巻第五　十地義・断伏義・金剛心義
巻第六　仏性義
巻第七　仏性義
巻第八　五種菩提義
巻第九　二智義
巻第十　成壊義
巻第十一　開路義・十四音義・四悉檀義
巻第十二　三乗義・荘厳義・三位義・三宝義

㈢八不義について

横超［一九五八］、横超［一九六三］は、「初章中仮義」ばかりでなく、「八不義」をも新出資料として提示した。日本では、古くから『大乗玄論』八不義の真偽問題が存したが、『四論玄義』の八不義の発見によって、この問題に決着がつくこととなった。

まず、三桐［一九七〇］は、『大乗玄論』八不義と新出の『四論玄義』八不義の詳細な対照表を出し、結論として、「全体から眺めると全く同じものということができるようである。しかし異同の部分を少しく詳細に検討すると、大乗玄論が慧均の八不義のそのままではない要素が加味されているようにも思われる。それでは既にいわれているような後に吉蔵の門弟によって大乗玄論に編入された折に手が加えられたとみるべきであろうか。或は吉蔵が自ら慧均の八不義を可として取入れたのであろうか、或はまた八不義はそもそも師法朗の著わしたものとも考えられないであろうか等が推測し得るように思われる」としている。

伊藤［一九七一a］は、『大乗玄論』八不義は、結論として慧均の作と見るのが妥当であると指摘している。その理由として、「八不義には他の義科や吉蔵の著作にはみられぬ論述があることや、特に中仮の考え方が、その基底に流れていることを感じる。これは慧均の立場と一致するもので、吉蔵とは微妙な点で異なる理由でもある」と述べている。伊藤［一九七二b］は、さらに詳しく同じ問題を扱って同様な結論を導いている。とくに、『大乗玄論』八不義と二諦義との類似部分の比較、同じく八不義と吉蔵の著作と確定している『中観論疏』との類似部分との比較によって、八不義が吉蔵の著作ではないことを論じている。また、『大乗玄論』に八不義が取り入れられたのは、「吉蔵の門弟によって多少手を加えられた上で編入されたものであろうと考えられ、決して吉蔵自らが取入れたものではなかろう」と指摘し、南都における編入の可能性もあることを指摘している。また、八不義が慧均のものであり、二諦義が吉蔵のものであるならば、両者における類似箇所の存在は、彼らの共通の師である法朗の著作中にすでにあった文章を彼らがそれぞれ独自の仕方で取り入れたものであろうと推定している。

この点については、三桐［一九七三］も、「現存する八不義が慧均の著わしたものとするよりは、法朗の著わしたものあるいは法朗がおこなった八不についての講義メモが整理され、門弟の間に常用されていたもの、とするのが妥当なのではないであろうか」と述べ、同じ方向の推定を下している。

㈣初章中仮義について

横超［一九五八］によれば、新出資料「初章中仮義」「八不義」の巻末に「摂泉堺威徳山常楽寺」の墨印があり、鳳潭の弟子覚州の所蔵であることを指摘している。横超氏は、吉蔵の著作に見られる「中仮師」に対する批判を、均正に対する批判と見なしている。

伊藤［一九七四b］、伊藤［一九七五］、伊藤［一九七六］は一連の論文であるが、横超氏が入手した「初章中仮義」の三桐氏による翻刻資料を借覧し、その思想を詳しく考察した長編の力作論文である。伊藤氏は伊藤［一九七六］の末尾で、「初章中仮義」はもともと新三論学派の相承説としてあり、慧均はそれを重要な意義を有する説と認め、『四論玄義』の冒頭に置いたであろうこと、「初章中仮義」には吉蔵、慧均の用いる重要な術語、概念がほとんど含まれている点で、新三論学派の基本的教義が盛り込まれていると認められ、したがって、三論学派そのものの教学としては「初章中仮義」がその代表として数えられるべきであると整理している。ただし、慧均、吉蔵の新三論学派の伝統説としての初章中仮に関する理解は互いに相違することも指摘されている。

㈤思想の研究について

伊藤氏の「初章中仮義」に関する研究は本項に収めてもよいのであるが、新出資料でもあるから、あえて前項で紹介した。本項では、『四論玄義』の他の義科に関する研究を一括して紹介する。個別の義科の研究としては、仏性義、二諦義、二智義の研究があるだけである。『四論玄義』の広範な内容からすると、まだまだ研究しなければならない分野が多いと言わざるをえない。

伊藤［一九七二b］は、仏性の大意、仏性を説く因縁、仏性の体、五種仏性説などについて、『四論玄義』の仏性義と『大乗玄論』仏性義とを比較している。

伊藤［一九七三］は、『四論玄義』が『涅槃経』を『般若経』と同様に依用重視し、『涅槃経』のうち師子吼菩薩品が仏性の体用因縁の正義を明かすと位置づけるとともに、他の重要な各品の思想的位置づけをも示していると指摘している。また、『四論玄義』に見られる五種仏性説が、吉蔵のそれよりも整理、体系化が進んでいることから、『四論玄義』の成立を吉蔵よりも後代であろうとしている。さらに、五種仏性のなかの「正性」の概念について詳しく考察している。

三桐［一九八二］は、『四論玄義』二諦義と吉蔵の『二諦義』とを比較した研究である。

三桐［一九九六］は、『四論玄義』二智義の内容を解説したものであり、慧均がとくに僧肇の『般若無知論』の論理構造を取り入れている点を指摘している。

三桐［一九九〇］は、慧均の事跡、慧均の『二諦義』、吉蔵の『二諦義』、慧均と吉蔵の項目からなり、従来の研究を集大成したものである。結論の一部として、慧均の二諦義が因縁観を重視しているが、「因縁観が直接仏智と結びつく論理が成立していない。慧均の『二諦義』は禅定実修についての論理化の域を出てはおらず、吉蔵の中仮批判の対象となる要素をもっているのである」と指摘している。

三　慧均の三種釈義と吉蔵の四種釈義

吉蔵の四種釈義については、すでに平井俊榮氏が詳しく論じている。[6]平井［一九七六］によれば、「吉蔵教学の基礎範疇の一つとして、彼がとくに種々なる問題の論釈をなす場合に用いた方法『四種釈義』というのがある。四種釈義とは、通例語句などの解釈をなす場合に用いられる方法」であるとされ、『三論玄義』（大正四五・一四下）の依名釈義・理教釈義・互相釈義・無方釈義と、『二諦義』（大正四五・九五上）の随名釈・因縁釈・顕道釈・無方釈とを紹介している。「無方」以外の三種は名称に相違が見られるが、依名釈義と随名釈、理教釈義と顕道釈、互相釈義と因縁釈とがそれぞれ内容的に一致していること、理教釈義と顕道釈では、名称としては顕道釈の方がより相応しいこと、四種の順序に関しては『二諦義』の方を採用するべきであること、『大乗玄論』論迹義（大正四五・七五下）には、因縁釈（互相釈）を「横論顕発」、理教釈（顕道釈）を「竪論表理」とそれぞれ呼んでいることを指摘している。

では、四種釈義はそれぞれどんな意味であろうか。平井氏は、依名釈義は通例の字義によって解釈をなす仕方であるとし、『三論玄義』の「中は実を以て義と為す」、『二諦義』の「俗は浮虚を以て義と為す」を用例とし、又た、俗は風俗を以て義と為す」を用例として引用している。互相釈義（因縁釈）は、二つの概念が互いに相対関係にあることを説いて無名相の義を顕わすこととし、『三論玄義』の「中は偏を以て義と為す。偏は中を以て義と為す」、『二諦義』の「俗は真を以て義と為す。真は俗を義と為す」を用例として引用している。理教釈義は、名相の言教によって無名相の理を表わす釈義であるとし、『三論玄義』の「中は不中を以て義と為す」、『二諦義』の「俗は不俗の義なり。真は不真の義なり」を用例として引用している。無方釈義は、無名相の実相そのものがはたらきとして不定にあらわれたものとして真も俗も一切法にほかならないとする釈義であるとし、『三論玄義』の「中は色を以て義と為し、中は心を以て義と為す。一法は一切法を以て義と為すことを得、一切法は一法を以て義と為すことを得」、『二諦義』の「俗は一切の法を以て義と為す。人は是れ俗の義、柱は是れ俗の義、生死は是れ俗の義、涅槃は是れ俗の義なり。無方無礙なるが故に。一切法は皆な是れ俗の義なり」を用例として引用している。

さて、『四論玄義』巻第七・八には仏性義が収められているが、仏性義の四門（明大意・論釈名・辨体相・広料簡）の第二論釈名において、「仏性」という概念の語義を解釈している。第一に古旧の説、第二に龍光法師の説、第三に開善寺智蔵の説を紹介した後に、第四家として三論宗の立場を紹介している。その中に、「仏性は一道清浄で無二である。無二であるが二でもある。それ故、因の果、果の因のように〔因と果とが〕相対して名づけられる。ただこの相対に横と竪の相違があり、三種の名の解釈がある（仏性、一道清浄無二。無二而為二。故有因果果因相待得名。但此相待有横竪不同、有三種釈名）」（続蔵一―七四―一・四五左上）と述べ、表理釈名・開発釈名・当体釈名という三種の釈名が紹介されている。第一の表理釈名については、

第一に理を表わす釈名である。とりもなおさず竪の立場から論ずると、因は不因を意味とし、果は不果を意味とする。仏は不仏を意味とし、性は不性を意味とする。名そのままが意味であり、意味そのままが名である。これは竪の立場から表わして名を解釈することである。

一者表理（底本の「裡」を改める）釈名。即是竪而論之、因以不因為義、果以不果為義。仏以不仏為義、性以不性為義。即名為義義為名。此是竪表釋名。（同前・四五左上―下）

とある。これが吉蔵の理教釈（顕道釈）に相当することは明瞭であり、上に紹介した「竪論表理」という表現とも内容的な一致を示している。次に第二の開発釈名については、

第二に開発の釈名である。とりもなおさず仏は法の意味であり、法は仏の意味である。横の立場から明かすの

である。因は果に相対することによって〔因と〕名づけられ、果は因に相対することによって〔果と〕名づけられるようなものである。

二者開発釈名。即是仏以法義、法以仏義。横而明也。如因以待果得名、果以待因得名。（同前・四五左下）

とある。これは吉蔵の互相釈義（因縁釈）に相当し、「横論顕発」という表現とも内容的な一致を示している。開発と顕発という概念の類似性にも注目すべきである。最後に第三の当体釈名については、

第三に当体の釈名である。仏は覚了を意味とするのである。

三者当体釈名。仏是覚了為義也。（同前）

とある。これは吉蔵の依名釈義（随名釈）に相当することは明瞭である。このように、吉蔵の四種釈義の三つが『四論玄義』にすでに出ていることは注意されてよいと思う。では残りの無方釈についてはどうであろうか。これは平井［一九七六］がほかならぬ無方釈の根拠として、『四論玄義』の文を提示していることが参考となる。平井氏は、『三論玄義検幽集』に見られる『四論玄義』の逸文、「『四論玄』の巻第五、十地義には、『もし無方の立場から仮りにこれを論じ、柱でないものはないとするならば、もとより一微塵の中に無量の法がある』とある（四論玄第五、十地義云、若無方仮論之、無柱不是者、故一微塵中有無量法）」（大正七〇・四八九下）を引用し、これを「慧均における無方釈とその経証を示している」と認識し、「吉蔵・慧均ともに『華厳経』によって無方釈を設定していることは明らかである」と指摘している。

したがって、『四論玄義』には三種釈義が一括して示されるばかりでなく、無方釈とまで確定的に言えるかどうか問題であるが、無方釈の萌芽も見られることになる。四種釈義は、吉蔵の独創というわけではなく、吉蔵や慧均以前の三論宗の伝統のなかに、少なくとも萌芽的にはすでに存在していたのではないであろうか。このように、『四論玄義』の研究は吉蔵の思想の相対化に役立ち、ひいては三論宗の伝統と吉蔵の独創的思想とを区別する視点をも与えて

くれる。第二節で紹介した先学の研究にも、そのような視点に基づく貴重な研究が少なからずあったのであるが、『四論玄義』にはまだまだ手つかずの分野も多い。今後の研究を期したい。

注

（1）伊藤隆寿「『弥勒経遊意』の問題点」（『駒澤大学仏教学部論集』四、一九七三年一二月）、「慧均撰『弥勒上下経遊意』の出現をめぐって―宝生院本の翻印―」（『駒澤大学仏教学部研究紀要』三五、一九七七年三月）を参照。また、同氏は『大品遊意』の吉蔵撰述をも疑っている。「弥勒経遊意と大品経遊意」（『印仏研』二二―二、一九七四年三月）、「大品遊意考―構成及び引用経論等に関して―」（『曹洞宗研究員研究生研究紀要』七、一九七五年九月）、「大品遊意考（続）―経題釈を中心に―」（『駒澤大学仏教学部論集』六、一九七五年一〇月）を参照。

（2）伊藤［一九七三］は、『四論玄義』仏性義に見られる五種仏性説が、吉蔵のそれよりも整理、体系化が進んでいることから、『四論玄義』の成立を吉蔵よりも後代であろうとしている。

（3）十二巻説、十四巻説を伝える資料については、伊藤［一九六九］、伊藤［一九七一b］が示しているが、後者には、十四巻説は誤伝であろうと指摘し、「奈良朝現在一切経疏目録」には、『四論玄義』の書写が七回記録され、いずれの場合も十二巻とされていることが示されている。

（4）二智義、二諦義を収める巻数については、本文の後に紹介する伊藤［一九七一b］は別の推定を提示している。

（5）伊藤氏も後の伊藤［一九七一b］においては、「般若義」について触れている。

（6）平井［一九七三］、平井［一九七六］、平井［一九八五］を参照。

参照論文一覧

横超［一九五八］　横超慧日「新出資料・四論玄義の初章中仮義」（『印仏研』七―一、一九五八年一二月）
横超［一九六三］　横超慧日「四論玄義の初章中仮義」（『岩井博士古稀記念　典籍論集』〔大安、一九六三年六月〕所収）
三桐［一九七〇］　三桐慈海「慧均撰四論玄義八不義について（一）―大乗玄論八不義との比較対照―」（『仏教学セミナー』一二、一九七〇年一〇月）

三桐［一九七三］三桐慈海「大乗玄論の八不義—慧均撰八不義について（2）—」（『仏教学セミナー』一七、一九七三年五月）
三桐［一九八一］三桐慈海「吉蔵の二諦義」（『大谷学報』六〇—四、一九八一年一月）
三桐［一九九〇］三桐慈海「慧均の三論学」（平井俊榮監修『三論教学の研究』〔春秋社、一九九〇年〕所収）
三桐［一九九六］三桐慈海「方便ということ—慧均の二智義によって—」（『大谷学報』七五—三、一九九六年一月）
伊藤［一九六九］伊藤隆寿「慧均『大乗四論玄義』について」（『印仏研』一八—一、一九六九年一二月）
伊藤［一九七一a］伊藤隆寿「『大乗玄論』八不義の真偽問題」（『印仏研』一九—二、一九七一年三月）
伊藤［一九七一b］伊藤隆寿「『大乗四論玄義』の構成と基本的立場」（『駒澤大学仏教学部論集』二、一九七一年一二月）
伊藤［一九七二a］伊藤隆寿「慧均『大乗四論玄義』について（二）」（『印仏研』二〇—二、一九七二年三月）
伊藤［一九七二b］伊藤隆寿「四論玄義の仏性説」（『印仏研』二一—一、一九七二年一二月）
伊藤［一九七二c］伊藤隆寿「『大乗玄論』八不義の真偽問題（二）」（『駒澤大学仏教学部論集』三、一九七二年一二月）
伊藤［一九七三］伊藤隆寿「四論玄義仏性義の考察」（『駒澤大学仏教学部研究紀要』三一、一九七三年三月）
伊藤［一九七四a］伊藤隆寿「『大乗四論玄義』逸文の整理」（『駒澤大学仏教学部論集』五、一九七四年一二月）
伊藤［一九七四b］伊藤隆寿「三論教学における初章中仮義（上）」（『駒澤大学仏教学部研究紀要』三二、一九七四年三月）
伊藤［一九七五］伊藤隆寿「同（中）」（『駒澤大学仏教学部研究紀要』三三、一九七五年三月）
伊藤［一九七六］伊藤隆寿「同（下）」（『駒澤大学仏教学部研究紀要』三四、一九七六年三月）
平井［一九七三］平井俊榮「吉蔵教学の基礎範疇—因縁釈と理教釈—」（『中村元博士還暦記念論集　インド思想と仏性』〔春秋社、一九七三年〕所収）
平井［一九七六］平井俊榮「四種釈義」（平井俊榮『中国般若思想史研究』〔春秋社、一九七六年〕四二九—四四〇頁）
平井［一九八五］平井俊榮「『文句』四種釈と吉蔵四種釈義」（平井俊榮『法華文句の成立に関する研究』〔春秋社、一九八五年〕二二九—二五〇頁）

〔追加論文一覧〕

福島光哉「智顗の感応論とその思想的背景」（『大谷学報』四九—四、一九七〇年二月）
福島光哉「天台における感応の論理」（『印仏研』一八—二、一九七〇年三月）

森江俊孝「梁三大法師の感応思想」（『印仏研』二二―一、一九七三年一二月）

菅野博史「慧均『大乗四論玄義記』の三種釈義と吉蔵の四種釈義（『木村清孝博士還暦記念論集・東アジア仏教―その成立と展開―』（春秋社、二〇〇二年一一月）所収。本論文）

菅野博史「『法華文句』における四種釈について」（『印仏研』五四―一、二〇〇五年一二月。本書、第一部、第九章に収録）

菅野博史「『大乗四論玄義記』の基礎的研究」（『印仏研』五七―一、二〇〇八年一二月）

諏訪隆茂「慧均『大乗四論玄義』にみえる感応思想」（『印度哲学仏教学』一九、二〇〇四年一〇月）……なお、諏訪氏は、「東アジア仏教における救済思想―感応思想を中心に―」によって北海道大学より学位を授与されたそうで、その中には、『大乗四論玄義記』「感応義」の国訳・注を含んでいるそうであるが、まだ公開されていない。この情報は諏訪氏の指導教授である藤井教公氏から提供されたもので、ここに感謝申し上げる。

〔本書のための付記〕第四部第二章の元の論文の末尾に付した参考論文一覧のうち、ここの第一章と重複しないものをここに追加する。

二　『大乗四論玄義記』の研究序説

―自己の基本的立場の表明―

一　問題の所在

『大乗四論玄義記』（以下、『四論玄義』と略記する）は、全体的に大変に読みにくいテキストである。[1] しかしながら、その読みにくさの程度は巻によって相違する。たとえば、巻第六の「感応義」などは比較的読みやすい方だと思う。読みにくい部分は、著者の文章のもともとの推敲の程度が低いことに原因があるのか、それともたまたま当該部分の写本の質が悪いことに原因があるのか、よくわからない。あるいは、近年発表された韓国成立説とも関係しているのであろうか。[2]

本稿は、『四論玄義』の内容的な分析はひとまず置き、[3] 第一節において、『四論玄義』が自己の立場をどのように捉えているのか、自己の所属する学系をどのように捉えているのかを考察し、さらに第三節において、自己の立場と相容れない成実論師などの批判対象をどのように捉えているのか等の問題を整理し、今後の研究の基盤とすることを目標とする。

二　『四論玄義』自身の立場に対する捉え方

㈠書名に見られる「三論」「四論」「無依無得」「大乗」などについて

横超慧日氏[4]によれば、続蔵本において原題を存しているものは、

（首題）大乗三論玄義記巻第五　二諦義
（尾題）大乗三論感応義第四
（尾題）二智義記巻一
（首題）無依無得大乗四論玄義記　均正撰　第一三乗義　第二荘厳義　第三三位義

の四箇所であり、新出資料の「初章中仮義」と「八不義」[5]の二篇には、次のような首題・尾題があると報告されている。

（首題）大乗四論玄義記巻第一　均正撰記　初章中仮義
（尾題）初章義巻一
（首題）大乗三論玄義記巻第二　八不義
（尾題）大乗玄義八不巻第二

これらの記載に基づいて、横超氏は、本書の書名としては「大乗四論玄義記」とも「大乗三論玄義記」とも呼ばれ、また略して「大乗玄義」とも呼ばれたこと、さらに「無依無得」は本書の立場が無依無得の大乗を標榜することを示すために付した冠称であると述べている。

(1)「三論」について

書名のなかで、三論(『中論』・『十二門論』・『百論』)と四論(三論と『大智度論』)の名称が入れ替わるのは書名としては奇妙であるが、『四論玄義』には、『中論』・『十二門論』・『百論』のほかに、『大智度論』の引用も多く見られる。ただし、『四論玄義』には、「三論」の用例として次のものがある。

第一に中心的な道すじを論ずる。三論の一家は『涅槃経』の中心教義を論ずることができる。

第一辨宗途。三論一家得辨涅槃義宗。(続蔵一—七四—一・四九左下一〇、以下、『四論玄義』からの引用は、丁・葉・段・行のみを記す)

これは、仏性義に四章あるうちの第四章料簡の文である。料簡は八節に分かれるが、その第一節が「宗途を辨ず」である。その冒頭で、自らの立場を「三論一家」と呼称している。「一家」は次項で考察するが、自己の学系を指す呼称である。これと類似した用例に、

また四句百非を離れるので、三論の中心的教説と同じである。

亦離四句百非、故同三論宗也。(八〇左上八)

ある人は好んで言う、「三論の中心的教説では、衆生は作仏することができない」と。

有人好云、三論家宗、衆生不得作作(「作」は「仏」の誤字として翻訳した)。(一〇〇左下八—九)

さらにまた、諸師と地論師、成実論師・阿毘曇論師の二家の人々は、みな三論家に入ると、すべてそれら四論の中心教義を打破するので、同じく冗漫な言葉を根本とすることができるだろうか。

又諸師与地論師成毘二家諸人、並入三論家、悉打破彼四論義宗、故得同宗漫語耶。（一〇一右上二—三）

などがある。ここに見られる「宗」は宗派の意味ではなく、中心的教説の意味であると考えられる。「宗」の当時の意味と、次項で考察するが、「一家宗」が、「一家宗致」「一家義宗」と言い換えられる用例から、そのように考えられる。

(2)「四論」について

では、「四論」という語句は、『四論玄義』においてどのように使用されているのであろうか。実は、直前に引用した文に出る「四論義宗」の「四論」とは、後に考察する『地論』（『十地経論』）・『摂論』（『摂大乗論』）・『成論』（『成実論』）・『毘曇論』（『阿毘曇論』）を指す用法であり、いわゆる『中論』・『十二門論』・『百論』・『大智度論』を意味する四論の用例は見られない。たとえば、「地摂等四論宗」（八九右上七—八）、「地摂等四論」（九九左上一三、一〇〇左下五）のごとくである。[6] また、この四論は、『四論玄義』の基本的立場である「無得」、「無所得」に対して、「有得四論」（九五右下一七）、「有得四論失」（九五左上七）、「有得四論宗」（九七右下一六）、「有所得四論宗」（九五右下一八）とあるように、有得、有所得と批判されている。したがって、書名に出る「四論」はテキスト本文に出る「四論」と内容的に相違することになる。書名に出る「四論」は、有得の四論、有所得の四論ではなく、「無依無得大乗」と形容される四論ということになり、『中論』・『十二門論』・『百論』・『大智度論』を指すはずであるが、やや奇妙な感は否めない。しかしながら、書名として出ているのは事実であるから、軽々に「四論」が「三論」の誤りとすることもできないであろう。[7]

(3)「無依無得大乗」について

次に、「無依無得大乗」について考察する。「無依無得」は、吉蔵の著作には多数の用例が見られる。たとえば、『法華玄論』巻第三には、

『般若経』は広く有所得を破して、無依無得を明かすことを根本とする。

波若広破有所得、明無依無得為正宗。（大正三四・三八八中一六―一七）

とあり、『金剛般若経疏』巻第一には、

質問する。多くの経典はそれぞれ無所得の法を説いて、重い罪を滅する。どうして多くの経典の滅罪は、すべて『般若経』に依るとだけ言うのか。

答える。多くの大乗経典はみな無依無得であるけれども、『般若経』は多く無依無得を説いて、正面から衆生の依得の病を破す。その他の経はそうではない。『涅槃経』の場合は正面から常・無常を明かし、『法華経』は会三帰一の法を明かし、『華厳経』は広く菩薩の因行・果徳を明かし、正面からは無依無得を論じないのである。このような理由で、多くの経に得道と滅罪とを説く場合、『般若経』を必要とするのである。そこで、『般若経』には多くの異なる種類があるが、その大要を取りあげると、衆生には常に有依有得の病があるので、如来は常に無依無得の法を説くのである。

問。諸経各説無所得法、各滅重罪。云何独言諸経滅罪、皆依波若。

答。諸大乗経雖並是無依無得、但波若多作無依無得之説、正破衆生依得之病。余経不爾。至如涅槃正明常無常、法華明会三帰一之法、華厳広明菩薩因果徳行、不正辨無依無得。為是義故、衆経説得道之与滅罪、要須波若。是以般若有多部不同、取其大要、衆生常有依得之病、是以如来常説無依得法。（大正三三・八六下二九―八七上九）

とある。何かに実体として依存し、何かを実体として捉える衆生の「有依有得」のあり方を対治するために説かれる

ものが「無依無得」であり、広く大乗経に説かれると規定される。ただし、『涅槃経』には仏身の常・無常が、『法華経』には会三帰一が、『華厳経』には菩薩の因行・果徳がそれぞれ中心的に説かれるのに対して、「無依無得」はとくに『般若経』に中心的に説かれるものと規定されている。しかし、実際には、各種『般若経』には、「無依無得」の用例はない。類似の用例として、『八十巻華厳経』巻六十に「無得無依法」(大正一〇・三二六上一四)が見られる。要するに、吉蔵が『般若経』の中心思想を「無依無得」と解釈しているということであり、「無依無得」という用語は、『般若経』をはじめとする諸経典には見られない。

そして、この語は、『四論玄義』にも、「無依無得畢竟空」(四三左下二)のように、空と類似の概念として空と並列されて使用されている用例も見られるが、『四論玄義』の基本的な思想的立場を端的に示す表現として、「今無依無得宗」(七四左下九、九四右上一二、九五左下三、九六左下三、九七右下四―五、九七右下一五―一六、九七左下一一、九八左下一二、九九右上八、九九右下一六)という用例が見られる。これと類似の用例として、「今無依無得家」(八七右下九)、「今無依得意」(九一左上一二)、「今無依無得義宗」(八七左上一六)が見られる。さらに、書名と同様に「無依無得大乗」を取り入れた「今無依無得大乗」(九六右下一五―一六)、「今無依無得大乗宗」(九三左下一、一〇〇右上一)、「今大乗無依無得宗」(一〇三左上五)が見られる。ちなみに、これらの用例に見られる「今」は『四論玄義』自身の立場に言及する際に用いられることが多い。

なお、「無依無得」は、興皇寺法朗(五〇七―五八一)の引用文に出ることにも注意すべきである。『四論玄義』巻第七「仏性義」の冒頭に、「第一明大意者、興皇大師云、必須語無依無得□□所住為宗」(四三左下一九―四四右上一。「□」は判読困難な文字を示す)とあり、判読できない二文字を含んでいるが、法朗が「無依無得」を用いたことは明らかである。つまり、吉蔵や慧均の文章に出る「無依無得」という考えは法朗から継承したものと考えられる。

(4)「大乗」について

次に、「大乗」について考察する。「大乗」という用語は、広く大乗仏教を指す語句として珍しいものではないはずであるが、『四論玄義』は、「大乗」を単独に用いて『四論玄義』自身の立場を指し示すものとして用いている。「大乗」が実際には、上記の「今無依無得大乗宗」の省略表現として用いられているからである。用例は、「今大乗明義」(五左下八など多数)、「今大乗明之」(一〇左上二など)と見られる。これは、大乗の立場から考察するという意味である。また、「今大乗宗」(八七右上八)という用例もある。

また、単独の「大乗」と「無依無得大乗」の中間的な表現として、「今大乗無所得義」(二七右下一八、四五右下一一―一二)、「今大乗無所得意」(七六左上五)、「今無所得大乗意」(八八左上七)、「今大乗無依意」(九四右上五)、「大乗無得宗」(九五左下六)、「今無所得大乗宗」(一〇〇左上一七―一八)、「今無得大乗義宗」(一〇三右上五)がある。

この「無依無得大乗」に対して、地論、摂論などを「有得大乗」と規定する用例が、「地摂両論学有得大乗師宗」(四七右下三―四)、「地摂有所得大乗」(五九右下一六)、「地摂等両有得大乗論師」(六八右下五)と見られる。

なお、『四論玄義』では、自らの思想的立場から問題を考察する際に、たとえば「今大乗明義」などと前置きして論述するが、より具体的には、「不二而二明之」(七左下一一など二十一回)、「不二而二論之」(一五左下一一など六回)と前置きすることが多い。「不二而二」は、智顗、吉蔵の著作に頻出するが、「不二而二明之」は大変に珍しく、他に慧均撰述説のある『弥勒経遊意』に一例見られるだけである。[8]

(二)「一家」について

前項では、書名にちなんで、『四論玄義』自身の思想的立場を表明する概念について考察した。本項では、『四論玄義』が自己の所属する学系をどのように呼んでいるかを考察する。このような場合、もっとも一般的な呼称は「一

家」であるが、『四論玄義』でも「一家」を用いている。たとえば、

一家は、「一応の大意としては、〔煩悩の〕断・伏はこのようであるけれども、経論には四種の名がある」と言う。

一家云、一往大意断伏雖如此、経論中有四種名目。（四右上一七―一八）

とある。この「一家」に中心的教説を意味する「宗」を付加した表現として、「一家宗」の用例が、

一家の中心的教説としては、仮は伏し中は断じ、中は伏し仮は断じ、中・仮ともに断じ、中・仮ともに伏する。

一家宗仮伏中断、中伏仮断、中仮倶断、中仮倶伏。（四右上三―四）

と見られる。類似の表現として、「一家義宗」の用例が、

一家の根本教義としては、顚倒と不顚倒には少しの差別もない。

一家義宗、顚倒不顚倒無毫末差別。（四四右上一三―一四）

と見られ、「一家宗致」の用例が、

また一家の根本趣旨を知る必要がある。二智がともに如・ともに不如、二智がともに絶・ともに不絶、ともに説・ともに不説を明かす。

復須識一家宗致。明二智倶如倶不如、二智倶絶倶不絶、倶説倶不説。（八三右上一八―右下一）

と見られる。また、「一家」は前の時代から相伝されてきた教説であるので、「一家伝」「一家相伝」という表現が見られる。たとえば、「一家伝」については、

質問する。感応の意義は、意識的に心を起こしてはじめて感ずることができるのか、それとも意識的に心を起こさないで感ずることができるのか。応ずることも同じである。聖人は、意識的に心を起こしてはじめて応ずることができるのか、それとも意識的に心を起こさないで応ずることができるのか。

答える。古来、解釈は相違する。第一に道生法師は言う、「〔衆生の〕縁を照らして応ずることは、必ず智慧にもとづく」と。ここでは応ずることは必ず智慧にもとづくと言う。これは意識的に心を起こして応ずることである。今、多くの論師はみなこの説と同じである。第二に道安・僧肇の二師と揺法師は言う、「聖人は心がなくて応ずる」と。応ずることは必ずしも智慧にもとづかないのである。この二つの説は大いに異なる。今、一家の伝承は、後者の説と同じである。

問。感応義為当作心方能感、為不作心能感耶。応亦爾。聖人作心方能応、為不作心能応耶。

答。古来解不同。一生法師云、照縁而応必在智。此言応必在智。此即是作心而応也。今時諸論師並同此説也。二安肇二師与揺法師云、聖人無心而応。応不必在智乎。此両教碩相反。今一家伝同後説。（四〇右上四―九）

とある。これは『四論玄義』巻第六の感応義の文であるが、感応が作心か不作心かの問いを立て、解答として二説を紹介したうえで、「一家」の伝統説は後説と同じであることを述べたものである。「一家相伝」については、

乗を解釈するとは、一家の伝承では、三つの意義がある。乗は入という意味であり、入は出という意味である。開発の釈名の意味である。第二に当体の釈名である。乗は運出という意味である。第三に表理の釈名である。乗は不二という意味である。

通乗者、一家相伝云、有三義。乗是入義、入是出義。開発釈名義。二当体釈名。乗是運出之義。三表理釈名。乗是不二義。（八七右上一八―右下二）

とある。これは『四論玄義』巻第十の三乗義の文であるが、「乗」の語義解釈をめぐって、開発釈名、当体釈名、表理釈名の三種の解釈方法を一家相伝の教説として提示している。これが吉蔵のいわゆる四種釈義と関係していることについては考察したことがある。(9) また、相伝説は旧くから伝えられたものであるから、「旧」と結びついた「一家旧」（七左下一二など多数）という表現も見られる。

このような伝統説である一家の思想的特徴は、前項で考察した「無依無得」であり、それらの語と結びつけられた用例が、

大意は、一家の無得無依という根本教義の条文と同じである。

大意同一家無得無依義宗科。（九五右下一四）

と見られる。また、

第四に五乗の意義を解釈する。一家の関河の伝承では、屋摂嶺高句麗□朗法師等が言う、「不二にして二という立場から明かすと、五乗はみな正法である」と。般若の範疇の方便は通ずるので、すべて無依無所得の五乗である。

第四釈五乗義。一家関河相伝、屋摂嶺高句麗□朗法師等云、不二而二明之、五乗並是正法。般若家方便通、故悉是無依無所得五乗也。（一〇〇左上三―五）

とあり、[10]一家と「関河」を結びつけている。「関河」は吉蔵の著作にも三論学派の学系を指す言葉としてよく出るが、[11]ここでは、高句麗出身の三論学派の摂嶺（摂山）大師僧朗を代表として取りあげている。また、前項で考察した「不二而二明之」という表現が「僧朗等」の発言のなかに出ているのは注意を要する。

㈢僧朗、僧詮、法朗、吉蔵

前項の末尾に引用した文によれば、一家の相伝説として僧朗の説を引用していたが、『四論玄義』が自己の学系をもっとも詳しく提示した文は、新出資料の「初章中仮義」に見られる次の文である。[12]

この疎密の意義は、栖霞大朗法師、止観詮法師、興皇朗師の三代の三論師の中の疎密語である。

此疎密之義者、栖霞大朗法師、止観詮法師、興皇朗師三代三論師中疎密語。

ここには、摂山棲霞寺僧朗、摂山止観寺僧詮、興皇寺法朗の三人を挙げており、吉蔵のいう学系と共通である。
『四論玄義』には、僧朗については、前項末尾に引用した文に「摂嶺高句麗□朗法師」とある以外に、次の文がある。

　第五に摂嶺棲霞寺〔僧朗〕、無所得の三論の大意の大師、〔僧〕詮法師が言う、「二諦とは、思うに理を表わす究極的な説であり、文章表現のすぐれた教えである。体は有無ではないが、有無は体にそむかない。理は一二ではないが、一二は理に相違しない」と。

　第五摂嶺西霞寺無所得三論大意大師詮法師云、二諦者、蓋是表理之極説、文言之妙教。体非有無、有無不乖（↑永）体。理非一二、一二不違於理之。（一八右下一四―一七）

これは、巻第五「二諦義」の文である。二諦について、法雲、僧旻、智蔵、広州大亮法師〔道亮〕の説を提示した後、第五説として引用している。『大乗玄論』巻第一「二諦義」も『四論玄義』と同様に四人の説を紹介した後に、「問。摂嶺興皇何以言教為諦耶」（大正四五・一五上二五―二六）と述べている。『国訳一切経』の脚注には、「ここの摂嶺は僧朗僧詮を含む意なるべし[13]」とある。これを踏まえると、「摂嶺西霞寺無所得三論大意大師詮法師」をどのように読むべきであろうか。「摂嶺西霞寺」は摂嶺〔摂山〕棲霞寺僧朗を指し、「詮法師」は僧詮を指すことには問題ないであろう。「無所得三論大意大師」をどのように解釈すべきか。『四論玄義』に出る「大師」は法朗を指すことが多いので、ここでもそのように解釈すべきか。それとも、「摂嶺西霞寺無所得三論大意大師」全体を、僧朗を指すと解釈すべきか。法朗を僧朗と僧詮の中間に置くのは時代的に不適当であるので、今のところ、後者の説を採用しておく。
また、「摂山師住持超称之美、為不思議」（七九右下三―四）とあるように、吉蔵と同様に、僧朗を「摂山師」と呼んでいる。

　次に、僧詮については、吉蔵は主に山中師、山中大師と呼ぶ。確かに「八不義」には「山中師」（大正四五・二七中一八）と出、「初章中仮義」には「山中旧説」「山中旧」と出る。ただし、『四論玄義』の現行本には、「山中」という表現は見られず、「山門」という用例が次のように出る。

山門の意では、境と智とはみな不生不滅であり、数論等とながく相違する。

山門意、境智並不生不滅、与数論等永異也。（一九左上一五）

質問する。山門の中心的教説として、理説は有でもなく無でもなく、教はかえって有であり無であるとするのは、理は教に異なり、教と理とはたがいにそむくからである。どうして諦と名づけることができようか。これは諦でないのである。

問。山門宗、理説非有非無、教乃是有無者、理異於教、教理相乖。何得名諦。此即非諦也。（二一左上三—五）

今、山門の意義では、俗によるので真であるということは、とりもなおさず俗は真を助けることである。真によるので俗であるということは、真は俗を助けることにほかならない。

今山門義、因俗故真、即是俗資於真。因真故俗、即是真資於俗。（二二左下一八—二三右上一）

と。これらは山中師＝僧詮を指すよりも、摂山に関連する僧朗、僧詮の両者を包括した呼称であるように思われる。これと似た表現として、「山家以来相伝云、有四種名」（八七右下一七）、「今山家意、並不得法師釈也」（九四右上一〇—一二）などに見られる「山家」という表現もある。これも「山門」と同義であろう。

法朗については、単に「大師」（七右上一六、一四右上一二、一八左下一七、四四右下一二、五二左上一一、六八左下一〇、七〇右下一二、七一右上一四、七二右上四、七二右下六、七二左上一四、七四左上一七—一八、七四左下四、七五右下四、七五左上一二、八〇左上六、八五左上一三など）と呼ぶことが多いが、「興皇大師」（三五右上三、四三左下一八、六一右下九、七〇右上四、七五右上一八、七八右上一、八〇左上一六など）と呼ぶ例も数回見られる。ただし、『四論玄義』の「大師」

がすべて法朗を指すかどうかは、さらに検討を要する。
吉蔵については、『四論玄義』巻第七「仏性義」の「蔵公開為八種、故説於仏性」（四四右下一五）、「初章中仮義」の「蔵公云、論主破外道……」に出る「蔵公」が吉蔵を指すという指摘がすでにある。(14)

三　前代教学への批判―「地摂両論成毘二家」

『四論玄義』は、無依無得を基本思想とする三論の立場から、それ以前の教学を引用・批判して論述を進めている。主な批判の対象は、開善寺智蔵に代表される成実論師であるが、しばしば、「地摂両論成毘二家」という表現が見られる。智顗・灌頂『法華玄義』巻第四下にも、

もし『成実論』『阿毘曇論』によって位を判定するならば、その言葉は大乗には関わらない。『地論』『摂論』等の論によって位を判定するならば、個別的に一面について述べるだけで、その意義は包括的でない。大乗の諸経に位を明かす場合、『瓔珞経』は浅深を判じ、『般若経』の諸経は位を明かし、『仁王経』は盛んに〔位の〕高下について語っているけれども、まだ〔位の〕麁妙をはっきりと説いていない。

若成論毘曇判位、言不渉大。地摂等論判位、別叙一途、義不兼括。方等諸経明位、瓔珞已判浅深、般若諸経明位、仁王盛談高下、而未彰麁妙。（大正三三・七二六中一三―一七）

とあるように、『地論』と『摂論』とをひとまとめにし、『成論』と『阿毘曇論』とをひとまとめにする考えが見られる。ただし、『法華玄義』には「地摂」という省略表現は見られるが、「成毘」という表現は『四論玄義』『弥勒経遊意』以外には見られない。(15)

さて、『四論玄義』には、「此義似同地摂宗」（七六左上一）や「若成毘二家釈云……」（九〇右上八）とあるように、

「地摂」と「成毘」とを別々に取りあげる場合もまれにはあるが、ほとんどの場合は、「地摂両論成毘二家」（三左上四、六左上一二―一三、八左上一七、一〇左上一〇―一一、七一左上一三―一四、七四左上六、七四左下七―八、七七左下一七、七九左下一〇、八七右下三、八七左上二―三、八八左下七、八九右下一二、九〇左上四―五、九四右上七、九五右下一五、九五左上三、九六左上八、九七左上四―五、九九右下一八―左上一、一〇〇右上一一、一〇〇右下一、一〇〇左上一〇、一〇〇左下四―五）、「地摂両論与成毘二家」（四四左下一六―一七）、「地摂成毘論師」（七〇右上一三）、「地摂成毘四家」（六八左上一三―一四）などとまとめて取りあげられている。省略的表現を採用する場合には、「地摂等四家」（七右上一四、九左上七、一一右上一七、六九右上一二、七〇左上一一、七一右上一六、七四左下一八、七六右上一八、七六右下一二、八〇右下一〇、八三右下一二、八六右上三、八七左上九、八八右下二、八九右下一三―一四、一〇〇左下五）、「地摂四家」（七右上一七）と表現している。また、「四家釈意、如芥子義中説」[16]（八〇左下一八）とあるように、単に「四家」と呼ぶ例もある。また、すでに引用したように、「地摂等四論宗」（八九右上七―八）、「地摂等四論」（九九左上一三、一〇〇左下五）のように「四論」と表現する場合もある。

　では、これらの四家は、どのように批判されているのであろうか。この問題は、『四論玄義』全体を詳細に分析しなければならないが、その批判の中心的論点は、『四論玄義』の基本思想である「無得」に対して、有所得、有得であるという指摘である。とくに『地論』『摂論』は、有所得の大乗であるという指摘がある。たとえば、「地摂両論学有得大乗師宗」（四七右下三―四）、「地摂等両有得大乗論師」（六八右下五）、「地摂等有得者」（七五左下一〇）とある。

　さらに、『地論』『摂論』のみでなく、「有所得四家」（七六右下八）とあるように、また、すでに引用したが、「有得四論」（九五右下一七）、「有所得四論宗」（九五右下一八）、「有得四論失」（九五左上七）、「有得四論宗」（九七右下一六）とあるように、有所得という批判は、四家、四論全体に適用されているのである。

四　結び

本稿は、『四論玄義』の思想的立場を明らかにする方法として、書名に見られる「三論」「四論」「無依無得」「大乗」などの概念について考察した。また、それと関連して「不二而二明之」についても言及した。さらに、『四論玄義』の学系を明らかにするために、「一家」、摂山三論学派（僧朗・僧詮・法朗）について考察した。最後に、『四論玄義』に特徴的な「地摂成毘」という前代の教学の取りあげ方に着目し、その用例を紹介し、それらに対する批判点が「有所得」であることを論じた。

テキストの校訂本の刊行が近いと聞いているが、次は訳注研究が望まれるところであろう。『四論玄義』は南朝の仏教学に関する情報量がとても多いので、その点においても研究価値の高いテキストである。従来、伊藤隆寿氏をはじめとするすぐれた研究が出されてはいるが、まだまだ不十分である。

注

（1）写本は、京都大学図書館所蔵本（続蔵本の底本）と龍谷大学図書館所蔵本がある。また、写本そのものは未公開であるが、「八不義」と「初章中仮義」が新出資料として知られている。横超慧日「新出資料・四論玄義の初章中仮義」（『印仏研』七―一、一九五八年一二月）、同「四論玄義の初章中仮義」（『岩井博士古稀記念　典籍論集』〈大安、一九六三年六月〉所収）、三桐慈海「慧均撰四論玄義八不義について（一）―大乗玄論八不義との比較対照―」（『仏教学セミナー』一二、一九七〇年一〇月）、同「大乗玄論の八不義―慧均撰八不義について（２）―」（『仏教学セミナー』一七、一九七三年五月）を参照。

（2）私は、崔鉛植（韓国・木浦大学教授）氏が、二〇〇八年一月二六日に駒澤大学仏教学会・第二回公開講演会で行なった「『大乗四論玄義記』と百済仏教」を拝聴した。崔氏の百済撰述説に対しては、韓国の金星喆氏の反論（『韓国史研究』一三七号所収）があるようであるが、崔氏の講演は、金氏の反論に対する再反論を含む内容であった。崔氏の講演は、『駒澤大学仏教学部論集』三九（二〇〇八年一〇月）に掲載された。

（3）たとえば、『四論玄義』巻第六「感応義」の感応思想についての情報量は、吉蔵『大乗玄論』巻第五、「教迹義」の第二「感応門」や智顗・灌頂『法華玄義』巻第六上の「感応妙」の記述と比べてきわめて豊富であり、南北朝の仏教思想を研究するうえで貴重なテキストである。また、筆者は、吉蔵の四種釈義とほぼ同じ内容の解釈方法が『四論玄義』にも説かれていることを指摘したことがある。吉蔵との比較を通じて、三論宗の伝統思想を理解するためにも、貴重なテキストである。菅野博史「慧均『大乗四論玄義記』の三種釈義と吉蔵の四種釈義」（『木村清孝博士還暦記念論集・東アジア仏教―その成立と展開―』〔春秋社、二〇〇二年一一月〕所収。本書、第四部、第一章に収録）を参照。

（4）横超慧日「四論玄義の初章中仮義」（前掲）を参照。

（5）『大乗玄論』八不義が、新出資料である『四論玄義』の八不義と同一のものであることについては、三桐慈海「慧均撰四論玄義八不義について（二）―大乗玄論八不義との比較対照―」（前掲）を参照。

（6）本文に用例を示したように、『地論』・『摂論』・『成論』・『毘曇論』を「四論」と表現する場合もあるが、本文で後述するとおり、「地摂与成毘四家義宗」（三左下一二）、「地摂等四家」（九左上七）など、「四家」と呼ぶ用例も多数ある。

（7）吉蔵の『三論玄義』との差異化を図り、「三論」を「四論」に変えたという可能性はないであろうか。また、『大乗玄義』という書名も出ているが、『大乗玄論』と書名、内容とも類似性が目立つので、「三論」「四論」は『大乗玄論』との差異化を図った可能性はないであろうか。『四論玄義』の内容から見ると、書名にことさら「三論」「四論」を付加する必然性はないと思われる。さて、『大乗玄論』の吉蔵撰述説には疑念があるが、その理由の一つに『法華経』を七巻とするか、八巻とするかの問題がある。吉蔵は一貫して、『法華経』を七巻としている。たとえば、『法華玄論』巻第四に「三車諍論紛綸由来久矣。了之即一部可通。迷之即七軸皆壅」（大正三四・三八九上一一―一二）とあり、『法華義疏』巻第三に「故文雖七軸、宗帰一乗」（同前・四八二中二〇）とあり、『法華遊意』に「此経文雖有七軸、義有二章」（同前・六三三中二一―二二）、「此経文雖七軸、宗帰一乗」（同前・六三九下四―五）、「此経文雖七軸、宗帰大慧」（同前・六四三上二〇）などとあり、『法華統略』巻一に「文雖七巻二十八章、統其大帰、但明一道清浄」（続蔵一―四三―一・七左上八―九）とあるごとくである。ほぼ同時代の智顗の『法華玄義』巻第七上も「今仏霊山八年説法。胡本中事復応何窮。真丹辺鄙止聞大意。人見七巻謂為小経。胡文浩博何所不辨」（大正三三・七六五下二〇―二二）とあるように七巻としている。ところが、『大乗玄論』巻第三「一乗義」には「一乗者、乃是仏性之大宗、衆経之密蔵、反三之妙術、帰一之良薬。迷之即八軸冥若夜遊。悟之即八軸如対白日也」（大正四五・四二中一三―一五）、同「三車四車諍論紛綸由来久矣。了之則一部可通。迷之則八軸皆壅」（同前・四四上二五―二七）とあるように、八巻としている。とくに後者の例は、上に引用した『法華玄論』の文とほぼ同じ文でありながら、わざわざ「七軸」を「八軸」に変えているのは、八巻の『法華経』が流行した吉蔵より後の時代の影響を感じる。

（8）「但就釈迦教、色声等為経体。不二而二明之、十五色中、三色為経体得也」（大正三八・二六四上九―一一）を参照。また、『四論玄義』は経典を引用する際に、「大品経第五巻発趣品最末云」（一八右下一―二）とあるように、経名、巻数、品名を列挙する例が多く見られるが、『弥勒経遊意』にも「胎経第十二巻王世品云」（大正三八・二六六中二〇―二一）とあるように同じ引用形式が見られる。また、本論の第三節で考察するように、『四論玄義』に頻出する「地摂両論成毘二家」（六右上四など）が『弥勒経遊意』にも「地摂両論成毘二家」（二六五下二四―二五）、「地摂成毘諸家」（二六八下一七）と出る。伝統的には吉蔵撰と伝えられる『弥勒経遊意』の慧均撰述説については、伊藤隆寿「『弥勒経遊意』の疑問点」（『駒澤大学仏教学部論集』四、一九七三年一二月）、「慧均撰『弥勒上下経遊意』の出現をめぐって―付、宝生院本の翻印―」（『駒澤大学仏教学部研究紀要』三五、一九七七年三月）に指摘されるが、ここで筆者が指摘した論点も、『弥勒経遊意』の慧均撰述説を支持するものであろう。

（9）前注（3）を参照。

（10）『四論玄義』には、もう一箇所「関河相伝明、二諦方便者、本為顕一道故耳」（二八右下一三―一四）と出る。

（11）平井俊榮『中国般若思想史研究―吉蔵と三論学派―』（春秋社、一九七六年）六〇―七九頁を参照。

（12）横超慧日「四論玄義の初章中仮義」（前掲）を参照。

（13）宇井伯寿訳注『大乗玄論』（『国訳一切経』「諸宗部一」、大東出版社、一九三七年）七七頁を参照。ただし、平井俊榮、前掲同書、二七一頁では、「摂嶺」を単に僧朗と解している。

（14）伊藤隆寿「『大乗四論玄義』の構成と基本的立場」（『駒澤大学仏教学部論集』二、一九七一年一二月）を参照。

（15）『弥勒経遊意』については、前注（8）を参照。

（16）この引用文によれば、『四論玄義』には「芥子義」という義科もあったようである。ただし、『四論玄義』巻第九「二智義」に四章あるうちの第四章料簡のなかに、「論須弥入芥子」という比較的長い節があるが、「芥子義」はこの節を指したものかもしれない。

〔本書のための付記〕元の論文に付した「日本における『大乗四論玄義記』研究論文一覧」は、第四部第一章の参考論文一覧と重複するので削除する。重複しないものは、第四部第一章の参考論文一覧に追加する。なお、本稿は、拙稿「『大乗四論玄義記』の基礎的研究」（『印仏研』五七―一、二〇〇八年一二月）に加筆補正したものであるので、「『大乗四論玄義記』の基礎的研究」は本書に収録しなかった。

なお、四九八頁に示した法朗の引用文の二字の欠字は「一無」と推定される。拙稿「『大乗四論玄義記』「仏性義」の「第一大意」の

分析」（『創価大学人文論集』24、二〇一二年三月）を参照。

三　『大乗四論玄義記』における前代教学の批判
―「三乗義」を中心として―

一　問題の所在

『大乗四論玄義記』（以下、『四論玄義』と略記する）は、崔鉛植氏の『校勘　大乗四論玄義記』[1]が刊行されて、新しい研究段階に入ったと言える。判読しにくい文字や誤読・誤写と考えられる文字について、具体的に新しい読みの可能性を提案しているので、大いに参考となる。しかしながら、崔氏の努力にもかかわらず、きわめて読みにくいテキストであることに変わりはない。今後、地道な本文の内容研究が待たれるところである。

筆者も吉蔵思想の研究の一環として、また南朝の仏教に対する豊富な情報を含むテキストとして『四論玄義』に関心を寄せてきた。本稿では、現行本『大乗四論玄義記』巻第十に含まれる「三乗義」（他に「荘厳義」「三位義」が収められている）を選び、そこに含まれる、前稿[2]で指摘した「地摂両論成毘二家」（『十地経論』・『摂大乗論』・『成実論』・『阿毘曇論』に基づく学派を意味する）に代表される前代教学に対する『四論玄義』の批判について考察を加える。順序として、第二節において、「三乗義」の構成と内容について簡潔に説明し、第三節において、前代教学の批判を具体的に取りあげる。

二　「三乗義」の構成と内容

「三乗義」は、次に紹介するような段落分けが示されているけれども、全体的にしっかりと組織立てられているとは言えない。そのために、文脈の理解は容易ではなく、文字の誤読・誤写が多いことも、読解をさらに困難にしている。本稿で引用する文も、理解できない箇所があることを、あらかじめお断りしておく。

さて、「三乗義」は、「三乗義有四重。第一釈名、第二出体、第三広料簡、第四明五乗」（続蔵一―七四―一・八六左下三―四、［崔本］四九九・二―四）[3]とあるように、四章によって構成されている。

第一章の「釈名」においては、三乗の内容である声聞、縁覚、菩薩の意味についての解説と、乗の意義について、開発釈名、当体釈名、表理釈名の三義を提示している。[4]

第二章の「出体」は、乗の体についての議論で、『四論玄義』は「正法」を乗の体としている。

第三章の「広料簡」は、「第三広料簡有四」（八七左上六、［崔本］五〇二・二―三）とあるが、その細字割注として「第一辨（←無［崔本］[5]）体。四門料簡。第二明三乗。第三明乎乗至不至。第四広雑料簡」（八七左上六、［崔本］五〇二・三）とあるように、四節によって構成されている。

第一節は乗の体についての問答である。摩訶衍＝大乗を明らかにするのに、一家の相伝として、人法、因果、出生収入、能所の四門に分けると述べている。これを「四門料簡」と表現しているのである。とくに出生と収入については、三乗（または五乗）と一乗の関係をめぐる問題を扱い、会三帰一、破三帰一、開三帰一、廃三立一について説いている。

第二節は三乗についての問答である。この節は、「第一明三乗十地、第二明二乗有無」（九一右下一三、［崔本］五一七・一五）とあるように二項に分かれる。さらに、第一項の三乗の十地を明かす段は、「第一明名義、第二辨体相」（九一右下一四、［崔本］五一七・一五）とあるように二段に分かれる。また、第二項の二乗の有無を明かす段は、「第一明有無、第二明証有無」（九二左下一六、［崔本］五二五・五）とあるように二段に分かれる。前者においては、二乗が存在するか存在しないかという二つの説をそれぞれ紹介し、後者においては、それぞれの説の根拠を紹介している。とくに二乗が存在しないという証拠を十箇条挙げている。(6)

第三節は、「第三明乎乗至不至」と名づけられていたが、該当の箇所には、「第三明一乗義、有両」（九六右上一、［崔本］五四二・一三）とある。つまり、第二節が三乗についての議論であったのに対し、第三節は一乗についての議論であるということである。さらに、その細字割注として「第一明乗至不至仏、第二論乗功用」（同前）とあるように二段に分かれる。前者においては、一乗によって仏の境地に至ることができるか、至ることができないかという問題を議論しており、後者においては一乗の運載の作用について議論している。

第四節は、料簡の前の三節に含まれない広範で種々の問答を取り扱っている。

第四章は、「五乗を明かす」、あるいは、「五乗の義を釈す」であり、人乗・天乗・声聞乗・縁覚乗・仏乗についての議論が示される。

以下、「三乗義」の段落分けを理解の便宜のために図示する。

1.　釈名（八六左下五、［崔本］四九九・四）
2.　出体（八七右下三、［崔本］五〇〇・一七）
3.　広く料簡す（八七左上六、［崔本］五〇二・二）
3.1　乗体を辨ず（八七左上七、［崔本］五〇二・三）
3.2　三乗を明かす（九一右下一三、［崔本］五一七・一四）

3.21　三乗十地を明かす（九一右下一四、［崔本］五一七・一五）
3.211　名義を明かす（九一右下一五、［崔本］五一七・一五）
3.212　体相を辨ず（九二右上一一、［崔本］五二一・六）
3.22　二乗の有無を明かす（九二左下一六、［崔本］五二五・五）
3.221　有無を明かす（九二左下一六、［崔本］五二五・六）
3.222　有無を証するを明かす（九四右下九、［崔本］五三三・七）
3.3　一乗を明かす（九六右上一、［崔本］五四二・一三）
3.31　乗の至・不至を明かす（九六右上二、［崔本］五四二・一三）
3.32　乗の功用を論ず（九七右下一二、［崔本］五四九・四）
3.4　広く雑えて料簡す（九八右上五、［崔本］五五二・六）
4.　五乗を明かす（一〇〇左上三―一〇一右上一四、［崔本］五六三・一二―五六六・一六）

三　前代教学の批判

「三乗義」においても、「地摂両論成毘二家」やそれと類似した表現によって前代の教学を引用・批判し、それと対照的に自己の無所得の思想的立場を明らかにする例がおよそ四十箇所を数える。紙数の関係で、前稿(7)で指摘した「地摂両論成毘二家」の批判の主要な論点である「有所得」と仮理の関係、教判の問題について『四論玄義』の批判を紹介する。また、前代教学の批判とは直接関係しないが、「三乗義」の問題として、『法華経』方便品の「無二亦無三」についての興味深い解釈を紹介する。

㈠無所得・有所得と仮理について

俗諦を仮理とし、真如等については仮ではないとする地摂両論成毘二家に対して、『四論玄義』はいずれも仮理であると主張している。二乗の悟りをめぐって、

質問する。この二乗もまた道理を悟るということができるか。

解答する。仮理を悟るということができる。それ故、『大経』（『涅槃経』）の陳如如得須機文（この句は意味不明である）に「応仮の理である」とある。この道理を不二の理と比べると、最終的に〔理を〕表現することのできる教である。地摂成毘の学派（『十地経論』・『摂大乗論』・『成実論』・『阿毘曇論』に基づく学派）は、俗諦を応仮の理とし、真如等は応仮の理ではありえない。今の大乗の宗は〔俗諦も真諦も〕すべて応仮の理である。

問。此二乗亦得言悟道理耶。

答。得言悟仮理。故大経陳如如得須機文云[8]、応仮理也。此理道望不二理、終是教能表也。如地（←持〔崔本〕）摂成毘家宗、俗諦為応仮理、真如等不得応仮理。今大乗宗並是応仮理也。（八七左上七―八、〔崔本〕五〇〇・一―四）

とある。声聞・縁覚が道理を悟るということができるのかという問題について、仮の理、応仮の理を悟ると答えている。また、この二乗が悟る道理は不二の理と対照すると、能表の教に当たると述べている。応仮の理の応仮は、ここでは「応に仮なるべし」という意味ではないように思われ、CBETAによる検索に基づけば、「応仮非実」（『成唯識論』巻第一、大正三一・二中二六など[9]）、「真実応仮」（『金剛経纂要刊定記』巻第七、大正三三・二二三下一五）、「法身真実丈六応仮」（『注維摩詰経』巻第二、大正三八・三四三上一七）という用例が見られるので、意味としては真実と対語であり、仮と同義と推定される。あるいは、「応仮」は「虚仮」の誤読・誤写である可能性も考慮する必要がある[10]。

「地摂成毘家宗」では、俗諦を応（虚）仮の理、真如等を応（虚）仮の理ではないと主張するのに対して、「今大乗宗」と表現される『四論玄義』の無所得大乗の立場では、俗諦も真如等もいずれも応（虚）仮の理と規定している。これは、「地摂成毘家宗」が俗諦を仮理、真諦を真理と截然と実体的に区別するのに対して、『四論玄義』は、俗諦、真諦ともに仮理に基づく方便の言説と見なすことを意味しているのであろう。ここと類似の記述として、『四論玄義』「二諦義」に、

ただ有所得の学派はいう、「有を世諦とし、この虚仮の理がある。無を真諦とし、この無名無相の理がある」と。

但有所得家言、有為世諦、有此虚仮理。無為真諦、有此無名無相理。（二五右上一三―一四、［崔本］一九三・一四―一六）

とある。有所得家では、有は世諦であり虚仮の理とし、無は真諦であり無名無相の理として、截然と実体的に区別することを紹介している。また、このような虚仮の理と真実の理という図式は、次の記述に明瞭に見られる。

ただ地摂両論、成毘二家は、心意を存在させてそのまま「心意を仏因とする」という。それぞれ執著して道理があり、応（虚）妄の理、応（虚）仮の理、真如の理、真諦の理が差別すると思い込む。それ故、今これを破し除き、一大乗に帰着するという。

但如地摂両論成毘二家、存心意便云、心意為仏因。各執謂有道理、応妄（↑忘［崔］）理応仮理真如理真諦理差別。故今破除之、言帰一大乗。（八八左下七―九、［崔本］）

と。ここでは、「地摂両論成毘二家」が、応（虚）妄[11]、応（虚）仮の道理と、真如、真諦の道理を截然と実体的に区別することを紹介している。

応（虚）仮理や仮理というと、何か悪い意味を持っているように感じられるが、そうではない。縁覚の悟りについ

て、

因縁を観察すると、仮有は不有の有であり、仮無は不無の無であり、応（虚）仮の理である。

観因縁、仮有不有有、仮無不無無、応仮理。（八六左下一三―一四、［崔本］四九九・一二―一三）

とある。仮有は不有に裏づけられた有であり、仮無は不無に裏づけられた無であり、つまり有、無を実体化しない考えを述べ、それを応（虚）仮の理と表現している。したがって、応（虚）仮の理は、理の実体化を否定した考えを示しているのであって、偽りの理といった悪い意味ではない。また、縁覚の悟りの描写に、実体化を免れた理の悟りを用いているのは、『四論玄義』は無所得を大乗に限るのではなく、無所得の小乗を認めるからである。『四論玄義』は言うまでもなく、大乗の無所得を根本的立場としているのではあるが、無所得の小乗について、次のように述べている。

質問する。もし二乗人は慈悲の教えが理解できず、有所得の者となり、すべて教と合致しないということができるならば、仏はどのような意味で小乗教を説くのか。

解答する。二つの意義がある。第一に最初、二乗教を説くのを聞く時、その時にはまだ失としないが、ただそのまま教を固守して転じて病となってしまう。三脩（無常、苦、無我を修すること）の比丘は前に哀苦無常の教によって、みな阿羅漢道を得る、まだこれを失うとしない。その教えによって悟るようなものである。ただ後に縁にしたがって教に執著し、実に二乗があると思い込むので、破せられるのである。第二に仏は外道を破すために、二乗教を説く。教によれば、有は有でなく、無は無でないことを理解して、究極的であると思い込む。それを二乗の曲見と名づけるのである。この二種の意味が相違するのは、初めは教のように無所得の小乗を理解する。ただ時間が経って縁にしたがって有所得に落ちて病となる。後には教のままに理解するようなものである。阿羅漢等は究極的な道と思い込むので、曲と名づける。病となって有所得に落ちることを失とするのである。

問。如二乗人哀教不了、成有所得者、可得言都不称教者、仏何意説小乗教耶。

答。有二義。一者聞初説二乗教時、当時未為失、但遂守教転成病。如三脩比丘前衰（←哀〔崔本〕）苦無常教、皆得阿羅漢道、未為失之。如当教悟解也。但後時随縁執教、謂為実有二乗、故被破也。二者如仏為破外道、説二乗教。如教悟解有不有無不無、謂為究竟。彼（←破〔崔本〕）名為二乗曲見也。此二種意異者、初則如教悟解無所得小乗。但久後随縁落有所得成病。後（当を削る〔崔本〕）則如当教悟解。阿（難を削る〔崔本〕）羅漢等而謂為究竟道、故名為曲。已成病落有所得、為失也。（八九左上一五―左下七、〔崔本〕五一〇・五一―一五）

と。難しい箇所もあるが、小乗の教えを聞いて悟る二つの場合を説いている。第一の場合は、最初に小乗の教えを聞いて悟る、その段階では無所得の小乗を悟ったとするのである。この場合は、後に教えに執著して、有所得に落ちるのである。第二の場合は、小乗の教えを聞いて阿羅漢を得た段階で、同時に有所得に落ちる場合である。前者の場合、「無所得小乗」という立場を認めているので、縁覚の悟りの説明に、『四論玄義』の根本的立場である「応（虚）仮理」が出るのも必ずしも奇妙なことではないのである。

なお、有所得といっても全否定されるのではなく、無所得への準備段階として機能する場合も次のように認められている。

一家の伝承では、有所得の善は、無所得の善の習因とはなりえないと判定する。有所有は虚妄の善であるからである。しかるに、有所得を借りるのは、無所得のために次第縁、増上縁等になるのである。そして、仏菩薩が有所得の善根の相を修めさせることを勧めるのは、有所得の善は人天に生まれるからである。人天は道に入る器である。また不定聚とも名づける。みな仏菩薩に会って、無所得の説法を理解する。これによって無所得を悟ることができる。このため有所得は、ただ無所得のためにきっかけ等となるのである。

一家相伝判、有所得善、不得無所得善習因。有所有虚妄善故。然藉有所得、為無所得、作次第縁増上縁等也。

而仏菩薩勧令修有所得善根相者、有所得善生於人天。人天是入道之器。亦名不定聚。並値仏菩薩、解無所得説法。因此得悟無所得。是故有所得、但為無所得作縁由等也。（八九左上四―一〇、［崔本］五〇九・一五―二〇）

と。有所得の善が人天に生ずることをもたらし、そこで仏・菩薩と出会い、その説法を聞いて無所得を悟ることが可能であるから、有所得が無所得にとってのきっかけとなることを認めているのである。

㈡教判について

「三乗義」においては、諸大乗経典が共通に会三帰一を明かすことを踏まえて、経典間の相違について議論するとき、教判の問題に論及する結果となっている。まず、

質問する。『涅槃経』『法華経』『大品般若経』『夫人経』（『勝鬘経』）等の経は、いずれも会三帰一を明かす。どのように相違するのか。

解答する。成毘の二家は解釈して、「根本思想によって明かすと、『大品経』は真正面から空を明かす。空を明かして相を洗い流す。『法華経』は会三帰一し、寿量の果を明かす。『夫人経』の偏方（頓漸の範疇に収まらない）の説は、とりもなおさず頓を説き、一乗を論じ、『大経』（『涅槃経』）と同一である」という。

問。涅槃法華大品夫人等経、並明会（←無［崔本］）三帰一。若為取異耶（←取耶異那［崔本］）。

答。若成毘二家釈云、大宗明之、大品経正明空。明空蕩相。法華経会（←無［崔本］）三帰一、明寿量果。夫人経偏方之説、即是説頓、辨一乗、与大経斉一。（九〇右上七―一〇、［崔本］五一一・一四―一八）

とある。ここでは、成毘二家の解釈として、『大品般若経』は空を明かし、『法華経』は会三帰一と寿量果（如来寿量品に説かれる寿命長遠な仏果）を説き、偏方不定教とされる『勝鬘経』は頓教、一乗を説く点で、『涅槃経』と同一であると述べられている。そのうえで、

ただ馮師と観師の二師は四時、五時の異説に執著して、〔四時の〕前の三時と〔五時の前の〕四時について、やはり無常半字の教であると説く。夢覚義の中に説く通りである。彼の学派では法教を明かすのに、一乗を解釈することが同一ではないのである。

但馮観二師為執四五之異説、前三与四説猶是無常半字教。如夢覚義中説。彼家明法教、釈一乗不同也。（九〇右上一一―一三、［崔本］五一一・一八―二〇）

とある。馮師[12]と道場寺慧観の二師は、漸教を四時や五時に分類する説に執著して、四時の場合は前の三時、五時の場合は前の四時の教法を無常半字の教と捉えることを指摘している。これに対して、『四論玄義』の立場からは、『涅槃経』『大品般若経』、乃至、『夫人』（『勝鬘経』）等の経は、一乗を明かす。その事に相違はない。『涅槃経』は半でもなく満でもない。『涅槃経』は三でもなく一でもないのにしたがって三・一を明かす。『般若』も半でもなく満でもなく、三・一・半満を明かす。『般若経』、乃至、『勝鬘経』も同様である。『涅槃経』もまた常でもなく無常でもなく、『般若経』もまた常でもなく無常でもなく、乃至、『法華経』、『夫人』も同様である。諸大乗非明一乗義一種斉（意味不明）。

涅槃大品乃（↑及［崔本］）至夫人等経、以明一乗。其事無二。涅槃亦非半非満。随於涅槃非（↑□［崔本］）三非一而明三一。般若亦非半非満、明於三一半満。□於般若及至勝鬘亦然。涅槃亦非常非無常、般若亦非常非無常、乃（↑及［崔本］）至法華夫人亦然。是諸大乗非明一乗義一種斉。（九〇右上一三―一八、［崔本］五一二・一―五）

と述べられる。『法華経』は言うに及ばず、『涅槃経』『大品般若経』『勝鬘経』なども一乗を明かす点では共通である。上に紹介した成毘二家の解釈では、『涅槃経』以前の大乗経は無常半字と規定されたが、無依無得宗では、非三非一、非常非無常、非半非満という相対概念の両者を否定した上に立って、相対的次元で、三一、常無常、半満を方便として説くと主張していると思われる。末尾の「是諸大乗非明一乗義一種斉」は意味不明である。諸大乗経典が一乗を説く点では共通であるとする引用文の冒頭の記述と矛盾しているように思われるからである。

さらに、『四論玄義』は教判の議論を続けて次のように言う。

今、満字の教は諸の摩訶衍経に共通していることを明かす。経題は摩訶衍である。それ故、一乗無二はすべて満字であることを明かす。成毘の二家が、「『大品般若経』、『法華経』は大乗であるが、満字教ではない」というのとは同じではない。

今明満字教貫通諸（↑法〔崔本〕）摩訶衍経。経題是摩訶衍也。故以明一乗無二悉是満字。不同成毘二家云、大品及法華是大乗、而非満字教。（九〇右上一八、〔崔本〕五一二・五―八）

と。成毘二家が『涅槃経』以外の大乗経を満字教と認めないのに対し、『四論玄義』は、一乗無二は満字であり、これは諸大乗経典に貫通していると主張している。要するに、『四論玄義』も吉蔵の「諸大乗経顕道無異」[13]の思想と同じく、諸大乗経典の平等性を指摘していることになる。この点について、『四論玄義』は、

一家の伝承では、「一乗はただ仏性であり、ただ般若である」という。このために第一義空とも名づけ、般若とも名づけ、仏性とも名づけ、涅槃とも名づけ、一乗とも名づける。このために『般若経』、『涅槃経』は諸の摩訶衍経と同じく、その根本思想を明かすことは同一である。

一家相伝云、一乗只是仏性、只是般若。是故亦名為第一義空、亦名為般若、亦名仏性、亦名涅槃、亦名為一乗。是故般若涅槃同諸（↑礙法〔崔本〕）摩訶衍経、以明其宗致是一也。（九〇右下一八―左上三、〔崔本〕五一三・八―一一）

と述べている。諸大乗経典に説かれる重要な概念の同一性を指摘したうえで、諸大乗経典の宗致が一であることを主張している。これについて、さらに一問答を設けて、

質問する。大乗摩訶衍教の根本に相違はないと、どうして知ることができるのか。

解答する。地摂の両論、成毘の二家は、諸法実相を明かすのに、すべて虚妄実実相言（意味不明）であり、今の根本はまた上で諸法実相を論じることを表わす。また有所得に落ち、理の外に心を働かせるので、破せられるのである。

問。若為得知是大乗摩訶衍教宗無二耶。

答。如地摂両論成毘二家、以明諸法実相、並是虚妄実実相言、今宗表是復上辨諸法（↑皆比［崔本］）実相。亦是落有所得、理外行心、故被破也。（九〇左上四―七、［崔本］五一三・一一―一四）

と述べている。質問はまさしく諸大乗経典の宗が無二である、つまり唯一であることを繰り返している。答えの内容はよく分からないが、地摂両論成毘二家の諸法実相の理解が有所得に落ち、心を理の外に行ずる、つまり道理から外れているので論破されることを指摘したものと思われる。

(三)『法華経』方便品の「無二」「無三」の解釈

『法華経』方便品の「十方仏土中　唯有一乗法　無二亦無三　除仏方便説」（大正九・八上一七―一八）の「無二」「無三」について、それぞれ第二の乗である縁覚乗がない、第三の乗である声聞乗がないとする第一説と、それぞれ声聞乗と縁覚乗との二つの乗がない、声聞乗、縁覚乗、菩薩乗の三つの乗がないとする第二説があるのは周知の事実である。『四論玄義』は、吉蔵と同じ解釈である第一説(14)を提示するばかりでなく、第二説も提示している。すなわち、第一説として、

それ故、『法華経』方便品、及び偈に、「十方仏土の中には、ただ一乗道だけがあり、二もなく三もないのである」という。「無二」は、第二の辟支仏乗がないことである。「亦無三」は、第三の声聞乗がないことである。

故法華経方便品、及偈言、十方仏土中、唯有一乗道、無二亦無三也。無二、無第二辟支仏乗。亦無三、無第三

声聞乗。（九三右上一六―一八、［崔本］五二六・九―一一）

とあり、第二説として、

それ故、『法華経』には、「十方仏土の中には、ただ一仏乗だけがある。二もなく三もないのである」という。さらにまた『経』には、「ただこの一事のみ真実で、その他の二は真実ではないのである」ともいう。「無二」というのは、一大乗の外に、別の声聞・縁覚の二乗がないことである。「無三」というのは、一大乗の外に、別の声聞・縁覚の二乗がなく、かつ随縁化偏行の設ける大乗がないのである。

故法華云、十方仏土中、唯有一仏乗。無二亦無三也。又経亦言、唯此一事実、余二則非真也。言無二者、一大乗外、無別声聞縁覚二乗也。言無三者、一大乗外、無別声聞縁覚二乗、并無有随縁化偏行所設大乗也。（九八右上一一―一五、［崔本］五五二・一三―一七）

とある。ここには、「一大乗」という語句が見られ興味深い[15]。第二説の引用文の後に、次の問答が示される。

質問する。ただちに無三を説く時、無二は含まれる。どうしてまた別に無二と説くのか。

解答する。声聞・縁覚の二乗とは、是大乗家対説偏悟仮有不有仮無不無二乗也（意味不明）。大乗にもまた二種がある。第一に仮有は有でなく、仮無は無でないと悟り、万行を修する菩薩の大乗である。第二に有は有でなく、無は無でないと悟り、円かに中仮を悟る。はじめて実の大乗である。また前は権大、後は実大であるということができる。またたとえば三阿僧祇劫に、ただ六度だけを修して、諸地の無漏を修習せず、次に百劫に相好の業を修し、業にしたがってこれを明かすというようなものであるということができる。権大と名づける。この権大を破し、かつ余の小（声聞乗と縁覚乗）を破す。このために一というのである。

問。直説無三時、無二已所含（↑□□［崔本］）。復何得別説無二（↑無二無二［崔本］）耶。

答。声聞縁覚二乗者、是大乗家対説偏悟仮有不有仮無不無二乗也。大乗亦有二種。一悟仮有不有仮無不無、修万行菩薩大乗。二悟有不有無不無、円悟中仮。方是実大乗。亦得言前権大、後是実大。亦得言如言三阿僧祇劫、但修六度、不修習諸地無漏、次於百劫修相好業、随業明之。名為権大。破此権大、并破余小。是故言一也。（九八右上一五―右下四、［崔本］五五二・一七―五五三・五）

と。これによれば、大乗に権大と実大を分け、「無三」は権大と「余の小」（声聞乗と縁覚乗）を破すると解釈している。「無二」「無三」について二説を紹介しており、一貫性はないが、第二説については上記の問答が設けられており、こちらの解釈に、より親近感を持っていたのであろうか。たとえば、『法華文句』においても二説を紹介しながら、自分の解釈（第二説に相当）を提示しているが、『四論玄義』では、どちらかの説を自説として強く主張する点は見られない。確かなことは分からないが、興味深い事実なので、紹介しておく。

注

（1）慧均撰・崔鈆植校注『校勘　大乗四論玄義記』（金剛学術叢書2、金剛大学校仏教文化研究所、二〇〇九年六月）を参照。

（2）拙稿「『大乗四論玄義記』の基礎的研究」（『印仏研』五七―一、二〇〇八年一二月）、同「『大乗四論玄義記』の研究序説―自己の基本的立場の表明―」（『불교학리뷰』5、二〇〇九年六月。本書、第四部、第二章に収録）を参照。

（3）崔鈆植校注『校勘　大乗四論玄義記』を［崔本］と略記する。「四九九・二―四」は、四九九頁二～四行を意味する。

（4）「通乗者、一家相伝云、有三義。乗是入義、入是出義。開発釈名義。二当体釈名。乗是運出之義。三表理釈名。乗是不二義」（八七右上一八―右下二、［崔本］五〇〇・一四―一六）を参照。なお、拙稿「慧均『大乗四論玄義記』の三種釈義と吉蔵の四種釈義」（『木村清孝博士還暦記念論集・東アジア仏教―その成立と展開―』（春秋社、二〇〇二年一一月）所収。本書、第四部、第一章に収録）において、『大乗四論玄義記』には、吉蔵の四種釈義とほぼ同様の解釈方法が見られることを指摘し、『四論玄義』の「仏性義」の用例を示したが、この「三乗義」にも見られた。また、「二諦義」にも、「若以義釈名、有三種勢。一横論顕発、二竪論表理、三当体釈名」（一二〇左下一〇―一一、［崔本］一七八・一三―一五）と見られることを付言しておく。なお、「横論顕発」「竪論表理」は、他に『大乗玄論』論迹義にのみ見られる（大正四五・七五下一〇）。

（5）「辨（←無［崔本］）」は、［崔本］によって、続蔵本の「無」を「辨」に改めることを意味する。以下同じ。

（6）第九条が欠けている。

（7）前注（2）を参照。

（8）『南本涅槃経』巻第三十一、迦葉菩薩品、「吾今此身有老病死。云何名為世諦説為第一義諦。如告憍陳如。汝得法故、名阿若憍陳如。是故随人随意随時。故名如来知諸根力。善男子。我若当於如是等義作定説者、則不得称我為如来具知根力。善男子。有智之人当知香象所負非驢所勝。一切衆生所行無量。是故如来種種為説無量之法」（大正一二・八一〇下一二―一八）の箇所を指すと推定される。

（9）「応仮非実」の用例は、すべて玄奘訳とその注釈書の用例である。

（10）「応仮理」には他の用例が見られるものの、むしろ「虚仮理」の誤読・誤写ではないかという推論もありうる。同様に他書の用例も誤写の可能性がある。『大品経遊意』には、開善寺智蔵の理論の変遷について、「而開善義、在東山時、説五方便皆縁於仮理。故第一法与苦忍不為習因也。還陽州時云、五方便皆縁於真。故縁仮解対、退不伏進不断。而死時云、先説謂得」（大正三三・六四中一四―一八）と紹介している。ここに、「仮理」と見えるが、ほぼ同じ内容を伝える『四論玄義』には、「又論師開善云、於五方便与三十心中縁境、前後釈不同。法師在東山時釈云、並縁虚仮理也。中出揚州（←陽洲［崔本］）時云、縁真不秤縁。近臨死時定云、是縁虚仮理」（四左下三―六、［崔本］二七九・九―一二）とあるように「虚仮理」と言い換えられている。後注（11）も参照。

　ちなみに、『大品経遊意』と『四論玄義』とが他に見られないほぼ同じ情報を伝えていることは、『大品経遊意』が吉蔵の著作ではなく、『四論玄義』の著者である慧均の著作であるとする伊藤隆寿氏の推論の一つの傍証となるかもしれない。伊藤隆寿「弥勒経遊意と大品経遊意」（『印仏研』二二―二、一九七四年三月）、「大品遊意考―構成及び引用経論等に関して―」（『曹洞宗研究員研究生研究紀要』七、一九七五年九月）、「大品遊意考（続）―経題釈を中心に―」（『駒澤大学仏教学部論集』六、一九七五年一〇月）、『大乗四論玄義記』に関する諸問題」（『불교학리뷰』5、二〇〇九年六月）を参照。

（11）応妄の用例は、『四論玄義』「三乗義」に、「一往対地摂等四家有応仮応妄世諦中有異、故明人法等不二也」（八八右下一一―一三、［崔本］五〇四・一五―一六）と見える。また、別の箇所には、「如地摂両論成毘二家義宗、有虚仮（←任［崔本］）与虚妄両世諦。有故悉落理外有所得」（一〇〇左上一〇―一一、［崔本］五六四・七―九）とあるので、応妄も虚妄の誤読・誤写の可能性がある。そうであるなら、また、応仮も虚仮の誤読・誤写の可能性が大きくなる。

（12）馮師は、吉蔵『百論疏』巻第三に、「如子前有宋代馮師用之」（大正四二・二九二中一四―一五）とある。慧観が五時教判の提唱者として有名であるから、馮師は四時教判を説いたのであろうか。四時教判については、伊藤隆寿氏によって慧均の著作と推定された『大品経遊意』には、「諸法師作四教。阿含為初。波若維摩思益法鼓楞伽等為第二。法華為第三。涅槃為第四」（大正三三・六六中一五―一七）とある。

（13） たとえば、吉蔵『法華玄論』巻第二、「諸大乗経顕道、乃当無異」（大正三四・三七八下一四―一五）、『法華義疏』巻第五、「諸大乗経顕道無二」（同前・五一八下一六）を参照。

（14） たとえば、『法華義疏』巻第四、「前明無二謂無縁覚、無三明無声聞」（大正三四・五〇二中五）を参照。

（15） 『法華経文外義』に「一大乗」という語句の見られることを、聖徳太子の『法華義疏』の真偽問題との関連で指摘したことがある。「『法華経文外義』研究序説」（『印仏研』五五―一、二〇〇六年一二月。本書、第一部、第六章に収録）を参照。

第五部　その他

一　『大乗止観法門』における「本覚」・「不覚」の概念

一　はじめに

中国における「本覚」の用例は、「北涼失訳人名」とされる『金剛三昧経』（『大正蔵』二七三番）に出るが、この経は唐代初めの偽経と推定されるので、[1]やはり真諦訳『大乗起信論』（本稿で『大乗起信論』に言及する場合、真諦訳を指す）が初出であろう。少なくとも「本覚」の最初期の用例を示す文献が『大乗起信論』であることには異論がないはずである。したがって、中国における「本覚」の概念を理解するためには、時間的に初期の例として、まず『大乗起信論』におけるそれを考察しなければならない。しかし、そのような時間的な理由ばかりでなく、「本覚」の概念が最も体系的に説示されている文献が『大乗起信論』にほかならないのであるから、ますます『大乗起信論』の考察は重要である。それに比べると、『大乗起信論』の成立後、あまり時間を隔てない頃に、『大乗起信論』の影響を受けて成立した『大乗止観法門』[2]においては、「本覚」の概念の説示が必ずしも体系的ではなく、『大乗止観法門』全体における「本覚」の概念の重要性も『大乗起信論』における「本覚」ほどではない。[3]したがって、本稿の意義は限定されたものとならざるをえないが、中国仏教史における「本覚」の概念を研究するにあたって、『大乗止観法門』を無視するわけにもいかず、『大乗止観法門』における「本覚」の実態を整理しておくことにも若干の意義があるであろう。
『大乗止観法門』は、『大乗起信論』における「本覚」に関する最も重要な記述を、
　このために『〔大乗起信〕論』には、「本覚によるので不覚がある。不覚によるので、妄心がある。〔本覚の〕名と意味を知ることができてわざわざ本覚を説くので、始覚を獲得し、すぐに本覚と同じとなる。真実には始覚の相違はないのである」とある。
　是故論言、以依本覚故、有不覚。依不覚故、而有妄心。能知名義、為説本覚、故得始覚、即同本覚。如実不有始覚之異也。（大正四六・六五三下八―一一。以下、『大乗止観法門』からの引用は、頁・段・行のみ記す）
と引用している。また、
　このために『〔大乗起信〕論』には、「阿梨耶識に二つの部分がある。第一に覚、第二に不覚である」とある。
　是故論云、阿梨耶識有二分。一者覚、二者不覚。（六五三下二八―二九）
と引用している。この二箇所の引用は、『大乗起信論』においては一連の記述であり、原文は、
　心生滅とは、如来蔵によるので、生滅心がある。いわゆる不生不滅と生滅とが和合して、同一でもなく相違するのでもないものを、阿梨耶識と名づける。この識に二種の意義があって、一切法を収め、一切法を生ずることができる。どのようなものを二とするのか。第一に覚の意義であり、第二に不覚の意義である。覚の意義というのは、心の体が念を離れていることを意味する。念相を離れているとは、虚空界に等しく、すべてに遍く、法界一相であり、とりもなおさず如来の平等法身である。この法身によることを、説いて本覚と名づける。なぜかといえば、本覚の意義とは、始覚の意義に対して説かれる。始覚によれば、すぐに本覚と同じとなる。始覚の意義とは、本覚によるので、不覚がある。不覚によるので、始覚があると説く。……無念等によって、真実には始覚の相違はない。

心生滅者、依如来蔵、故有生滅心。所謂不生不滅与生滅和合、非一非異、名為阿梨耶識。此識有二種義、能摂一切法、生一切法。云何為二。一者覚義、二者不覚義。所言覚義者、謂心体離念。離念相者、等虚空界、無所不遍、法界一相、即是如来平等法身。依此法身、説名本覚。何以故、本覚義者、対始覚義説。以始覚者、即同本覚。始覚義者、依本覚故、而有不覚。依不覚故、説有始覚。……以無念等故、而実無有始覚之異。(大正三二・五七六中九―下三)

である。『大乗起信論』によれば、阿梨耶識に覚の義と不覚の義の二義があり、覚は、心体が妄念を離れていることを意味し、この状態は如来平等法身といわれ、この法身に基づいて本覚が説かれる。本覚は始覚と対照的に説かれるものであるが、始覚は本覚と同一のものである。始覚については、本覚に基づいて不覚があり、不覚に基づいて始覚があると説かれる。始覚が本覚と同一になる過程については、引用は省略したが、不覚・相似覚・随分覚・究竟覚の過程をたどる。

『大乗起信論』の「阿梨耶識有二分。一者覚、二者不覚」(六五三下二八―二九。ここでは『大乗止観法門』に引用される文を示す)について、『大乗止観法門』は、「覚はとりもなおさず浄心であり、不覚は無明にほかならない。これら二つが和合したものを、本識と説く。このために浄心の時には、別に阿梨耶はまったくないといい、阿梨耶の時には、別に浄心はまったくないという。ただ体と相との意義が異なるので、これら二つの名称の相違がある(覚即是浄心、不覚即是無明。此二和合、説為本識。是故道浄心時、更無別有阿梨耶、道阿梨耶時、更無別有浄心。但以体相義別故、有此二名之異)」(六五三下二八―六五四上三)と解釈している。覚＝浄心、不覚＝無明として、この覚と不覚が和合して本識＝阿梨耶識と説かれること、浄心のほかに阿梨耶識はなく、阿梨耶識のほかに浄心はないこと、浄心＝体で、阿梨耶識＝相という意味上の区別があるので、二名の相違があることを説明している。「真心は体で、本識は相で、六七等の識は用である(真心是体、本識是相、六七等識是用)」(六五三下一五―一六)も参照すべきであると思うが、浄心（真心）を体、阿梨耶識を相と区別していることがわかる。ただし、覚を浄心としているが、浄心の体は後に述べるように、覚と不覚の相対関係を越えているはずなので、浄心の用を覚と規定したものであろう。

このように、『大乗止観法門』が『大乗起信論』の本覚について直接言及していることは明らかであるが、本稿では、『大乗止観法門』における「本覚」・「不覚」の用例を取りあげ、その解釈を分析する。

さて、『大乗止観法門』は、「大乗の行法」、すなわち大乗の止と観との二門を説くことを目的としている。この止・観についてのもっとも基本的な定義について、『大乗止観法門』の冒頭には、

止というのは、一切諸法はもとより本性として非有であり、不生不滅であることを知ることを意味する。ただ虚妄の因縁によって、非有であるけれども有である。しかしながら、かの有の法についていえば、有はとりもなおさず非有である。ただ一心だけであり、体に区別はない。このように観察すれば、妄念を流動させないようにすることができるので、止と名づける。観というのは、もとは不生であり、今は不滅であることを知るけれども、心性が縁によって生起するので、虚妄の世間の作用がないわけではない。あたかも幻夢が非有であるが有であるようなものである。それ故、観と名づける。

所言止者、謂知一切諸法従本已来、性自非有、不生不滅。但以虚妄因縁故、非有而有。然彼有法、有即非有。唯是一心、体無分別。作是観者、能令妄念不流、故名為止。所言観者、雖知本不生今不滅、而以心性縁起、不無虚妄世用。猶如幻夢、非有而有。故名為観。（六四二上六―一一）

と述べている。心を含むすべての存在は不生不滅＝非有である面と、縁起＝虚妄の因縁によって、虚妄の世間の作用が成立して、生滅＝有が生ずる面との二面があることを踏まえて、止は有＝非有を観じて妄念が止まること、観は非有＝有を観ずることを意味する。

このような全体像を示したうえで、止観について五門によって説明を加えていく。五とは、「止観の依止」、「止観の境界」、「止観の体状」、「止観の断得」、「止観の作用」のことである。そして、「本覚」・「不覚」の用例のほとんどが第一の「止観の依止」に見られるのである。

「止観の依止」は、「第一に何に依止するのかを明かし、第二になぜ依止するのかを明かし、第三に何によって依止するのかを明かす（一明何所依止、二明何故依止、三明以何依止）」（六四二上一六―一八）とあるように三項に分かれており、第一項の「明何所依止」においては、「一心」に依止して止観を修行することを明かしている。この「一心」とは何であろうか。この項は、「出衆名」、「釈名義」、「辨体状」の三つの部分に分かれている。『大乗止観法門』は、「出衆名」において、この一心の異名として、自性清浄心、真如、仏性、法身、如来蔵、法界、法性という七つの概念を提示している。次に、「釈名義」において、その一々について簡潔な説明を加えている。『大乗止観法門』の本覚・不覚に関する議論は、仏性に対する説明の中で最も盛んに展開されており、また「辨体状」のなかで「空如来蔵」と不覚の関係が議論されている。ただし、自性清浄心に対する説明のなかでも、一箇所だけ、

無明という染法がこれ（心）と相応することがないので、性浄と名づける。中道真実の本覚であるので、心と名づける。それ故、自性清浄心というのである。

既無無明染法与之相応、故名性浄。中実本覚、故名為心。故言自性清浄心也。（六四二中一―二）

と、「本覚」が出る。無明という染法（汚染された存在するもの）が心と相応せず離れていることが「性浄」（自性清浄）の意味であり、「中実本覚」（有無を越えた中道真実の本来の覚知作用）を「心」の意味としている。ここでは、「自性清浄心」を「自性清浄」と「心」に分け、後者の「心」を「本覚」と捉えている。ただし、そうは言っても、後に述べるように、心の体と用を分ける視点に立つと、本覚は用に相当する概念であるとされる。

すでに述べたように、『大乗止観法門』の本覚・不覚は、仏性の説明のなかで大きく取りあげられている。このこ

とは、『大乗起信論』が本覚を体系的に説示しているけれども、まったく仏性について言及せず、したがって、もちろんのこと本覚と仏性の関係について説かないことと対照的である。結論を先取りすると、『大乗止観法門』においては、仏性の覚の作用の面を本覚と呼んでいると考えてよいと思う。迷いと悟りの力動的な関係を説明するには、仏性という概念だけでは不十分であり、その点、本覚は不覚という概念と一組になって、この迷いと悟りの関係を説明するのに便利な概念枠を提供していると言えよう。

では、次節において、『大乗止観法門』の組織構成にしたがって、本覚・不覚の議論を紹介し、その特徴を浮き彫りにしていきたい。議論の内容を理解しやすいように、適宜、項目を立てる。

二　『大乗止観法門』における「本覚」・「不覚」の用例とその分析

(一)仏性の意味は覚心であり、浄心の体は不覚ではないこと

まず、『大乗止観法門』は、止観の依止とされた心が仏性と名づけられる理由を説明するなかで、仏性を仏と性との二つに分け、

仏を覚と名づけ、性を心と名づける。この浄心の体は不覚ではないので、覚心と説くのである。

仏名為覚、性名為心。以此浄心之体非是不覚故、説為覚心也。（六四二中一七―一九）

と解釈している。つまり、「仏」は覚、「性」は心の意味であるから、「仏性」は「覚心」と名づけられる。すでに心は自性清浄心と呼ばれたのであるから、この心は「浄心」と言い換えられ、その浄心の体は不覚でないので、覚心（仏性）と規定されると述べている。さらに、浄心は「真心」と言い換えられ[4]、その真心が不覚でないとされる

理由が問われる。答えとして、二つの理由が示される。第一の理由は、

不覚は無明住地にほかならない。もしこの浄心が無明ならば衆生は成仏して、無明の滅する時には、当然真心はないはずである。なぜかといえば、心は無明であるからである。無明は自ら滅する以上、浄心は自在である。それ故、浄心は不覚でないことがわかる。

不覚即是無明住地。若此浄心是無明者、衆生成仏、無明滅時、応無真心。何以故、以心是無明故。既是無明自滅、浄心自在。故知浄心非是不覚。（六四二中二〇―二三）

と示される。不覚とは無明住地のことである。もし心（浄心、真心とも呼ばれる）が無明であるならば、衆生が成仏して無明が滅するとき、真心も無くなってしまうが、そのようなことはありえない。かえって、無明が滅すると、浄心は自在な活動ができるので、浄心は不覚＝無明でないとされる。第二の理由は、

さらにまた不覚は滅するので、はじめて浄心を証得する。まさに心は不覚ではないと知ろうとするのである。

又復不覚滅、故方証浄心。将知心非不覚也。（六四二中二三―二四）

と示される。不覚＝無明が滅して、やっと浄心を証得するので、心は不覚でないことがわかるとされる。いずれの理由も、無明が滅するという体験を根拠にしたものである。

㈡心体平等と本覚

次に、「質問する。どうして体は覚であるから、覚と名づけるとしないで、不覚でないから覚と説くのか（問曰。何不以体是覚名之為覚、而以非不覚故、説為覚耶）」（六四二中二四―二五）という問題が取りあげられている。この問題は、心を覚と名づける理由に関して、なぜ心の自体が覚であるからと言わないで、不覚でないからと言うのか、というものである。引用文の「而以非不覚故、説為覚耶」は、前出の「以此浄心之体非是不覚故、説為覚心也」（六

四二中一八―一九）を受けたものである。すでに紹介したように、浄心の体が不覚＝無明であれば、無明が滅するという悟りが成立しない。これと逆に、浄心の体が覚であれば、迷いの成立を説明することが難しくなるであろう（このことは『大乗止観法門』には直接、述べられていない）。

ここには覚と不覚の関係が提起されているので、『大乗止観法門』は、「心の体は平等で、覚でもなく不覚でもない（心体平等、非覚非不覚）」（六四二中二五―二六）と述べ、心体は平等で、覚と不覚の相対関係を越えていることを強調するとともに、「心体法界用義」（心の体が備える法界にわたる用の意義という意味で、簡潔に表現すれば、心の体に対する心の用を指す）の立場から覚を明かすことを述べている。『大乗止観法門』には、次のように説かれる。

もし心体の法界の用の意義について覚を明かすならば、この心体に三種の大智を備える。いわゆる無師智、自然智、無礙智である。この覚心の体は、もともとこの三智の性を備えるので、この心を覚性とするのである。このために同・異の意味を知る必要がある。同とはどのようなことか。心体平等はとりもなおさず智覚であり、智覚は心体平等にほかならないという意味である。それ故、同というのである。また異とはどのようなことか。本覚の意義は用であるという意味である。凡にある場合を仏性と名づけ、また三種の智性とも名づける。障から出る場合を智慧仏と名づけるのである。心体の平等の意義は体であるから、凡聖は不二一体であり、ただ如如仏と名づけるのである。このために異という。

若就心体法界用義以明覚者、此心体具三種大智。所謂無師智、自然智、無礙智。是覚心体本具此三智性、故以此心為覚性也。是故須知同異之義。云何同。謂心体平等即是智覚、智覚即是心体平等。故言同也。復云何異。謂本覚之義是用。在凡名仏性、亦名三種智性、出障名智慧仏也。心体平等之義是体、故凡聖無二、唯名如如仏也。是故言異。（六四二中二九―下七）

これによれば、心体には、無師智・自然智・無礙智の三種の大智（覚）を備えており、この心体に三智性を備えているので、心を覚性と規定することを明かしている。さらに、「同異之義」を知る必要があると言われているが、体と用の同異の意味であり、体と用とが同一であるとする立場においては、心体平等（体）＝智覚（用）、智覚（用）＝心体平等（体）と言われる。体と用とが相違するという立場においては、本覚の概念が用に相当することを明かしたうえで、用においては、本覚は、凡夫（在障）において仏性、三種の智性と名づけられ、出障（煩悩から解脱した聖果）においては智慧仏と名づけられ、このように在障と出障の明確な相違、立て分けがあることを指摘している。さらに、心体平等の概念が体に相当することを明かしたうえで、体においては、凡聖無二で、ただ如如仏（真如を仏と見立てたもので、煩悩を解脱してなる智慧仏と区別される）と名づけることを指摘している。先に述べたように、心体は覚と不覚の相対関係を越えているので、本覚は心体ではなく、心用に相当する概念であると明言されていることに注意する必要がある。

㈢凡夫の迷いの構造

次に、出障の智慧仏という概念をめぐって、浄心を覚すから仏というのか、浄心が自ら覚すから仏というのかという問題が提起される。『大乗止観法門』は、この二義のいずれをも認め、二義の「体に別無し」（六四二下一〇）と述べたうえで、凡夫の迷いの構造について、次のような議論を展開している。

　質問する。智慧仏とは、浄心を悟ることができるから仏と名づけるのか、浄心が自ら悟るので仏と名づけるのか。

　解答する。二つの意義を備える。第一に浄心を悟る。第二に浄心が自ら悟る。二つの意義というけれども、体に相違はないのである。この意義はどのようなものか。一切諸仏はもともと凡にある時には、心が熏によって変化し、不覚は自ら動き出し、虚状を顕現するという意味である。虚状とは、凡夫の五陰、及び六塵にほかならない。また似識・似色・似塵とも名けるのである。似識とは、とりもなおさず六識、七識である。この似識が一瞬一瞬生起する時には、すぐには似色等の法を理解せず、ただ心は虚妄な相で無実体となる。理解しないので、虚妄の相を真実の事がらと妄執する。妄執する時には、すぐにかえって浄心に熏ずる。しかしながら、似識が理解しないという意義は、とりもなおさず果時の無明である。また迷境無明とも名づける。このために『経』には、「縁において癡である」とある。それ故、似識妄執の意義は、とりもなおさず妄想の執著する境であり、妄なる境界を成立させるのである。果時の無明は心に熏ずるので、心が悟らないようにさせる。とりもなおさず子時の無明であり、また住地無明とも名づけるのである。妄想は心に熏ずるので、心を変動させる。とりもなおさず業識である。妄境は心に熏ずるので、心を似塵の種子とならせる。似識は心に熏ずるので、心を似識の種子とならせる。この似塵・似識の二種の種子は、まとめて虚状の種子と名づけるのである。しかしながら、この果時の無明等はそれぞれ別々に熏じて一法を生起させるというけれども、きっと同時に和合するので熏ずることができる。なぜかといえば、互いに離れ、互いに借りて存在するのではないからである。もし似識がなければ、果時の無明はない。もし無明がなければ、妄想はない。もし妄想がなければ、妄なる境を成立させない。このために四種は同時に和合して、はじめて虚状の果を現ずることができる。なぜかといえば、互いに離れないからである。

問曰。智慧仏者、為能覚浄心故名為仏、為浄心自覚故名為仏。

答曰。具有二義。一者覚於浄心。二者浄心自覚。雖言二義、体無別也。此義云何。謂一切諸仏本在凡時、心依熏変、不覚自動、顕現虚状。虚状者、即是凡夫五陰、及以六塵。亦名似識似色似塵也。似識者、即六七識也。由此似識念念起時、即不了知似色等法、但是心作虚相無実。以不了故、妄執虚相、以為実事。妄執之時、即還熏浄心也。然似識不了之義、即是果時無明。亦名迷境無明。是故経言、於縁中癡。故似識妄執之義、即是妄想所執之境、即成妄境界也。以果時無明熏心故、令心不覚。即是子時無明、亦名住地無明也。妄想熏心、故令心変動。即是業識。妄境熏心、故令心成似塵種子。似識熏心、故令心成似識種子。此似塵似識二種種子、総名為虚状種子也。然此果時無明等、雖云各別熏起一法、要倶時和合、故能熏也。何以故、以不相離相藉有故。若無似識、即無果時無明。若無無明、即無妄想。若無妄想、即不成妄境。是故四種倶時和合、方能現於虚状之果。何以故、以不相離故。（六四二下七―一九）

すべての諸仏は凡夫のとき、「心依熏変、不覚自動、顕現虚状」（六四二下一一―一二）という迷いの事態が生ずる。心（自性清浄心）が熏習を受けて、不覚が自ら動き出して、「虚状」、つまり虚相無実の世界を現出する。まず、虚状は、凡夫の五陰、及び六塵を意味し、また似識（六識・七識）・似色（色陰）・似塵（六塵）を意味する。似識が一瞬一瞬生ずるとき、似色・似塵（似色と似塵はほぼ同義と考えてよい）が心から作られたものであり、虚相無実（虚妄な存在で、無実体であるの意）であることを理解しない（「不了」）。理解しないから、虚相を実事と妄執し、この妄執は浄心に熏習する（汚染するという影響を与える）。

『大乗止観法門』のここの記述はやや複雑でわかりにくいが、迷いの出発点に、似識が「念念に起」こることがある。そして、似識の「不了」という面が「果時無明」[5]（迷境無明、迷事無明）、似識の「妄執」という面が「妄想」にそれぞれ対応する。そして、妄想が「妄境」を成立させる。このように、似識の迷いの成立に果たす影響は大きい。果時無明は心に熏習して不覚（子時無明、住地無明、無明住地、迷理無明）を成立させ、妄想は心に熏習して業識[6]を成立させ、妄境は心に熏習して似塵の種子を成立させ、似識は心に熏習して似識の種子を成立させる。

似塵の種子と似識の種子は、合わせて虚状の種子と名づけられる。種子は、果を生ずる機能を意味するので、似識、似塵という虚状を果として生ずる点を種子と呼んだものである。似識、果時無明、妄想、妄境の四者は、それぞれ前項が後項の成立の前提条件になっており、この四者が同時に共同して働いて、虚状の果が現われると説かれる。ところが、虚状には、前述したように、似識が含まれているのであるから、凡夫の迷いは循環的であり、どこが真の出発点かを確定することはできない。迷いの構造の説明の便宜上、『大乗止観法門』は似識の生起から説明を始めているが、凡夫はすでに迷いの循環・連鎖のなかにあるのである。

さらに、虚状の種子（似塵の種子・似識の種子）は、子時無明に依ると説かれる。その理由について、

さらにまた虚状の種子は、かの子時の無明住によるからである。さらにまた虚状の種子は、それだけで果を現ずることができないからである。もし子時の無明がなければ、業識がない。もし業識がなければ、虚状の種子は、顕現して果を成立させることができず、また自体も確立しない。このために和合して、はじめて虚状の果を現ずるのである。このために虚状の果の中で、また似識・似塵の虚妄の無明の妄執を備える。この意義によるので、かいつまんでこれを説いて、「不覚の故に動じ、虚状を顕現するのである」という。このように果・子が互いに生じて無始から流転することを、衆生と名づける。

又復虚状種子依彼子時無明住故。又復虚状種子不能独現果故。若無子時無明、即無業識。若無業識、即虚状種子不能顕現成果、亦即自体不立。是故和合、方現虚状果也。是故虚状果中、還具似識似塵虚妄無明妄執。由此義故、略而説之云、不覚故動、顕現虚状也。如是果子相生、無始流転、名為衆生。（六四二下二九―六四三上七）

と説かれる。この引用文は、四種の熏習によって成立する不覚・業識・似塵の種子・似識の種子の相互関係について説明したものである。子時無明（不覚）がなければ、業識がなく、業識がなければ、虚状の種子は果を現ずることができないと言われる。逆に、子時無明や業識が和合すれば、虚状の種子が虚状の果を現ずる。したがって、虚状の果には、似識・似塵・虚妄無明・妄執が含まれていると言われる。結論的には、不覚が動いて、虚状が顕現すると述べられている。なお、ここに出る似塵は妄境、虚妄無明は果時無明、妄執は妄想とそれぞれ対応すると考えれば、虚状の果には、前述した似識・果時無明・妄想・妄境の四者を含むことになる。不覚は果時無明が心に熏習

して成立すると先に述べられており、また不覚が果時無明を含む虚状を現ずるのであるから、果時無明と子時無明(7)が互いに他を生じて無始より流転しているという循環が成立し、それを衆生と呼ぶと述べている。

㈣凡夫の悟りへの道

次に、この迷いの衆生が悟りへ向かうあり方について、

後に善友に会って、諸法はみな一心の作るものであり有無に似ていると説く。確かにこの法を聞いてから、従って修行し、諸法はみな心から作られ、ただ虚であって実体がないことがしだいにわかる。この理解が成立する時に、この果時の無明は滅するのである。無明は滅するので、虚状を実とは執著しない。とりもなおさず妄想、及び妄なる境は滅するのである。その時、意識は転じて無塵智と名づけられる。実塵が無いことを知るからである。そうであっても、境は虚であることを知るので、果時の無明が滅すると説く。あたかも虚相の有を見るように、有は有ではない。本性は不生、今は不滅であるのは、ただ一心だけである。この理を知らないので、また子時無明とも名づけ、また迷理無明とも名づける。ただ前の迷事無明より微細である。かの麁が滅するので、果時無明が滅すると説くのである。

後遇善友、為説諸法皆一心作似有無。実聞此法已、随順修行、漸知諸法皆従心作、唯虚無実。若此解成時、是果時無明滅也。無明滅故、不執虚状為実。即是妄想及妄境滅也。爾時意識転、名無塵智。以知無実塵故。雖然、知境虚故、説果時無明滅。猶見虚相之有、有即非有。本性不生、今即不滅、唯是一心。以不知此理故、亦名子時無明、亦名迷理無明。但細於前迷事無明也。以彼麁滅故、説果時無明滅也。(六四三上八―一六)

と説明されている。悟りとは、諸法が一心の作であり、虚相無実であると理解することである。このように理解すれば、果時無明は滅し、したがって、虚状を実と執しないので、妄想、妄境も滅する。そのとき、意識は無塵智に

転換する。無塵智とは、実塵（実体的な対象世界）が無いことを知る智の意味である。

さらに、果時無明が滅すると、子時無明（無明住地）も部分的・段階的に滅していくと説かれる。最終的には、無塵智が増大して、「金剛無礙智」（六四三中一八）を完成し、子時無明が尽きる。子時無明が尽きれば、「業識と染法種子習気」（六四三中二〇―二一）は破壊され、虚状は滅し、心体は寂照となる。これを「体証真如」（六四三中二三）と名づける。「能照所照之別」（六四三中二四―二五）のないのを「無分別智」（六四三中二五）という。この智のほかに別に分別すべき真如はなく、心が智となる。心は智の体で、智は心の用であり、「体用一法、自性無二」（六四三中二七）である。これを「自性体照」（六四三中二七―二八）と名づける。寂と照の関係は、「体融無二」（六四三下一）であり、寂は照、照は寂である。照の寂は体に順じ、寂の照は用に順じた言い方であり、自体を照らすことを「覚於浄心」と名づけ、体自ら照らすことを「浄心自覚」と名づける。これが前述の質問、「問曰、智慧仏者、為能覚浄心、故名為仏、為浄心自覚、故名為仏」（六四二下七―九）の答えであり、「二義一体」（六四三下三）と言われる。無分別智を「覚」となし、浄心に本来、この無分別智の性を具して不増不減であるので、この浄心を仏性と名づける。以上が、智慧仏に就いて、浄心を仏性とすることを明かしたものである。智慧仏に就くとは、前に述べたように、在障と出障を立て分ける用の立場に立つことを意味する。ここはテキストの説明が長いので、原文の引用は省略して、要点を示した。(8)

また、浄心の自体に、「福徳之性」、「巧用之性」を備えており、浄業に熏習されて、法身仏・応身仏の二種の仏身を出生するので、この心（浄心）を仏性とすると言われる。すなわち、
さらにまたこの浄心の自体は、福徳の性、及び巧用の性を備えている。また浄業に熏ぜられ、報・応の二仏を出生する。それ故、この心を仏性とするのである。

又此浄心自体具足福徳之性及巧用之性。復為浄業所熏、出生報応二仏、故以此心為仏性也。（六四二下六―八）

とある。

㈤心体平等の立場と本覚を説く立場

『大乗止観法門』の本覚・不覚をめぐる記述はさらに続く。次に、「さらにまた不覚が滅するので、心を覚とする。動ずるという意義がなくなるので、心は不動であるという（又復不覚滅、故以心為覚。動義息故、説心不動。虚相泯故、言心無相）」（六四三下八―一〇）と述べられるように、不覚は滅するので、心を「覚」となし、動の義が止息するので、「心不動」を説き、虚相は滅するので、「心無相」という。さらに、「その心の体は覚でもなく不覚でもなく、動でもなく不動でもなく、相でもなく無相でもない。そうではあるが、不覚が滅するので、心を覚と説いても妨げがないのである（其心体非覚非不覚、非動非不動、非相非無相。雖然、以不覚滅故、説心為覚、亦無所妨也）」（六四三下一〇―一二）とあるように、心体は覚・不覚その他の相対概念を越えているが、不覚が滅するので、心の覚を説いても差し支えないと述べている。そして、「これは対治出障の心の体について覚を論じるのであり、智の用に基づいて覚とするのではない（此就対治出障心体、以論於覚、不拠智用為覚）」（六四三下一二―一三）とあるように、対治出障（煩悩を対治して解脱したという意味）の心体に就いて覚を論じたものであり、智の用に基づいて覚としたのではないと結論づけている。これはどういう意味であろうか。心体それ自身は覚・不覚の相対関係を離れたものであるが、煩悩を対治し解脱した段階の心体については覚を論ずることができるとしたものである。単に智の働きとしての覚を論じたものではないと断っている。しかし、前に述べたように、出障の智慧仏は用の立場であり、ここの場合のように、出障の段階においても、あくまで心体というのはなぜであろうか。さらに検討を要する問題である。

さらに、

さらに浄心には、もともと不覚がなく、心を本覚と説く。もともと動変がなく、心を本寂と説く。もともと虚相がなく、心がもともと平等であることを説く。しかしながら、その心体は覚でもなく不覚でもなく、動でもなく不動でもなく、相でもなく無相でもない。そうであっても、もともと不覚がないので、本覚と説く。また失うものがないのである。これは凡聖不二について、心体が如如仏であることを明かす。心体にもともと性覚の用を備えることを論じないのである。

又復浄心本無不覚、説心為本覚。本無動変、説心為本寂。本無虚相、説心本平等。然其心体非覚非不覚、非動非不動、非相非無相。雖然、以本無不覚故、説為本覚、亦無所失也。此就凡聖不二、以明心体為如如仏。不論心体本具性覚之用也。（六四三下一三―一八）

と述べられている。浄心には本来、不覚がないので、心を「本覚」とし、動変がないので、「本寂」とし、虚相がないので、「心本平等」とすると説かれる。直前の記述と同様に、「其心体非覚非不覚、非動非不動、非相非無相。雖然、以本無不覚故、説為本覚、亦無所失也」（六四三下一五―一七）と述べられる。これは、凡聖不二に就いて、心体が如如仏であることを明かしたもので、心体に本来、性覚の用を備えることを論じたものではないと述べている。凡・聖において一貫して如如仏（真如を仏と見立てたもの）を備えている点で凡聖不二と言われるが、これは前に述べたように、心体平等の体の立場である。しかし、ここでは、本覚の概念をこの体の立場で用いている。これは本覚を用とするという前に述べた立場と相違する。『大乗止観法門』は、前に述べたように、体と用との同一性の立場も設定するので、本覚を心体と心用のどちらに帰属させるかという問題については、固定した立場をとらないようである。

㈥心体と覚をめぐる修道論

心体と用としての覚の関係の問題をめぐって、いくつかの問答が展開する。第一の問答については、質問する。もしもともと不覚がないことについて覚と名づけるならば、凡夫はとりもなおさず仏である。道を修行することは必要なくなる。

解答する。もし心体の平等の立場に立つならば、修と不修、成と不成はない。覚と不覚もない。ただ如如仏を明かすために、対照させて覚と説くのである。

さらにまたもし心体の平等によるならば、衆生と諸仏もなく、この心体と異なることがない。それ故、『経』の偈には、「心、仏、及び衆生の三者に差別はない」とある。しかしながら、また心性縁起の法界法門は、法爾として破壊されない。それ故、常に平等であり、常に差別する。常に平等であるので、心、仏、及び衆生の三者に差別はない。常に差別するので五道に流転することを、衆生と名づける。流れに反して源を尽くすことを、仏と名づける。この平等の意義があるので、仏もなく衆生もない。この縁起の差別の意義のために、衆生は道を修行する必要がある。

問曰。若就本無不覚、名為覚者、凡夫即是仏。何用修道為。

答曰。若就心体平等、即無修与不修成与不成、亦無覚与不覚。但為明如如仏故、擬対説為覚也。

又復若拠心体平等、亦無衆生諸仏与此心体有異。故経偈云、心仏及衆生、是三無差別。然復心性縁起法界法門、法爾不壊。故常平等、常差別。常平等故、心仏及衆生、是三無差別。常差別故、流転五道、説名衆生。反流尽源、説名為仏。以有此平等義故、無仏無衆生。為此縁起差別義故、衆生須修道。(六四三下一八―二八)

と説かれている。

第一問は、心体に本来、不覚がない点を取りあげて覚と名づけるならば、凡夫は仏にほかならず、修道は不必要であるというものである。第一答は、心体平等の立場においては、修（修道）と不修、成（成仏）と不成、覚と不覚の差別はないが、如如仏を明かすために、相対して覚と説くというものである。また、心体平等の立場においては、心体と異なる衆生・諸仏の存在はないと説かれ、その経証として、『華厳経』巻第十、夜摩天宮菩薩説偈品、「心仏及衆生　是三無差別」（大正九・四六五下二九）が引用されている。このように、心体については、心・仏・衆生の三者は無差別であるが、心性縁起法界法門の立場においては、三者の差別が保持される。つまり、「常平等」、「常差別」の両面が説かれる。平等の観点からは衆生と仏の差別がなく、縁起の差別の観点からは衆生が修道する必要があると説かれる。

第二の問答については、

質問する。心体にもともと不覚がないことをどのようにして知ることができるのか。

解答する。もし心体にもともと不覚があるならば、聖人が浄心を証得する時には、当然まったく不覚であるはずである。凡夫がまだ証得しなければ、当然覚とすべきである。見証するからには、不覚はない。まだ証得しなければ、覚と名づけない。それ故、結局、心体にもともと不覚がないことがわかる。

問曰。云何得知心体本無不覚。

答曰。若心体本有不覚者、聖人証浄心時、応更不覚。凡夫未証得、応為覚。既見証者、無有不覚。未証者、不名為覚。故定知心体本無不覚。（六四三下二九―六四四上三）

と説かれている。第二問は、心体に本来、不覚がないことをどのように知るのかというものである。第二答は、心体に本来、不覚があれば、聖人（仏）が浄心を証するとき不覚であり、凡夫は証得していないので覚となるはずであるが、見証すれば不覚がなく、まだ見証しなければ覚と名づけない。これは仏と凡夫の実際の体験を根拠とした答えである。

第三の問答については、

質問する。聖人は不覚を滅するので、自ら浄心を証得することができる。もし不覚がなければ、どうして滅というのか。さらにまた、もし不覚がなければ、衆生はない。

解答する。前に詳しく解釈した。心体は平等であり、凡もなく聖もない。それ故、もともと不覚がないと説く。心性の縁起はないわけではないので、滅もあり証悟もあり、凡もあり聖もある。

さらにまた、縁起がある。有はそのまま非有であるので、もともと不覚がなく、今もまた不覚がないという。しかしながら、有でないのではないので、滅があり証悟もあり、凡もあり聖もあるという。ただ、用に従って体に入れば、不覚がないので、心体にもともと不覚がないことを確かに知ることができると証拠立てるだけである。ただ凡は用にそむき、一体のものを異と思い込む。このために平等の体を証知することができないのである。

問曰。聖人滅不覚、故得自証浄心。若無不覚、云何言滅。又若無不覚、即無衆生。

答曰。前已具釈。心体平等、無凡無聖、故説本無不覚。不無心性縁起、故有滅有証、有凡有聖。又復縁起之有。有即非有、故言本無不覚、今亦無不覚。然非不有、故言有滅有証、有凡有聖。但証以順用入体、即無不覚、故得験知心体本無不覚。但凡是違用、一体謂異。是故不得証知平等之体也。（六四四上三一―一二）

と説かれている。第三問は、聖人（仏）は不覚を滅するから、浄心を証することができるのであり、もし不覚がなければ、どうして不覚を滅すると言うのか。また、不覚がなければ、衆生の存在もないであろう、というものである。第三答は、上述の心体平等においては、凡・聖の差別はなく、本来、不覚はない。心性の縁起の立場では、滅も証もあり、凡・聖もある。また、縁起によって成立する有は非有であるので、本来、不覚はなく、今も不覚はない。しかし、他方、まったくの無ではなく、有を認める立場では、凡・聖もあり、滅・証もある。用に順じて体に入れば、不覚がないことを知るので、心体に本来、不覚のないことを確かめることができる。しかし、凡夫は用に違い、一体（凡・聖などの一体）のものを相違すると思い、平等の体を知ることができない。

第四の問答については、

質問する。心が顕現して智となるとは、無明が尽きるので、自然に智となるのか、更に別に因縁があるのか。

解答する。この心は汚染状態にある時には、もともと福と智の二種の性を備えて、一法を欠くことはなく、仏と異なることがない。ただ無明染法に覆われるので、用を顕わすことができない。後に福と智の二種の浄業に熏じられるので、染法はすべて尽きる。しかしながら、この浄業が汚染を除く時には、すぐにかの二性を顕現し、事がらの働きを成立させることができる。いわゆる相好、依報、一切智等である。智の体は自ら真心性照の能力であり、智の働きは熏によって成立するのである。

問曰。心顕成智者、為無明尽[9]、故自然是智、為更別有因縁。

答曰。此心在染之時、本具福智二種之性、不少一法、与仏無異。但為無明染法所覆、故不得顕用。後得福智二種浄業所熏、故染法都尽。然此浄業除染之時、即能顕彼二性、令成事用。所謂相好依報一切智等。智体自是真心性照之能、智用由熏成也。（六四四上一二―一九）

と説かれている。第四問は、前に心が智として顕現すると述べたが、無明が尽きて智となるのか、それとも別の理由があるのか、というものである。第四答は、心は染にあるとき、福と智の二種の性があるが、無明染法に覆われて、用を顕わすことができない。福と智の二種の浄業に熏習されて、染法が尽きると、二種の性が顕現し、相好、依報、一切智などの「事用」を成立させる。智の体は真心が備える本性として照らす能力であり、智の実際の用は浄法の熏習によって成立する。

第五の問答については、

質問する。心が顕現して智となるならば、心を仏性とする。心が不覚を生起させれば、また当然心を無明の性とすべきである。

解答する。もし法性の意義について論じれば、また無明性とすることができるのである。このために『経』には、「明と無明とは、その本性は不二一体である。不二の本性は、とりもなおさず実性である」とある。

問曰。心顕成智、即以心為仏性。心起不覚、亦応以心為無明性。

答曰。若就法性之義論之、亦得為無明性也。是故経言、明与無明、其性無二。無二之性、即是実性也。（六四四上一九―二二）

と説かれている。第五問は、心が智として顕現する場合は、心を仏性とする。他方、心が不覚を起こす場合は、心を無明の性とするべきである、というものである。第五答は、法性の視点に立てば、無明の性ということもできるとする。経証として、『南本涅槃経』巻第八、如来性品、「凡夫の人は聞いてから分別して二法の想念を生ずる。明と無明とである。智者はその本性に二つのものがないと理解する。二つのものがないという本性は、とりもなおさず真実の本性である（凡夫之人聞已分別、生二法想。明与無明。智者了達其性無二。無二之性、即是実性）」（大正一二・六五一下二一―四）を引用している。心体が覚と不覚の相対関係を越えている立場＝法性の立場からは、仏性（覚）という表現が可能であれば、それと相対的な無明性（不覚）という表現も可能であることを指摘したものである。

㈦空如来蔵と不覚

次に、「明何所依止」の第三の「辨体状」は、一心（真心）の本質・様相を明かすのであるが、「挙離相以明浄心」、「挙不一不異以論法性」、「挙二種如来蔵以辨真如」の三つの部分に分かれている。「不覚」をめぐる議論は、第三の「挙二種如来蔵以辨真如」のなかの空如来蔵を明かす部分に見られる。ここでは、心体は空浄であり、心体＝浄心を空如来蔵というと明かされる。[10]そこに付されている問答において、「不覚」が取りあげられている。

まず、
質問する。果時の無明は、妄想と同一であるのか、相違するのか。子時の無明は、業識と同一であるのか、相違するのか。

解答する。同一でもなく、相違するのでもない。なぜかといえば、浄心不覚によるからである。動に不覚がなければ、不動である。さらにまた、もし無明がなければ、業識がない。さらにまた動は不覚と和合し、同時に生起し、区別することができないので、子時の無明は、業識と相違しない。さらにまた、不覚は自ら迷闇の意義である。過去の果時の無明によって熏じ生起されるので、かの果時の無明を因とするのである。

問曰。果時無明与妄想為一為異。子時無明与業識為一為異。

答曰。不一不異。何以故、以浄心不覚故。動無不覚、即不動。又復若無無明、即無業識。又復動与不覚和合倶起、不可分別、故子時無明与業識不異也。又不覚自是迷闇之義。過去果時無明所熏起故、即以彼果時無明為因也。（六四五下一六―二二）

と説かれている。果時無明と妄想との同異関係、子時無明と業識との同異関係が問われ、それに対して、いずれも不一不異の関係であると答えられる。その理由として、子時無明と業識との不異については、浄心が不覚（子時無明）であるから動（業識の働きを指す）で、不覚がなければ不動であると言われる。無明がなければ、業識もない。また、動は不覚と和合し、一緒に生起し、動と不覚を区別できない。それゆえ、子時無明は業識と不異である。また、不覚は迷闇の意味であり、過去の果時無明の熏習によって生起するので、過去の果時無明が因となり、不覚が果となる。

他方、子時無明と業識の不一については、

動とは、自ら変異の意義である。妄想によって熏じ生起させられるので、かの妄想を因とするのである。このために子時の無明と業識とは同一ではない。これは子時の無明は、業識と同一でもなく相違するのでもない。

動者、自是変異之義。由妄想所熏起故、即以彼妄想為因也。是故子時無明与業識不一。此是子時無明与業識不一不異也。（六四五下二二―二五）

と説かれている。動（業識の働きを指す）は変異の意味であり、妄想の熏習によって生起するので、妄想が因となり、動が果となる。それゆえ、子時無明は業識と不一である。したがって、子時無明と業識とは不一不異である。

果時無明と妄想との不一不異の関係については、

果時の無明は、妄想と同一でもなく相違するのでもないとは、無明は自ら不了知の意義である。子時の無明から生ずるので、かの子時の無明を因とする。妄想は自らみだりに分別を生ずる意義である。業識から生起するので、かの業識を因とする。このために無明と妄想とは同一ではない。また意識は境の虚妄を理解しないので、みだりに分別を生じる。もし虚妄を理解すれば、妄執分別を生じない。

さらにまた、もし無明がなければ、妄想がない。もし妄想がなければ、また無明もない。

さらにまた、二法は和合し同時に生起し、分別することができない。このために相違しない。これは果時の無明は妄想と同一でもなく相違するのでもない。この意義によって、二種の無明は体で、業識妄想は用である。二種の無明は、自ら互いに因果となる。業識は妄想とまた互いに因果となる。もし子・果の無明は互いに因となるならば、とりもなおさず因縁である。妄想は業識と互いに因となるならば、また因縁である。もし子時の無明が業識を生起させれば、とりもなおさず増上縁である。果時の無明が妄想を生起させれば、また増上縁でもある。

果時無明与妄想不一不異者、無明自是不了知義。従子時無明生故、即以彼子時無明為因。妄想自是浪生分別之義。従業識起故、即以彼業識為因。是故無明妄想不一。復以意識不了境虚故、即妄生分別。若了知虚、即不生妄執分別。

又復若無無明、即無妄想。若無妄想、亦無無明。

又復二法和合倶起、不可分別。是故不異。此是果時無明与妄想不一不異也。以是義故、二種無明是体、業識妄想是用。二種無明自互為因果。業識与妄想亦互為因果。若子果無明互為因者、即是因縁也。妄想与業識互為因者、亦是因縁也。若子時無明起業識者、即是増上縁也。果時無明起妄想者、亦是増上縁也。（六四五下二五―六四六上一〇）

と説かれている。無明は不了知の意味であり、果時無明は子時無明から生ずるので、子時無明が因となり、果時無明が果となる。妄想はみだりに分別を生ずる意味であり、業識から生ずるので、業識が因となり、妄想が果となる。それゆえ、果時無明と妄想は不一である。他方、意識は「境虚」（対象界の無実体性）を理解しないので、妄りに分別を生ずるが、境虚を理解すれば、妄執分別を生じない。果時無明がなければ妄想もなく、妄想がなければ果時無明もない。妄想と果時無明の二法は和合し、一緒に生起するので、妄想と果時無明を区別できず、不異である。したがって、果時無明と妄想とは不一不異である。

さらに、果時無明・子時無明は体で、業識・妄想は用と規定される。また、子時無明が因、果時無明が果、業識が因、妄想が果と述べられたが、子時無明と果時無明、業識と妄想がそれぞれ互いに因果となるとも述べられている。

三　小　結

『大乗止観法門』における「本覚」・「不覚」の重要な用例を取りあげ[11]、考察を加えた。『大乗止観法門』の説明は必ずしも体系的ではなく、やや複雑なものであり、また私の力量不足のため、整然と分析することができなかったと思われる。最後に、これまでの考察を箇条に整理しておきたい。

1、覚＝浄心、不覚＝無明として、この覚と不覚が和合したものが本識＝阿梨耶識であること、浄心のほかに阿梨耶識はなく、阿梨耶識のほかに浄心はないが、浄心＝体で、阿梨耶識＝相という意味上の区別があるので、二名の相違がある。

2、「自性清浄心」の「心」を「本覚」と捉えている。

3、「本覚」は、仏性の説明のなかで大きく取りあげられている。このことは、『大乗起信論』が本覚を体系的に説示しているけれども、まったく仏性について言及しないことと対照的である。

4、浄心（自性清浄心、真心）の体は不覚でないので、覚心（仏性）と説かれる。

5、心体は平等で覚と不覚の相対関係を越えているが、心用として無師智・自然智・無礙智の三智の性を備えているので、心を覚性（仏性と同義）と規定する。仏性、三智の性が本覚に相当し、本覚は用と規定される。

6、自性清浄心が熏習（果時無明・妄想・妄境・似識の四つの熏習）を受けて、不覚（子時無明）が自ら動き出して、「虚状」、つまり虚相無実の世界（五陰や六塵、また似識・似色・似塵）を現出する。

7、果時無明、妄想、妄境、似識が心に熏習して、それぞれ不覚（子時無明）、業識、似塵の種子、似識の種子をそれぞれ成立させる。

8、虚状の種子（似塵の種子と似識の種子）は子時無明に依存して生ずる。子時無明と果時無明は互いに他を生ずる循環を形成し、迷いの衆生の立場を成立させている。

9、心体は平等で、覚と不覚の相対関係を越えている。しかし、不覚が滅する、あるいは本来、不覚がないので、心を覚、本覚と名づけることができる。

10、心体平等の立場では、凡・聖の区別がないが、縁起の差別の立場では、凡夫の修道の必要性がある。
11、果時無明と妄想とは不一不異であり、子時無明と業識とは不一不異である。また、子時無明が因で、果時無明が果、業識が因、妄想が果であると述べられるが、他方、それぞれ互いに因果となるとも述べられている。

注

(1) 石井公成「『金剛三昧経』の成立事情」(『印仏研』四六―二、一九九八年三月)などを参照。
(2) 『大乗止観法門』の著者は南岳慧思と伝えられてきたが、これには賛否の議論があり、最終的な決着はついていない。拙稿の末尾に掲げる参考文献を参照されたい。
(3) 『大乗止観法門』を扱う多くの論文において、本覚・不覚を中心的に扱う論文が少ない理由がここにある。ただし、松田未亮『『大乗止観法門』の研究』二一二―二一五頁、三八七―三九七頁は、このテーマを扱っている。
(4) 止観の依止とされる心が真如とも名づけられる理由を明かすなかで、『大乗止観法門』は、「三世諸仏及以衆生、同以此一浄心為体。凡聖諸法自有差別異相、而此真心無異無相、故名之為如」(六四二中八―一〇)と述べ、「浄心」、「真心」を用いている。
(5) 果時無明と子時無明は、『大乗止観法門』の用例が最初期のものであろう。他に、法蔵『華厳経問答』巻上に、「論云子時無明果時無明者、以二種義縁事現示」(大正四五・六〇五中二九―下一)とある。
(6) 業識は、『大乗起信論』に説かれる五意(業識・転識・現識・智識・相続識)の第一である。『大乗起信論』、「此意復有五種名。云何為五。一者名為業識。謂無明力不覚心動故」(大正三二・五七七中六―七)を参照。
(7) 「子果二種無明本無自体、唯以浄心為体。但由熏習因縁故、有迷用」(六四五中二九―下一)を参照。
(8) 六四二上二二―六四三下六を参照。
(9) 底本の「塵」を甲本によって「尽」に改める。
(10) 「是故心体空浄。以是因縁、名此心体、為空如来蔵」(六四五下二〇―二一)、「故名此浄心、為空如来蔵也」(六四五下一五―一六)を参照。
(11) 本文において取りあげなかった用例は、次のものだけである。「不覚」という用語が、「此能嫌之心、既是無明妄想故、即是動法、復言熏心。此乃亦増不覚。重更益動生起之識」(六五五中一四―一五)と出る。また、「清浄之覚」という用語が、「自然成辦、故言

清浄。即此清浄之覚随境異用、故言分別。又復対縁摂化、令他清浄。摂益之徳為他分別、故言清浄分別性也」（六五六下一六―一八）と出る。また、「覚心」という用語が、「又夢心即是本時覚心。但由睡眠因縁故、名為夢心。夢心之外、無別覚心可得。真実性法、亦復如是。平等無二」（六五八下二〇―二二）と出る。

参考文献

①単行本

武覚超『天台教学の研究―大乗起信論との交渉―』（法蔵館、一九八八年）第六章「天台の性悪説と『大乗止観法門』」（一五三―一八一頁）

松田未亮『『大乗止観法門』の研究』（山喜房仏書林、二〇〇四年五月）

陳堅《無明即法性―天台宗止観思想研究―》（宗教文化出版社、二〇〇四年七月）第二章「『大乗止観法門』中的止観思想」（三四―七一頁）

②日本・論文

柏木弘雄「一心における染性の本具―『大乗止観法門』の場合―」（『玉城康四郎博士還暦記念論文集・仏の研究』〔春秋社、一九七七年一一月〕所収）

高橋勇夫「大乗止観法門の撰者について」（『仏教研究』六―四、一九四二年）

高橋勇夫「大乗止観法門の内容に関する研究」（『東洋大学論叢』二、一九四九年九月）

柏木弘雄「大乗止観法門の根本的立場・序説」（関口真大編『仏教の実践原理』〔山喜房仏書林、一九七七年一二月〕所収）

池田魯参「『大乗止観法門』研究序説―典籍及び研究―」（『駒澤大学仏教学部論集』五、一九七四年一二月）

池田魯参「天台智顗の地論摂論学派について」（『印仏研』三〇―二、一九八二年三月）

池田魯参「天台教学と地論摂論宗」（『仏教学』一三、一九八二年四月）

池田魯参「南岳慧思伝の研究―『大乗止観法門』の撰述背景―」（『多田厚隆先生頌寿記念論文集・天台教学の研究』〔山喜房仏書林、一九九〇年三月〕所収）

吉田道興「大乗止観法門撰者考」（『印仏研』二七―二、一九七九年三月）

吉津宜英「『大乗止観法門』の再検討」（『印仏研』四八―二、二〇〇〇年三月）

吉津宜英「大乗止観法門の華厳思想」（『平井俊榮博士古稀記念論集・三論教学と仏教諸思想』〈春秋社、二〇〇〇年一〇月〉所収）

③中国・注釈

了然『大乗止観法門宗円記』（続蔵二・三・四—五）
智旭『大乗止観法門釈要』（続蔵二・三・五）
諦閑『大乗止観述記』（民国増修大蔵経会、一九三〇年。また台湾・和裕出版社、一九九九年）

④中国・論文

聖厳〈大乗止観法門之研究〉（《海潮音》第五二巻六月号～第五三巻二月号、一九七一—一九七二年。また『現代仏教学術叢刊』五八、台湾、大乗文化出版社、一九七九年六月）
馮芝生〈天台宗之大乗止観法門〉（張曼濤主編《現代仏教学術叢刊》五八、台湾、大乗文化出版社、一九七九年六月）
朱文光〈考証、典範与解釈的正当性：以《大乗止観法門》的作者問題為線索〉（《中華仏学研究》一、一九九七年）
陳英善〈由《大乗止観法門》論慧思思想有否与前期相違〉（《諦観》八五、一九九六年）
陳英善〈慧思与智者心意識説之探討〉（《中華仏学学報》一一、一九九八年七月）
達照、褚仁虎〈天台早期禅法的心性説〉（《中国禅学》一、二〇〇二年六月）
呉可為〈《大乗止観法門》作者考辨〉（《閩南仏学院学報》二〇〇〇年第一期）
呉可為〈唯一心与共相識—《大乗止観法門》中的本体論思想〉（《閩南仏学院学報》二〇〇一年第二期）

二　三経義疏の真偽問題について

一　はじめに

『法華義疏』『勝鬘経義疏』『維摩経義疏』のいわゆる三経義疏は、『法隆寺伽藍縁起並流記資財帳』（以下『資財帳』と略記）天平十九年（七四七）二月十一日牒上の記録、「法華経疏参部各四巻　維摩経疏壱部三巻　勝鬘経疏壱巻　右上宮聖徳法王御製者」以来、聖徳太子の著作であると伝えられてきた。しかし、近代になって、津田左右吉氏をはじめとして三経義疏の太子撰述説に疑問を呈する学者が出現した。それにともなって、三経義疏を資料として太子教学を研究しようとする学者は、それらの偽撰説を批判して真撰説を確立しなければならなくなり、ここに、三経義疏の真偽問題をめぐって活発な論争が展開されることとなった。本稿の課題は、これまでの論争の経過をできるだけ正確に叙述し、それによって、論争の問題点を剔決するとともに、今後の研究の展望を開くことである。実は、ごく最近本稿と同様の課題について、田村円澄・川岸宏教編『聖徳太子と飛鳥仏教』（吉川弘文館、一九八五年）の第三章「三経義疏の成立をめぐって」の解説、田村晃祐「三経義疏撰述の問題」（平川彰編『仏教研究の諸問題』〈山喜房仏書林、一九八七年〉所収）が発表された。とくに、田村晃祐氏の論文は、要領よく纏まったすぐれた業績で、筆者も始終参照させていただいた。ただし、真偽問題の分析的整理が中心で、考察される著作、論文の発表年度などすべて省略されていて、後学にとっては不便な点もあるので、本稿では、論争の経過を時代的に纏めることを中心として、三経義疏の真偽問題についての論文目録の役割を果たせるようにしたい。

第二節では『法華義疏』の真偽問題について整理する。なお、三経義疏の中から『法華義疏』だけを取り出して偽撰説を唱える学者はあまりおらず、むしろ三経義疏すべての太子撰述に疑問を呈する学者が少なくないので、それもここで扱う。第三節では、福井康順氏を中心とする『維摩経義疏』の真偽問題について整理する。『維摩経義疏』の真偽問題の論争が一段落した頃に、藤枝晃氏による『勝鬘経義疏』の中国撰述説が発表され、学会の関心は『勝鬘経義疏』の真偽に移っていった。そこで、最後に第四節で、『勝鬘経義疏』の真偽問題について整理する。一論文が三経義疏の一つだけを扱うのではなく、全部、あるいは二つにまたがるものもあり、筆者の叙述もときに複雑な様相を呈する場合も予想されるが、御寛恕を乞う。なお、先学の研究からの引用文は現代表記に改めたところもある。

二　『法華義疏』の真偽問題について

㈠花山氏の真撰説

『法華義疏』の学問的研究の基礎は、花山信勝『聖徳太子御製　法華義疏の研究』（山喜房仏書林、一九三三年）によって確立された。その第一編「聖徳太子の三経義疏序論」の第一章「三経義疏の真偽に就いて」の冒頭に「聖徳太子の三経義疏に関しては未だこれが偽書たることを論じた者はないが、といって積極的にこれが真作たることを証明した学者も多くはない。随って、嘗てはこれを太子の御親作とするに躊躇した学者もあった。今太子の法華義疏の研究に入るに先んじ、先づ三疏の真偽問題に就いて一言して置く必要があろう」と述べている。そして、花山氏はいくつかの理由を示して、三経義疏が太子真撰であることを論証しようとした。その理由を以下に要約する。(ア)すでに引用した『資財帳』の記録、『上宮聖徳法王帝説』(以下『法王帝説』と略記)の「即造法華等経疏七巻、号曰上宮御製疏」、正倉院文書などの古記録が、太子真撰の史的事実を証明しており、(イ)元興寺智光の『浄名玄論略述』、東大寺寿霊の『華厳五教章指事記』などの古文献に、太子の義疏が引用され、その引用文が現伝の義疏とほぼ一致している。(ウ)御物法華義疏は、その添削修正の跡から、著者自筆の草本と考えられる。では、その著者としては、(ア)(イ)の記録や、(エ)御物法華義疏の書風、字体、用紙等の考証、および、(オ)御物法華義疏の中に使用されている文字が太子当時の金石文のそれと一致したり、和臭を帯びた漢文がしばしば混入していたり、あるいはそれの訂正の努力の跡が見えたり、文章に和臭があることは、少なくとも中国人の手になるものではないこと、(カ)著作の年代は奈良朝以前と推定されること、などから聖徳太子とすることが最も穏当である。以上の理由によって、花山氏は、『法華義疏』の太子真撰説を主張し、さらに、御物法華義疏が太子自筆の草本であるならば、『勝鬘経義疏』『維摩経義疏』の二疏も、学説、思想、信仰、文章、字句、伝承、出版関係、特に『浄名玄論略述』における引用などから、御物法華義疏と同一人物、すなわち聖徳太子の著作と断定できる、としている。

(二)津田氏の偽撰説と坂本氏の反論

これらの理由に対して、いくつかの反論が提示されている。まず、理由の(ア)(イ)に見られるような古記録の信憑性についての問題点を指摘する。三経義疏について記す記録は最も古いものであっても、太子没後百二十六年後の『資財帳』であり、もし太子没後より『資財帳』までの期間に、何らかの仕方で本来太子とは無関係の三経義疏を太子撰述であるとする操作が加えられたと仮定するならば、花山氏のように、『資財帳』以降の太子真撰説の伝承をいくら列挙しても、論理的には何の説得性も持ちえなくなる。

実際に古記録の信憑性について疑問を呈した学者には、まず津田左右吉氏がいる。氏は、『日本古典の研究』下（一九四九年。一九三〇年刊の『日本上代史研究』を補訂したもの。現在は、岩波書店、『津田左右吉全集』第二巻所収）の第四篇・第四章「用明紀から天智紀までの書紀の記載」において、三経講説の真実性を疑っている。その根拠は、『法王帝説』における『勝鬘経』の講説の記事、『日本書記』における『法華経』『勝鬘経』の講説の記事、『資財帳』における『法華経』『勝鬘経』『維摩経』の講説の記事（「法華勝鬘等経」の記事の「等」に維摩経を含むと解釈）が三者三様であり、これは法隆寺における講経の伝承そのものに変化があったことを意味する、という点に求められている。そして、講経の伝承は、斉の竟陵王、梁の武帝などの故事を参考として作られたものであろうと推定している。また、三経講説でさえ歴史的事実でないと考えられるのであるから、まして製疏は事実でないと推定している。さらに、そのことを傍証する状況証拠とでもいうべきことをいくつか挙げている。やや長くなるが、以下に引用する。(1)「書紀があれほど太子のことを書いていながら、経疏製作のことを全く記さなかったのは、この話が書紀の今の形を具えた時によしあったにしても、新しく世に現われた者であり、少くとも広く知られていたものではなかったからであろう、とは考えられよう。或はまだ現われていなかったかもしれぬ」（全集本一三五―一三六頁）、(2)「また一般的には、当時の漢文を書く技能の程度、シナ思想及び仏教教理の学習及び理解、特に経典の解釈の方法についての知識の状態に於いて、果してかかるものが作られ得たかどうかを、歴史的見地から観察する必要があり、もし我が国の仏教史の初期に於いて早くも突如としてかかるものが現われ、そうして此の類の著作が其の後の或る年月の間、全くその迹を絶ったとするならば、其の理由について十分の説明をしなければならぬことをも、考えねばならぬ。高麗僧慧慈の力がはたらいているだろうという憶測も加えられようが、然らばそれを太子の作とすることにどれだけの意味があるかを明かにせねばならず、当時来朝した高麗僧がどれだけの学識を有するものであったかをも顧慮する必要があろう」（一三七頁）、(3)「専門に経典を講習すべき僧徒ではなく、摂政の地位にあって何ほどか実務にも関与し、若しくは国家の重きに任じて其の経綸に志があったと考えられている太子が、義疏に見えるような煩瑣な学究的講説、実生活に対しては勿論のこと、仏教そのものについても、現当二世の安楽を祈る外は無かった当時の生きた信仰とは寧ろ交渉の少い、かかる述作をすることに何の意味があったかを考えることをも、忘れてはなるまい」（同上）と。

上に引用した⑴と⑶について、坂本太郎氏は、『法華義疏解説』（御物本法華義疏複製本附録。吉川弘文館、一九七一年）のなかの「序説」において、真撰説の立場から、次のような反論を加えている。⑴の書紀における製疏の不記載については、「書紀における太子関係の記事には、法隆寺の所伝が全くとりいれられていないということが結論せられる。とすれば、三経義疏も法隆寺には伝えていたが、書紀編修の頃までにはまだ広く世に知られていなかったであろう。書紀の編者がその存在を知らなかったとしても、少しも不思議はない。書紀に記載がないからといって、事実の存在を疑う理由には決してならないのである」（五頁）と述べ、この指摘は、後述する井上光貞氏の「三経義疏成立の研究」（坂本太郎博士古稀記念会編『続日本古代史論集』〔吉川弘文館、一九七二年〕所収。一七六頁の注3参照。また、前掲書『聖徳太子と飛鳥仏教』所収）において賛意を得ている。また、⑶の摂政の位にあった太子には製疏の余裕がなかったのではないかとする論点については、「これに対しては、それがあまりにも現代的な解釈であることを指摘したい。今日のような高度に発達した国家においてこそ、摂政の地位は多忙をきわめるであろう。しかし、政治がそれほど多岐にわたらず、微細に及ばない当時において、摂政の任がそれほど忙しかったであろうか。まして太子は摂政といっても、今日の摂政とはちがい、完全に大権を代行したものではない。大事は天皇の命をうけ、大臣と共に執行したことは、書紀の明記する所である。しかも太子は推古天皇十三年から飛鳥の都を去って、斑鳩寺に居を移している。それは政治の中心をはなれて、思索に耽るための措置であったとも考えられる。また、書紀の記す所では、推古天皇十五年・十六年の遣隋使の派遣、隋使の応接、十八年の新羅使の応接などを除いては、以後大きな政治的事件はない。太子が専心製疏に没頭しても差支えない状況であったと思われる。多忙説には人を納得させる力はないと、私は考えるのである」(六―七頁)と述べている。

㈢小倉氏の偽撰説と大野氏、井上氏の反論

津田説と同じく偽撰説を唱えた小倉豊文氏の「三経義疏上宮王撰に関する疑義」(『史学研究』第五二号、一九五三年一〇月。前掲書『聖徳太子と飛鳥仏教』所収)も、花山氏のいう理由㈠㈡が説得力を持たないことを指摘し、新たに正倉院文書の写経記録を検討した。小倉氏は、現伝の『勝鬘経義疏』と同じと思われる勝鬘経義疏の写経記録に聖徳太子の撰号のないものが見られることに基づいて、法隆寺当局(行信かまたはその一派)が天平十九年に『資財帳』を作成するときに、法隆寺を権威づけるため撰者不詳の三経義疏を聖徳太子の撰述と作為した、と推定している。また、花山氏のいう理由㈢㈣から、『法華義疏』が太子自筆の草本であるという結論を導くことはできず、せいぜい奈良時代以前の誰かの古筆という以上の結論は出てこない、としている。また、花山氏が『法華義疏』について、「尤も朝鮮人の作と考えられぬこともない」といっていながら、すぐに「が、義疏の中に現れている御精神がそれを許さぬ」と続けるのは、聖徳太子の人間像を客観的史実として構成する仕事が未着手な段階においては、学問的態度とはいえず、当時の日本文化百般の師表であった朝鮮人に対する冒瀆であるばかりでなく、歴史的な考え方に反する、と批判している。

この小倉氏の写経記録の検討による偽撰説については、大野達之助氏が「三経義疏の真撰論・偽撰論についての疑義(上)(下)」(『日本歴史』二四一号、二四二号、一九六八年六月、七月。また、大野達之助著『聖徳太子の研究―その仏教と政治思想―』に補筆収録。吉川弘文館、一九七〇年)において批判を加えている。小倉氏は、現伝の『勝鬘経義疏』と同じと思われる勝鬘経義疏の写経記録に聖徳太子の撰号がないことに基づいて偽撰説を唱えたのであるが、大野氏によれば、これは写経記録の性格(写経の分量を示すことが目的)上、撰号を記さなかっただけで、撰者がわからな

かったからではない、と反論している。この反論は、井上光貞氏の「三経義疏成立の研究」(前掲)においても賛意を得ており、さらに一歩研究を深められている(一六六―一七二頁参照)。それによれば、小倉氏が写経記録上の撰号初見とする天平十九年六月四日の志斐万呂の経疏検定帳は、新写本ではなく借用本であり、その借用本の目録に、「上宮皇子撰」の撰号があるからには、借用本そのものにはこのときすでにこの撰号が存したとみるべきであること、天平十九年に元興寺禅院に「上宮御製」の撰号のある『勝鬘経義疏』が存していたこと、などを指摘している。かくて、田村円澄・川岸宏教編『聖徳太子と飛鳥仏教』(前掲)の解説には、「小倉論文はその研究態度と結論とによってかなり大きな影響を与えたけれども、論証は結局のところ不成立に終ったのである」(四六二頁)と評価されるにいたった。また、大野氏は津田氏の三経講説の否定に対して、『勝鬘経』の講説だけは事実を伝えたものであろう、と反論している。また、花山氏が御物法華義疏を太子自筆の草本であるとする点に関して、大野氏は、もしそうであれば、あまりに誤字、脱字の類いが多いことから、「太子は、随分軽率な人柄であった」(『聖徳太子の研究』一一九頁)ということになってしまう不都合が生じるので、結論としては、「太子が口述し、書生が筆記して作成された義疏を後になって太子が一応目を通して、気がついた誤謬を書生に命じて抹塗加筆させたり、不十分な箇所は貼紙して修正させたりしたのが現存の御物本ではなかろうかと思う」(一三一頁)と述べている。

なお、中島壌治「法華義疏筆者考」(『国学院大学紀要』第二〇巻、一九八二年三月)は、義疏本文は文書筆写の専門職の書いた筆跡と思われること、それにたいして、異筆の書込みが太子の筆であろうこと、文書筆写の専門職は、太子舎人膳臣清国であろうこと、などを推定している。これに対して、金治勇氏は、花山氏と同じく太子自筆とする立場から反論している(『上宮王撰　三経義疏の諸問題』二四〇―二四二頁参照。法蔵館、一九八五年)。

㈣藤枝氏の中国撰述説

花山氏のいう理由の㈦㈡㈥に対して、まったく対立する見解を提示したのは、藤枝晃氏であった。氏は後述するように『勝鬘経義疏』の本義もしくはそれにきわめて近いものを、敦煌写本の中から発見したのであるが、『法華義疏』についても重要な発言をしている（『日本思想大系・聖徳太子集』の解説「勝鬘経義疏」、岩波書店、一九六五年四月）。氏は、御物法華義疏について、「よほど筆の立つ職業写字生の筆と見受けた。……この写本の特徴の第二は、行間の書込みや貼紙をしての訂正がかなり多く見受けられることである。このことは、この巻子を太子親筆と見る説の重要な根拠となっているのであるが、敦煌の諸例で見れば、職業写字生の写本であっても、この程度の修正ならば、さして珍らしいことではなく、とくに撰者の自筆本と見ねばならぬ体裁のものではない。ただ、書き入れの個所がかなり多く見られるのは、これの拠った原本が未整理の形のものであったという推測は成り立つ」（四九一頁）と述べて、花山氏の㈦御物法華義疏は、その添削修正の跡から、著者自筆の草本と考えられる、という推定を否定している。藤枝氏も詳しい論証を示していないので、花山氏の推定がこれによって簡単に崩れたとも思われないが、添削修正の跡の綿密な検討は花山氏の独擅場であり、他の学者に対する影響も大きかったので、これによって著者自筆の草本とする根拠が相対化されたのは事実であろう。また、「『三経義疏』の撰述を取り上げたいままでの諸研究は、漠然と奈良朝あたりの水準の仏教を脳裡にえがいているかに見える。ことは、それより一〇〇年以上も先立つ時期である。その時の日本に、仏教教理の学術的研究がどの程度進歩していたか、それを確かめた人のあることを知らない。そういう学術書が渡来するのは、六〇〇年になって遣隋使の派遣がはじまってからである。言い方をかえれば、遣隋使の大きな目的はそういうものの輸入にあったはずである」（五三九頁）と述べ、太子当時の日本における三経義疏撰述の不可能性を指摘している。

もし、藤枝氏のいうように、『法華義疏』が中国で撰述されたとしたならば、花山氏がしばしば指摘する和臭漢文の混入という問題をどのように処理するのかが問題となるであろうが、これについては、藤枝氏はとくに言及はしていない。多くの学者は、これまで花山氏が指摘する和臭漢文の混入という事実（前掲『法華義疏解説』の中の「内容」五二―五四頁を参照）をそのまま受け入れて、少なくとも中国人の書いたものではないと考えたり、さらに、初めから日本人の中から著者を捜すならば聖徳太子以外は考えられないなどと推定してきたのであるから、この問題はかなり重要に思われる。今後、花山氏のいう「和臭」が絶対的なものかどうかを改めて検討する必要があるであろう。

なお、この藤枝説に対しては、後述する金治勇「法華義疏並びに勝鬘経義疏撰述の問題をめぐって」に反論が提示されている。

㈤井上氏の朝鮮系外国僧関与説

井上氏は、「三経義疏成立の研究」（前掲）において、三経義疏の「上宮王撰」という観念の内容そのものを検討すべきであるという問題意識を持ち、太子の三経義疏に対する具体的な関与の仕方を実証的に確定することは、いまのところ絶望的であり、かえって、「三疏の作者を太子個人とする考えが平安朝以後の聖徳太子信仰の所産であること、『上宮王撰』の背後には、推古朝の仏教学を支えていた朝鮮系外国僧たちの旺盛な学問的活動を見逃してはならないこと、かかる大枠の設定でほとんど十分である」（一八六頁）と述べている。そして、御物法華義疏については、花山氏の著者自筆の草本とする考えを承認して、「（一）慧慈又はそれに象徴される外国僧の協力があっても、この最終草本は太子が著わし、かつ書いたとみるか、（二）最終稿本を著わし、かつ書いた人は慧慈、又はそれに象徴される一人の朝鮮系外国僧であって太子はその外護者にすぎなかったとみるかいずれかである」（一九三頁）と推定している。

このような井上氏の考えに対して、坂本氏は『聖徳太子』（吉川弘文館、一九七九年）のなかで、「太子を中心とする学団の組織があり、その組織の産物だという見解もあるが、『義疏』のような思弁と判断とを生命とする著述は、個人のものであろうと私は考える」（五頁）と反対している。また、金治勇「法華義疏並びに勝鬘経義疏撰述の問題をめぐって」にも反論がある（『上宮王撰　三経義疏の諸問題』二一七―二一八頁参照）。また、井上氏の論文に対する批判的な書評、望月一憲「井上光貞博士の『三経義疏成立の研究』を読みて」（『聖徳太子研究』第八号、一九七四年一二月）がある。

なお、望月一憲氏には『三経義疏論攷』（日本仏教研究所、一九八一年）なる著作があり、三経義疏の真偽問題に関する論文もいくつか収められているが、本稿では取りあげない。また、井上氏にも前掲論文以前に、『日本古代の国家と仏教』（岩波書店、一九七一年）があるが、本稿では取りあげない。

三　『維摩経義疏』の真偽問題について

(一)福井氏、花山氏による論争の幕開け

『維摩経義疏』について、学界に真偽問題の論争を惹起したのは、福井康順氏であった。先ず、福井氏が「三経義疏の成立を疑う」（『印度学仏教学研究』四―二、一九五六年三月。『印度学仏教学研究』は以下『印仏研』と略記）を発表した。その内容は『維摩経義疏』の聖徳太子撰述を否定するものである。第一の理由として、「壬申年正月十五日、始製維摩経疏。癸酉九月十五日了」という『維摩経義疏』についての最も古い記録のある『聖徳太子伝補闕記』（平安朝初め頃の成立と推定されている）以前の信憑できる根本資料である『日本書紀』や『法王帝説』には、維摩経講讃の事蹟や、『維摩経義疏』については何ら言及されていないことが挙げられている。第二の理由は、『維摩経義疏』の

内容に関するもので、二点が指摘されている。第一点は、「又百行云、愚人一徳、智者之師」とある「百行」は、聖徳太子より後輩（没年が三十六年遅い）の唐初の杜正倫の『百行章』であろうと推定している。この「百行」についての考察は、すでに「太子教学上の諸問題」（『宮本正尊教授還暦記念論文集・印度学仏教学論集』〔三省堂、一九五四年一〇月〕所収。後に『東洋思想の研究』〔理想社、一九五五年三月〕に「太子教学に関する一二の研究」と改題して収録。さらに『福井康順著作集』第四巻〔法蔵館、一九八七年四月〕に「太子教学上の諸問題」と改題して収録）においてなされていたが、杜正倫の『百行章』と推定したのは、この論文においてはじめてである。福井氏は、この「百行」について、橋川正氏（『日本仏教文化史の研究』一一頁、中外出版株式会社、一九二四年）の解釈を発展させた松本彦次郎氏（『日本文化史論』〔河出書房、一九四二年〕「十七条憲法の綜合的研究」参照）の『史記』もしくは『漢書』の別名とする解釈を否定し、新たに敦煌写本の残欠『百行章』に比定し、それが杜正倫の著作であることを述べている（なお、後に紹介する「百行章についての諸問題」においては、杜正倫の百行章について初めて着目したのは、大屋徳城『日本仏教史の研究』第一〔法蔵館、一九二八年〕二八頁であることが明かされている）。しかし、現存する『百行章』の残欠部分には、「愚人一徳、智者之師」という文章は見出されないので、佚失部分にあるであろうと推定している。そして、現存する部分の思想、文章表現から見ても、「愚人一徳、智者之師」は、『百行章』からの引用として妥当であることが指摘されている。さらに、もし聖徳太子が『維摩経義疏』を撰述したことが事実であるならば、杜正倫は三十一歳の頃までに『百行章』を撰述し、それが日本に伝来し、太子が自分よりも後輩の著作を引用した、ということになり、正に異様なことであると述べている。その後の論争を見ると、この「百行」の問題が最もセンセーショナルであったことがわかる。

内容上の第二点は、『維摩経義疏』の筆致が他の二疏と著しく相違していることである。具体的には、(1)『法華義疏』のような「本義云」という引用がまったくなく、「肇法師云云」というような引用が十九回見られること、(2)

『法華義疏』における「標疑云、何以……」という表現が『維摩経義疏』には見られないこと（後述する金治勇氏によって、この論点は反駁された）、⑶三経義疏相互の思想内容の関連性から見て、『維摩経義疏』はその教説を他と異にしていること、が指摘されている。

以上の理由によって、福井氏は『維摩経義疏』の太子真撰説を否定した。そして、もし自分の説に反論するなら、その条件として次の四つの証拠と二つの理由を示さなければならないと主張した。四つの証拠とは、⑴『維摩経義疏』所引の「百行云」は、『百行章』からの文ではないという証拠、⑵『百行章』は、唐初の杜正倫の撰述ではないという証拠、⑶「百行云」は、書き込みであるという証拠、⑷太子の義疏には、当時もしくは後輩の書物でも引用しているという証拠であり、二つの理由とは、⑴何故に『維摩経義疏』のみは他の二疏とは相違した筆致をもっているかという理由、⑵何故に『維摩経義疏』のみは他の二疏とは相違して、権威のある古文献に全くその名を出してはいないかという理由である。

これに対して、花山氏は『印仏研』の同巻同号に、「三経義疏について―福井教授の疑問に即答―」を発表した。このように、『印仏研』に同時に二人の論文が発表されたのは、前年（一九五五年）の秋の学会において、二人が同時に研究発表をした事情によるものであった。花山氏の反論は、「百行」の問題については、たとえ福井氏の杜正倫『百行章』説が正しいと認められたとしても、この一事だけで『維摩経義疏』の全体を否定することはできない。なぜなら、「百行の引文だけを後世の竄入としてみても一向差支のない箇所であるからである」と述べている。「後世の書き込み」という考えは、福井氏の論文では、その証拠を示せと主張されていた事柄であるが、『法華義疏』のような草本のない『維摩経義疏』においては明白な証拠を出せない性質の論点であろう。それだけに、「後世の書き込み」説は、その可能性を全面的に否定することはできないものの、やはり福井氏の偽撰説に対して反論の説得力に乏しいと評せざるをえない。

次に、古記録に『維摩経義疏』の記載がないとする福井氏の論点について、花山氏は、「要するに、記録は全体の一部であって、現存の記録だけが歴史を伝えているのではない。してみれば、日本書紀のなかに維摩経の講讃のことが出ておらぬでも、法王帝説のなかに法花等経疏七巻とあって勝鬘と維摩の名がなく、八巻とあるべきものが七巻となっていても、三経義疏の現存する内容的研究からすれば、それらの記録漏れや数字の相違はそれほど重大な問題とはならぬのである」と述べている。これは、福井氏の論点を多少は相対化することになっても、積極的な解答にはならないであろう。花山氏はこのあと、天平十九年二月十一日牒上の『資財帳』、天平宝字五年十月一日附の『東院資財帳』、智光の『浄名玄論略述』には『維摩経義疏』の記録が見られると述べている。しかしながら、偽撰論者は、これらの古記録以前のある段階で、三経義疏が聖徳太子に仮託されたと推定しているのであるから、後の記録をいくら持ちだしてきても反論とはなりえない。偽撰論者にとっては、それらの古記録の段階にはすでに太子真撰との伝説が十分に形成されていたということを意味しているにすぎないのである。とくに、『浄名玄論略述』に三経義疏からの引用が三十八回を数えようとも、真撰説を主張する上での説得力には乏しいのである。

次に、『法王帝説』に『維摩経義疏』に関する記述がないという福井氏の論点についての花山氏の反論は以下のようである。花山氏は、「即造法花等経疏七巻、号曰上宮御製疏」の「七巻」について、その文章の直前にある「上宮王師高麗慧慈法師。王命、能悟涅槃常住五種仏性之理、明開法花三車権実二智之趣、通達維摩不思議解脱之宗、……」には『法華経』と『維摩経』に言及しているので、『法華義疏』四巻と『維摩経義疏』三巻とを合せて「七巻」と解釈できる、と述べている。あるいは、『勝鬘経義疏』一巻をも含むと仮定すれば、第三巻が欠けた『法華義疏』三巻と『維摩経義疏』三巻と『勝鬘経義疏』一巻とで七巻とする可能性もあるであろうと示唆している。そして、『維摩経義疏』を含まないとすれば、かえって「七巻」を解釈することが困難であろうと述べている。この点について、福井氏は、「通達維摩不思議解脱之宗」によって『維摩経義疏』の撰述を推定するならば、「能悟涅槃常住五種仏性之理」から、太子の涅槃経疏の存在を仮定しなければならなくなるが、そのような事実はないから、上述の推定は見当違いであることを指摘している（この論点については、金治氏の反論がある）。

次に、『維摩経義疏』に「本義云」の引用がなく、「肇法師云」の引用が多いという福井氏の論点についての花山氏の反論は以下のようである。花山氏は、「肇法師云」の引用が多いのは、天台や嘉祥以前に、肇註に代るほどの維摩経疏が著作されなかったからであり、さらに肇註を本義と呼ばなかったのは、太子の思想的立場が梁朝諸師、なかんづく光宅寺法雲などの一乗思想にあったため、三中大乗の立場にあった僧肇を根本の拠り所とはしえなかったからである、と述べている。さらに、「三疏を内容的に比較して、終始一貫する思想の基盤の一致、文章論ならびに用語や字句の一致という諸点から、これを詳細に研究するならば、何人と雖も三疏を切り離して別人の著作と結論づけることは、全く不可能であることが自明となる筈である」と断言しているが、当該論文ではその点の論証は省略されている。その他、花山氏は『法華義疏』を資料として、漢文の修正、誤字等、経文の分章の三点について資料を列挙して、それが日本人の手になるものであることを論証しようとしているが（おおむね、前掲書『聖徳太子御製　法華義疏の研究』にすでに論じられたもの）、福井氏の『維摩経義疏』偽撰説とはあまり関係がないといえよう。ただし、『維摩経義疏』から、中国人の漢文としては奇妙であり、漢文を作るのに不得手な日本人の手になると考えられる例を二例紹介している。

以上、論争の口火を切った両氏の論文であるため、やや詳しく紹介した。

(二)「百行」をめぐる論争の進展

前節で紹介したように、福井氏の『維摩経義疏』の偽撰説には複数の根拠が示されていたのであるが、とくに「百行」の引用についての見解がセンセーショナルであったため、この問題をめぐって論争が進展した。

一九五七年七月の日本印度学仏教学会において、福井氏は『維摩経義疏』偽撰説をさらに展開して、その著者の推定まで試みたのである。その内容は、翌年刊行された「上宮御製維摩経義疏の成立年代」(『印仏研』六―二、一九五八年三月)に明らかであるが、その刊行をまたずに、「中外日報」誌に研究者間の論難応酬が掲載された。一九五七年七月一三日号には福井氏の発表の要旨と花山氏の反論、七月二四日号には福井氏の反論、八月二五日号には花山氏の反論と内藤竜雄氏のスタイン本百行章の紹介、九月一四日号には花山氏と内藤氏に対する福井氏の反論、一〇月一〇日号には福井氏に対する内藤氏の反論、一九五八年三月八日号には内藤氏と平泉澄氏の「維摩経義疏太子真撰説は動揺するか」(『芸林』九―一、一九五八年二月)に対する福井氏の反論が、それぞれ掲載されている。この間の論争は、「中外日報」誌に掲載されたものや、論文としてまとめられたものなどやや錯綜しているが、論文を中心として整理する。

はじめに福井氏の主張を「上宮御製維摩経義疏の成立年代」(前掲)によって紹介する。前論文「三経義疏の成立を疑う」において指摘された『維摩経義疏』の筆致が他の二疏と異なるという点について、新しい問題が指摘されている。それは、『維摩経義疏』の所依が僧肇である点をめぐってである。『法華義疏』の場合は、法雲の『法華義記』が本義とされ所依となっていて、何故に僧肇にもあったと伝えられる法華疏を所依としていないのか。このように所依が異なっているのは、著者が異なるのではないか、というものである。

次に、『維摩経義疏』は海外からの伝本ではないかと推定している。その理由として、第一には『法華義疏』『勝鬘経義疏』に付されている「此是大倭国・上宮王私集、非海彼本」という題箋が『維摩経義疏』には付されていない点が挙げられている。第二の理由として、『聖徳太子伝暦』を継承した『太子伝私記』における三経義疏の講讃についての説明においても、『法華義疏』に先疏、後疏があり、『勝鬘経義疏』に初疏、広疏があるのに対し、『維摩経義疏』は「ただ一度なり」と注記されていて、他と扱いが異なっていることが挙げられている。福井氏は、「且つはまた、海外において作られており、それがわが国に伝来しているからこそ、いわゆる先疏も後疏もないわけであり、即ちそうはいい得ないものであり、それはやがて『先疏』のみなのであって、かくて、『ただ一度なり。』というような、他の二疏とは著しく相違した説明も生れているのであろう、と解釈されて来ることである」と述べている。第三の理由として、『維摩経義疏』には、今に残っている一般の僧伝や、この経の末疏からは直ちに引出し得ない仏徒の名が見えていることが挙げられている。福井氏は、「朝鮮の仏徒の間にでも作られているのであろうか」と推定している。

次に、『維摩経義疏』が太子の真撰ではなく、後代に海外から伝来したものであるとすれば、それは一体誰によってなされたのかという問題について、大安寺の道慈が『維摩経義疏』の伝来か、宣布に関係しているのではないかと推定している。ただし、この推定には、道慈の法弟である智光が『浄名玄論略述』に『維摩経義疏』を太子の作として引用している点が難問題として残る、と率直に認めている。そして、結論として、「論じて至ると、当面の義疏は、唐初において、かの杜正倫の百行章が出た後に、（恐らくは朝鮮において）僧肇系の学匠によって撰述されたのでは無かろうか。そして、わが日本に伝来しているものであり、それは、七八世紀の交において新羅の学僧――か、或は後れて大安寺の道慈あたり――によって行われているのでは無かろうか。その当時に勃興した維摩経信仰と共に流行したことは明らかで、少くとも、道慈の学が、その宣布に与って力があることは否定しがたい。そして、天平の初には、『上宮王御製』として智光によって引用されており、天平十九年には、かの法隆寺資財帳にそのように明記されている次第なのであろう、と推考される」と述べている。

この福井氏の説に対して、花山氏は、「中外日報」一九五七年八月二五日号に反論を寄せている。その内容は、道慈著者説に対して、「先輩道慈の維摩経義疏を後輩の智光『上宮王疏』として引証するというようなことがあり得たかどうか」と述べ、さらに「三論を学んで帰った道慈（七〇一入唐七一八帰朝）が、その宗祖吉蔵にも触れないで、僧肇の古註を主用したということは、どういうことになるのか」と述べている。私見によれば、福井氏は道慈に特定しているわけではないので（「七八世紀の新羅の学僧」という幅をもたせた推定）、花山氏のこの反論によって、福井説が破られるわけではないが、道慈説については十分な批判として評価できるであろう。

さて、同じ日付の「中外日報」に、内藤竜雄氏が「維摩義疏の問題―スタイン本百行章の紹介―」を寄稿しており、これが「百行」をめぐる問題に一石を投じたのである。内藤氏は、この問題についての専論「伝上宮王御製疏維摩経義疏における『百行』の問題」（『日本歴史』一一三号、一九五七年一〇月）を発表したので、その内容を紹介する。内藤氏は、現存百行章が確かに杜正倫の著作であることを、大英博物館スタイン蒐集本中に「百行章一巻　杜正倫」という首題をもつ別本によって証明した。この写本は首題、序文に続いて、孝行章第一から、途中欠章がなく勧行章第八十四で終わっている。此の書写は巻子本であって、八十四章のあとに二行分の余白を残して終わっており、尾題はない、とされる。そして、福井氏の発見した写本（『敦煌雑録』所収本）も八十四章で終わり、しかも次行に「百行章一巻」という尾題がついていることから、杜正倫の『百行章』は八十四章で完本なのであり、「百行」の百は、実数の百を意味するのではなく、多数の意であり、現に『百行章』のなかでも、諸々の行為という一般的意味で使用されているのと述べている。したがって、完本八十四章のなかに、「愚人一徳、智者之師」がないのであるから、『維摩経義疏』に引用される「百行」は、杜正倫の『百行章』ではないと結論づけている。

では、「百行」とは改めて何であるのか。内藤氏は、これを後秦の道恒の『百行箴』ではないかと推測している。『百行箴』が仏教関係の書物である点については、「百行」が引用されている『維摩経義疏』の部分は、外典（『老子』『書経』）が引用されているところであり、また、教団人の学説を引く場合は書名をいわず、外典を引用する場合は書名を挙げるという特徴からいって、「百行」が外典である可能性が強いが、それも絶対的ではないと弁明している。この『百行箴』は、『高僧伝』（巻第六、大正五〇・三六五上参照）に記されるだけで、まったく現存しない書であり、その流伝の経路も不明であるが、三経義疏の引用は孫引きが多くあるので、『百行箴』も孫引きされたものかもしれないと推測している。内藤氏は、『百行箴』説に固執するのではなく、福井氏の『百行章』説が成立しない以上、一つの可能性として問題提起するという立場を取っている。

以上の内藤氏の論文は、九月一日脱稿であるが、この論文が刊行される以前、「中外日報」八月二五日号の内藤説に対して、福井氏は「中外日報」九月一四日号に反論を寄せ、それに対して、内藤氏が再び「中外日報」一〇月一〇日号に反論を寄せた。内藤氏の反論は、「『維摩経義疏における百行の問題』補遺」(『日本歴史』一一四号、一九五七年一一月)と題し、「中外日報」の記事をさらに敷衍して纏められている。論議の中心は、『百行章』が八十四章で完本であるかどうかについてである。『敦煌雑録』所収本の末尾には、勧行章八十四の記述の後に、「百行章一巻」とあり、次行に「庚辰年正月廿一日浄土寺学使郎王海潤書写」という尾題がある。内藤氏はこれについて、「この書写の状態は百行章がまさしくここで終っていると解すべきである。もしこれが巻末でないとすれば尾題を附することはあり得ないのである。またもしこれが残欠本書写の場合であるならば、識語において何かの注意があってよい筈であろう。これがないのは書者王海潤は百行章の完本であるとみなしていたのであると解せられる」と述べている。そして、福井氏が「百」を実数と解釈する根拠としての「進書表」(内藤氏は序と呼んでいる)における「録要真之言、合為百行章一巻」の「合」をいかに詮索しても、『百行章』が実際に百から成るとは考えられないと述べている。その傍証として、中国古典(『白虎通』『説苑』)の「百行」の用例や、『百行章』のなかの「孝者百行之本」(孝行章第一)、「但是百行之源、憑学而立」(学行章第三十四)という二回の用例を挙げている。そして、結論として、「ここにおいて、私は標題の百行は実数を示すものではないと解する。その時には百は大数の意であり、内容は勿論百章あっても差支えないけれども、百にとらわれないで、それ以上でもそれ以下でも百行章の名称は妥当するものと考える。このとき先に見たように、八十四章を巻末とする古写本の存在することは、百行章が八十四章で完結していることを明かに証するものとなる。そうすると、この八十四章までのうちに維摩疏の『百行云、愚人一徳、智者之師』なる句は見出し得ないのであるから、維摩疏所引の百行とは杜正倫の百行章でないと断定せざるを得ない」と述べている。

この間、福井氏は前述したように「中外日報」九月一四日号に反論を寄せているが、その後纏まった形として、「百行章の問題について」（『宗教研究』一五四号、一九五八年二月）、「百行章についての諸問題」（『東方宗教』一三・一四合併号、一九五八年七月。『福井康順著作集』第四巻に「百行章をめぐる諸課題」と改題して収録）がある。前者はきわめて簡潔な要旨なので、ここでは後者に基づいて福井氏の反論を見よう。

『敦煌雑録』所収本の尾題「庚辰年正月廿一日浄土寺学使郎王海潤書写」について、「この尾題は、今の伝本を王海潤が書写した、という旨をば伝えているものなのである。このことは強く注意すべきで、そこにこの尾題がある、ということは、即ちその前にある本文の完了を表わしておることを意味しているわけではないのであり、また、今の百行章そのものの完本さをも表わしているわけでもない、という旨を知るべきである」と述べている。内藤氏が、この尾題が八十四章で巻尾であることを意味していると解釈していることに対する反論である。そして、福井氏は内藤氏の八十四章完本説に対して、いくつかの疑難を呈している。その要点は、次のようである。進書表の「合為百行章一巻」に見られる「合」は、「行章」の二字をもっている勧戒百箇条を合するという意味であり、章数においては不足しているものを「合して」百行章と称するのはあり得ない。もし八十四章で完了しているのならば、何故にそうした中途半端な章数で当面の百行章は終わっているのか。作為しようとすれば、「八十四」などという半端な条数ではなく、十六章を付加することは容易であったろう。以上のようである。

次に、「書き込み説」（花山氏の説）については、『維摩経義疏』の当該箇所には、『老子』『書経』『百行』を引用したあと「この四は……」とあり、「四」が「三」の誤写でなければ、書き込みどころか、書き落としすら考えられる、と批判している。

次に、内藤氏の道恒の『百行箴』説については、次のように批判している。六朝の文献は佚失しているものが多く、

『百行箴』も恐らく六朝末には佚失しており、太子の頃にまで残存していなかったのではないか。それに対して、杜正倫の『百行章』は唐初大いに世に流布していたと考えられるので、「眼前にある百行章をば斥けて、古くほぼ二百五十年以前にも遡って、卒然と百行箴を引くということは、むしろ不自然なことである、と想われるのである」と。また、「又百行云」という表現には、二種の「百行」本の並在を予想してはいないと思われ、また、『老子』『書経』と並び引かれる有名なものであることを考えると、「太子の当時としては当然、百行章が、百行箴よりは可能性が強い」と。

その後、福井氏は、「聖徳太子の維摩経義疏についての疑」（『東洋思想史研究』〈書籍文物流通会、一九六〇年三月〉所収。また、『著作集』第四巻所収）を発表した。これはすでに紹介した論文を総合したもので、福井氏の『維摩経義疏』偽撰説を見るためには、最も完備した内容をもつ論文であるが、本稿は、論争の過程をある程度時間の流れに即して纏めてきたので、あえて以上のような論述の体裁をとった。さらに、福井氏は、『日本仏教源流研究紀要』第一集『維摩経義疏論集』（一九六二年八月）などが、いずれも福井氏の『維摩経義疏』偽撰説を無視ないし軽視しているのに対し、改めて自分の説を主張する必要性を認め、「三経義疏の成立についての疑義」（『金倉博士古稀記念・印度学仏教学論集』〈平楽寺書店、一九六六年十月〉所収。また、『著作集』第四巻所収）を発表した。この論文は、「百行」の問題以外の論点を含み、金治氏の反論もあるので、次項において紹介する。

さて、この「百行」の問題については、後に田村晃祐氏が「維摩経義疏に引く『百行』について」（『印仏研』一五―二、一九六七年三月）を発表した。田村氏は、福井氏の杜正倫『百行章』説を批判し、道恒の『百行箴』である可能性も『百行章』と同等、あるいはそれ以上の根拠をもつことをきわめて論理的に明らかにした。結論として「『百行』という書名の現在我々に知られているのは二書だけであるが、この二書について検討してみると、以上の如く『百行章』であるよりは、『百行箴』であると考える方がより自然であり、恐らく『百行』は『百行箴』であろう、と考える。もしこれが認められれば、少くとも『百行』に関する限り、維摩経義疏の聖徳太子偽撰説の根拠は失われる。だが、一歩退いて、両者共に『百行』である可能性がある、という事でも、この問題は偽撰説の根拠とはなり得ない。何故ならばどうしても太子が引用する事の出来ないものである事が確立されて始めて、偽撰説の根拠となり得るからである」と述べている。

この後、福井氏は「三経義疏の成立について—反論の反論—」(『宗教研究』一九八号、一九六九年三月)を発表したが、とくに新しい論点はない。その後の学会の評価は、内藤氏、田村氏の方に好意的であるようである。

(三)「百行」以外の論点をめぐって

福井氏の「三経義疏の成立についての疑義」(前掲)は、旧稿と重複する部分も多いが、なかに金治勇「維摩経義疏の考察」(前掲『維摩経義疏論集』所収)の太子真撰説に対する批判が述べられている。金治氏には同時期に『聖徳太子教学の研究』(百華苑、一九六二年二月)があり、そのなかに福井氏への反論がある(一四—二五頁参照)が、ここでは、福井氏の批判の対象となっている金治説を、福井氏の引用によって紹介すると、次のとおりである。「(1)それは専門学僧の筆になったものではなく、恐らく政治の衝にありながら、理想の教育国家を念願しながら、その道を仏教の上に求めようとした人の手になったものであろうということ、(2)義疏の著者は恐らく、世俗に交わりながら真実出家の心を捨てず、現実国家の浄化を畢生の事業とし、その故に維摩詰を模表と仰ぎ、行道の指針としてこの経典に註釈したのであろうということが、註釈の態度や文章の端々によく表われていること、(3)その内容が、僧肇その他の大陸諸家の註疏と比べて、多くの独自性を発揮していること、(4)しかも註釈の形式内容は、法華義疏と同じく多分に隋唐以前の江南の学系の流れを汲むものであること、(5)それはわが国の時代からいえば、奈良朝以前、飛鳥時代の作と推定されること、(6)この義疏の中でも、最も特色のある解釈の部分が、その精神において法華義疏や勝鬘経義疏と相通ずるものであること、(7)特に義疏の内容が憲法十七条とその精神を一つにするものであること、等から、わたしたちは、これを、古来の通説にしたがって、法華義疏や勝鬘経義疏の著者と同一人、即ちわが聖徳太子の作と推定して間違いはないと思う」と。

これに対して、福井氏は「(1)の『専門学僧』という意味は判然としない。しかし、もしそれが、『仏教の学問をのみ専らにしている学僧』という意味であるならば、他面、そこには、いかにも学僧ならざる非学問的な注釈もしくはいわゆる経世済民的な教化の上にのみ立っている態度が見出される、というのでもあろうか。その不当な見解であることは、当面の義疏と他の学僧による維摩経の註疏とを比較対照することによって明らか」と批判している。(2)は、太子を著者としているところから発している単なる想像であり、(3)と(4)はたとえそうであっても、太子の親撰説に直接に関連しているとはいえない、と述べている。(5)にいう「飛鳥時代の作」については、藤原家による維摩会が発祥した大化以後の作であると見るのが順当である、と述べている。(6)(7)の「その精神」は具体的には実は明白ではない、と批判している。

また、福井氏は、偽撰説の新しい証拠として、誡明、得清が揚州の竜興寺の霊祐に『勝鬘経義疏』や『法華義疏』を贈っているが、『維摩経義疏』は含まれていないこと、『四天王寺御手印縁起』が『維摩経義疏』について記していないこと、弘法大師の作と伝えられている『上宮太子廟参拝記文』も『維摩経義疏』について言及していないこと、を挙げている。これらは、『日本書紀』『法王帝説』の根本資料に『維摩経義疏』に関する記事がないという福井氏の偽撰説の理由を補強するものであるが、『日本書紀』『法王帝説』にくらべて二次的なものであり、それほど重要なものとは思われない。金治氏に反論がある。

さて、金治氏は、「三経義疏の成立について」(『聖徳太子研究』第四号、一九六八年八月。前掲『上宮王撰　三経義疏の諸問題』所収)において、福井氏の偽撰説に逐一反論を加えている。第一に、『日本書紀』『法王帝説』などの根本資料についての金治氏の見解は、次のとおりである。『日本書紀』については、太子に『維摩経義疏』があっても不思議ではないという消極的立場を示しているだけである。『法王帝説』については、「法花等経疏七巻」について『維摩経義疏』三巻を除けば、かえって巻数が合わず、余計に不合理であると反論している。また、「悟涅槃常住五種仏性之理」について、『涅槃経』だけでなく、『勝鬘経』の経旨をも述べたものと解釈して、「通達維摩不思議解脱之宗」を『維摩経義疏』に対応させることに対する福井氏の批判に応えようとしている。ただし、ややこじつけの感が否めない。その他、前述した誡明、得清の入唐、『四天王寺御手印縁起』、『上宮太子廟参拝記文』などの問題についても、それぞれ反論しているが、福井氏の論拠そのものも薄弱であるから、金治氏の反論の内容の紹介は省略する。

第二に、『維摩経義疏』が他の二疏と異なる筆致であるとする福井氏がその論拠として示した「標疑云……」について、金治氏はより詳しい資料を列挙して、「標疑云……」という表現は、三疏とも互いに類似したものであることを論証しており、それは十分成功していると思われる。さらに、三疏に共通に見られる表現を列挙しているが、これによって、本当に三疏の著者が同一人物であると確定的に論証できるのか、それとも同じ学系、地域、時代における成立というようなやや幅のある著者の推定を可能にするだけなのか、議論の分かれるところである。現に井上氏が『維摩経義疏』のみは太子より後の成立であるとするのは、この問題と関係している。詳しくは次項に述べる。

第三に、『維摩経義疏』における所依を僧肇とする福井説に対して、金治氏は僧肇説が所依ではないことを論証して成功している（井上氏も前掲論文一四九頁で同じ考えを示している）。さらに、『維摩経義疏』の本義については、「思うに、『維摩経義疏』は、太子晩年の作であり、その頃、太子の学問研究が可なり進んでいたため、特に「本義」を設定して義疏を書く必要がなかったからであり、また一つには、身辺の参考書も増え、『維摩経』の注疏も僧肇のものを始め、その他江南諸学者の講録や写本もある程度入手できたので、それらを取捨しながら義疏の筆を進めることができたからであろうと思う。参考書がなかったのではない。大事な参考書が数種類あったので、ただ一書だけを

「本義」として、それに依る必要がなかったのであろう」と述べている。なお、大島啓禎「上宮撰『維摩経義疏』の一考察」(『仏教学』第六号、一九七八年一〇月)は、『維摩経義疏』が南朝成実論師だけでなく、北地所伝の説をも所依としているという新見解を示している。

第四に、「百行」については、内藤氏、田村氏の説を認め、さらに「百行」が孫引きである可能性を強調している。

(四)井上氏の福亮撰述説と金治氏の反論

井上氏は、福井氏の「百行」に関する論証は誤っていたと認めているが、福井氏の『維摩経義疏』を太子以後の撰述とする説には同感であるとの立場から、「三疏間の文章・用語等における類同性の著しいことを察することはできる。この点からみても三疏の製作主体は、同一人か、そうでなくとも互いに近縁的な同一仏教集団とみるのが妥当であろう。しかしただ、維疏は法・勝二疏間より疎遠の感があるといえよう」(一五八―一五九頁)、「最後に書かれた維摩義疏は、既述のように文章上、勝・法二疏に対してやや疎遠であるばかりでなく、その内容においても、時人の評価においても、他二疏とは異類とみられる点が多い、という事実である。まず内容的にいうと、(イ)維疏は他二疏と異って所依を示すに本義の名を用いていないこと、(ロ)維疏は他二疏と異って老子などの外典をしばしば引用すること、(ハ)維疏は他二疏と異って無量寿経を引用し浄土教にふれていること(仏国品)をあげることができる。こうした内容上の異質性は、最後出の維摩義疏が、前二疏と近縁な同一学統に属しながらも、別人の手になるのではないかという疑いをいだかせるものがある。第二は世人の評価である。その具体的な内容は後述にゆずり問題だけを列挙すると、(イ)天平時代の五月一日願経の書写において他二疏は書写されたが維疏はとりあげられなかったこと、(ロ)宝亀三(七七二)年、日本国使僧が入唐のとき三経義疏をおくったが維疏は除外されたこと、(ハ)三経講説説話について日本書紀・法王帝説は、維摩経講説を記録していないこと、などがあげられる」(一六三頁)と述べ、『維摩経義疏』の太子撰述に疑問を呈している。では、『維摩経義疏』の撰者はいったい誰なのか。井上氏は、「福亮は太子存命中に来日して、三疏製作にもかかわった外国僧集団の一人であったのではなかろうか。また私は二に、三疏は元来同一学風のものであるが、維疏はその最後出であるばかりか、内容的にも先二疏と異質であることを指摘した。これを推し進めると当然、推古朝を少し下ったところに、学系をひとしくする別の作者を求めなくてはならない。しかるに如上のような経歴をもつ福亮は、その維疏の作者に擬すべき有力な候補者の一人であろう」（二〇〇頁）と、福亮撰述説を提示した。また、井上氏のこのような推定の根拠の一つに、三経義疏の撰者が吉蔵の所説を知っていたことが挙げられている（一五〇—一五四頁参照）ことは重要な問題を提起しているといえよう。後に平井俊榮氏は、「三経義疏と吉蔵疏」（『印仏研』二七—二、一九七九年三月）を発表し、この井上説を肯定し、とくに『維摩経義疏』における吉蔵疏の影響を明らかにしようとした。

この井上説に対して、金治氏は「維摩経義疏撰述の問題をめぐって」（前掲『上宮王撰　三経義疏の諸問題』所収。この論文は『印仏研』二七—一、一九七八年一二月の論文と『伊東真誠・田中順照両教授頌寿記念仏教学論集』、一九七九年一一月の論文とを補筆修正したもの）において反論している。金治氏は、井上説の前提になっている『維摩経義疏』における吉蔵疏の影響を両者を比較検討しながら否定している。この点について詳しく紹介することはできないが、平井氏の対立する見解もあることであるから、今後改めて検討する必要があるであろう。その他の論点について、まず『維摩経義疏』に本義がないのは、「所依の有力な参考経疏が数部あって、それをまったく平等に扱われたため、どれかの一書を特に『本義』と呼ぶことができなかったためではないかと思う」と述べている（前掲論文においてすでに同じことが述べられていた）。外典の引用が多いことについては、「この疏の撰述者が外典に通じていたからというよりも、おそらく先行の所依本にあったのを、そのまま取り入れたと考える方が妥当であろう」と述べ、『無量寿経』の引用についても、「この疏の所依となった先行経疏の影響と考えてよい」と述べ、いずれも撰者の別人説を打ち出す根拠とはなりえないことを明かしている。

四　『勝鬘経義疏』の真偽問題について

『勝鬘経義疏』の文献学的研究も、花山氏の『勝鬘経義疏の成立に関する研究』（岩波書店、一九四四年八月）によって先鞭をつけられたが、真偽問題に関しては、藤枝氏が『勝鬘経義疏』の本義と考えられる敦煌写本を学会に紹介（「北朝における『勝鬘経』の伝承」、『東方学報』京都第四〇冊、一九六九年三月。前掲『聖徳太子と飛鳥仏教』所収）してから、議論が活発になった。藤枝氏は、はじめ『奈93』を聖徳太子の『勝鬘経義疏』の本義と考えていたが、藤枝氏のこの論文のあと、すぐに古泉円順氏が発表した「敦煌本『勝鬘経義疏』」（北京図書館蔵敦煌写本『奈93』の翻刻がある。『聖徳太子研究』第五号、一九六九年八月）のなかでは、『奈93』は『勝鬘経義疏』の直接の本義ではないとされ、両者に共通の本義原本を想定した。そして、藤枝氏も後にこれを肯定している。

その後、『勝鬘経義疏』とその本義といわれた『奈93』との比較研究が盛んになり、まず、金治勇氏が立て続けに「敦煌発見の勝鬘経疏（奈93）と勝鬘経義疏との比較」（『印仏研』一八―二、一九七〇年三月。前掲『上宮王撰　三経義疏の諸問題』所収）、「敦煌発見の勝鬘経疏（奈93）と勝鬘経義疏との比較研究」（『印仏研』一九―一、一九七〇年一二月）、「勝鬘経義疏の『本義』の学系とその撰述者」（『四天王寺女子大学紀要』第三号、一九七〇年一二月。前掲『上宮王撰　三経義疏の諸問題』所収）、「勝鬘経疏（奈93）による勝鬘経義疏の校異」（『四天王寺女子短期大学紀要』第一二号、一九七一年一月。前掲『上宮王撰　三経義疏の諸問題』所収）、「勝鬘経義疏の性格―敦煌発見の勝鬘経疏（奈93）との比較研究―」（『聖徳太子研究』第六号、一九七一年一〇月）を発表した。また、金戸守氏は、「勝鬘経義疏の表現について―敦煌奈九三（所謂本義）との対照―」（『聖徳太子研究』第六号、一九七一年一〇月）を発表し、平川彰氏は、「勝鬘経義疏と奈93との関係について」（聖徳太子研究会『聖徳太子論集』〔平楽寺書店、一九七一年一一月〕所収）を発表した。さらに、金治氏は、「勝鬘経義疏の『本義』について」（『聖徳太子研究』第七号、一九七二年六月。前掲『上宮王撰　三経義疏の諸問題』所収）を発表した。そのなかで、金治氏は古泉氏の本義原本の想定に反論し、奈93は確かに『勝鬘経義疏』の本義であることを明かし、結論として「梁朝の学僧僧旻の講述本としての『勝鬘経疏』が、一方では北朝に伝えられて写本奈93として今に残り、一方では同じ写本が朝鮮半島を経て日本に伝えられ、太子がそれを『本義』と定めて、その他同時に伝わった二、三の注疏をも参考にしながら、『勝鬘経義疏』を書かれたのであろうということである。その二、三の注疏の中に、古泉氏も指摘される通り照法師の疏が含まれていたこともほぼ推定される」と述べている。

以上の論文はいずれも『勝鬘経義疏』を太子真撰とする立場から執筆されたものであるが、藤枝氏は前掲『日本思想大系・聖徳太子集』の解説において、それを真向から否定し、中国撰述説を提起したのであった。藤枝氏の描く『勝鬘経義疏』の性格を摘記すると、「『G本』（『勝鬘経義疏』のこと―筆者注）も右の同じ『本義』原本（すでに紹介した古泉氏の考えと同じ―筆者注）からの改修本の一つである。ただ、改修の時期が『E本』（奈93のこと―筆者注）よりは少なくとも三十年、ことによると五十年ばかり遅れる。それは、その後に現われたと見られる異説を多量に引用することから、そのようにいえるのである。曾ては名声の高かった『本義』原本が、何十年か経つうちに、次第に当初ほどでなくなって来たことは、物の道理として当然のことである。六世紀も半ばを過ぎると、同じ『勝鬘経』について、様々の注釈書が出現したことは、僧伝の類にも見え、また現存する諸注釈書の引用文にもそれは現われている。その段階になると、一つの注釈書は異説を及ぶ限り網羅したものでなければならなかった。『本義』原本のように異説引用の少ない注釈書は、そのことだけで時代から取り残される。そして、その看板である科段釈尊重主義は、章分けを重視する当時の風潮から見て、また受け容れ難いものであったに違いない。『G本』の改修者は、こう言った観点から、曾ての名注釈書を当世風に改造することを意図したようである。……『G本』はこうした改修手続によってできたものである。そして、その結果は確かに典型的な六世紀後半の注釈書の体をなしている。当時の第一線に踊り出て、改めて世に迎えられたに違いない。しかし、これを『本義』の側から眺めると、『本義』のもっていた大きな特徴をあたら抹殺してしまい、凡庸な注釈書に成り下った格好になったといってよさそうである。……本書改修の作業の実際は、前述の如く一時代前の名著を当世風に改編することであった。その名著の価値を一通り理解し、最新の学風の方向に沿って、幾つかの注釈書から新説を拾い出すということは、実は長安・洛陽、あるいは建康などの仏教学の中心地で、一通りの材料を手にした上で、そこの一流ではなくとも、せめて二流の学匠であってはじめて可能な作業である」（五三五—五三八頁）とある。そして、すでに第二節で紹介した『法華義疏』の中国撰述説と同じように、『勝鬘経義疏』も中国撰述であると推定するのである。

この藤枝説に対して、花山氏は、「『勝鬘経義疏』について」（『聖徳太子研究』第九・一〇合併号、一九七六年一二月）、『勝鬘経義疏』（吉川弘文館、一九七七年四月）において、『勝鬘経義疏』の太子真撰を主張している。その理由は、第二節で紹介したことの繰返しが多いが、もし『勝鬘経義疏』が中国で撰述されたとするならば、どうして多くの経疏に何ら引用されず、目録に何ら言及されていないのか、という批判を投げている。また、金治氏は、「《書評》日本思想大系『聖徳太子集』」（『聖徳太子研究』第一一号、一九七七年一二月）、「法華義疏並びに勝鬘経義疏撰述の問題をめぐって（1）」（『聖徳太子研究』第一三号、一九七九年一一月。前掲『上宮王撰　三経義疏の諸問題』所収）、「法華義疏並びに勝鬘経義疏撰述の問題をめぐって（2）」（『聖徳太子研究』第一四号、一九八〇年一二月。前掲『上宮王撰　三経義疏の諸問題』所収）において、花山氏と同様に、『勝鬘経義疏』の太子真撰を主張している。その理由は、『法華義疏』が太子自筆の草本であることに基づいて、それと同一の筆致、行文、製疏態度をもつ『勝鬘経義疏』も当然太子の撰述である、というものである。

五　結び

まず『法華義疏』については、花山氏の真撰説がある一方で、津田氏のように聖徳太子当時の仏教学の水準がそれほど高くないのではないかという漠然とした疑問を根底とする偽撰説を呈するものもあった。その線に沿って、小倉氏は、正倉院文書の写経記録の検討から偽撰説を主張した。その後、大野氏、井上氏によって小倉説は論破されたが、この疑問は漠たるものではあるが、なかなか根強いものがあり、すべての偽撰説の底流をなしていると思われる。また、藤枝氏は、敦煌写本の研究を通して花山氏の真撰説を真向から否定する中国撰述説を唱え、井上氏は聖徳太子の周囲に存した複数の朝鮮系外国僧が三経義疏の製作に関与したという説を唱えた。それぞれに対する反論も出されたが、最終的な決着はついていない。次に『維摩経義疏』については、福井氏による偽撰説が発表され、とくに「百行云」の引用文をめぐって論争が展開された。福井氏は「百行」を杜正倫の『百行章』としたが、内藤氏は道恒の『百行箴』と推定した。その後、田村氏は内藤氏の立場を敷衍して、福井氏の説を批判した。かくて、現在では福井氏の「百行」に関する偽撰説の論拠は崩れたと評せよう。しかし、『維摩経義疏』が他の二疏と種々の点で異なるという福井氏の着眼は、井上氏によっても受け継がれ、井上氏の福亮撰述説が生まれた。これに対しては、金治氏の反論があるが、決着はついていない。最後に『勝鬘経義疏』については、藤枝氏が敦煌写本の研究を通して中国撰述説を唱えた。これに対しても金治氏の反論があり、決着はついていない。

このように、三経義疏の真偽は、そのいずれについても決定的な答えは出ていないのであるが、今後の研究の留意点として次のことを指摘しておきたい。まず、第一に、花山氏の和臭漢文の指摘をそのまま受け入れて、日本国内の著作という前提に立つ議論が多かったが、福井氏の『維摩経義疏』の朝鮮撰述説、藤枝氏の中国撰述説が出るに至った今、この真偽問題について発言するものは、改めて日本国内の著作かどうかという第一歩から検討しなければならないであろう。第二に、三経義疏における類似の表現を示すことによって、著者の同一性を証明する方法がよく見られたが、福井氏、井上氏のように、『維摩経義疏』に関しては異論が提示された。類似の表現が著者の同一性を示すのか、あるいは、学系、時代、地域の同一性のみを示すにとどまるのか、慎重に考える必要があろう。第三に、三経義疏と吉蔵（五四九―六二三）所説との関連についても、井上氏・平井氏と金治氏とが対立しているので、改めて検討する必要がある。これらの問題点を解決するためには、三経義疏それぞれの精緻で内在的な思想的・文献学的研究が望まれるとともに、敦煌写本を含む中国の経典注釈書との幅広い視野に立った比較研究が必要不可欠であると思われる。

本稿は、三経義疏の真偽問題についての論争を整理した。論争、論文の紹介に繁簡の偏りがあり、あまり要領よく纏められなかったかもしれないが、今後、この問題に取り組む研究者にたいして、論文目録のようなものを提供できたとすれば、幸いである。

（一九八八年三月二〇日脱稿）

〔本書のための付記〕近年、花山信勝氏の『法華義疏』に見られる「和臭漢文」の指摘を発展させて、三経義疏の語法の詳細な研究（「三経義疏の語法」『印仏研』五七―一、二〇〇八年一二月／「三経義疏の共通表現と変則語法（上）」『駒澤大学仏教学部論集』四一、二〇一〇年一〇月）を発表した石井公成氏は、三経義疏の中国撰述を否定し、朝鮮半島、または日本での撰述を推定し、また三経義疏は、同じ著者〔たち〕ないし同一学派による作品群であると推定した。

初出一覧

〔序論〕

中国法華経疏の研究と今後の課題
　『駒澤大学仏教学部論集』四一、一九―三九頁、二〇一〇年一〇月

初期中国仏教の経典注釈書について
　『村中祐生先生古稀記念論文集・大乗仏教思想の研究』一九―三六頁、山喜房仏書林、二〇〇五年六月

〔第一部〕

中国における法華経疏の研究史について
　『創価大学人文論集』六、六〇―八六頁、一九九四年三月

中国における法華経疏の研究史について（2）
　『創価大学人文論集』二二、一五―二六頁、二〇一〇年三月

中国における『法華経』の思想の受容
　『東洋学術研究』三九―二、四五―五八頁、二〇〇〇年一一月

慧思『法華経安楽行義』の研究（1）
　『東洋学術研究』四三―二、一七六―一九五頁、二〇〇四年一二月

慧思『法華経安楽行義』の研究（2）
　『東洋哲学研究所紀要』二〇、五三―八一頁、二〇〇四年一二月

『法華経文外義』研究序説
　『印度学仏教学研究』五五―一、四九九―四九二頁、二〇〇六年一二月

智顗と吉蔵の法華経観の比較―智顗は果たして法華経至上主義者か？―

　『平井俊榮博士古稀記念論文集・三論教学と仏教諸思想』一五五―一七〇頁、春秋社、二〇〇〇年一一月

中国における『法華経』見宝塔品の諸解釈―宝塔出現と二仏並坐の意義を中心として―
『創価大学人文論集』二一、一一―二七頁、二〇〇九年三月
『法華文句』における四種釈について
『印度学仏教学研究』五四―一、七九―八七頁、二〇〇五年一二月
『天台三大部補注』(『法華玄義』の部)研究序説
『天台大師研究』六八三―七三〇頁、祖師讃仰大法会事務局・天台学会、一九九七年三月

〔第二部〕
中国における『維摩経』入不二法門品の諸解釈―仏教における真理と言語―
『大倉山論集』二二、八一―一〇四頁、一九八七年一二月
浄影寺慧遠『維摩経義記』の研究―注釈の一特徴と分科―
『東洋学術研究』二三―二、二三一―二四六頁、一九八四年一一月
維摩経分科に関する智顗と吉蔵の比較
『印度学仏教学研究』三三―一、一六五―一六八頁、一九八四年一二月
『維摩経玄疏』の組織と梗概
『多田厚隆先生頌寿記念論文集・天台教学の研究』一三一―一五八頁、山喜房仏書林、一九九〇年三月
智顗『四教義』研究ノート(1)
『創価大学人文論集』一一、一五五―一七〇頁、一九九九年三月

〔第三部〕
『大般涅槃経集解』の基礎的研究
『東洋文化』六六、九三―一七三頁、一九八六年二月
『大般涅槃経集解』における道生注
『日本仏教文化研究論集』五、七四―八五頁、一九八五年三月
『大般涅槃経集解』における僧亮の教判思想

『印度学仏教学研究』三五―一、七八―八一頁、一九八六年一二月

『大般涅槃経集解』における僧亮の感応思想

『東方』三、一六六―一七四頁、一九八七年一二月

『大般涅槃経集解』における僧宗の教判思想

『印度学仏教学研究』三七―一、八七―九一頁、一九八八年一二月

〔第四部〕

慧均『大乗四論玄義』の三種釈義と吉蔵の四種釈義

『木村清孝博士還暦記念論集・東アジアの仏教―その成立と展開―』八七―一〇〇頁、春秋社、二〇〇二年一一月

『大乗四論玄義記』の研究序説―自己の基本的立場の表明―

『불교학리뷰』5、六五―九〇頁、Geungang University, 二〇〇九年六月

『大乗四論玄義記』における前代教学の批判―「三乗義」を中心として―

『印度学仏教学研究』五八―一、五〇一―四九三頁、二〇〇九年一二月

〔第五部〕

『大乗止観法門』における「本覚」・「不覚」の概念

『創価大学人文論集』一七、六九―八八頁、二〇〇五年三月

三経義疏の真偽問題について

大倉精神文化研究所編『綜合研究・飛鳥文化』四六五―五〇二頁、国書刊行会、一九八九年二月

索　　引

著者紹介

菅野博史（かんの　ひろし）

1952年、福島県生まれ。東京大学大学院博士課程修了。創価大学文学部教授。文学博士（東京大学）
（財）東方研究会専任研究員、創価大学専任講師、助教授を経て現職。その他、中国人民大学講座教授、（公財）東洋哲学研究所主任研究員。
専門は、仏教学、中国仏教思想。
著書に、『中国法華思想の研究』『法華とは何か―『法華遊意』を読む―』（以上、春秋社）、『法華経入門』（岩波書店）、『法華経―永遠の菩薩道―』『法華経の出現―蘇る仏教の根本思想―』『法華経思想史から学ぶ仏教』（以上、大蔵出版）、『法華玄義入門』『一念三千とは何か』『法華経の七つの譬喩』『現代に生きる法華経』（以上、第三文明社）
訳注に、『法華義記』（法華経注釈書集成 2）、『法華統略』上・下（法華経注釈書集成 6・7）、『法華玄義Ⅰ』（新国訳大蔵経中国撰述部）、『長阿含経Ⅱ』（新国訳大蔵経インド撰述部）（以上、大蔵出版）、『法華玄義』上・中・下、『法華文句』Ⅰ～Ⅳ（以上、第三文明社）
その他、共著・共訳、論文、翻訳多数。

南北朝・隋代の中国仏教思想研究

2012年2月20日　初版第1刷発行

著　者　菅野博史
発行者　青山賢治
発行所　大蔵出版株式会社
〒113-0033　東京都文京区本郷3-24-6-404
TEL. 03(5805)1203　FAX. 03(5805)1204
http://www.daizoshuppan.jp/
装　幀　CRAFT 大友
印刷所　中央印刷株式会社
製本所　株式会社ブロケード

ISBN 978-4-8043-0581-3 C3015